태평양시대의
서막과
신대한의 꿈

최남선 · 현순 · 이승만

NANAM
나남출판

포스텍 융합문명연구원
문명학 총서 09

태평양시대의 서막과 신대한의 꿈

최남선 · 현순 · 이승만

2023년 5월 30일 발행
2023년 5월 30일 1쇄

지은이 고정휴
발행자 조완희
발행처 나남출판사
주소 10881 경기도 파주시 회동길 193, 4층(문발동)
전화 (031) 955-4601 (代)
FAX (031) 955-4555
등록 제 406-2020-000055호 (2020.5.15)
홈페이지 http://www.nanam.net
전자우편 post@nanam.net

ISBN 979-11-92275-15-4
ISBN 979-11-971279-4-6 (세트)

책값은 뒤표지에 있습니다.

이 저서는 2018년 대한민국 교육부와 한국연구재단(NRF-2018S1A5A2A01028464)과 포스텍 융합문명연구원의 지원을 받아 수행된 연구임.

포스텍 융합문명연구원 **문명학** 총서 09

태평양시대의 서막과 신대한의 꿈

최남선 · 현순 · 이승만

고정휴 지음

NANAM
나남출판

The Opening of the Pacific Era and the Dream of New Korea

Choi Namsun, Hyun Soon, Rhee Syngman

by

Ko, Jung-Hyoo

NANAM

책을 내며

이 책은 지난해에 출간한《태평양의 발견과 근대조선: 세계와 마주하다》의 후속편이다. 이다음에 내고자 하는 책은《태평양에서의 전쟁과 평화: 태평양문제연구회IPR와 식민지 조선》이 될 것이다. 3부작인 셈이다. 수천 년 동안 대륙에 의존해 온 한국이 언제 어떻게 바다로 눈을 돌리게 되었는지, 그리고 바다를 통하여 한반도로 밀려오는 서양 세력의 도전과 그들의 근대문명에 어떻게 대응하려고 했는지를 살펴보려는 의도에서 비롯된 일이었다.

이러한 작업이 과연 학문적인 의의가 있는 것인지, 또 있다고 해도 얼마만큼의 성과를 거두었는지에 대해서는 앞으로 학계의 평가를 기다려야 할 것이다. 다만 지금 내세울 것이 있다면, 태평양이라는 바다와의 관계 속에서 한국 근대사의 전개를 살펴보려는 최초의 시도라는 점이다. 1876년의 '개항'이 바닷길을 여는 것이었던 만큼, 그 이후의 역사 전개 또한 바다와의 관계 속에서 살펴보아야 한다는 것이 저자의 소박한 문제의식이었다.

이 책에는 세 인물이 등장한다. 그중 이승만과 현순에 대해서는 저자가 꽤 오랫동안 연구해 왔고 또 각각에 대하여 책을 낸 바도 있다. 그런데 최남선은 이번에 처음 다루게 된 인물이라 고민이 참 많았다. 그 걱정을 덜어준 오영섭, 류시현 교수께 감사의 마음을 표한다. 나남출판의 조상호 회장님은 지루한 이 책의 원고를 통독하고 귀중한 조언을 해주셨다. 덕분에 책의 짜임과 모양새가 한결 나아졌다. 감사드린다. 연구비를 지원해준 한국연구재단, 출판을 흔쾌히 맡아준 포스텍 융합문명연구원, 자료 수집에 도움을 준 유동훈 선생과 최용석 동학에게도 감사의 인사를 전한다.

정년 한 후에도 집 안을 어지럽히며 자료와 씨름하고 있는 저자를 묵묵히 지켜주는 아내 최명숙에게 이 책을 바친다.

2023년 5월

고 정 휴

차례

서설

태평양시대가 열리다

I

'태평양시대Pacific Age 또는 Pacific Era'가 언제, 어떻게 시작되었는가 하는 것은 그 자체로서 흥미로운 역사적 과제가 될 수 있다. 이 문제를 풀어가는 방식 중 하나는 태평양시대라는 말이 언제, 누가, 어떤 동기와 목적으로 처음 사용하게 되었는가에 대한 기원론적 탐구일 수 있다. 이런 접근 방식은 '태평양'이라는 바다 이름이 언제 어떻게 만들어지고 널리 퍼지게 되었는가에 대한 지명 추적의 연장선 위에 있다고 볼 수 있다.[1]

근래의 한 연구에 따르면, 태평양시대太平洋時代라는 말을 처음 꺼낸 인물로서 일본의 이나가키 만지로稲垣滿次郎(1861~1908)가 지목되

1 고정휴(2017), "태평양의 발견: 그 바다 이름의 생성·전파와 조선에의 정착", 〈한국근현대사연구〉 83 참조.

고 있다.[2] 메이지 시대에 '동방책사東方策士'로서 논단에 등장했던 이나가키는 일본에서 '해海의 사상가'이자 '환環태평양 구상의 선구자'라는 평가를 받고 있기도 하다.[3] 도쿠가와 막부 말기 나가사키 히라노의 번사藩士 출신인 그는, 도쿄대학 문학부에서 정치학과 경제학을 공부한 후 1885년 말 영국으로 건너가 케임브리지대학을 졸업했다. 그의 지도교수는 《잉글랜드의 확장*The Expansion of England*》(1883) 이라는 책을 출간하여 '제국연방운동'의 이념적 근거를 제공했던 역사학자 존 실리John Robert Seeley였다.[4] 흥미로운 것은 실리가 독일에서 근대 지리학을 성립시킨 카를 리터Carl Ritter의 영향을 받았고,[5] 이나가키는 그러한 실리로부터 세계 문명의 역사를 '물water'의 관점에서 바라보는 안목을 키우게 되었다는 점이다. 이를테면 세계 문명은 '하천river'에서부터 '내해inland sea'로, 이어서 '대양ocean'으로 확대 발전되어 왔다는 것이다.[6]

---

2 Pekka Korhonen (1996), "The Pacific Age in World History", *Journal of World History*, 7-1, 41쪽.

3 中川未來 (2014), "一九世紀末日本の世界認識と地域構想: 〈東方策士〉稲垣満次郎の對外論形成と地域社會への展開",〈史林〉(京都大學校 史學研究會), 97-2; 山浦雄三 (2001), "稲垣満次郎と環太平洋構想", 〈立命館経濟學〉 49-6 참조.

4 존 로버트 실리 저, 이영석 역 (2020), 《잉글랜드의 확장》, 나남. 책 뒤편에 수록된 옮긴이 해제 "존 실리와 제국: '대영국'에 관한 담론" 참조.

5 근대 지리학의 성립에서 카를 리터의 위치와 역할에 대하여는 데즈카 아키라 편, 정암 역 (1998), 《근대 지리학의 개척자들》, 한울아카데미, 117~132쪽 참조.

6 Pekka Korhonen, 앞의 논문, 41~42쪽.

이나가키는 케임브리지대학에서 학사학위를 딴 이듬해인 1890년에 《일본과 태평양, 그리고 동방문제에 대한 일본의 관점》이라는 영문책자를 런던에서 출간했다. 그 본문은 이렇게 시작된다.

> 태평양이 다가오는 세기에 상업적, 정치적 사업의 플랫폼platform이 된다는 것은 의심의 여지가 없다. 그러나 100명 중의 99명은 이러한 사실truth에 눈을 감는다.[7]

이나가키는 자신의 책에서 19세기가 대서양의 시대라면, 20세기는 태평양의 시대가 될 것이라는 확신을 보여주고자 했다. 그 근거로 제시된 것은 시베리아와 미주 대륙을 횡단하는 철도 부설과 카리브해와 태평양을 연결하는 니카라과운하(나중에 파나마운하로 변경) 개통이었다. 이렇게 되면 태평양은 하나의 지중해처럼 사람과 물자가 오가면서 세계 경제와 정치의 중심 무대로 부상하고, 일본은 그러한 태평양의 키key가 될 것이라고 선언하듯이 말했다.[8]

그 후 귀국길에 오른 이나가키는 자신의 영문저술을 바탕으로 《동방책東方策》 1편과 2편을 펴낸 데 이어 《동방책결론초안東方策結論艸案》(상권, 1892)을 출간했다.[9] 이나가키는 이 책 서언에서 처음으로

---

7 Inagaki Manjiro(1890), *Japan and the Pacific, and a Japanese View of the Eastern Question*, London: T. Fisher Unwin, 21쪽.

8 위의 책, 34쪽.

9 이나가키 만지로는 귀국 후 활발한 저술 작업과 강연 활동을 벌였다. 그 연도별 목

'태평양시대'라는 용어를 사용했다.10 그는 이 시대가 일본 역사상 처음 보는 위기이자 기회일 수 있다면서, "차제에 일본은 세계 및 동양의 대세에 직응直應하여 대외적 철책鐵策의 대본大本을 반석 위에 세우고 이에 다다를 국책을 실시"함으로써 온 세계가 주목하게 될 태평양이라는 무대 위에서 일약 동양의 패권을 판가름하는 '신기神技'를 보여주어야 한다고 말했다.11

이나가키가 주로 지정학적 관점에 서서 태평양시대의 도래에 주목했다면, 그와 동년배로서 미국에서 공부했던 우치무라 간조內村鑑三(1861~1930)는 《지인론地人論》(1894)이라는 책에서 종교(기독교)에 바탕을 두고 태평양시대의 문명사적 의의를 드러내고자 했다. 이 책에서는 세계의 지붕이라고 불리는 파미르고원을 경계로 하여 동양과 서양으로 나눈 후, 서양문명은 서아시아에서 발생하여 유럽을 거쳐 아메리카 대륙으로 전파되며, 동양문명은 인도와 중국을 거쳐 일본 열도로 전파되는바, 이 두 문명은 태평양 가운데서 서로 만나 새로운 문명이 잉태된다고 보았다. 그리고는 이렇게 말한다. "일본의 위치는 아메리카와 아시아 사이에 있다. 그 천직은 이 두 대륙을 태평양상에서는 이어주는 일이 아니고 무엇이겠는가!"12 일본이 동·서 문

록에 대하여는 中川未來, 앞의 논문, 71쪽과 77쪽의 도표 참조.

10 稻垣滿次郎(1892), 《東方策結論艸案》上, 東京: 哲學書院, 1쪽.

11 위의 책, 333쪽.

12 內村鑑三(1897), 《地人論》訂正版, 東京: 警醒社書店; 우치무라 간조 저, 김유곤 역(2000), 《內村鑑三全集》2, 크리스찬서적, 291쪽.

명의 '합일'을 이루는 매개자가 될 것이라는 대담한 예언이었다.

흥미로운 점은 이나가키가 영국에서 실리를 통해 카를 리터를 알았다면, 우치무라는 미국 프린스턴대학의 지리학 교수인 아놀드 기요Arnold Henry Guyot를 통해 카를 리터의 명성과 학문에 접할 수 있었다는 것이다.13 유럽에서 근대 지리학 성립이 바다를 통한 '세계'의 발견과 제패를 배경으로 했다면, 일본은 그런 지리학의 수용을 통해 '제국' 일본을 꿈꾸었다. 그 꿈을 펼칠 수 있는 무대가 태평양이었다. 유럽의 근대가 대서양의 발견에서 비롯되었다면, 일본의 근대는 태평양의 발견에서 태동하고 있었다. 러일전쟁 후 일본에서 대두된 남진론南進論은 태평양을 그들의 '호소湖沼'로 만들려는 욕망으로 표출했다.14

---

13 우치무라는 《地人論》을 출간하면서 이 책 제목이 Arnold Henry Guyot(1807~1884)의 *The Earth and Man: Lectures on Comparative Physical Geography in its Relation to the History of Mankind*(1949), Boston: Gould, Kendall, and Lincoln에서 따온 것임을 밝혔다. 두 책의 관계에 대하여는 辻田右左男(1977), "地人論の系譜", 〈奈良大學紀要〉 6, 28~39쪽 참조. 우치무라는 그의 《지인론》에서 말하기를, "아놀드 기요는 유명한 카알 리터의 숭배자였다"고 했다(위의 번역서, 198쪽).

14 竹越與三郎(1910), 《南國記》, 東京: 二酉社, 12쪽. 여기에서는 이렇게 외친다; "우리의 장래는 북(北)에 있지 아니하고 남(南)에 있고, 대륙에 있지 아니하고 바다에 있다. 일본 인민이 주목해야 할 것은 태평양으로써 우리의 호소(湖沼)로 삼는 대업(大業)에 있다." 일본에서의 북진론과 남진론에 대하여는 조명철(2008), "근대일본의 전쟁과 팽창의 논리", 〈사총〉 67; 허영란(2022), 《남양과 식민주의: 일본 제국주의의 남진과 대동아공영권》, 사회평론아카데미, 제1부 일본 제국주의의 '남진론' 참조.

한편, 태평양을 사이에 두고 일본과 마주하던 미국에서도 세기의 전환기를 그들이 주도하는 태평양시대로 열고자 했다. 그 주인공은 20세기를 '미국의 시대'로 만들고자 한 시어도어 루스벨트Theodore Roosevelt (1858~1919) 였다. 19세기 말 쿠바에서 미국과 스페인과의 전쟁이 벌어지자 해군차관직을 사임하고 '러프 라이더Rough Rider'라는 의용대를 조직하여 직접 산티아고 전투에 뛰어들었던 그는, 이후 부통령을 거쳐 대통령의 자리에 오르면서 카리브해와 태평양에서 미국의 주도권을 확립하는 데 앞장섰다. 이러한 그에게 이론과 실무적 경험을 제공했던 사람이 '해양력sea power'이라는 개념을 고안해 낸 알프레드 마한Alfred Thayer Mahan (1840~1914) 이었다. 두 사람은 아시아로 나아가는 통로인 태평양의 제해권을 확보하기 위해 미국의 하와이 합병과 필리핀 점령이 필수적이라는 데 인식을 같이했다. 이리하여 미국은 20세기 초 영국의 뒤를 잇는 해양제국이자 세계적인 강국으로 부상할 수 있었다.15

그렇다면 미국에서는 언제 태평양시대라는 말이 나왔을까? 이 문

15 브루스 커밍스 저, 박진빈 · 김동노 · 임종명 역(2011), 《미국 패권의 역사: 바다에서 바다로》, 서해문집, Part 2-5, "파괴해야 할 괴물을 찾아 해외로"; 마이클 J. 그린 저, 장휘 · 권나혜 역(2018), 《신의 은총을 넘어서: 1783년 이후 미국의 아시아 태평양 대전략》, 아산정책연구원, 제1부-3. "나는 미국이 태평양 연안의 패권국이 되기를 바란다: 시어도어 루스벨트 시기의 대전략" 참조. 마이클 그린은 서론에서 이렇게 말한다: "오랜 시간에 걸쳐 극동에 적용된 미국의 전략 문화에 하나의 중심 테마가 있다면, 그것은 미국이 아시아 혹은 태평양에 배타적 헤게모니적 지배를 구축하려는 다른 어떤 세력도 용인하지 않았다는 것이다."

제에 대하여 현재 자료로 제시할 수 있는 것은 1907년 10월 미시간주 디트로이트에서 발행된 〈태평양시대*The Pacific Era*〉라는 월간지이다.[16] 이 잡지의 창간호 첫 장에는 시어도어 루스벨트 대통령이 직접 자신이 했던 연설문을 고쳐 썼다는 기고문이 실렸다. 그런데 그 제목이 'The Pacific Era'였다.[17] 〈태평양시대〉라는 잡지는 루스벨트의 권위를 빌려 '태평양시대'의 도래를 일반에 널리 알리려 했던 것으로 보인다. 이 잡지가 나온 시점 또한 주의를 끈다. 1907년 10월이면 러일전쟁 후 아시아·태평양지역의 패권을 놓고 미일美日 간 불화와 갈등이 표출되던 때였다. 〈태평양시대〉의 발행 배경에는 그런 갈등을 선의의 경쟁과 화합으로 이끌려는 의도가 있었던 것은 아닐까 하는 생각을 해보게 된다.[18]

---

16 이 잡지는 창간호(1907. 10)부터 제8호(1908. 5)까지가 미국의 스미스소니언(Smithsonian) 도서관에 소장되어 있는데, 온라인 열람이 가능하다(https://library.si.edu/digital-library/book/pacificera11819071908detr).

17 Theodore Roosevelt(1907. 10), "The Pacific Era", *The Pacific Era*, Vol. 1, No. 1, 1~4쪽. 이 글 앞에는 "Being a speech delivered by the President and revised by him for publication in the Pacific Era"라는 설명이 붙어 있다.

18 〈태평양시대〉의 창간호를 보면, 발행사로 "The Pacific Era Publishing Co., Detroit Mich., U. S. A."라고만 기재하고 있을 뿐이며 발간사도 따로 싣지 않았다. 따라서 이 잡지의 발행 주체와 성격에 대해서는 앞으로 신중한 검토가 필요한데, 어떤 형태로든 일본 측의 영향력이 작용하고 있었던 것으로 보인다. 그 근거로는, ① 표지에 일본 황실 문양 및 사찰 표시(卍字)와 더불어 '태평양시대'(太平洋時代)라는 제호가 등장한다는 점, ② 창간호의 권두 화보에 'Osaka Castle'이 실린 점, ③ 창간호에 일본의 관료이자 정치가인 'Baron Kentaro Kaneko'(男爵 金子堅太郎)의 논문("Expansion Program of Nippon After the War")이 실린 점 등이

이제 우리가 관심을 가져야 할 것은 'The Pacific Era'라는 제목을 내건 기고문의 원출처이다. 최근에 밝혀진 바에 따르면, 그것은 루스벨트가 대통령에 취임한 후 처음으로 태평양 연안의 도시들을 순방할 때 샌프란시스코의 한 대중 집회에서 했던 연설문이었다.19 1903년 5월 13일이고, 장소는 1만 명 이상을 수용할 수 있던 기계 박람회장Mechanics' Pavilion이었다. 이 회장을 가득 메운 시민들을 대상으로 루스벨트는 30분 동안 열정적인 연설을 쏟아 냈었다.20 현재 대통령 기록물로 남아 있는 그 연설문과21 〈태평양시대〉에 실린 기고문을 비교해 보면 두 가지 차이가 있음을 알 수 있다. 첫 번째는 분량으로, 연설문이 기고문보다 훨씬 길다. 두 번째는 표현이나 일부 내용을 가다듬으면서 원래의 연설문에 없던 것이 기고문에서 추가되는 곳이 확인된다. 다음에 보이는 대목이 그것이다.

다. 가네코는 하버드대학 출신으로 귀족원 의원과 농상무대신을 지낸 바 있으며 '일미친선'(日米親善)을 위하여 노력한 인물이다.

19 Jung Wook (Chris) Suh (2019), "Pacific Crossings: American Encounters with Asians in the Progressive Era of Empire and Exclusion", Stanford University, Department of History, Ph. D. Dissertation, 1쪽.

20 *The San Francisco Call*, 1903년 5월 13일 자 "Programme of the President for To-day"; 5월 14일 자 "Pavilion Rafters Ring with Eloquence During an Extraordinary Mass Meeting".

21 Theodore Roosevelt (1903. 5. 13.), "Address at Mechanics' Pavilion in San Francisco, California". 이 연설문은 다음의 사이트에서 볼 수 있다. https://www.presidency.ucsb.edu/documents/address-mechanics-pavilion-san-francisco-california.

지중해시대는 로마제국과 함께 쇠퇴하고 아메리카의 발견과 더불어 끝났다.

대서양시대는 지금 그 발전의 정점에 서 있으며, 곧 가용자원의 고갈에 직면한다.

태평양시대는 이제 막 시작되려고 한다. 이 시대는 역사상 가장 위대하며, 온 인류를 마침내 하나의 거대한 공동체로 이끌게 될 것이다. **22**

이 대목은 가끔 신문이나 잡지, 또는 연구서에서도 부분적으로 인용되곤 하는데, 정확한 출처 표기 없이 그냥 1903년에 루스벨트가 했던 이야기처럼 쓰고 있다. **23** 그런데 이러한 기술은 잘못된 것이다. 태평양시대라는 표현이나 위에서 인용한 문장은 1907년의 기고문에서 처음 나온다. 깔끔하게 정리된 이 문장은 대중 집회에서 행해졌던 장황한 연설의 요점을 쉽게 알 수 있도록 해주었지만, 전후 맥락에 대한 이해가 없이 그 문장만을 따로 떼어 내어 인용할 때 의도치 않은 혼선과 오해를 불러일으킬 수 있다.

시어도어 루스벨트는 1903년의 샌프란시스코 연설에서 태평양시대라는 말을 직접 쓰지는 않았지만, 세기의 전환기 그러한 시대가

---

22 *The Pacific Era*, Vol. 1, No. 1 (1907. 10), 3쪽.

23 연구서로는 William McCord (1991), *The Dawn of the Pacific Century: Implications for Three Worlds of Development*, New Brunswick, N. J.: Transaction Publishers, 1쪽; Michael Yahuda (2004), *The International Politics of the Asia-Pacific*, 2nd Edition, New York, NY: Routledge, 5쪽 참고.

도래하고 있음을 분명히 하고 이에 맞추어 미국이 나아가야 할 방향과 비전을 제시하고자 했다는 점에서 우리는 그 연설에 주목할 필요가 있다. 루스벨트는 서두에 자신이 '팽창주의자expansionist'임을 밝힌 다음, 미국이 태평양 방면으로 뻗어 나가는 것은 피할 수 없는 운명이라고 역설한다. 그러면서 자신이 앞장서서 추진해 온 하와이 병합과 필리핀 점령, 태평양 해저전선의 부설, 파나마운하의 개발, 해군력 확장 사업 등이 모두 태평양에 대한 '미국의 평화로운 지배'를 위한 것이라고 말한다. 이어진 연설을 간추리면 다음과 같다.

> 바야흐로 세계의 문명은 지중해에서 대서양으로, 그리고 대서양에서 태평양으로 이동하고 있다. 바다 중의 바다, 대양 중의 대양인 태평양에서 동양과 서양은 마침내 하나가 될 것이다. 우리의 위대한 공화국인 미국만이 그 일을 해낼 수 있다. 지금 우리가 결정해야 할 것은 그 운명을 받아들일 것인가 아니면 피할 것인가 하는 것뿐이다. 미국이 20세기를 미국의 시대로 만들고자 한다면 우리는 과감하게 앞으로 나아가야 한다. 태평양의 관문인 샌프란시스코에 사는 여러분이 이 일에 앞장서야 한다.[24]

루스벨트의 웅변조 연설에 청중은 박수와 환호를 보냈다.[25] 그는

24 앞의 "Address at Mechanics' Pavilion in San Francisco, California"(1903. 5. 13.)와 *The San Francisco Call*의 관련 기사 참조.

미국의 '명백한 운명'을 믿는 팽창주의자였다. 그는 이제 막 시작된 20세기에 태평양을 지배하는 자가 세계의 중심국가로 떠오를 것임을 확신했다. 인도양과 대서양은 이미 유럽이 통제하고 있지만, 태평양만은 아직 힘의 공백 지대로 남겨져 있다. 누가 이 바다의 주인이 될 것인가? 루스벨트는 신대륙에서 새로운 공화국을 수립한 미국만이 그 주인이 될 자격을 갖추고 있다고 보았다. 동양과 서양을 연결하는 태평양은 미국적인 가치와 미국 주도의 새로운 질서 속에서 하나로 합쳐져서 새로운 인류공동체를 만들어 낼 것이다. 이 역사적인 과업은 평화적인 방법으로 이루어져야 하지만, 동시에 미국에 맞서는 세력을 언제든 제압할 수 있는 힘을 준비해 두어야 한다. 루스벨트는 1907년 말 '대백색함대The Great White Fleet'를 조직하여 세계를 한 바퀴 돌게 함으로써 20세기가 미국의 세기가 될 것임을 예고했다.26

1903년 봄, 시어도어 루스벨트의 태평양 연안 순방 소식과 그의 연설은 미국인뿐만 아니라 세계 각국의 정치가와 언론의 관심을 끌었다. 그런데 때마침 중국의 대표적인 계몽사상가이자 개혁가이며

---

25 청중은 연설 도중 18차례의 박수와 환호를 보냈다(위의 연설문과 신문 기사 참조).

26 Michael J. Crawford ed. (2008), *The World Cruise of the Great White Fleet: Honoring 100 Years of Global Partnerships and Security*, Washington, D.C.: Naval Historical Center, Dept. of the Navy; Henry J. Hendrix 저, 조학제 역(2010), 《시어도어 루스벨트의 해군 외교: 미 해군과 미국 세기의 탄생》, 한국해양전략연구소, 제7장 〈대백색함대와 미국의 세기 탄생〉 참조.

언론인이기도 했던 량치차오梁啓超(1873~1929)가 미국 순방길에 올랐다. 무술정변(1898) 실패 후 해외로 떠돌던 그가, 미주 화교들로 구성된 보황회保皇會 초청으로 캐나다 밴쿠버에 도착한 때가 1903년 3월 4일이었다.[27] 그는 이듬해에 《신대륙유기新大陸遊記》라는 여행기를 출간하는데, 이 책 앞에 루스벨트가 샌프란시스코에서 행한 연설의 주요 내용을 번역하여 수록했다.[28] 량치차오는 이때 태평양을 바라보는 미국의 시각과 입장이 어떤 것인지를 생생하게 접하고 충격을 받았다. 그는 루스벨트의 연설이 한 개인의 말이 아니라 '미국의 공언公言'임을 전제하고 다음과 같이 썼다.

> 무릇 그 말인즉, 〔미국이〕 세계무대의 대역大役을 맡고, 그들이 품은 장도壯圖를 실행에 옮긴다고 하니, 그 대역 장도의 목적지가 과연 어디이겠는가? 바라건대 아〔중국〕 국민은 이에 대하여 생각해 보아야 한다.[29]

이어서 쓰기를, 세계 대세는 나날이 태평양으로 집중하는바 그 목

---

27 셰시장 저, 김영문 역(2015), 《량치차오 평전》, 글항아리, 643쪽. 여기에는 밴쿠버 도착일이 '2월 초 6일'로 되어 있는데, 이는 음력 표기이다. 원자료인 《新大陸遊記》의 날짜 표기가 모두 음력이었다.

28 梁啓超(1967), 《新大陸遊記》, 沈雲龍 主編, 近代中國史料叢刊 제10집, 臺北: 文海出版社 印行, 7~9쪽. 이 번역문은 전체 연설의 절반 분량 정도가 된다. 이하 면수(두 쪽)는 《新大陸遊記》에 따른다.

29 위의 책, 9면.

적하는 곳이 중국이다. 따라서 중국이 그 지위로써 태평양을 활용하면 세계를 좌지우지할 수 있다. 그런데 중국은 스스로 태평양의 주인옹主人翁이 되지 못하고 두 손 모아 남에게 그 자리를 넘겨주려고 한다. “이러니 우리가 어찌 태평양에 대하여 말할 수 있겠는가! 그리고 차마 말하지 못하는 바가 어찌 이 태평양에만 그치겠는가!”30

량치차오는 1903년에 미국 동부와 서부의 주요 도시를 둘러보면서, 그가 서양인한테 듣고 책으로만 보던 미국을 재발견하게 되었다. 그것은 앞서 나온 '대역 장도'의 나라, 즉 태평양에 대한 지배를 통하여 세계의 패권을 움켜잡고자 하는 '제국주의' 미국의 발견이었다.31 그는 미국 외교의 근간인 먼로주의의 구호가 “아메리카는 아메리카의 아메리카”에서, 루스벨트의 시대에 이르러 “아메리카는 미국의 아메리카”로, 나아가 “세계는 미국의 세계”로 변질하고 있다고 했다. 한편, 량치차오는 미국의 자본주의가 고도의 단계로 접어들면서 트러스트라는 '괴물'을 낳고 있다고 보았다. 이 괴물은 뉴욕에서 태어나 전 미국으로 세력을 뻗치며, 전 세계로 달려가고 있는 '20세기 세계 유일의 주권'이라고 했다.

미국의 변질된 먼로주의와 고도화된 자본주의가 태평양으로 뻗쳐 나올 때, 일차적 표적은 어디이겠는가? 량치차오는 그 표적이 중국

---

30 위의 책, 10면.

31 량치차오는 루스벨트의 연설에 나오는 '팽창주의자'(expansionist)를 '제국주의자'로 번역하여 사용했다.

일 수밖에 없다고 단언하고, 이에 대한 경계와 위기의식을 갖게 되었다.32 그가 루스벨트의 연설문을 번역하여 《신대륙유기》의 앞에 넣었던 것도 중국인의 세계 대세에 대한 자각과 '맹성猛省'을 촉구하려는 목적에서였다.33

이제 우리가 살펴야 할 것은 한국에서는 언제 '태평양시대'라는 말을 쓰게 되었는가 하는 문제이다. 국내의 언론 보도에만 좁혀서 본다면, 1909년 2월 21일 자 〈황성신문〉에 실렸던 "대미국경영동방문제對美國經營東方問題하야 경고아동방제국警告我東方諸國"이라는 논설이 아닌가 싶다.34 그 첫 대목은 이렇다.

> 태평양의 해권海權 문제로 장래 동서양의 대경쟁이 있을 것은 일반 세인世人이 무불예언無不預言하는 바어니와

여기서 말하는 해권이라 함은 알프레드 마한이 고안해 냈던 'sea power'의 일본어 번역을 빌려온 것으로 보이는데,35 어떻든 태평양

32 이에 대하여는 백지운(2013), "량치차오(梁啓超), 《신대륙유기》(1903) –근대 중국 계몽주의의 기항지", 부산대학교 점필재연구소 고전번역학센터 편, 《동아시아, 근대를 번역하다》, 점필재, 204~212쪽을 참조.

33 梁啓超, 《新大陸遊記》, 7면.

34 국립중앙도서관의 대한민국신문아카이브와 국사편찬위원회의 한국사데이터베이스에서 '태평양시대'를 검색한 결과이다. 개인 저술이나 해외에서 발행된 동포 신문에는 이보다 앞서 나올 수 있다.

35 エー・テー・マハン 著, 水上梅彦 譯(1899), 《太平洋海權論》, 東京: 小林又七; 이 책은 A. T. Mahan(1897)의 *The Interest of America in Sea Power, Present*

문제가 세상 사람의 관심사라고 말하는 것은 주목할 만한 일이다. 한편, 이 논설에서는 시어도어 루스벨트가 최근 발표한 '정론政論'을 인용하면서 '태평양시대'라는 말을 꺼낸다. 그 대목만 보면, "금일은 최대 명운命運을 태평양시대에 부負하여 인류를 통합할 일대 제국"이 탄생할 것인바, "그 서광曙光을 비출 자 우리 미국이 아니겠는가"라고 되어 있다. 또 이렇게도 말한다. "우리가 이 태평양시대를 맞이하여 이 광영光榮한 위업의 선봉이 되어 대공大功을 이룰 것인가 아니면 다른 나라에 넘길 것인가는 우리 스스로의 선택에 달려 있다." 그 표현이나 논지를 볼 때 앞서 살핀 〈태평양시대〉 창간호(1907. 10)에 실렸던 루스벨트의 기고문을 떠올리게 한다.

〈황성신문〉의 논설에서 또 하나 주의 깊게 살필 것이 있다. 러일전쟁 후 태평양의 '해권'을 둘러싼 미일 간 갈등과 대립 양상을 서양과 동양 간 '대경쟁' 구도로 바꾸어 놓고 있다는 점이다. 이렇게 되면 국가보다는 지역과 인종의 문제가 우선시될 수밖에 없다. 실제로 〈황성신문〉은 그러한 논조를 펼친다. 즉, 동서양의 운명적 결판의 시기에 동문동종同文同種의 '우리我 동방제국'은 서로 제휴하고 서로 부조하여 공동 발달과 공동 이익을 주의하여 순치보거唇齒輔車의 세勢를 견고히 해야만 '저들 서인彼西人'의 팽창한 제국주의를 막아낼 수 있다는 것이다.

일본의 조선 병합을 앞둔 시점에도 〈황성신문〉은 여전히 '동양주

---

and Future, Boston: Little, Brown and Company을 번역한 것이다.

의'를 고수함으로써 일본의 침략에 제대로 대응하지 못하는 한계를 드러냈다.[36] 이른바 서세동점의 시기에 일본은 일본대로, 중국은 중국대로 각각 그들 국가와 민족의 안위를 절체절명의 과제로 인식했지만, 한국의 유교적 지식인들은 '서양문명'의 침투에 맞서 '동양문명'을 지켜내야 한다는 사명감에서 벗어나지 못했던 것이다.[37]

II

19세기에서 20세기로의 전환기, 태평양시대의 도래라는 시대적 변화에 민감하게 반응했던 한국인으로는 세 사람을 꼽을 수 있다. 최남선(1890~1957)과 현순(1879~1968), 그리고 이승만(1875~1965)이다. 이들 각각은 한국 근대사에서 자기만의 활동 영역을 갖고 자기만의 역할을 다했던 인물들이었다. 따라서 한 사람, 한 사람에 대해서는 상당한 연구가 이루어졌다. 특히 이승만과 최남선의 경우에는 너무 많은 논저가 나와 있어 이에 대한 연구사 정리조차 쉽지 않은 실정이다.

---

36 안종묵(2002), "황성신문 발행진의 정치사회사상에 관한 연구", 〈한국언론학보〉 46-4; 노대환(2017), "대한제국 말기(1904~1910) 〈황성신문〉의 현실 인식과 대응 양상의 변화: 〈대한매일신보〉와의 비교를 중심으로", 〈이화사학연구〉 제54호 참조.

37 한국의 유교적 지식인과 달리, 량치차오는 오직 '서구 대 중국'이라는 이항 구도 안에서 사유하고 중국의 진로를 모색했다는 점에서 비교가 된다. 그에게는 '동양'이라든가 '아시아'라는 인식이 부재했거나 불완전했다(백지운, 앞의 글, 224쪽).

그런데 세 사람을 같은 시대에 놓고 함께 살핀 사례는 아직 본 바 없다. 이는 어쩌면 당연한 일이기도 하다. 그들의 활동 시기와 무대가 달랐기 때문이다. 이승만과 최남선은 15살 차이가 난다. 최남선이 태어날 때, 이승만과 현순은 혼사를 치렀다. 이렇게 보면, 한 세대 정도 차이가 난 것처럼 보일 수 있다. 공간적인 거리는 또 어떠했을까? 최남선이 일본 도쿄의 와세다대학에 적을 둘 때, 이승만은 미국 동부의 조지워싱턴대학에서 공부하고 있었다. 현순은 이때 하와이의 사탕수수농장에서 일하는 한인들의 조기 정착과 안정을 위해 힘을 쏟고 있었다. 도쿄와 워싱턴 D.C.는 지구 반대편에 위치했다.

그렇다면 세 사람은 우연한 기회에라도 서로 만난 적이 없었을까? 이승만과 현순은 청일전쟁 후 각각 배재학당과 한성영어학교에 들어갔다. 당시 배재학당은 '양인촌洋人村'으로 불리던 정동에 있었다. 관립인 한성영어학교는 광화문 앞 육조거리 서편에 있던 농상공부 뒤쪽에 자리 잡고 있었다. 지금의 세종문화회관 뒤편이다. 광화문 네거리만 지나면 이승만과 현순은 언제든 서로 만날 수 있었다. 당시 '신식' 학교의 생도들은 토론회라든가 운동회를 통하여 서로 교류하고 있었다. 현순은 서재필의 '특별 강연'을 듣기 위하여 배재학당으로 가곤 했다. 이승만이 배재학당을 졸업하면서 영어 연설을 할 때, 한성영어학교 생도들이 그 연설을 듣고 있었다.

1898년에는 서울 장안을 떠들썩하게 하는 일이 벌어졌다. 한국 역사상 처음 보는 대중 집회인 '만민공동회萬民共同會'였다. 당시 한성부 관할하의 서울(도성 안과 성저십리) 인구가 20만 명 정도로 추산되니, 만 명이 서울 한복판인 종로나 경운궁 또는 경무청 앞에 모였다면 이 자체만으로도 일대 사건이었다. 이승만과 현순은 이때 연사 또는 농성자로 그 자리에 함께했다.

최남선은 이때 어디서 무엇을 하고 있었을까? 1898년이면, 최남선이 만 여덟 살이 되던 때이다. 그 자신의 회고에 따르면, 대여섯 살에 '국문'을 깨친 후 한글로 된 신문이나 잡지 또는 성경책을 보면서 세상 돌아가는 형편에 눈을 떴다고 한다. 그의 집은 이때 한약방 거리인 구리개銅峴(현 을지로 2가 부근)에 있었다 하니, 두세 구역만 건너면 만민공동회가 열리는 장소로 이동할 수 있었다. 그렇다면, 최남선은 만민공동회에서 '열혈청년'으로 이목을 끌던 이승만의 연설을 직접 보고 들을 수 있지 않았을까? 현순은 그의 아버지가 독립협회 지도부의 일원으로 경무청에 구금되자 그 앞에서 장기 농성에 들어가는데, 혹 최남선은 이때 그 현장에 구경하러 가지 않았을까?

이러한 추측을 가능케 하는 근거가 있다. 최남선은 1930년에 집필한 《조선역사강화》에서 경무청 앞 시위에 대하여 이렇게 기술했다.**38** "이에 독립협회 회원들이 격앙하여 그날로 경무청 앞에서 만

---

38 최남선의 《조선역사강화》는 〈동아일보〉에 1930년 1월 12일부터 3월 15일까지 연재된 후 이듬해 단행본 《조선역사》로 출판되고, 1946년에 《신편 조선역사》로 재출간되었다. 최남선은 이 대중적인 개설서에서 조선사의 체계를 상고(上古)-중고(中古)-근세(近世)-최근(最近)으로 잡은 후, 홍선대원군 집권 이후의 '최근'에서 독립협회-만민공동회-관민공동회로 이어지는 개혁운동을 비중 있게 다루었다.

민공동회를 열고, 고영근이 회장이 되어 당국을 규탄하였다. 잡힌 사람이 재판소로 넘어가자 다시 경무청 앞으로 만민공동회장을 옮기고 비바람을 무릅쓰고 연일 밤을 새우며 이를 계속하였다. 그들이 방면되는 것을 보고 다시 종로로 대회장을 옮기자 해산하라는 칙령이 연이어 내려왔다. 그러나 독립협회는 거짓된 사실로 독립협회를 무고한 조병식 이하의 처리와, 헌의獻議6조의 실시와, 독립협회의 복구를 보아야 하겠다 하고 따르지 아니하고 연이어 상소하였다."

이다음에도 현장을 보지 않고는 쉽게 쓸 수 없는 글이 계속되는 것으로 보아,39 만민공동회를 따라다녔던 어린 최남선의 모습을 떠올려 볼 수 있다. 서울 장안을 온통 떠들썩하게 했던 1898년은 분명 한국 근대사에서 획기적인 시기였다.40

그 후 세 사람이 가는 길은 달라진다. 만민공동회의 절정기 정부

---

39 최남선 저, 오영섭 역(2013), 《조선역사강화》, 경인문화사, 132. 〈會商의 충돌〉, 140~142쪽. 여기서 '회상'이라 함은, 만민공동회에 참석한 사람들과 정부의 사주를 받은 보부상단이 집회 현장에서 충돌하여 사상자를 다수 냈던 사건을 가리킨다.

40 전인권 · 정선태 · 이승원이 함께 펴낸 《1898, 문명의 전환: 대한민국 기원의 시공간》(이학사, 2011)에서는, 그 제목이 시사하듯이 '문명사적 관점'에서 볼 때 1898년은 대한민국 기원의 시 · 공간을 이룬다는 논지를 펴고 있다. 이러한 주장의 근거는 1898년에 그 활동이 개시되고 정점에 달했던 만민공동회이다. "요컨대 만민공동회는 한국적 의회 민주주의의 맹아(萌芽)이며, 그런 의미에서 한국 근대정치의 원형"으로 볼 수 있다는 것이다(149쪽). 아직 그 입론의 근거와 역사적 사실들에 대한 고증이 충분치 않지만, 1898년이라는 해의 역사성을 부각시킨 것은 주목할 만하다. 1898년의 '주역'들은 3 · 1운동기에 다시 등장하여 대한민국임시정부에 주도적으로 참여한다.

대신뿐만 아니라 고종의 우유부단한 태도까지 비판했던 이승만은 반역죄로 몰려 종신형을 선고받았다. 6년 후 러일전쟁이 일어나자 이승만은 특사로 풀려나서 미국 유학길에 올랐다. 현순의 경우, 그의 아버지가 반역죄에 연루되어 일본으로 도피하자, 그 또한 일본으로 건너갔다. 그리고는 도쿄의 중등학교를 졸업한 후 귀국했다가 한인 노동자들을 이끌고 하와이로 갔다. 최남선은 일본어를 가르치는 경성학당에 잠시 다니다가 일본으로 유학을 떠났다.

러일전쟁을 전후하여 세 사람은 각자 다른 길을 걸었지만, 이런 가운데도 그들이 함께 바라보는 곳이 있었다. 바로 태평양이라는 바다였다. 그들은 서양의 근대문명이 바다와 함께하며 그 바다의 중심인 태평양을 지배하는 나라가 한국의 운명에도 영향을 미칠 것으로 내다보았다. 그들은 이처럼 시대 인식을 공유했을 뿐만 아니라 국민계몽에도 적극 나섰다. 그들은 잡지 발간이라든가 저술 활동을 통하여 한국인에게 대륙이 아닌 바다로 눈을 돌릴 필요성을 일깨우고, 나아가 '태평양시대'의 도래를 예고함으로써 한국과 한국인이 새롭게 나아가야 할 방향을 제시하고자 했다.

이를테면 최남선은 러일전쟁 후 '해국海國' 일본의 발전상을 목도目睹한 후 〈소년〉지를 창간하고 "해상대한사"라는 기획물을 연재함으로써 '태평대양太平大洋'으로의 진출과 '외신대한外新大韓'에 대한 포부를 밝혔다. 현순은 하와이에서의 이주 체험을 바탕으로 《포와유람기》를 출간하여 태평양시대의 도래와 하와이의 지정학적 중요성을 알리고자 했다. 이승만은 프린스턴대학에서 국제법상 해상에서의 자유와 중립문제를 가지고 박사학위를 딴 후 귀국했다가 하와이로 망명하여 〈태평양잡지〉를 창간했다.

이 모든 일이 일본의 조선 병합을 전후한 5~6년 동안에 이루어졌다. 왜 이런 일이 이때 벌어졌는가? 그들 세 사람이 공유한 시대 인식의 구체적인 내용은 어떤 것이었을까? 그들은 '국망國亡'이라는 역사적 사건을 어떻게 바라보았을까? 이런 문제들에 대하여 깊고 넓게 들여다보려는 것이 이 책을 내게 된 동기이자 목적이다. 바라건대, 이러한 연구가 한국 근대의 인물사 연구에 새로운 흥미를 더해주고, 최근 활기를 띠고 있는 한국해양사 연구에서 간과되어 온 태평양이라는 드넓은 바다로 눈을 돌릴 수 있는 계기가 되었으면 한다. 오늘날 우리 주변에서 종종 거론되는 환태평양이라든가 아시아·태평양 담론의 역사적 배경과 그 맥락을 이해하는 데에도 도움이 될 수 있기를 바란다.

III

이 책은 4개의 장으로 이루어졌다. 첫 장은 "시대적 전환기, 주변부의 세 인물"이다. 여기에서는 개항기(1876~1910)를 배경으로 한 이승만, 현순, 최남선의 출생과 성장기를 다룬다. 이들은 조선왕조의 양반관료제 사회에서 주변적인 인물이었다는 공통점을 지녔다. 최남선과 현순은 중인 계층에 속했고, 이승만은 몰락 양반 출신이었다. 이들은 서양 문물과 신학문 수용에 적극적이었다. 그리고 대중

계몽과 개혁 운동에 나섰다. 외래 종교인 기독교로 개종하거나 수용적이었다. 이런 이야기는 대충 알려졌는데, 이 책에서는 좀 더 깊이 파고들면서 세 사람의 공통점과 차이점을 드러내고자 한다.

이를테면 그들은 개항기 해외 유학과 체험이라는 공통점을 지니고 있었다. 최남선은 일본 도쿄에서 2년 반을 보냈다. 현순은 도쿄에서 3년, 하와이에서 한인 이주자들과 함께 4년여를 지냈다. 이승만은 미국 동부에서만 5년 반을 보냈다. 그는 미국으로 갈 때는 태평양을 건넜고, 귀국할 때는 대서양과 시베리아를 가로질러 지구를 한 바퀴 돌았다. 세 사람이 해외로 나간 20세기 초, 세계 각 지역의 문명적 격차는 컸다. 원시적인 삶을 유지하는 곳이 있는가 하면, 산업혁명을 거쳐 독점자본주의로 진행되는 곳도 있었다. 동아시아 3국이 처한 상황과 발전 단계도 각각 달랐다. 그러한 환경과 현실적 차이에 대해서는 오감이 작동하는 체험을 통해서만 느낄 수 있었다. 이때에는 어디에서 무엇을 어떻게 보았는가가 중요했다. 세 사람은 서양문명 예찬론자였지만, 그들이 실제 보았다는 '문명'의 내용과 형태는 각각 다를 수 있었다.

제 2장은 "최남선의 일본 체험: 〈소년〉과 태평대양의 발견"이다. 최남선은 글 쓰는 것을 업으로 삼았지만, 자신의 출생과 가정환경에 대한 기록을 별로 남기지 않았다. 일기도 거의 쓰지 않았다. 일본 유학 시절의 체험기록도 찾아보기 어렵다. 그의 성장기와 유학기의 사진조차 남아 있지 않다.[41] 〈소년〉지 창간 이후에야 최남선은 조

금씩 지난 이야기를 하지만, 유학 시절에 대한 것은 좀처럼 나오지 않는다. 왜 그랬을까? 혹 어떤 사연이 있었던 것은 아닐까? 앞으로 관심을 갖고 들여다보아야 할 문제이다.

이야기를 바꾸어 보자. 개항 후 바닷길이 열리고 사람과 상품의 이동에 따른 문물 교류가 활발해지면서 바다와 문명에 대한 담론이 서서히 형성된다. 이때 그 중심에 섰던 것이 월간지 〈소년〉(1908. 11~1911. 5, 통간 23호) 이었다. 근대적인 종합잡지의 '효시'이고 잡지다운 잡지의 '시초'로 평가받는 〈소년〉은, 만 18세의 '소년' 최남선이 거의 혼자서 편집하고 기사를 작성한 '1인 잡지'였다는 점에서도 주목을 받아왔다.42 그런데 어떻게 그런 일이 가능했을까? 이로 말미암아 잡지 발행이나 내용상에 어떤 문제가 생기지는 않았을까? 이런 의문이 들 수밖에 없지만, 기왕의 연구들은 이에 대하여 별로 신경을 쓰지 않았던 듯하다.

〈소년〉은 최남선의 존재를 '신문화운동'의 주역으로 끌어올리며 세인의 이목을 끌었던 잡지였던 만큼, 이에 대해서는 (국) 문학에서부터 언론학, 역사학, 지리학에 이르기까지 다양한 분야에서 활발

---

41 〈소년〉 제 3년 제 8권(1910. 8), "去年 此時의 執筆人의 風流" 상단에는 1909년 여름 동래부(東萊府) 진원루(鎭遠樓)에서 친구들(金雨英, 韓興敎)과 함께 찍은 사진이 실려 있는데, 이것이 그의 모습을 담은 최초의 사진이 아닌가 싶다. 인쇄상의 문제 때문인지 사진이 흐릿하여 얼굴을 알아보기가 어렵다. 이승만이나 현순은 최남선보다 한 연배 위였지만, 1905년 이전에 찍은 그들의 사진을 남겨 놓았다.

42 이러한 평가들에 대하여는 박용규(2011), "최남선의 현실 인식과 〈소년〉의 특성 변화: 청년학우회 참여 전후의 변화를 중심으로", 〈한국언론학보〉 55-1, 462쪽.

하게 연구가 이루어져 왔다.43 그런데 정작 최남선의 〈소년〉이 어떻게 세상에 나올 수 있었는지에 대한 배경과 경위에 대한 검토는 거의 이루어지지 않았다. 따라서 〈소년〉지에 담긴 내용과 사고의 틀에 대한 분석에도 어떤 한계가 있을 수밖에 없었다고 생각한다. 필자는 〈소년〉을 읽으면서 갖게 된 이런저런 의문을 풀기 위해 최남선의 일본 체험과 잡지 창간의 과정을 되짚어 보았다.

이리하여 내린 결론은 이렇다. 최남선의 신문관 설립과 〈소년〉지 창간의 본보기가 되었던 것은 청일전쟁 후 '제국'의 이미지를 상품화하여 일본 최대의 출판사로 성장한 박문관博文館과 이곳에서 발행한 〈태양太陽, *The Sun*〉 및 〈소년세계少年世界〉라는 월간잡지였다. 최남선은 와세다대학 중퇴 후 박문관이 창립자를 위하여 세운 대교도서관大橋圖書館(현 삼강도서관三康圖書館)의 잡지열람실에 다니면서 도쿄의 박문관과 같은 '출판왕국'을 서울 한복판에 세워 보고자 하는 당찬 포부를 키웠다. 참고로, 박문관은 메이지 시대의 출판사 중 전쟁과 제국 그리고 출판 사업과의 상호관계성을 보여주는 대표적인 사례였

---

43 누리미디어(http://www.dbpia.co.kr/)와 한국학술정보(http://kiss.kstudy.com/)에 '최남선과 소년'이라는 검색어를 넣었을 때 70~80편의 논문을 찾을 수 있었다(중복 제외). 물론 검색어를 조금씩 바꾸면 새로운 논문들이 나온다. 단행본에 묶인 논문들까지 합치면 최소 100편이 넘지 않을까 생각된다. 역사학 분야의 단행본으로는 이영화, 《최남선의 역사학》(경인문화사, 2003)과 류시현, 《최남선 연구: 제국의 근대와 식민지의 문화》(역사비평사, 2009)가 있다. 류시현은 《동경삼재: 동경 유학생 홍명희 최남선 이광수의 삶과 선택》(산처럼, 2016)이라는 평전을 따로 냈다.

다.44

이제는 바다의 이야기로 돌아가자. 〈소년〉지는 그 체재나 내용 면에서 이런저런 한계를 지녔었지만, 그런데도 하나의 독특한 연재물이 있어 그 존재 가치를 드러냈다. 〈소년〉에서 가장 오랜, 그리고 가장 긴 연재물(총 12회)이었던 "해상대한사海上大韓史"가 그것이다. 이것은 〈소년〉에서 가장 의욕적이고 독창적인 기획물이었다.45 땅이 아닌 바다, 대륙이 아닌 해양의 관점에서 한국의 역사를 살펴보려는 최초의 시도였기 때문이다.

그렇다면 최남선이 "해상대한사"에서 말하고자 한 바는 무엇이었을까? 그것은 다음의 표어로 압축된다. "목금目今 세계 문운文運의 대중심은 태평대양과 태동대륙에 있나니 우리 대한은 좌우로 이 양처를 공제控制함을 생각하라." 여기에 나오는 대양과 대륙 중 최남선이 특히 강조했던 것은 태평대양이었다. 그 바다를 통하여 '원동린遠東鄰' 미국과 연결되기 때문이다. 최남선은 메이지 시대 일본의 문명개화가 미국에 의한 개항과 그 영향에 따른 것으로써 일본은 미국의 아

---

44 함동주(2010), "일본제국의 성립과 박문관의 출판활동: 청일전쟁기를 중심으로", 〈동양사학연구〉, 113 참조.

45 "해상대한사"에 대해서는 기왕에 개괄적인 소개나 부분적인 검토만 있었을 뿐, 그 연재물의 기획 의도와 내용 및 의의 등에 대한 깊이 있는 분석은 아직 이루어진 바 없다. 권동희(2004), "최남선의 지리사상과 〈소년〉지의 지리교육적 가치: '해상대한사'를 중심으로", 〈한국지리환경교육학회지〉 12-2; 김현주(2007), "문화사의 이념과 서사전략: 1900~20년대 최남선의 문화사 담론 연구", 〈대동문화연구〉 58 참조.

류일 수밖에 없다고 보았다. 그는 이렇게도 말했다. "일본은 신대한의 가장 거치적거리는 경쟁자로서 저 일본만 없으면 미국과 바로 교통할 수 있을 것이다." 러일전쟁 후 떠오르는 '해국海國' 도쿄에서의 긴장된 체험을 통하여 태평양을 발견한 최남선은 이 바다를 통하여 미국의 선진 문명을 바로 수입하고 그들과 연결을 맺음으로써 일본에 맞서고 이겨내고자 했다. 이러한 소망이 최남선의 '신대한' 구상으로 연결된다. 그는 태평양을 '우리의 운동장'으로 만들자고 했다.

제 3장은 "현순의 하와이 체험: 《포와유람기》와 태평양시대의 예견"이다. 현순은 최남선과 달리 개인적인 기록을 많이 남겨 놓았다. 대표적인 것이 《현순자사玄楯自史, *My Autobiography*》이다. 국한문본과 영문본이 있는 이 자전기록은 총 20개 장으로 이루어졌다.46 그 가운데 3개의 장에서 포와布哇,47 즉 하와이로 가게 된 배경과 동기, 하와이에서의 활동상, 그리고 귀국길에 오르게 된 이유를 기술하고

---

46 현순이 1930년대에 쓴 《玄楯自史》와 말년에 이를 영역한 *My Autobiography*는 그의 아들 데이비드 현과 재미학자 김영목이 공동 편집하여 국내에서 출간했다. David Hyun & Yong Mok Kim eds.(2003), *My Autobiography by the Reverend Soon Hyun 1878~1968*, Institute for Modern Korean Studies, Yonsei University Press. 후반부에 국한문으로 된 《玄楯自史》가 수록되어 있다(213~324쪽).

47 布哇는 Hawaii를 가리키는 일본식 한자이다. 이를테면 'The Hawaiian Islands'는 布哇群島로, 'Kingdom of Hawaii'는 布哇國, 'The Territory of Hawaii'는 布哇縣으로 번역했다. Hawaii의 중국어 음역은 夏威夷 또는 阿歪希이다. 그 이전에는 하와이의 옛 이름인 'Sandwich'섬의 음역을 따서 三維斯, 三羅斯, 三德桅支 등으로 불린 바 있다[〈漢城周報〉(1886. 9. 20.), "太平洋群島考略"].

있다. 이런 기록을 통하여 우리는 현순의 하와이 체험의 대체적인 내용을 알 수 있다.

《포와유람기》(국한문, 본문 58쪽)는 현순의 귀국 후 1년 반이 지난 1909년 1월 서울에서 출간되었다.[48] 이 소책자에는 서문이나 발문이 나오지 않는다. 따라서 저자가 책을 쓰게 된 동기와 목적이 무엇이고, 그가 활용한 자료는 어떤 것이었는지를 알 수 없다. 책의 구성도 좀 어색하다. 4개의 장(총론/지리/역사/경지)으로 이루어지는데, '총론'에 하와이로 이주한 한인들의 이야기가 들어가는가 하면, 각론에서는 하와이의 지리와 역사 그리고 경지에 대한 개괄적인 기술이 나온다. 《포와유람기》라는 책 제목에 맞춘다면, 총론에서 하와이의 역사와 지리에 대하여 소개한 후 각론에서는 한인 이주자들이 낯선 환경과 사회에 적응해 가는 과정과 그들의 애환, 그리고 자기가 한 일과 역할 등에 대하여 서술하는 것이 자연스럽고 독자들의 관심을 끌 수 있었다. 그런데 이런 순서가 뒤바뀌다 보니 《포와유람기》는 '유람기'가 아니라 '안내기'처럼 되어 버렸다.

필자는 그런 점에 의문을 갖고 자료의 출처를 조사하던 중 현순의 《포와유람기》가 일본에서 앞서 출간된 《신포와新布哇》(東京: 太平館, 1890)라는 책에 상당 부분 의존했음을 확인하게 되었다. 요컨대

---

48 《포와유람기》 초간본은 한국학중앙연구원과 고려대학교, 연세대학교, 이화여자대학교 도서관 등에 소장되어 있다. 국립중앙도서관 소장본은 온라인 열람이 가능한데, 그 발행처가 '불명'으로 처리되어 있다.

현순은 그 《신포와》 중 일부 항목과 내용만을 골라 《포와유람기》에 번역 · 수록하는 한편, 자신의 하와이 체험에 기초한 이주 한인들의 이야기를 '총론'에 담았다. 기왕의 연구자들은 이 '총론'만을 눈여겨 봄으로써 《포와유람기》가 지니는 '기행기' 내지 '견문록'으로서의 성격과 자료적 가치를 인정해 왔다.[49] 하와이 이민사를 다루고자 할 때, 초기 이주자들의 자료가 거의 없다시피 한 만큼 현순의 체험기록은 그 자체로서 충분한 의미를 지닐 수 있었다. 그런데 이렇게 보는 것은 어디까지나 오늘날의 시각이자 관점일 뿐이다.

《포와유람기》가 당대에 지녔던 가치와 의의는 하와이의 지정학적 중요성에 대한 발견과 더불어 태평양시대의 도래에 대한 예고였다. 이 책이 나왔던 1909년이면, 하와이 이주는 이미 중단된 상태였다. 따라서 이때 하와이에 대한 일반의 관심은 한국 노동자의 이주지에서부터 아시아와 미주를 연결하는 중간 기착지로서의 역할과 이것이 지니는 전략적 가치에 대한 것으로 옮겨 가고 있었다. 고종을 비롯한 조선의 지배층과 지식인들이 원래 이런 관심을 지니고 있었기에 하와이로의 한인 이주에 대해서도 호의적일 수 있었고, 이것은 또 역으로 하와이에 대한 한국인의 관심을 더욱 증폭시킬 수 있었다.

이러한 관점에서 보면 우리가 《포와유람기》에서 주의 깊게 살펴야 할 것은, 이 책의 11절과 12절에 나오는 "포와의 상업"과 "포와의

---

49 한규무(2008), "현순: 《포와유람기》", 〈한국사 시민강좌〉 42; 김미정(2014), "하와이 견문록 《포와유람기》 고찰", 〈어문연구〉 80 참조.

군비軍備"이다. 그 요지인즉, 세계가 둥글듯이 상업과 해운업의 중심점도 '극서'로부터 '극동'으로 이동하는바 지중해시대가 대서양시대로, 대서양시대가 태평양시대로 옮겨 왔다는 것이다. 이때를 당하여 하와이의 전략적 중요성은 더욱 커져 상전商戰과 병전兵戰의 일대요진一大要鎭이 되었다. 바야흐로 태평양시대를 맞이하여 하와이가 미국이 아시아 방면으로 나아가기 위한 전초기지로서의 역할을 다하게 될 것이라고 내다보았다.

이상과 같은 이야기는 우리가 앞서 보았듯이 이나가키 만지로, 시어도어 루스벨트, 량치차오 등이 했던 말과 크게 다르지 않다. 다만 한 가지 차이가 있으니, 그것은 다가오는 태평양시대에 한국과 한국인이 해야 할 일이 무엇인가에 대한 현순 나름의 판단과 주장이 빠져 있다는 점이다. 그는 하와이에서의 이주 체험을 통하여 분명 자기만의 생각을 갖고 있었을 터인데, 이를 밖으로 드러내지 않는 신중함을 보여주고 있다. 최남선과 마찬가지로 대한제국 정부나 일본에 대한 태도를 명확히 밝히기가 부담스러웠던 것이다. 일이 잘못되면 자기 개인은 물론이고 집안에도 영향을 미칠 수 있었다. 현순은 독립협회와 만민공동회 시기 '정치 운동'으로 패가망신한 아버지를 보고 뼈저리게 느낀 바 있었다. 이 일 때문에 현순은 가장 중요한 시기에 자기의 진로를 바꾸어야 했다. 대한제국기의 상황이 그러했다.

제 4장은 "이승만의 미국 체험: 미일충돌론과 〈태평양잡지〉 발간"이다. 이승만은 동시대의 정치가 중 가장 많은 기록을 남겼다.[50]

그는 스스로 시대를 앞서가는 선각자라고 생각했다. 따라서 말과 글을 통하여 자기를 드러내는 데 적극적이었다. 30대부터 자전적인 기록을 남기기 시작했다.[51] 그만큼 자신감이 넘쳤다. 이렇게 된 데에는 5년 반 동안의 미국 체험(1904~1910)이 크게 한몫했다. 이 시기에 이승만은 자기만의 '신화'를 만들었다. 러일전쟁 발발 후 한국의 운명이 결정되던 시기에 그는 미국의 국무장관(John Hay)과 대통령(Theodore Roosevelt)을 차례로 만나 한국의 독립 보전을 호소했다. 동방에서 온 '무명의 청년'이 세기의 전환기 미국의 대외정책을 결정했던 인물들과 대면했던 것이다. 이리하여 이승만은 '청년외교가'라는 칭송을 받게 되었다.

이승만은 프린스턴대학 시절 샌프란시스코의 한인사회에서 발행하고 있던 〈공립신보〉에 "논미일협상論美日協商"이라는 논설을 기고했다. 한글로 된 부제는 "미국과 일본이 새로 협상한 것을 의론함"이었다. 1908년 12월 6일 자 신문 제 1면에 실렸던 이 논설은 2천 자가

50 이승만의 글쓰기에는 세 가지 종류가 있다. 첫 번째는 그가 직접 편집 및 집필에 참여한 신문 및 잡지이다. 이를테면 〈협성회회보〉, 〈매일신보〉, 〈제국신문〉, 〈태평양잡지〉, 〈태평양주보〉 등이다. 두 번째는 그의 저술 및 번역서이다. 《독립정신》, 《청일전기》, 《한국교회핍박》, *Japan Inside Out* 등이다. 세 번째는 이화장(梨花莊)에 소장되어 있던 비공개문서들이다. 이들 자료는 1990년대부터 정리 작업을 거쳐 공간되기 시작했고, 최근에는 DB 작업이 진행되고 있다. 보다 자세한 것은 연세대학교 이승만연구원의 홈페이지를 참조할 것.

51 이정식 저, 권기붕 역(2002), 《초대 대통령 이승만의 청년시절》, 동아일보사, 부록 참조.

넘는 장문이었다. 망국을 전후하여 이승만이 쓴 글들 가운데 가장 주목한 만한 논설이었다. 그의 '친미' 외교노선이 어떤 배경과 국제 정세 인식 위에서 성립되고 있었는지를 잘 보여주기 때문이다. 동시에 글의 묘미를 느낄 수 있게 해주는 논설이기도 하다. 학계에서는 이 논설에 별다른 주의를 기울이지 않았다.

이승만은 현순과 마찬가지로 20세기를 태평양시대로 보고, 이 바다의 양편에서 세력을 확장하고 있는 미국과 일본이 언젠가는 부딪칠 수밖에 없다고 보았다. 그의 표현을 빌리면, "〔장차〕 미일 간의 관계를 정돈시킬 것은 붓이 아니오 칼인 줄로 믿는 바"였다. 이러한 미일충돌론은 그 후 이승만이 국제정세를 바라보는 중심축이 되었다. 한국의 국권 회복이 미일전쟁에 달려 있다고 보았기 때문이다. 러일전쟁 후 자력에 의한 독립 보전이 불가능한 상황에서 미국에 대한 일방적인 기대감이 한국의 지식인과 민족주의자들에게서 싹트고 있었다.

이승만은 1913년 2월 하와이에 정착했다. 정치적 망명지로 이곳을 택했다. 그리곤 6개월 만에 〈태평양잡지*The Korean Pacific Magazine*〉(국문, 월간)를 창간했다. 한국인이 발행한 신문이나 잡지에 '태평양'이라는 바다 이름을 표제에 넣은 것은 이것이 처음이 아닌가 싶다. 〈태평양잡지〉는 1913년 9월 1일에 창간된 후 1930년 12월 〈태평양주보〉로 바뀔 때까지 나오지만, 자금 사정으로 중간에 끊긴 적이 많고 보존 상태도 좋지 않아 현재 남아 있는 것은 23개 호수에 지나지 않는다. 이 책에서는 발행 초기(1913. 11~1914. 6)의 6권을 분석 대상으로 삼았다.[52] 이 시기에는 이승만이 사장 겸 주필로서 거의 모든 기사를 직접 작성했다. 외부 기고문은 두세 건 정도에 그쳤다. 최남선의 〈소년〉처럼, 초기의 〈태평양잡지〉는 이승만의 '1인 잡지'였다. 매호 분량은 100쪽 내외였다.

〈태평양잡지〉의 초기 기사를 제목과 내용에 따라 분류해 보면 두 개의 범주로 나눌 수 있다. 하나는 세계정세에 관한 것이고, 다른 하나는 하와이 한인사회에 대한 것이다. 첫 번째 범주에서는 미국과 일본 또는 영국과 같은 '제국'들과 필리핀이나 인도 또는 한국과 같은 식민지 약소민족의 문제가 함께 다루어진다. 이외에도 중국에서의 '공화'정부 수립, 멕시코 '풍운'과 미국과의 관계, 영국과 아일랜드의 자치문제, 발칸반도의 터키와 소국들 동향, 파나마운하의 개통 등이 비중 있게 소개된다. 이때는 제1차 세계대전을 앞둔 시점이었지만, 잡지의 기사들에서는 국제정세의 긴박감이 느껴지지 않는다. 제국과 식민지 사이의 모순과 투쟁이 제대로 포착되지 않았기 때문이다. 여기에는 당대의 제국주의와 식민지 약소민족 문제를 바라보는 이승만의 시각과 인식상의 한계가 작용하고 있었다. 그는 제

52 국가보훈처에서는 국내외 여러 곳에 소장된 〈태평양잡지〉들을 한데 모아 2013년에 자료집(영인본, 2권)으로 펴냈다. 제1권에는 발행 초기의 〈태평양잡지〉 6권(1913. 11~1914. 6, 총 560쪽)이 수록되어 있다. 이 잡지에 대한 분석으로는 오영섭의 두 편의 논문이 나와 있다. "1910~1920년대 〈태평양잡지〉에 나타난 이승만의 정치사상", 〈한국민족운동사연구〉 70(2012) ; "하와이에서 이승만의 〈태평양잡지〉 발간 활동과 독립사상", 이덕희·오영섭 외(2012), 《이승만과 하와이 한인사회》, 연세대학교 대학출판문화원.

국과 식민지의 관계를 오직 문명과 야만의 관계로 보는 서구 중심주의적인 사고에 빠져 있었다. 그는 또한 백인(주로 앵글로색슨) 본위의 인종주의적 관점에서도 자유롭지 못했다.

한편, 이승만은 1913년 2월 하와이에 정착한 후 여러 섬에 흩어져 있던 동포 방문길에 나섰다. 그들이 어디에서 어떻게 살고 있는지를 직접 보고 살피면서 자기가 할 수 있고 해야 할 일을 찾고자 했다. 이렇게 해서 나온 것이 1914년 6월호 〈태평양잡지〉에 실렸던 "하와이 군도"와 "하와이섬 여행기"였다. 전자는 하와이의 간단한 역사와 지리에 관한 것이고, 후자는 자신의 순방에 바탕을 둔 하와이 거주 동포의 실태 보고서와도 같은 것이었다. 전체 21쪽 분량에 달하는 이 두 편의 글은 현순의 《포와유람기》의 뒤를 잇는 것으로도 볼 수 있다. 다음은 이승만이 쓴 "하와이군도"에 나오는 이야기이다.

> 이상에 말한바 여덟 섬은 사람이 거주하는 섬이니 하와이Hawai'i, 일명 Big Island, 마우이Maui, 가훌라위Kahoolawe, 라나이Lanai, 몰로가이Molokai, 오아후Oahu, 가와이Kauai, 늬이하우Niihau 다 본토인의 이름으로 그저 부르는 것이니 … 이 여덟 섬에 한인 아니 가 있는 곳이 없으니 가위 조선 8도라 섬 도島 자와 길 도道 자가 뜻은 좀 다르나 음은 일반이니 이것을 과연 우리의 남조선이라 이를 만한지라, 장차 이 속에서 대조선을 만들어 낼 기초가 잡히기를 바랄지니 하나님이 십 년 전에 이리로 한인을 인도하신 것이 무심한 일이 아니 되기를 기약하겠도다.53

하와이를 망명지로 선택한 이승만의 꿈, 그것은 한인들이 거주하는 하와이 '8도島'를 조선 '8도道'처럼 만들어 장차 이곳에서 '대조선'의 기초가 잡힐 수 있기를 바라는 것이었다. 이리하여 이승만은 '하와이 8도'를 한반도의 남쪽에 있는 조선으로 보고, 이곳에 '남조선'이라는 이름을 붙이고자 했다. 그는 아시아와 아메리카를 잇는 태평양 한가운데서 한국의 미래를 찾아보고자 했다.

---

53 〈태평양잡지〉 1-10(1914. 6), 59쪽.

1장

시대적 전환기, 주변부의 세 인물

1. 출생과 환경

역사 속에서 한 인간의 삶은 시간과 공간의 그물 속에 위치한다. 그는 그가 살고 있는 시대와 환경의 제약을 뛰어넘을 수 없다. 특히 신분제 사회에서는 그러하다. 우리는 조선시대를 일컬어 양반관료제 사회라고 한다. 혈연과 지연에 기반한 양반이 과거를 통하여 관직에 진출하고 그 관직을 매개로 하여 사회적, 경제적, 문화적인 특권을 누리며 살던 시대가 조선왕조였다. 왕은 양반관료제 위에 얹힌 존재였다. 왕도정치를 내세우는 성리학적 이념체계가 군주의 절대권을 제약했다. 그런 제약에서 벗어나려는 임금은 '폭군'으로 몰려 권좌에서 끌어내렸다. 연산군이 그러했고, 광해군이 그러했다. 그들은 역사 속에서도 단죄를 받았다. 국가의 공적인 기록을 장악한 것이 양반이었기 때문이다.

이때 양반이라 함은 붓(학문)으로 세상을 다스리던 문반을 가리킨다. 그들의 지배체제는 견고했다. '양란', 즉 임진왜란과 병자호란을 겪고도 조선왕조는 살아남았다. 그렇지만 양반관료제 사회의 변질과 균열은 피할 수 없었다. 양란을 거치면서 격화된 당쟁(또는 붕당정치)은 노론 일당의 벌열閥閱정치로 귀결되었고, 이를 타파하기 위하여 탕평책이 실시되지만 정조 사후 세도정권기로 접어들었다. 국가의 공권력이 왕도 양반도 아닌 안동 김씨라든가 풍양 조씨와 같은 몇 개 가문의 수중으로 들어간 것이다. 이제 조선의 양반은 중앙권력을 독점한 벌열과 지방권력을 분점한 재지사족, 그리고 수적으로 계속 늘어나는 잔반殘班으로 나뉘었다. 명색이 양반이지만 오랫동안 권력에서 소외되면서 경제적, 사회적으로 몰락한 계층이 잔반이었다. 그들의 신세는 일반 평민과 다를 바 없었다.

한편, 조선사회에는 양반과 평민 사이에 낀 중인中人이라는 독특한 계층이 존재했다. 이는 말 그대로 중간신분층을 가리키는데 대체로 17세기 이후에 그 존재가 뚜렷해졌다. 이들 중인층에는 두 가지 범주가 있었다. 하나는 역관이라든가 의관, 산관, 율관, 음양관 등 기술관을 가리키는 좁은 의미의 중인이다. 다른 하나는 아전이라든가 향리 등 중앙과 지방 관서에 소속된 하급행정직을 아우르는 넓은 의미의 중인이다.

일반적으로 중인이라고 할 때, 그들을 대표하는 것은 잡과를 통해 중앙관서에 충원되는 기술직이었다. 이들은 양반 사족이 갖고 있던 사변적 지식과는 구분되는 전문성을 지니고 있었다. 그들은 한양 내 북촌과 남촌의 중간 지대에 모여 살면서 그들만의 통혼通婚권을 형성했다. 그들은 이재에 밝아 상업에 종사함으로써 상당한 부를 축적하기도 했다. 중국이나 일본과의 교역에 한몫 낄 수 있었던 역관들의 경우가 특히 그러했다. 상층부 중인들은 그들만이 갖고 있는 전문 지식과 행정 능력 그리고 부의 축적을 바탕으로 하여 개항 이후 근대적인 엘리트로 성장하게 된다.1

이러한 시대적 배경에 유의하면서 이제 우리는 세 사람의 인물, 즉 이승만과 현순 그리고 최남선에 대하여 알아보고자 한다.

이승만(1875~1965)은 전주 이씨로 양녕대군의 16대손이지만 6대째 벼슬이 끊긴 몰락 양반의 집안에서 태어났다.2 후일 그의 정치 행태와 관련하여 '왕손' 의식이 더러 언급되기도 하지만, 이것은 어디까지나 나중의 이야기일 뿐이다. 현순(1879~1968)은 조선 후기 역관 가문으로 이름이 나 있던 천녕川寧 현씨 집안에서 태어났다. 한 연구에 따르면, 광해군에서 고종 시대에 이르기까지 약 3세기 동안

---

1 조성윤(1893), "조선후기 서울지역 중인세력의 성장과 한계", 〈역사비평〉 23, 235~249; 송복(1999), 〈근대이행기 중인 연구의 필요성〉, 연세대학교 국학연구원 편, 《한국 근대이행기 중인연구》, 신서원, 19~52쪽 참조.

2 필자는 종정원(宗正院)이 1902년에 펴낸 《璿源續譜》(太宗子孫錄: 讓寧大君派)를 통하여 이승만의 가계도를 그려본 후 그와 같은 결론을 내린 바 있다["개화기 이승만의 사상형성과 활동, 1875~1904", 〈역사학보〉 109(1986), 26쪽]. 이후 학계에서는 대체로 필자의 견해를 받아들이고 있다.

11대에 걸쳐 213명의 잡과 합격자(그중 역과 105명)를 냈다고 한다. 이것은 조선시대를 통틀어 전주 이씨, 경주 최씨, 남양 홍씨에 이어 네 번째였다.3 최남선(1890~1958) 또한 중인 가문인 동주東州 최씨였다.4 이 집안은 중인 계층에서 두드러진 것은 아니었다. 최남선은 그의 아버지 당대에 이루어 놓은 관력과 재산을 디딤돌 삼아 한말 신문화운동의 주역으로 부상했다.5

요컨대 출생 당시 이승만이 몰락한 양반 계층이었다면, 현순과 최남선은 상승하는 중인 계층에 속했다. 어느 쪽이든 전통적인 조선 사회에서 그들은 지배층에 끼지 못하는 주변부 인물이었다.6 그들이 신분적인 차별과 배제의 벽을 과감하게 뛰어넘을 수 있었던 것은 개항 이후의 시대적 전환 덕분이었다.

세 사람의 출생 배경과 가정환경에 대해서는 이미 많은 연구가 이

---

3 김양수(1998), "조선전환기의 中人집안활동: 玄德潤·玄采·玄楯 등 천녕 현씨 역관 가계를 중심으로", 〈동방학지〉 102, 186, 241~242쪽.

4 최남선의 가계에 대하여는 이영화(2003), 《최남선의 역사학》, 경인문화사, 14~18쪽 참조.

5 김현목은 1903년에서 1910년까지 관료로 근무했던 3,049명의 이력서와 1896년 8월 1일부터 1910년 8월까지의 〈官報〉의 내용을 중심으로 잡과 입격 여부를 검토한 결과 기술직 중인 출신의 관료로 총 111명을 추출했는데, 그중 동주〔지금의 철원(鐵原)〕 최씨는 최남선의 아버지인 최헌규(崔獻圭) 한 사람뿐이었다〔"한말 기술직 중인 출신 관료의 신분과 동향", 〈국사관논총〉 89(2000), 159쪽〕. 천녕 현씨의 경우에는 111명의 명단에 9명이 포함되었다(같은 논문, 153~164쪽).

6 18세기 이래 기술관 중인들의 신분 상승운동과 그 한계에 대해서는 조성윤, 앞의 논문과 김양수, 〈조선후기 사회변동과 전문직 중인의 활동〉, 《한국 근대이행기 중인연구》, 227~233쪽 참조.

루어졌다. 따라서 여기에서는 각 인물에 대하여 몇 가지 자료를 소개하고 눈여겨볼 대목만을 짚어 보고자 한다. 참고로, 세 사람은 평생 말과 글을 업業으로 삼던 사람이어서 자신의 신변과 개인 활동에 대하여도 많은 기록을 남겼다. 그들은 청년기에 몰락하는 조선왕조(대한제국)를 바라보면서 스스로 구국의 사명을 짊어진 선각자, 선지자로 생각하고 처신했다.

1) 이승만의 회상

이승만은 1945년 10월 16일 오후에 김포비행장을 통해 귀국했다. 1912년 3월 26일 기차로 서울역을 떠난 후 33년 6개월 만에 한국으로 돌아왔다. 30대 후반의 중년이었던 그는 어느덧 고희古稀를 넘긴 백발노인이 되어 있었다. 감회가 남다르지 않을 수 없었다. 그는 남산골에서 지내던 어린 시절을 떠올리면 시 한 수를 읊었다. 그가 먼 옛날 서당에서 짓곤 하던 한시漢詩였다. 아래는 시인 서정주의 번역을 그대로 옮긴 것이다.[7]

7 서정주는 1947년에 민족주의 진영의 문학단체인 문필가협회의 추천으로 이승만 전기를 집필할 수 있었다. 그는 그해 한여름과 가을에 이승만과 매주 두 차례 만나 구술받은 내용을 토대로 《雩南 李承晩傳》(三八社, 1949)을 펴냈다. 그런데 이 책은 곧바로 판매금지 처분을 받았다. 그 경위와 내막은 알 수 없으나, 소설적인 구성과 이승만의 빈한(貧寒)한 가정환경 및 그의 아버지에 대한 '불손한' 묘사가 문제가 되었던 것이 아닌가 추측된다. 그런데 역설적으로 그렇기 때문에 서정주의 전기는 자료적 가치가 있다. 당시 이승만의 정치적 위상을 생각할 때, 서정주가 특

桃源故舊散如煙
奔走風塵五十年
白首歸來桑海變
斜陽揮淚故祠前

복사골의 옛 벗들 연기처럼 흩어져
어수선히 지나간 오십 년이여.
모두 변한 터전에 흰머리로 돌아와
옛 사당 앞 비낀 해에 눈물을 뿌리네[8]

이 시에 나온 '옛 사당'은 양녕대군을 기리는 지덕사至德祠였다. 이승만은 양녕대군의 종손인 이근수李根秀가[9] 그의 아들을 위하여 세운

정 대목에서 '과장'은 할 수 있으나 '없던 일'을 만들어 낼 수는 없었다. 후일 서정주도 이 점을 강조했다. 《雩南 李承晩傳》은 1995년에 중간(重刊)되었다. 이하에서는 이 중간본을 인용한다. 서정주가 이승만 전기를 집필하게 된 배경과 과정, 또 이 일이 서정주에게 어떤 의미가 있었는지에 대해서는 남기혁(2019), "해방기 서정주의 글쓰기에 나타난 정치적 욕망: 《김좌진 장군전》과 《이승만 박사전》을 중심으로", 〈국어문학〉 70, 161~166쪽 참조. 이 글에서는 《雩南 李承晩傳》이 출간 직전에 발매 금지를 받은 것처럼 보고 있으나, 이는 잘못이다. 시중에 그 책이 나온 후에 판매금지 및 회수가 이루어졌다. 필자는 서강대학교 도서관에서 그 초간본을 열람하여 논문에 인용한 바 있다.

8 서정주(1995), 《우남 이승만전》, 화산문화기획, 28쪽. 서정주는 이 책 머리글에서, "우남 어른께서는 이미 저승에 계시어서 이 책의 중간(重刊)에 대해서는 아무 말씀도 안 계시지만, 이분의 영부인이었던 프란체스카 여사께서는 내 누옥을 찾아오시어 격려까지 해주시었"다고 했다.

서당에 다니면서 과거 공부를 한 바 있었다. 이때의 인연으로 이승만은 이근수와 그의 부인(안동 권씨)의 합장묘에 자신이 직접 짓고 쓴 비문을 넣은 묘비를 세웠다. 제1공화국의 집권 체제가 흔들리기 시작하던 1956년의 일이었다.

팔순을 훌쩍 넘긴 이승만은 그 비문에 자신의 어릴 적 회상을 담았다. 이때는 그의 개인 전기가 두 권이 나와 있었다. 하나는 서정주가 우리말로, 다른 하나는 영어로 로버트 올리버가 쓴 것이었다.[10] 이번에는 이승만이 직접 한문으로 썼다. 그 비문은 길지 않지만, 여기에는 과거의 그의 자전自傳 기록이나 전기에서 느낄 수 없는 정취가 담겨 있다.[11] 하여, 세 부분으로 나누어 그 내용을 살펴보고

---

9 이근수는 고종 즉위년 전시에 합격한 후 성균관 대사성과 이조참의, 승정원 부승지, 사간원 대사간, 이조참판, 사헌부 대사헌 등을 역임했다. 대한제국기에는 중추원 1등 의관, 궁내부 특진관, 장례원경, 시종원경 등을 지낸 양녕대군파의 대표적인 인물이었다(한국학중앙연구원의 《한국민족문화대백과사전》 사이트 참조). 항렬로 치면, 이근수는 이승만의 조카뻘이었다.

10 태평양전쟁기에 이승만을 만나 그의 대미 로비와 홍보에 중요한 역할을 맡았던 올리버(Robert T. Oliver)는 1954년에 뉴욕에서 *Syngman Rhee: The Man Behind the Myth*라는 책을 출간했다. 이승만과 그의 부인 프란체스카(Francesca)의 적극적인 지원과 협조, 그리고 풍부한 자료를 토대로 저술된 이 책은, 영어로 된 최초의 이승만 전기이자 미국 사회에 이승만의 생애와 활동을 체계적으로 알린 최초의 책이 되었다[정용욱(2007), "홍보, 선전, 독재자의 이미지 관리: 1950년대의 이승만 전기, 〈세계정치〉 8, 22~24쪽]. 제1공화국 시기이나 지금이나 올리버의 책은 이승만의 '공식' 전기로 인정받고 있다. 그런데 이승만의 출생과 가정환경에 대한 서술만을 놓고 보면, 올리버의 전기가 정서적, 사실적인 측면에서 서정주의 전기보다 떨어진다고 볼 수 있다. 이에 대해서는 좀 더 세밀한 검토가 필요하다.

11 필자는 1980년대 초에 〈李根秀公合葬墓碑文〉(서울시 영등포구 상도동 221 소

자 한다. 번역은 손세일의 평전에서 따왔다.12 다음은 비문의 첫 부분이다.

> 내가 어렸을 적에 우리 집은 남대문 밖 도저동의 관왕묘 동쪽 담 곁에 있었다. 여러 해 동안 이 지역에 있는 지덕사 앞의 고가사숙古家私塾에서 수학하였다. 지덕사는 양녕대군의 묘호이다. 대대로 전해져 내려온 고택이 그 앞에 있었고, 종손 근수 판서공이 그 집에 살았다. 판서공은 아들 병주 군의 학업을 위해 수원에 사는 일가 어른 가인 이승설 선생을 교수로 모셔 왔고, 북향한 긴 행랑을 강당으로 사용하였다. 봄 여름에는 당 · 송의 시문을 읽고 시와 부의 과문科文을 지었고, 가을 겨울에는 경 · 사 · 고문經 · 史 · 古文 등을 일과로 삼았다. 당시에 함께 배우는 사람은 늘 예닐곱 명이 있어서 날마다 머리를 맞대고 어깨를 나란히 하며 한 떼의 물고기와 같았다.

한 폭의 그림과도 같은 묘사이다. 이승만은 황해도 평산의 능안골에서 태어났다. 그가 세 살 되는 해에 그의 집안은 서울로 내려와 남대문 밖에 살게 된다. 이곳에서도 한두 차례 이사하던 그의 가족은 이근수의 고택 가까운 곳에 자리를 잡았다. 경제적으로 어려웠던 이

재)을 보고 그중 일부를 논문에서 인용한 바 있다(앞의 논문, 27쪽). 이 비문은 그 후 묘지 이장에 따라 경기도 안성군 삼죽면 진촌리 산 109번지로 옮겨졌다.

12 손세일(2008), 《이승만과 김구, 1875~1919》, 1부 1권, 나남, 67~69쪽.

승만 가족이 '판서공' 댁에 얹혀살았던 것이 아닌가 싶다. 이근수는 자기 아들을 위하여 서당을 열었고, 이승만은 이 서당에서 부지런히 과거 공부를 하게 된다. 이승만은 열세 살 때부터 거의 매해 과거 시험을 보았다. 그의 집안은 6대 독자인 이승만에게 모든 희망을 걸고 있었다. 조선시대에 과거를 목표로 한 전통적인 한학교육을 받은 것은 이승만이 마지막 세대였다. 이어지는 비문은 다음과 같다.

> 이때에 나의 아버지는 사방을 유람하였고, 우리 모자는 여종과 함께 세 식구가 한 방에 거처하면서, 가난한 처지에도 편안하게 학업을 즐겼다. 부모님은 내가 학업에 전력하도록 늘 대군의 종가에 가 있게 하여 판서공의 사랑을 많이 받았다. 정경부인 권씨가 특히 애호愛好와 무육撫育을 더하여 때로는 자기 먹을 것을 나에게 먹게 하여 친아들과 같이 돌보아 주었다. 정경부인의 은덕은 참으로 잊을 수 없다. 타고난 성품이 겸손하고 온화하고 정숙하며 행동거지가 예법에 어긋남이 없고 말소리가 문밖에 들리지 않아, 사람들이 다 감복하였다. 게다가 우리 어머니와는 정의가 동기간이나 다름없었다. 그 뒤로 나는 해외에 있을 때에도 이따금 그때의 일에 생각이 미치면 뜨거운 눈물이 옷깃을 적시곤 하였다.

이 글에서는 아버지(李敬善, 1837~1912)의 존재감이 사라진다. 그는 '사방을 유람'하였다. 서정주의 전기에서는 이렇게 썼다. "흔히 그〔이경선〕는 불시에 나귀 등에 올라앉아 방울소리를 울리며 집을 나서면, 두 달 석 달 때로는 한 해가 기울어도 소식이 없다가, 문득 어느 눈 내리는 날 밤 다시 말방울 소리를 울리며 돌아오기 일쑤였다."[13] 가부장적인 사회에서 아버지의 '부재'가 이승만의 성격 형성에 어떤 영향을 미쳤을지에 대하여 생각해 보지 않을 수 없다.

이승만은 어머니(김해 김씨, 1833~1896), 여종(복녀)과 함께 한 방에서 지냈다. 집안 살림을 꾸리고 외아들을 가르치는 것은 어머니의 몫이었다. "일가친척들의 도움마저 뚝 끊어진 때면, 부인은 남몰래 바느질삯 품을 팔아 겨우 입에 풀칠을 해가는 날이 많았다."[14] 이처럼 가난한 처지에도, 이승만이 '편안하게' 학업에 집중할 수 있었던 것은 '판서공'의 덕이었다. 특히 정경부인(권씨)에 대한 이승만의 회고는 각별하다. 그의 친필 비문은 권씨의 '은덕'을 기리기 위한 것처럼 보일 정도이다. 이어지는 비문을 보자.

> 나는 갑오년 청일전쟁 이후부터 시와 서의 옛 학업을 버리고 영어와 신학문에 전심하여 비로소 세계 대세에 눈을 뜨게 되었다. 뒤에 감옥살이의 화를 입었고, 이어 미주美洲를 떠돌며 갖은 고초를 겪다가 마침내 을유년에 광복이 되어 미주로부터 귀국하였다. 먼저 도저동 옛집을 찾으니 상전벽해로 변천되어 세월도 바뀌고 사람도 떠나고 사묘祠廟와 고택도 어디로 가버렸다. 여러 동창 친구들 중에서 오직 병주와 덕재와 나

13 서정주, 앞의 책, 31쪽.
14 서정주, 위의 책, 31~32쪽.

세 사람만이 남아 지난 일을 추억함에 감고의 회포를 금할 수 없다.

남대문 밖 양녕대군의 사당이 있던 복사골에서 서당 친구들과 어울리며 글공부만을 하던 이승만이 급변하는 세상에 눈을 뜨게 된 계기는 청일전쟁의 발발과 이로 인하여 추진된 갑오개혁이었다. 이때 발포된 법령 중에는 과거제도의 폐지가 들어 있었다. 이에 대하여 이승만은 회고하기를, "전국 방방곡곡에 묻혀 있는 야망적인 청년들의 가장 고귀한 꿈을 산산이 부수는 조치였다"고 했다.15 이승만이 과거를 통한 입신양명에 얼마만큼 몰두하고 있었는가를 잘 보여준다.

과거제도의 폐지에 이승만은 물론이고 그의 아버지와 어머니, 그리고 그의 재주를 아끼며 보살펴 주던 판서공과 정경부인까지 낙담하지 않을 수 없었다. 이 절망적인 상황에서 잠시 방황하던 이승만은 신학문에 발을 디딤으로써 인생의 전기를 마련하게 된다. 이후 그의 변모는 주변의 누구도 예상하지 못할 정도로 놀라운 것이었다. 그는 절망 속에서 희망의 빛을 찾아야만 했다.

---

15 이정식 저, 권기붕 역(2002), 《(초대 대통령) 이승만의 청년시절》, 동아일보사, 부록에 수록된 "청년 이승만 자서전", 271쪽.

2) 현순의 자전기록

현순은 그의 생전에 참 많은 글을 남겼다. 각종 메모와 일기, 여행기, 자서전, 한시집, 희곡 등을 직접 쓰는가 하면, 자신의 목회 활동 및 독립운동과 관련된 다양한 자료들, 이를테면 전보문, 외교문서, 성명서, 신문기사 등을 모아 놓았다. 이들 원고와 자료는 국내 독립기념관과 미국 남가주대학USC에 소장되어 있다.[16]

그중에 일반에 알려진 것이 《현순자사玄楯自史》(국한문본) 이다. 이것은 현순이 하와이제도 북단의 카우아이섬에서 목회 활동을 하던 1920년대 후반부터 1930년대 초반 사이에 틈틈이 기록했던 것이다. 그는 이때 단순히 기억에만 의존했던 것이 아니라 이런저런 메모 또는 비망록에 의존했을 것이다. 현순은 그의 말년에 국한문본의 '자사'를 자신이 직접 영어로 옮겨 적기도 했다. 그 후 어찌 된 일인지 국한문본에서 절반 이상이 떨어져 나가는데, 이 부분은 나중에 영어본을 번역하여 채워졌다. 이것이 현재 우리가 볼 수 있는 《현순자사》(이하 '자사') 이다.[17]

---

16 남가주대학에 소장된 현순 자료는 "The Reverend Soon Hyun collected works. 1878~1968"라는 제목하에 20개의 범주로 나누어 묶어 놓았다. 그중 첫 번째가 "v. 1. 1878~1919, Early years to March First Movement (61p)"이다. 한편, 독립기념관에 소장된 〈현순 문건〉은 7개의 범주로 나눈 후 다시 그 안에서 나누고 있다. 독립기념관의 홈페이지에서 한국독립운동정보시스템에 접속하여 열람할 수 있다. 남가주대학이 소장한 현순 자료도 USC Digital Library를 통하여 찾아볼 수 있다.

현순의 '자사自史'는 총 20개의 장으로 이루어졌는데, 그중 14개의 장이 1910년 이전의 기록이다. 현순의 출생 배경과 가정환경 및 그의 성장 과정을 살피고자 할 때 우리는 일차적으로 이 자사에 의존한다. 필자는 현순의 일대기를 다룬 책에서 이미 그 부분을 정리하여 소개한 바 있다.[18] 따라서 여기에서는 몇 가지 짚어야 할 대목만을 다루고자 한다. '자사'의 첫 장은 〈선조先祖의 내력〉에 대한 이야기로 시작된다. 그 내용을 요약하면 다음과 같다.

> 한국의 유풍으로 말하면 연안 이씨나 광산 김씨와 같은 삼한갑족이 있었는가 하면, 이・김・최・안・정・박李・金・崔・安・鄭・朴과 같은 화문번족華門繁族의 6대 성姓도 있었다. 조선조에서 현씨는 그들 사색배四色輩에게 눌리어 가문이 번성치 못하고 자랑할 만한 인물 또한 내놓지 못했다. 그런데 고려 시대로 올라가면 이야기가 달라진다. 현씨의 시조인 담윤潭胤공은 조위총의 난을 평정하는 데 앞장서서 문하시랑 평장사의 자리에까지 올라갔었다. 내가 국내에 있을 때 평북 영변에 있는 담윤공의 비문을 직접 보니, "공公의 충용忠勇이 을지문덕이나 양만춘에 내리지 아니한다"고 되어 있었다. 그 묘소를 참배하면서 나는 속으

17 국한문본의 《玄楯自史》와 영문본 *My Autobiography*는 현순의 막내아들 데이비드와 재미학자 김영목의 공동 편집으로 국내에서 출간되었다. David Hyun & Yong Mok Kim eds. (2003), *My Autobiography by the Reverend Soon Hyun 1878~1968*, Seoul: Institute for Modern Korean Studies Yonsei University Press, 다음부터 인용하는 《현순자사》와 *My Autobiography*는 이 책의 페이지에 따른다.

18 고정휴(2016), 《현순, 3・1운동과 임시정부 수립의 숨은 주역》, 역사공간 참조.

로 이렇게 고했다. "선조께서는 국적國賊을 토주하신 대장군이시오, 손孫은 세악世惡을 토멸하는 기독군基督軍이올시다."19

10대 후반부터 신학문을 배우고 기독교(개신교)를 수용하여 전도사, 부흥사, 목사로 활동하고 3·1운동 후에는 독립운동에 투신하여 상해임시정부 수립에 앞장서고 미국으로 건너가 외교 및 선전 활동까지 벌였던 현순이 이처럼 자신의 가문을 내세우고자 했던 이유가 무엇이었을까? 어쩌면 그는 조선왕조-대한제국이 망할 때까지 사회의 주류층에 편입되지 못했던 자신의 신분에 대한 억눌린 기억을 평생 지니고 있었던 것은 아니었을까 하는 생각이 든다. 세상이 바뀌어도 그 기억은 쉽게 지워지지 않았다.

현순은 조선조에 자신의 가문이 중인(역관)이 된 내력에 대하여 설명하면서 이렇게 말한다. "그런데 이조치국李朝治國은 이른바 사색 양반배가 한 것이 아니오 중인들이 한 것이다. 중인의 관직이라 하면 거의 기술가이다. … 사역원은 오늘날 외교부이니 한학漢學, 청학淸學, 왜학倭學 등 외국어를 수학하며 외국과 물화 교통하는 일과 사절 접대하는 일을 사감하는 부원府院이었다. 13세조 용공龍公으로부터 고조, 증조께서 다 사역원에 취직하셨다. 그리하여 용공의 직계인 우리 일파 현족玄族은 사역원 집이라 한다." 한때 "우리 집안은 서울 한복판 수표교 일대 십여 리에 고루거각高樓巨閣을 짓고 부귀를 누

19 《현순자사》, 217~218쪽 요약.

림이 남북대가南北大家에 못지않았다"는 말도 덧붙였다. 이때의 부귀는 그의 조상이 수석 역관으로 중국을 왕래하면서 생긴 것이라고 했다.[20]

현순은 천녕 현씨 집성촌인 경기도 양주부 석적면 항동 도암산 아래에서 태어났다. 그의 출생 연도는 자료에 따라 다르지만, 현순 자신의 기록들에는 1879년으로 나온다.[21] 그의 아버지 현제창玄濟昶은 집안의 세습직인 역관에 뜻을 두지 않고 '남행등사南行登仕'하여 별제別提, 학관學官 등을 지내다가 갑신정변 후에 충청도 직산과 강원도 인제의 현감을 지냈다.[22] 이처럼 역관 집안에서 과거도 치르지 않은 채 지방 수령으로 나아가는 것은 매우 보기 드문 일이었다.

'자사'에서는 그 일과 관련하여 흥미로운 이야기를 전한다. 당시에 무녀와 복술가들이 궐내에 운집하여 국왕(고종)의 총명을 가리고 이런저런 음사를 행하는데, 그중 민비의 총애를 받으며 세도가 등등했던 무당 진령군眞靈君이 있었다. 현순의 아버지가 이 무녀와 교류가 있어 벼슬길에 나아가는 데 도움을 받았다는 것이다. 그런데 어느 해(1887)에 진령군이 자신의 손녀와 현순의 결혼을 독촉하면서 이 일이 성사되면 현순이 왕의 최측근이 될 수 있도록 하겠다고 했

---

20 《현순자사》, 218~219쪽.

21 고정휴, 앞의 책, 11쪽에 실린 현순의 자필 이력서(영문, 1945. 7. 18.) 참조.

22 현제창의 관직 이력은 《승정원일기》, 1883년 10월 30일부터 1886년 11월 25일까지 9건이 나온다(국사편찬위원회 한국사데이터베이스 검색). 이들 기록은 《현순자사》에 나오는 내용과도 일치한다(233쪽).

다. 이 말은 전해 들은 현순의 할머니는, "이 요녀가 방금에는 무상無上의 세도를 하나 후일 혁신당에게 몰리는 날에는 〔우리 집안이〕 연루의 화를 면할 수 없을 것"이라면서 물리치도록 했다.[23] 그 후 현제창은 관직에서 물러나 세거지인 양주 항동에서 은거했다.[24]

그런데 현순의 할머니가 진령군의 솔깃한 제안을 뿌리치도록 했던 것은 임오군란 때의 쓰라린 체험 때문이었다. 이 난리가 났을 때 현순은 만 세 살이었다. 이때 그의 일가는 서울 한복판인 수표교에 살고 있었는데, 아버지가 집에 없는 상황에서 군란이 터졌다. 당황한 현순의 할머니는 울면서 어린 손자에게 말하기를, "저 군인 무리에게 우리가 죽게 생겼으니 어찌하면 좋겠느냐"라고 했다. 그러자 현순이 "이것도 안 죽고 저것도 안 죽소"라고 대꾸했다는 것이다. 현순은 이 말을 평생 기억했다. 급박한 상황에서 현순 가족은 맨발로 집에서 뛰쳐나왔다. 당시 구식 군인들은 그들에게 줄 쌀을 빼돌린 세도가 민겸호와 김보현을 노리고 있었는데, 그들과 '연루'된 현순의 숙부가 대궐로 몸을 피하면서 집에 사람을 보내 피신하도록 했던 것이다.[25] 개항 후 수구파와 개화파 간의 공방이 벌어지는 상황에서

---

23 《현순자사》, 235쪽.

24 《승정원일기》, 1886년 11월 25일 조를 보면, 현제창이 "제 어버이의 병이 깊어 부임할 가망이 전혀 없습니다"라고 하여, 인제 현감직을 사임하는 정장(呈狀)을 올리고 고종이 이를 재가했다는 기록이 나온다. 현순의 회고가 당대 기록과 맞아떨어지는 것을 확인할 수 있다.

25 《현순자사》, 224~225쪽.

어느 한 편에 붙는다는 것은 위험하다는 것을 현순 가족은 이때 몸으로 겪었다.

현순은 어린 시절 서울과 향리를 오가며 비교적 유복하게 지냈다. 지방 수령을 지낸 그의 아버지는 관직에서 물러난 후 일본 상인과 무역을 하여 일본 은화로 '거만巨萬'의 큰 재산을 모았다. 경기도 장단과 마전, 연천 등지에서 사들인 흰콩白太을 제물포로 운반한 뒤 일본 상인에게 높은 가격으로 팔아 그 차액을 챙겼다고 한다.[26] 이른바 역관 무역에 종사했던 집안의 경험을 현순의 아버지도 전수받았던 것으로 볼 수 있다. 현순은 열두 살이 되던 1890년에 시의侍醫 이해창의 넷째 딸과 결혼했다. 현순은 후일 자신이 구시대 조혼 관습의 마지막 희생자였다고 회고했다.[27]

3) 최남선 집안에 대한 언론 보도

이승만이나 현순과 달리, 최남선은 자신의 출생과 가정환경에 대한 기록을 별로 남기지 않았다. 일기도 쓰지 않았다고 한다.[28] 다만 그의 이름을 세상에 알리게 된 〈소년〉지의 출간 배경과 관련하여 몇

26 《현순자사》, 239, 241~242쪽.

27 《현순자사》, 236~237쪽.

28 최남선은 자기의 손주(최학주)에게 이렇게 말했다 한다; "내가 평생 한 가지 일에 마음이 매여 있는데 일기 쓰다 잡혀가면 추궁이 심할 테니 폐단이 많다." 최학주(2011), 《나의 할아버지 육당 최남선: 근대의 터를 닦고 길을 내다》, 나남, 52쪽.

가지 회고담을 남겼을 뿐이다. 가족사진을 빼면 청소년기 그의 사진 또한 찾아보기 쉽지 않다. 29 이 또한 이승만이나 현순과는 다른 점이다.

한 가지 더 궁금한 점이 있다. 최남선은 맏형인 최창선과 함께 '신문관'이라는 출판사를 차리고 〈소년〉지를 발행했다는 것은 널리 알려진 사실이다. 그런데 최창선이 어떤 공부를 했고 어떤 성격의 사람이었는지, 그리고 그가 과연 당대의 출판문화를 주도한 신문관을 '경영'할 만한 어떤 안목과 식견을 갖고 있었는지에 대하여 살펴볼 만한 기록이 도통 나오지 않는다. 여기에는 혹 어떤 사연이 있는 것은 아닐까? 앞으로 들여다보아야 할 문제이다.

최남선의 집안 내력과 가정환경에 대해서는 그의 둘째 아들 최한웅이 펴낸 《용헌잡기庸軒雜記》(1986) 와 손자 최학주가 쓴 《나의 할아버지 육당 최남선》(2011) 이 참고할 만하다. 그런데 이 두 책에서도 최창선에 대한 이야기는 나오지 않는다. 최남선과 그의 아우 최두선에 대해서만 자랑스럽게 기술하고 있을 뿐이다. 당대의 기록들도 사정은 비슷하다. 30

---

29 어릴 적이나 일본 유학 시절의 사진이 있을 만한데, 아직 그런 사진을 본 적이 없다. 최남선의 개인 사진으로 많이 알려진 것은 3·1운동 후 투옥되었을 때 '七五七'이라는 번호가 찍힌 죄수복을 입은 모습이다. 민족운동의 측면에서 보면, 3·1운동을 전후한 시기가 최남선에게는 가장 영예로운 때였다.

30 국립중앙도서관의 대한민국신문아카이브에서 '최창선'의 이름을 넣고 검색하면, 단편적인 기사 몇 건만이 나온다. 그 내용은 이미 알려진 이야기이다.

이제 소개하고자 하는 것은 1918년 8월 31일 자 〈매일신보〉에 실린 "다복한 화갑, 최헌규 씨 회갑잔치"라는 기사이다. 사회면에 실린 전문은 다음과 같다. 그 줄거리가 재미있다. 기사 가운데에는 최헌규의 얼굴 사진이 들어간다.

> 황금정에서 신문관을 경영하는 최창선 씨의 부친 최헌규 씨는 금일로써 경사로운 회갑을 맞게 되어 그를 아는 이는 그의 다복함을 흠선欽羨치 아닐 이가 없다.
>
> 최〔헌규〕 씨는 본래 어렸을 때에 가세가 빈곤하여 허다한 고생을 지내이면서 근검으로 가산을 다스려 중년에는 집안을 중흥하여 가세도 풍족하고 벼슬도 2품에 이르렀다.
>
> 매양 자수성가한 사람의 가지기 쉬운 단처로 이러한 이는 인색한 일이 많지만은 최 씨는 실로 근고로 모은 금전을 인의로써 흩으기를 즐거움으로 생각하는 군자인이다.
>
> 자기의 몸에는 박하여도 궁교빈족窮交貧族의 구제에는 극히 후하며 의식은 절약하여도 좋은 사업에는 금전을 아끼지 아니하여 그의 친척 지구知舊 중에 예덕穢德한 이가 불가승수不可勝數요, 장자 창선 차자 남선의 양씨가 경영하는 출판 사업이 경영 십 년에 금일의 기초를 얻음이 실로 최 씨가 좋은 사업을 위하여는 가산을 기울이고 아끼지 아니한 그 덕택이다.
>
> 돈만 모으면 다복한 것이 아니라 잘 모으고 잘 쓰는 것이 정말 돈 모〔으〕는 재미이니 최 씨는 돈에 대하여도 다복하거니와 가정에 대하여

도 다복하다.

부인 강 씨는 실로 이 세상에 드물게 현숙한 부인이라 최 씨의 금일이 있음은 실로 부인의 내조에 힘입음이 많다 함은 그 집에 출입하는 사람이 여출일구如出一口로 하는 말이오.

슬하에 세 아들이 있으니 모두 부모를 후세에 나타내는 일만 하고 세 딸이 있으니 자녀의 복이 아름다오며 여섯 손자가 모두 재롱이 한창이라 노년의 자미가 또한 넉넉하다.

최 씨의 회갑에 그 덕을 기리는 경성의 백여 명사가 시문서화 각 육십 폭의 축하를 부치는 것도 성황이오 잔치에 치하 오는 손이 천에 넘다 하니 또한 성대한 일이다.31

주지하듯이 1910년대의 〈매일신보〉는 조선총독부의 기관지나 다름없었다. 언론출판의 자유가 전면적인 제약을 받는 상황에서 위의 기사는 이례적이라고 할 만큼 최남선 집안에 대하여 호의적이다. 주인공은 회갑을 맞이한 최헌규였다. 이때의 회갑연에 '경성의 백여 명사'가 시・문・서・화를 보내고 천여 명의 하객이 몰려들었다 하니, 아마도 그날 서울 장안이 떠들썩했을 것이다.

최남선 집안의 사회적 명망은 이 무렵 절정에 이르고 있었다. 이

31 이 기사의 첫머리에 '신문관을 경영하는 최창선'이라는 구절이 나오는데, 당시 언론의 최창선에 대한 언급은 이것으로 그친다. 중요한 것은 그가 신문관을 어떻게 경영했는가 하는 점인데, 이에 대한 설명은 어디에서도 찾아볼 수 없다.

듬해 3·1운동이 발발하고 최남선은 옥중에 갇힌다. 출옥 후 그의 행적에는 호불호가 갈리고 찬반 여론이 넓게 일었다. 거족일치의 3·1운동 후 민족운동 전선에 이념과 성향 그리고 세대를 달리하는 다양한 세력들이 등장했다. 최남선은 1928년에 조선사편수회에 참여함으로써 사실상 민족운동에서 떨어져 나갔다. 그것은 외압이 아닌 오롯이 그 자신의 선택이었다.

이야기를 거슬러서 최남선이 10대 후반에 신문관을 세우고 종합잡지 〈소년〉과 〈청춘〉을 발행함으로써 한말-일제 초기 '신문화운동'의 중심에 설 수 있던 것은 아버지 최헌규의 물질적인 지원이 있었기에 가능했다. 최헌규가 없었다면 최남선이라는 인물은 나올 수 없었다. 그러기에 그의 회갑연이 성황을 이루었다.

여기에서 다음과 같은 질문이 나올 수 있다. 최헌규는 도대체 어떤 사람이었을까? 그는 어떻게 당대에 거부가 될 수 있었을까? 그는 '근검'으로 어렵게 모은 재산을 10대 후반의 아들(최남선)이 한 번 해보겠다는 출판 사업에 어떻게 선뜻 투자할 수 있었을까? 이들 각각의 문제에 대하여는 앞으로 좀 더 검토가 이루어져야 하겠지만, 여기에서는 일단 기왕의 연구성과를 정리하는 가운데 필자 나름의 생각을 제시해 보고자 한다.

최남선의 집안은 동주東州(지금의 철원)를 본관으로 하는데, 고려 왕조의 개국공신인 최준옹으로부터 그의 가계는 시작된다. 고려 말 이성계의 위화도 회군으로 숙청당한 최영 또한 그의 조상이었다. 이른바 역성혁명으로 왕조가 바뀐 후 동주 최씨는 한미한 가문으로 떨어졌다. 한 연구에 따르면, 조선시대 동주 최씨의 과거 합격자는 사마시 2명, 문과 3명, 무과 19명, 잡과 11명으로 나타났다. 그중 잡과 합격자(주로 雲科, 음양과)들이 19세기에 집중되는데, 이들이 최남선의 직계 선조였다고 한다.[32]

최남선의 아버지 최헌규(1859~1933)도 관상감觀象監에서 지리학을 공부한 후 1879년 식년시式年試 운과雲科에 합격함으로써 관직에 들어섰다. 이후의 이력은 분명치 않다가 1901년 4월 〈관보〉에 관상소 기사(6품)에 임명된 것으로 나온다.[33] 이어서 경릉(헌종릉) 봉안 시에 상지기사相地技士와 상지관을 지냈다. 이때 상지관이란 대궐이나 왕릉의 터와 형세를 알아보는 벼슬이었다. 일본 유학 시 최남선이 지리학에 관심을 지니게 된 배경에는 이러한 집안 내력이 작용했을 것으로 보는 견해도 있다.[34] 물론 우리는 조선조의 전통적인 지리학과 근대 서구에서 발생한 지리학geography과는 엄격히 구분해야 할 것이다.

최헌규의 최종 품계와 관직은 '정2품 가선대부 시종원 부경副卿'이었다.[35] 이 관직은 1905년 관제 개편 때에 나왔다. 기술관으로는 드물게 최고의 품계까지 올라갔던 셈인데, 경릉 봉안을 전후하여 고종을 자주 알현했던 것이 그 배경이 되지 않았을까 생각된다.[36] 최헌

---

32 이영화(2003), 《최남선의 역사학》, 경인문화사, 15~16쪽.

33 〈제국신문〉, 1901년 4월 19일 자 "관보 대개".

34 이영화, 앞의 책, 18~19쪽.

35 최학주, 앞의 책, 40쪽.

규가 학부의 학무국장을 지냈다는 이야기도 더러 나오곤 하는데, 이는 사실이 아니었을 것으로 본다.

개항 이후 누구보다도 빨리 변화의 물결을 읽고 자신의 가문을 일으키고자 했던 최헌규는 관력에서뿐만 아니라 재력을 쌓은 데에도 남달랐다. 그는 서울 한복판인 구리개(지금의 을지로 2가)에 한약 건재 도매상을 차려 중국 상인들과 거래하고 목각판 책력을 찍어 파는 등의 사업 수완을 발휘하여 부를 축적했다고 한다. 그의 부인 강씨 집안도 한약방을 운영하던 중인 계층이었다. 앞서 언급했듯이 조선 후기의 중인들은 자신들의 전문 지식과 직책 그리고 인맥을 활용하여 대외 교역과 상업 활동에 종사함으로써 부를 축적했다.

최헌규는 한말에 크게 성공한 사례로 손꼽을 수 있다. 그의 재산 중 일부를 '격대隔代' 상속받았던 손자 최한웅(최남선의 둘째 아들)의 이야기를 들어 보자.[37]

> 우리 집안은 산역관算易官을 지내던 터수에 내 조부님이 관상감 벼슬자리를 얻은 다음, 매년 선달그믐 대목 회통자기날에 중국 천자로부터 내려오는 황력으로 6, 7만 장 찍어 내어 접어서 제책하여 전국에 판매하는 일에 따라 생기는 몇만 냥의 현금 수입을 밑천으로 중국과의 당초

---

36 국사편찬위원회의 한국사데이터베이스에서 《조선왕조실록》을 검색하면, 1901년 4월 18일 자부터 1904년 11월 19일까지 10차례 고종을 알현한 것으로 되어 있다. 모두 산릉(山陵) 문제로 지관(地官) 들과 대면하는 자리였다.

37 崔漢雄(1986), 《庸軒雜記》, 東明社, 110쪽.

재 무역을 하여 또 거만금을 얻어 무명이나 쌀이 화폐로 쓰이던 당시에 막강한 현금 상업가로서 새로운 화폐경제에 어두운 양반세가의 가옥과 토지들을 후한 값으로 사들여 많은 가산을 이루신 후 당신의 세 아드님들에게 기울어져 버린 국운을 만회하는 일을 두고 큰 기대를 걸으셨던 참에, 모든 것이 어울리는 좋은 가문에서 좋은 규수를 며느님으로 맞이하여 대단히 기뻐셨던 모양이었다. **38**

지금까지 알려진바 최헌규의 재산 축적과 관련해서는 이 글이 가장 구체적이며 또 믿을 만하다. 그러니까 그의 당대에 이루어진 부富의 원천은 중국에서 매년 내려오는 '황력皇曆 또는 黃曆'에 있었다. **39** 이 황력에는 간지기년干支紀年과 24절기, 그리고 매일매일의 길흉의기吉凶宜忌가 표기되어 농사뿐만 아니라 혼례와 장례, 건축과 이사 등 일상에서 벌어지는 행사 날짜를 잡을 때 참고할 수 있었다. 관상감에서는 이런 황력을 가지고 조선의 절기에 맞게 재편집하여 책력으로 제작한 후 전국 관부에 보내는 한편, 일반 민간에 판매하기도 했다.

---

38 위의 책, 57쪽. 좀 더 자세한 내용은 같은 책에 수록된 '조부님의 治産 과정'에서 볼 수 있다(26~28쪽).

39 중국 최초의 역법(曆法)이 황제(黃帝)로부터 내원한 까닭에 황력(黃曆)이라고도 불렀다. 최한웅은 위의 책에서 이렇게 말한다(27쪽); "우리 조상들은 黃譯 집안으로 청국에 대한 修交使가 들어갈 때 통역관으로 수행하는 것이었는데, 이 자리가 한 代쯤 걸러서 걸려도 먹고사는 데에는 불편이 없는 집안이었다." 여기서 黃譯이란 중국에서 '黃曆'을 수령하기 위해 해마다 파견되는 임시직 벼슬아치였던 황력齎咨官을 가리키는 것으로 보인다.

그런데 그 수요가 시대가 내려올수록 많아져서 1800년 무렵에는 정부에서 38만 부를 제작했다는 기록까지 나온다. 관상감 소속의 관리들은 이 책력 판매로 상당한 이익을 얻을 수 있었다.**40** 일찍부터 관상감에 발을 들여놓아 실무 책임자급인 기사(6품)의 자리에 올랐던 최헌규도 이러한 책력 판매로 '몇만 냥의 현금 수입'을 올렸던 것이다.**41**

한약방을 겸하고 있던 최헌규는 그 현금을 가지고 중국 상인과 당초재唐草材(한약재) 무역에 나섬으로써 또 '거만금'을 얻었다. 그의 약방이 한약방 거리인 구리개에 있었고, 이 부근에는 또 중국 상인들이 많이 거주하고 있었다. 최헌규는 책력 판매와 당초재 무역으로

---

40 이윤석(2016), 《조선시대 상업출판: 선민의 독서, 지식과 오락의 대중화》, 민속원, 270쪽.

41 최한웅의 《용헌잡기》에서는 이렇게 말한다(27쪽); "조부님이 출사하신 觀象監 자리라는 것이 吉凶事의 택일이라든지 陵寢의 地相 판단이라든지 揀擇時의 占卜이라든지, 그 당시로서는 궁중의 상당히 중요한 일의 결정권을 가졌을 뿐 아니라, 6~7만 장의 黃曆을 복간하여 農曆으로 전국에 파는 경제적 餘德이 따르는 자리였다. 그래서 집안 식구들이 음력 세밑 회동자기날 중국에서 하사하는 황력이 우리 조정에 도달하면, 미리 준비한 木刻板으로 하여 찍어서 이것을 엽전 몇 냥에 팔고 나면 1년에 몇만 냥이 집안에 떨어지는 것이었다." 여기서 한 가지 의문이 생기는 것은 국가가 엄격히 관장하는, 그러니까 국가 '독점'의 책력 제작과 판매를 최헌규 일가의 '사업'으로 만들 수 있었는가 하는 점이다. 조선 후기까지만 해도 민간에서 '위조' 책력을 만든 사람은 엄벌(최고 사형)에 처하고 있었다. 따라서 궁중과 내통하지 않고서는 그처럼 공공연히 '황력 사업'을 벌이기는 어려웠을 것이다. 또는 청일전쟁 후 중국(청국)과의 사대관계가 끊기면서 '황력'에 대한 정부의 독점권이 해지된 데 따른 것일 수도 있다. 이에 대해서는 좀 더 검토가 필요하다.

생긴 현금을 가지고 당시 '화폐경제'에 어두웠던 양반세가의 가옥과 토지를 사들였다. 이리하여 불과 10년 남짓한 사이에 거부가 되었다. 그 규모는 한양 성내에 80채 가량의 집과 집터, 그리고 몇 개 도道에 걸친 몇만 석지기의 전답이었다.**42**

최남선이 3·1운동 후 잡지와 신문 경영에 실패하면서 진 빚 중 식산은행의 채무만 37만 원에 달했는데, 이때 조선에서 최고 빚쟁이가 전라도 부자 백인기로 70여만 원이고 둘째가 최남선, 세 번째가 경성방직을 차리기 위해 은행으로부터 융자받은 김성수 집안의 30만 원 정도였다고 한다. 최남선이 진 빚은 결국 그의 아버지 재산을 팔아서 갚게 되는데, 그러고도 남는 토지가 있었다고 하니 최헌규의 재력이 어느 정도였는지를 짐작케 한다.**43**

자기 당대에 관력과 재산 축적에 성공한 최헌규는 그의 아들(3형제)에게 개화기에 중인 출신으로 세상에 이름을 알린 오경석이라든가 유대치에 관한 이야기를 들려주면서 그들처럼 되기를 바랐다. 최헌규는 자식들의 교육과 사업에 아낌없이 투자했고 그 결실을 거두었다.

1910년대 최남선 집안과 관련하여 언론에 보도된 다른 기사 2건을 더 소개한다. 첫 번째는 〈반도시론〉(1917. 5)이라는 잡지에 실렸

---

42 최한웅, 앞의 책, 28쪽; 최학주, 앞의 책, 41쪽.

43 최남선의 둘째 아들인 최한웅(1917년생)은 그의 할아버지가 돌아가신 후 김포군 통진(通津)에 있던 논 13만 평과 강화(江華)를 바로 건너다보는 해강변(海江邊)의 임야 25정보를 상속받았다고 한다(《용헌잡기》, 124쪽).

던 백대진白大鎭의 "최남선 군을 논하고 동시에 조선의 저술계를 일독함"이다. 다음은 이 기사 중의 한 토막이다.

> 이래 십수 년간, 〔최남선〕 군은 우리의 사회의 지식계급을 위하여 활동함이 적지 아니하였다. 일로 인하여, 거만의 재산이 탕진되지 아니하였나뇨!? 군의 저술사업은 조선반도가 거의 안다. 곧 반도 과거를 공시公示하는 광문회의 사업, 뉘라서 모를까 보냐. 또한 군의 조각적 사업, 뉘라서 못 들음이 있으며, 못 목도함이 있으랴. 십수 년 전부터 지금에 이르기까지, 군의 필봉하에 우리 사회가 겨우, 정신적 생生을 보保하고 있다. **44**

1910년대 활발하게 작품 활동을 벌였던 백대진은**45** 이 기사에서 최남선에게 최대의 찬사를 보내고 있다. 조선의 지식계급이라면 최남선의 존재와 그의 활동에 대하여 보고 듣지 못한 사람이 없으며, 식민지 초기의 암울한 시대에 그의 필봉으로 겨우 조선의 정신적 명맥을 이어가고 있다고 하니, 이 이상의 찬사가 있을 수 없다.

한편, 1917년 8월 4일 자 〈매일신보〉에는 "소少철학자: 최초의 1인, 조도전早稻田대학을 첫째로 졸업한 수재"라는 기사가 실렸다. 사

---

44 〈半島時論〉 1-2(1917. 5), 33쪽.

45 백대진의 생애와 그의 작품 활동에 대하여는 주승택(1993), "백대진 문학연구 서설", 〈한국현대문학연구〉 2, 48~72쪽 참조.

회면에서 상단을 차지한 이 기사의 주인공은 최남선의 아우 최두선이었다. 여기에는 와세다대학의 교모를 착용한 최두선과 그의 부모 사진이 함께 실렸다. 기사 중에는 이런 대목이 나온다(강조는 원문을 따름).

> 영광의 주인 최두선 씨는 경성 삼각정〔에〕 거하는 전 학부 기사 최헌규(59) 씨의 셋째 아들인데 그의 백형 창선 씨는 경성 인쇄업계에 거두되는 신문관을 주장하여 여러 가지 유익한 서책을 출판이 다수하고, 그의 중형 남선 씨는 일반 청년의 숭배를 받는 잡지 〈청춘〉 주간인데 이에 셋째 동생의 두선 씨를 더하여 실로 이 집안의 **삼형제는 막능당**莫能當이라

이 3형제 중 맏이인 최창선의 학력은 알려진 바 없다. 최남선은 와세다대학을 중퇴했다. 그런데 막내인 최두선이 "실로 조선인으로서 처음으로 내지의 대학교에 문과를 졸업한 사람이오 겸하여 조도전대학에 유학한 수백의 졸업생 중에 첫째로 졸업한 수재"가 되었다.46 이것은 조선조에 과거(문과)에 장원급제했던 것만큼이나 영예로울 수 있었다. 바야흐로 일본 유학생들이 신지식계급, 신엘리트로서 조선 사회에 자리 잡기 시작했다. 그들은 식민지 지배체제에

46 최두선은 대학 전체가 아니라 철학과 수석 졸업이었다. 당시 이 학과의 졸업생은 14명이었다. 김윤식(1986), 《이광수와 그의 시대》 2, 한길사, 482쪽.

대한 저항력을 상실한, 따라서 개인의 입신출세를 지향하는 지식인의 표상을 만들어 나갔다. 당대 언론은 그들을 부러워하며 닮고자 하는 사회 분위기를 조성하는 데 앞장섰다. **47**

이러한 시대 상황 속에서 최헌규의 집안은 조선시대의 사대부를 대체하는 신흥명문가로 부상했다. 그의 공명심은 대단했다. 3·1 운동 후 그는 동주 최씨 각 파에게 발문을 보낸 후 자기 집 사랑에 보소譜所를 설치하고 《동주최씨족보》(총보總譜)를 펴냈다. 그전에는 파보派譜만이 있었을 뿐이었다. 총보는 신문관을 통해 간행되었다. 한편으로 최헌규는 자신의 사재로 '이조 5백년'간 방치되었던 최영 장군의 묘소를 단장하고 비석을 세웠다. 그는 최영의 직계가 아니었음에도 이 일에 앞장섰다. **48**

최남선은 열두 살 때 현정운의 여섯째 딸과 혼인했다. 장인 현정운은 앞서본 현순과 같은 천녕 현씨로 잡과(漢語 분야)에 합격한 후 상통사上通事와 첨정을 지냈다. 현정운은 일찍부터 같은 중인 계급의 신랑감으로 최남선에게 "은근히 뜻을 두었다"고 한다. **49**

여기서 우리는 잠시 현정운의 종형인 현상건(1875~1926)이라는 인물에 눈을 돌릴 필요가 있다. 한 논문에 따르면, 현상건은 대한제

---

47 〈매일신문〉(1917. 8. 3.), "新卒業生 74명, 경사로이 졸업한 半島의 여러 수재". 흥미로운 것은 이들 졸업생 중 최두선만을 뽑아 다음 날 앞서 본 기사를 냈다는 것이다.

48 최한웅, 앞의 책, 24쪽.

49 위의 책, 56쪽.

국기에 활동한 프랑스어 번역관으로 고종의 황제권 강화와 황실재정 확충에 힘을 썼던 근왕주의자였다. 러일전쟁 후에는 중국 상해로 망명하는데, 이곳에서도 고종의 비자금 문제에 관여하는 등 '비선' 조직으로 활동했다고 한다.50

현상건의 이력을 보면서 문득 짚이는 것은, 최헌규의 관력과 재산 축적에 혹 사돈을 통한 고종과의 연결이 있었던 것은 아닐까 하는 점이다. 이런 추측의 근거는 두 가지이다. 첫 번째는 최헌규가 1879년 잡과에 합격하지만 이후 별다른 기록이 없다가 1901년에 관상소 기사(6품) 발령을 받았다는 사실이다. 얼마 후에는 중인으로서는 보기 드문 시종원 부경(2품)의 직임까지 받는다. 당시 시종원은 궁내부에 소속된 관서로서 임금의 비서와 어복, 진후診候, 의약, 위생 따위의 일을 맡고 있었다. 두 번째는 최헌규의 재산 축적의 출발점을 이루는 '황력' 제작과 판매 사업이 어떤 형태로든 황실과의 연결이 없이는 불가능했다는 점이다. 그러니까 고종의 묵인이 있었던 것이 아닌가 보는 것이다. 대한제국 선포 후 고종이 가장 역점을 두었던 것이 황권 강화와 재정 확충이었다. 그런데 황권 강화를 위해서는 재정 확충이 우선이었다.

이런 이야기가 무리한 추측일 수는 있지만, 어떻든 우리는 최창선의 관직 상승과 재산 축적이 아들 최남선의 혼인을 전후한 시기에

---

50 백옥경(2015), "대한제국기 번역관 玄尙健의 활동", 〈역사와실학〉 제 57호, 125~157쪽 참조.

이루어졌다는 사실에 주목할 필요가 있다. 최남선이 1904년에 '최연소자'(규정상 나이 미달)로서 황실특파 유학생에 선발되었던 것도 마찬가지이다.

2. 신학문 수학

19세기에 들어오면, 서세동점의 거센 물결이 '극동Far East'으로 밀려왔다. 바다를 지배하는 자가 곧 세계를 지배하는 세상이 되었다. 그것은 폭력이 정의가 되는 약육강식의 세계였다. 세계는 서양 중심으로 재편되었다. 그들은 무역과 선교를 위하여 동양으로 밀려 들어왔다. 청국과 일본은 각각 영국과 미국의 포함외교에 굴복하여 문호를 개방했다. 조선은 서양이 아닌 일본의 무력에 굴복하여 닫힌 문을 열었다.

일단 바닷길이 열리자, 그 길을 통하여 서양의 상품과 문물이 조선으로 들어오기 시작했다. 1882년에는 조미朝美수호조약이 체결되면서 '서양 오랑캐'와의 대면이 이루어졌다. 이듬해부터 미국의 외교관과 선교사, 사업가들이 서울에 들어와 거주하기 시작했다. 영국과 프랑스, 독일, 러시아 등과 수교가 이루어지자 그들 공관 또한 서울에 들어섰다. 이들은 서울 도성 내에 그들의 집단 거주지를 만들었다. 이름하여 '공사관 구역Legation Quarter' 또는 '양인촌洋人村'으로 불리던 정동이었다. 이곳에는 서양(주로 미국) 선교사들이 세운 학교와 교회가 들어섰다.[51] 이른바 아관파천(1896. 2) 후에는 '정동파'

51 자세한 정보는 이순우(2012), 《정동과 각국공사관: 근대 서울의 역사문화공간》, 하늘재; 이덕주(2002), 《개화와 선교의 요람 정동이야기》, 대한기독교서회 참조.

라는 정치세력까지 생겨났다. 고종은 경운궁에 자리 잡고 대한제국을 선포했다.

이리하여 한적하던 정동은 한국의 정치와 외교의 중심이며 서양 근대문물의 수용 창구이자 발신지로서, 한국의 근대화, 즉 서양화의 기원과 그 특색을 보여주는 상징적 공간으로 변모했다. 반경 200m도 채 되지 않는 이 작은 공간에서 이루어지는 일들은 조선왕조를 지탱해 온 성리학적 가치체계와 반상제 질서를 뿌리부터 흔들어 놓기 시작했다. 그 파장은 서울에서 가까운 도시로, 그리고 내륙으로 점차 퍼져 나갔다. 교통과 통신수단의 발달은 그러한 변화에 속도를 더했다. 세계로부터 고립되어 있던 조선이 서서히 변화의 물결에 휩쓸려 들어갔다. 그 충격에 따른 혼란과 당혹스러움은 피할 수 없었다. 개인이건 국가이건 새로운 환경에 스스로를 맞추어 살아가야만 했다.

이러한 문제가 조선인에게 절실하게 다가온 계기는 청일전쟁이었다. 일본은 이 전쟁을 야만 대 문명, 대륙 대 해양 세력 간의 쟁패전이라고 선전했다. 해양 세력인 일본이 문명국가라면, 대륙 세력인 청국은 야만국가라고 낙인찍은 것이다. 이제 청일전쟁은 무엇이 문명이고 무엇이 야만인지를 가리는 전쟁으로 세계의 주목을 받았다. 청국이 이 전쟁에서 완패당하자 수천 년 동안 동아시아를 지배해 온 중화사상은 설 자리를 잃었다. 중국 중심의 천하관, 천하질서가 무너져 내렸다. 스스로 소중화임을 내세워 온 조선의 지배층은 충격에 빠졌다. 피지배층도 혼란스럽기는 마찬가지였다. 무엇이 옳고 그른 것인지, 어디로 나아가야 하는지를 알 수 없는 상황이 벌어졌다.

청일전쟁 발발 후의 국제환경은 조선이 스스로 선택할 기회를 주지 않았다. 일본은 청국에 선전포고하기 직전에 경복궁을 점령하고 군국기무처를 설치하여 고종에게 '내정개혁'을 강요했다. 이것은 일본이 내세운 전쟁의 명분이기도 했다. 일본을 모델로 한 갑오개혁이 시작되었다. 수많은 법령이 나왔다. 그중에는 과거제도의 폐지와 새로운 학제 실시가 들어갔다. 이 조치는 관료 선발과 교육제도의 근본을 바꾸는 것이었다. 조선왕조를 지탱해 온 유학은 이제 시대에 뒤떨어진 낡은 학문으로 여겨졌다. 바야흐로 서양의 기술, 서양의 학문, 서양의 정신을 배우는 '신학문'의 시대가 도래했다.

이승만, 현순, 최남선 세 사람은 남들보다 한발 앞서 신학문의 길에 들어섰다. 이승만과 현순은 청일전쟁 후 각각 배재학당과 한성영어학교에 들어갔다. 둘 다 영어를 배우는 것이 목적이었다. 이들보다 나이가 어렸던 최남선은 세기가 바뀐 후 경성학당에 잠깐 다니며 일본어를 배웠다. 세 학교는 서로 가까운 곳에 위치했다. 경운궁을 중심에 놓고 보면, 배재학당은 그 뒤편(서쪽), 한성영어학교는 오른편(북쪽), 경성학당은 왼편(남쪽)으로 삼각점을 그릴 수 있었다. 경운궁에서 도보로 10분~20분 이내의 거리였다.

1897년 11월 학부學部에 보고된 서울(한양) 내의 공립학교(외국어학교와 소학교 포함) 생도는 1,100명에 달했다.52 여기에 각급 사립

---

52 〈협성회회보〉(1898. 1. 8.), "내보".

학교 생도까지 포함한다면 1,500~2,000명이 되었을 것이다. 당시 서울의 인구가 20만 명 정도였으니, 그 숫자는 결코 적은 것이 아니었다. 도성, 그러니까 사대문 안으로 좁혀 본다면 더욱 그러했다.53

청일전쟁 후 신학문을 배운 생도들은 한양 도성 내의 여론 형성과 대중 집회를 견인하는 역할을 맡게 된다. 1898년에 만민공동회가 성공적으로 열릴 수 있었던 배경에는 이런 신식 학생층이 있었다. 이들이 과거의 유생儒生을 대체하며 역사의 전면에 나서기 시작했다.

1) 이승만의 배재학당 입학과 졸업

"그래 어찌할 작정이냐?"

과거제도가 폐지되었다는 소식을 들은 후 이승만의 아버지가 자기 아들에게 묻는 말이었다.54 이때 이승만의 나이는 스무 살, 이미

---

53 청일전쟁 후 한국의 상황에 대한 관찰적 기록을 남겼던 이사벨라 버드 비숍은 이런 기록을 남겼다; "1897년 2월에 실시된 세밀한 인구조사(a careful sensus)에 따르면, 서울 도성 안의 인구는 144,636명, 도성 밖의 인구는 75,189명으로 총 219,825명이었다. 이 중에 남자의 숫자가 11,079명 더 많았다." Isabella Bird Bishop(1898), *Korea and Her Neighbors: A Narrative of Travel, With an Account of the Recent Vicissitudes and Present Position of the Country*, New York: F. H. Revell Co., 38쪽의 각주 1). 신복룡 역주(2019), 《조선과 그 이웃 나라들》, 개정판, 집문당, 29쪽 원저자 각주 4).

54 서정주, 앞의 책, 95쪽.

결혼한 상태였다. 그의 장래도 문제지만 당장의 생계가 급했다. 그 동안은 시험공부 때문에 양녕대군 종손댁에 의지해 살아왔지만, 이제는 그럴 수 없었다. 얼마 동안 이승만은 방황했다. 입신양명의 꿈이 사라지자 인생의 목표도 종잡을 수 없게 되었다. 무엇을 위해 살아야 하는가? 가족을 어떻게 먹여 살릴 것인가? 이승만의 고민은 깊어졌다.

1895년 초, 이승만은 '천주학쟁이'들이 다닌다는 배재학당에 발을 들여놓았다. 집에는 이 사실을 바로 알리지 않았다. 어엿한 양반이라면 그런 생각조차 하기 어려운 때였다. 포기할 기득권이 없는 상황에서 무언가 돌파구를 열어야 했다. 결과적으로 이승만은 새로운 인생의 전기를 만들어 냈다. 그는 나중에 이렇게 회고했다.

> 나는 오랫동안 고민하던 끝에 배재학당에 가서 영어를 배우기로 작정하였지만 며칠간 나의 작정한 바를 어머니에게 알리지 않았다. 어머니는 "천하의 몹쓸 교리"를 가르치는 학당에 가는 것을 허락할 것 같지 않았다. 학교에 갔더니 노블William A. Noble 씨가 아침 예배에 참석하라고 했다. 그는 내가 난생처음으로 말을 건넨 외국 사람이었다.[55]

이승만은 또 이런 기록을 남겼다.

55 이정식 저, 권기붕 역, 앞의 책, 271쪽.

> 화이팅Georgiana Whiting 의사가 선교사로 새로 왔는데 내가 그의 첫 한국말 교사가 되었다. 나의 첫 월급은 은전으로 20원이었는데, 〔그 돈이 하도 많아서〕 나의 모친은 겁에 질릴 정도로 놀라셨다. 당시 부친은 늘 타지방을 방랑하였고 집에 계시지 않았다. 나는 배재학당에서 영어교사로 채용되었다. 영어 공부를 시작한 지 6개월밖에 지나지 않았는데 영어 선생이 되었다고 하여 사람들의 칭찬이 자자했다.[56]

이승만이 배재학당에 입학한 동기는, 위의 기록에 나타나듯이 두 가지였다. 첫 번째는 서양의 언어인 영어를 배운다는 것이고, 두 번째는 가족의 생계를 위한 돈벌이였다. 배재학당은 이 두 가지 목적을 충족시켜 주었다.

서양 선교사(주로 미국인)들이 1880년대 중반 정동에 발을 들여놓으면서 벌인 첫 사업은 교육기관의 설립이었다. 배재학당과 이화학당이 그 대표적인 예였다. 이들 '미션 스쿨mission school'의 학생 모집은 초기에 부진했다. 불과 몇 명에서 몇십 명 단위로 늘어나는 데 10년 가까이 걸렸다. 그런데 청일전쟁 후 그 숫자가 갑자기 늘어나서 백 명 단위로 올라갔다. 급변하는 국제정세와 국내 환경에 적응하려는 청년들이 신학문으로 눈을 돌렸기 때문이다. 배재학당의 경우에는 정부 보조금까지 받게 되면서 등록한 학생 수가 200명 가까이 되었다. 이 학당을 설립한 아펜젤러Henry G. Appenzeller는 배재학당을 대

56 위의 책, 254쪽.

학교 수준으로 끌어올리려고 했다.[57] 그리고 교육목표를 단순한 통역관의 양성보다는 기독교를 바탕으로 지적, 정신적, 도덕적으로 성숙한 건전한 인격인의 배양에 두고자 했다.

청일전쟁 후 한국을 방문하여 배재학당의 교육 현장을 둘러보았던 이사벨라 버드 비숍은 이렇게 말했다.

> 배재대학Pai Chai College에는 세 개의 학과가 있다. 중국 고전과 셰필드Sheffield의 《세계사》 등을 가르치는 국한문과, 소규모 인원의 신학과, 그리고 영어과이다. 영어과에서는 강독, 문법, 작문, 철자법, 역사, 지리, 수학, 화학원론, 자연철학 등을 가르친다. 미국에서 교육을 받은 서재필 박사는 최근에 배재학당에서 매주 한 번 특강을 실시하고 있다. 그는 세계 지리와 유럽의 정치사 및 교회사를 가르쳐 학생들의 열정을 불러일으키고 있다. 애국심과 더불어 명예의 전통을 지닌 영국 공립학교의 정신과 같은 것이 학생들 사이에서 길러지고 있다.[58]

비숍은 배재학당에서 배우는 학생들의 열정과 애국심이 한국의 밝은 미래를 보여준다고 생각했다.

이승만은 배재학당 시절의 배움에 대하여 다음과 같이 회고했다.

---

57 이만열 편(1985), 《아펜젤러: 한국에 온 첫 선교사》, 연세대학교출판부, 330~335쪽의 〈배재학당의 첫 연례보고서(1888~1889)〉, 370~371쪽의 〈1895년 배재학교와 정부가 맺은 협정서〉, 387~390쪽의 〈1897년의 연례보고서(일부)〉 참조.

58 Isabella Bird Bishop, 앞의 책, 388~389쪽.

내가 배재학당에 가기로 한 것은 영어를 배우려는 큰 야심 때문이었고 그래서 나는 영어를 열심히 공부했다. 그러나 나는 영어보다 더 귀중한 것을 배웠는데, 그것은 바로 정치적인 자유였다. 한국의 대중이 무자비한 정치적 탄압 속에서 살고 있다는 것을 조금이라도 아는 사람이 기독교 국가에 사는 사람들은 법에 의해 그들 통치자의 독재로부터 보호되어 있다는 말을 처음 들었을 때, 이 젊은이의 마음속에 어떠한 혁명이 일어났을지를 쉽게 상상할 수 있을 것이다. 나는 혼자서 우리도 그런 정치이론을 채택할 수만 있다면 짓밟혀 사는 나의 동족에게 크나큰 축복이 되겠구나 하고 생각했다.59

이승만은 배재학당을 다니면서 서양의 정치제도와 형편에 대하여 눈을 뜨고, 이로 인하여 조선의 왕정과 지배체제에 대하여 비판적인 안목과 태도를 갖게 되었다. 그 핵심은 정치적 자유와 법치였다. 당시 조선에 이러한 원리를 도입한다는 것은 곧 '혁명'을 의미했다. 양녕대군의 사당이 있는 한적한 복사골에서 과거 공부에 몰두하던 평범한 한 청년이 도성 안 '양인촌' 한가운데 자리 잡은 배재학당을 오가면서 체제 변혁을 꿈꾸는 '모반자'로 바뀌었던 것이다.

이승만의 과감한 변신은 정부의 단발령 공표 후 스스로 상투를 자르기로 결심한 데에서 잘 나타난다. "당시 나는 제중원濟衆院에서 한국말을 가르치고 있었는데, 그 낡은 진료소에서 에비슨 의사Dr. Oliver

59 이정식 저, 권기붕 역, 앞의 책, 274쪽.

R. Avison가 가위로 나의 머리를 잘라 버렸다." 이승만은 그 후 얼마 동안 어머니 곁에 가지 못했다. 에비슨은 나중에 이승만에게 보낸 편지에서, "당신은 그때도 젊은 모반자謀反者였지요"라고 했다. 에비슨은 이때 이승만이 가려는 길이 얼마나 위험한 것인지를 경고하자 이승만은 이렇게 대답했다. "그래도 나는 그대로 하겠습니다."**60**

이승만은 1897년 7월 8일에 배재학당을 졸업했다. 그는 정부의 각 대신과 서재필, 미국공사・영사와 선교사들, 그리고 한성영어학교 생도 등 600여 명이 참석한 졸업식장에서 졸업생을 대표하여 '한국의 독립'이라는 주제를 가지고 영어 연설을 했다. 그 요지는 "전통적인 한중관계, 청일전쟁을 계기로 이루어진 한국의 독립, 현재 한국이 처한 어려운 상황에서 필요로 하는 일" 등에 관한 것이었다. 이러한 이승만의 연설은 시의적절한 주제 선택과 대담한 감정 표현, 정확한 영어 구사 등으로 "그날 행사 중 가장 공들인 작품"이었다는 평가를 받았다.**61** 이승만은 이제 신학문의 우등생으로 언론을 통한 국민 계몽과 정치 활동에 나설 준비가 되었다.

---

60 위의 책, 272~273쪽.

61 당시 언론은 신학문에 대한 사회적 관심을 환기시키려는 의도에서 배재학당의 졸업식을 크게 보도했다. 〈독립신문〉(1897. 7. 10.), "잡보"; *The Independent*(1897. 7. 13.), "Commencement Exercises of Pai Chai School"; *The Korean Repository*(July, 1897), "The Closing Exercises of Pai Chai", 271~274쪽. 이때 배재학당은 방학식과 졸업식을 함께 치렀다.

2) 현순의 한성영어학교 입학과 일본 유학

현순은 청일전쟁 후 자신의 진로를 정하면서 이승만과 같은 고민이나 심적 갈등을 겪지 않았다. 여기에는 몇 가지 이유가 있었다. 무엇보다도 현순은 이승만처럼 과거 공부에 자신의 모든 것을 걸지는 않았다. 중인 출신인 현순은 과거 이외에도 다른 대안들을 생각해 볼 수 있었다. 앞서 보았듯이 그의 아버지는 과거를 보지 않고도 지방 현감을 지냈고, 벼슬을 그만둔 후에는 제물포에 들어온 일본 상인들과의 교역을 통하여 큰 재산을 모았다. 이런 집안 분위기 때문에 현순은 비교적 일찍부터 신문물에 노출되어 있었다.

《현순자사》에 따르면, 그의 사촌 형(현은)은 어렸을 때부터 개화에 뜻을 두고 서양문화에 관한 한역서漢譯書들을 열독하여 세계지리에 숙달했다고 한다.[62] 현순과 그의 또래 친척들은 현은으로부터 '지리학'과 '세계 대세'를 배웠다. 한어漢語 역관에게 중국어를 배우기도 했다. 한때는 신체 마비 증세를 보였던 그의 동생을 위하여 침술과 한약 제조법을 익히기도 했다.

청일전쟁이 끝난 후에는 일본 유학에 뜻을 두고 관비 유학생 모집에 응하려고 했으나 할머니의 제지로 뜻을 이루지 못했다. 을미사변

---

62 현은(玄檃, 1860~1934)은 1880년 역과[한어(漢語)]에 합격한 후 직장, 주부, 내부 참서관을 거쳐 지방국장에까지 벼슬이 올랐던 인물이다(김현목, "한말 기술직중인 출신 관료의 신분과 동향", 154쪽). 식민지 시대에는 중추원 참의(1921~1927)를 지내 민족문제연구소의 《친일인명사전》(2009)에 등재되었다.

후에는 친구들과 함께 가출하여 개항장인 인천까지 갔었다. 현순은 이 무렵 한문 공부에 염증을 느끼고 있었다.[63] 이런 공부만으로는 자신의 미래가 보이지 않았던 것이다.[64]

1895년 11월에 단발령이 발표되자 현순은 아버지에게 다음과 같이 고했다. "현금 시세는 혁신정치로 기울고 있으니 단발령에 복종하고 단발함이 마땅하옵니다." 이 말에 아버지가 선뜻 동의하고 부자가 함께 상투를 잘랐다. 현순은 이때 어찌나 상쾌하던지 마치 신선이 되어 하늘로 오르는 듯했다. 그런데 단발령에 반발하는 의병들이 지방 곳곳에서 들고 일어나자 신변의 위협을 느낀 현순 부자는 치안이 유지되는 서울로 피신했다.[65]

오랜만에 서울로 올라온 현순은 구경을 좋아하는 어린 숙부를 좇아 이곳저곳을 돌아다니며 새로운 것들을 '발견'했다. 진고개의 일본인 거리, 정동의 '양인' 거류지들을 둘러보며 1880년대와는 확연히 달라진 서울의 모습을 보았다.[66] 이 무렵 서울에는 변화의 바람이 불고 있었다. 현순은 친구와 함께 서대문 밖에 새로 세워진 독립문과 독립관 개관 축하식에 갔다가 서재필 '박사'의 영어 연설을 듣

---

63 《현순자사》, 238~239쪽, 245쪽, 248~250쪽.

64 현순은 나중에 자신의 호를 딴 문집인 《石汀集》의 〈小引〉에서 이르기를, "〔자신의〕 성질이 愚直하여 革命 기분이 있어서 世世 遺職인 譯官 初職을 거절하였다"고 했다. 이 문집은 독립기념관 소장, 〈현순 문건〉의 분류항목 중 "현순 원고(3) : 시와 연극"에 들어가 있다(관리번호 9-HS0003-002).

65 《현순자사》, 251쪽.

66 《현순자사》, 253쪽.

게 되었다. 이날 수천 명의 군중이 모여들고 내빈들도 참석했다. 행사의 일환으로 '왕립영어학원' 학생들의 군사행렬 시범과 배재학당 학생들의 〈독립가〉 합창이 있었다. 현순이 이날 받은 인상은 강렬했다. "영어학원생들의 행렬은 나의 야심을 자극하고, 선교계통 학교의 합창은 나의 혼에 큰 인상을 주었다."**67**

현순은 1897년에 관립 한성영어학교에 입학했다. 이 학교는 청일전쟁 후 일본, 미국, 영국, 프랑스, 러시아, 독일 등 외국과의 교섭 확대의 필요성을 절감한 조선 정부가 이에 소용되는 인재들을 양성하기 위하여 반포한 〈외국어학교 관제〉에 따라 설립되었다. 각국 외국어학교의 설립 초기에는 역관 자제들의 입학이 많았으나 점차 양반 자제와 일반 평민들도 다니게 되었다. 외국어학교들 중 영어학교가 특히 인기가 많았다.

현순은 영어학교 재학 당시의 모습을 다음과 같이 회고했다.

> 나는 같은(1897년) 정월에 가친의 허락으로 농상공부 뒤편에 있는 왕립영어학원에 입학했다. 2명의 영국인 교사가 있어 허치슨W. F. Hutchison은 교두敎頭였고 홀리팩스T. E. Halifax는 평교사였다. 그 이외 한인교사 수 명이 있었다. … 학원은 5학급으로 구성되며 5학급이 초급이었다. 나는 이 학급에 편입되어 이한음 선생으로부터 알파벳을 수차 반복하여 배웠다. 상급 학급의 몇 학생을 자택에 초대하여 같이 열심히 공부

67 《현순자사》, 254~255쪽.

했다. 하계시험에서 나는 우수한 학생 중의 한 사람으로 일등상을 받았다.68

현순은 한성영어학교가 왕명으로 설립되고 영어를 마스터한 청년 학생들을 영국에 유학시켜 해군 전술을 습득시키는 것이 목적이었다고 했다. "대부분의 학생들은 부유한 고관 자제였고 광무제光武帝는 때때로 전교 학생을 궁궐에 불러 조련시킨 후 진수성찬을 대접하셨다." 또 학교에는 축구팀이 있어 영국 해병과 훈련원에서 매주 금요일 경기를 했다. 다른 외국어학교들과는 매년 두 차례 운동경기가 있었는데, 영어학교 학생들이 매번 우승했다.69

현순은 1897년 가을에 5학급에서 4학급으로, 같은 해 겨울에는 3학급에서 2학급으로 진급했다. 학교에서 배운 과목은 일반독본, 과학독본, 지리, 산술이었다. 주일에는 보통 배재학당에 가서 서재필의 강의를 들었다. 2년 후 정부에서 '왕립무관학교'를 설립하자 현순은 이 학교로의 전학을 원했다. 그러나 할머니가 반대하여 영어학교에 그대로 남았다. 얼마 후 현순은 정부에 허치슨 교두의 해고를 요구하는 진정서를 냈다가 퇴교당했다. 현순은 허치슨이 자존심이 강하고 과민한 기질의 영국인으로 학생들에게 부도덕하고 괴상하고 부정한 행동을 했다는 혐의를 받는다고 했다. 현순은 1898년 가을

---

68 《현순자사》, 255~256쪽.

69 《현순자사》, 256쪽.

에 학교를 떠나야만 했다.[70]

이듬해 3월 현순은 일본으로 유학을 떠났다. 이에 필요한 경비는 영어학교 다닐 때의 친구로 부유한 가정 출신의 장응진(황해도 출신)과 김경민(평양 출신)이 대주기로 했다. 이 무렵 현순의 집안은 아버지의 '정치운동'으로 크게 기울고 있었다. 현순은 도쿄에서 자신의 학업에 대하여 다음과 같이 회고했다.

> 나는 사촌 형 현은의 덕택으로 한국 정부로부터 약간의 재정적 원조를 받았다. 그래서 장〔응진〕과 나는 순천順天으로 알려진 대학에 입학하여 수학, 대수, 기하, 삼각, 물리, 화학과 영어를 배웠다. 이 대학은 동경 신전구神田區에 있었다. 장과 나는 본향구本鄕區 하숙에 기숙했다. 한국 유학생은 대부분 정치 망명객들과 관련되어 정치 논의에 몰두했으나 나는 장과 같이 대학을 열심히 다녀 매일 심야까지 공부했다.[71]

현순이 다녔다는 '순천대학'은 오늘날의 학제와 비교하면 대학이 아니라 중고등학교 수준이었다. 그가 나중에 미국 정부에 제출한 〈이력서〉를 보면, 일본에서 '고등학교'를 졸업한 것으로 되어 있다.[72] 현재도 도쿄에는 '병설형倂設型' 순천중고등학교가 있다. 이 학

---

70 《현순자사》, 257~258쪽.

71 《현순자사》, 264쪽.

72 고정휴, 앞의 책, 11쪽.

교의 시작은 1834년에 설립된 순천당숙順天堂塾이었다. 현순이 입학할 때 이 학교의 명칭은 순천구합사順天求合社였는데, 1900년부터 순천중학교順川中學校로 바뀌었다. 메이지 시대에는 학제 변경이 자주 있었는데, 이때의 중학교라고 함은 졸업 후 전문학교나 대학에 진학할 수 있는 중등교육 기관이라고 볼 수 있다.**73**

1902년 4월 현순은 순천중학교를 졸업했다. 당시 주일 한국대리공사가 졸업식에 참석했다고 한다. 현순은 영어로 졸업 연설을 했다. "나에게 무엇보다도 만족스러운 것은 교장 선생님의 지도와 여러 존경하는 선생님들의 공로입니다. 또 수년간 동료 학생들의 성공을 보는 것도 만족스러웠습니다." 그 후 현순은 제국대학에 진학하여 '이공과理工科' 과목을 공부하려고 했으나 학비 조달이 여의치 않자 귀국 길에 올랐다.

흥미로운 것은 현순이 대학에서 이공계 공부를 하고자 했다는 점이다. 한말부터 식민지 시대에 이르기까지 해외로 나간 한국의 유학생들은 대부분 인문학이나 사회과학 또는 신학이나 의학 분야를 선호했다. 이공계 특히 공학 분야를 전공으로 선택한 사람들은 많지 않았다. 현순의 실용적인 사고는 그의 집안 배경과도 무관하지 않았던 것으로 볼 수 있다.**74**

---

73 현순과 함께 순천중학교를 다녔던 장응진(1880~1950)은 이 학교 졸업 후 동경고등사범학교 數物化學部에 진학했다〔구장률(2009), "근대지식의 수용과 문학의 위치: 1900년대 후반 일본유학생들의 문학관을 중심으로", 〈대동문화연구〉 67, 333~335쪽〕.

3) 최남선의 경성학당 입학과 일본 유학

이승만이나 현순과 달리, 최남선은 아예 과거 공부를 하지 않았다. 그래야 할 이유가 없었다. 그가 다섯 살 되던 해에 과거제도는 폐지되었다. 그런데 이 제도가 폐지된 데 따른 새로운 관료 선발 방식과 교육제도가 제때 마련되지 않았다. 청일전쟁을 배경으로 한 '갑오경장'이 일본의 강압하에서 졸속적으로 이루어졌다는 것을 보여주는 대표적 사례가 바로 과거제도의 폐지였다. 어렸을 때부터 과거를 통한 입신양명을 꿈꾸던 사람들을 하루아침에 갈 길을 잃었다. 이승만이 그러했고, 현순이 그러했다. 두 사람은 고심 끝에 신학문의 길로 들어섰다. 이 결정을 그들의 인생을 바꾸어 놓았다.

조선의 정치체제와 관료제도를 지탱해 온 과거제 폐지는 전통교육의 근간을 뒤흔들어 놓았다. 어디에서 무슨 공부를 어떻게 해야 하는지를 알 수 없게 된 것이다. 이러한 상황을 잘 보여주는 사례가 최남선이었다. 그의 회고에 따르면, 그는 어떤 체계 없이 자기 방식대로 공부를 했다. 이런 식이었다. 대여섯 살에 국문을 해독하고,

---

74 이를테면 1891년 역과(漢語) 식년시에 입격하였던 현국(玄國, 1874~?)은 안형중(安衡中)과 함께 일본으로 관비 유학을 떠나 게이오의숙(慶應義塾)과 동경고등공업학교를 졸업하고 인쇄국(印刷局)에서 1년간 실습을 마친 후 귀국하여 농상공학교(農商工學校)에서 교관으로 근무하였다(김현목, "한말 기술직중인 출신 관료의 신분과 동향", 170쪽). 현국은 현순의 4촌 형이었다. 현순은 일본 유학 초기 현국으로부터 도움을 받았다(《현순자사》, 263쪽).

칠팔 세에 한문을 읽기 시작하며, 열세 살에 일본말을 배우고, 열다섯 살 되는 해에 황실특파 유학생에 끼어 일본에 갔다.

일본에 이르러 보니, 문화의 발달과 서적의 풍부함이 상상 밖이었다. 이전에 국문 예수교 책과 한문 번역서만을 보던 때에 비하면 대나무 통으로 보던 하늘을, 두 눈을 크게 뜨고 보는 것과 같은 느낌이었다. 나는 그런 책이라는 것은 다 좋아서 보고 또 보았다. 그리고 한옆으로 번역까지 하는 버릇이 일본에 가서 더욱 활발해졌다. 그때는 이런 공부로 밤잠도 자지 않고 여기에 정신을 기울였다.

이어서 말하기를 "그 후 3년 동안 일본에서 책을 모으기 시작했다. 특별히 시세時勢에 자극되어서 국민정신 운동을 일으키겠다는 생각으로 역사 지리의 연구에 눈을 뜨게 되었다. 그래서 이 방면에 관한 서적을 더욱 모으게 되었다." 열일곱 살에 책상을 집어 던지고 고국으로 돌아와서 신문관이라는 것을 차렸다.[75]

이런 이야기 속에는 몇 가지 주의해서 살필 점이 있다. 첫 번째로 그는 학교에 대한 말을 꺼내지 않고 있다. 선생 이름도 나오지 않는다. 그에게는 스승이 없다. 홀로 배우고 깨우쳤다. 그러기에 학력으로는 이렇다 할 것이 없지만 '자습 독학의 대성'이었다는 말이 나왔다.[76] 또는 그를 일컬어 '천재'라고도 했다.[77]

---

75 최남선, "서재한담", 〈새벽〉 1954년 12월호, 254~255쪽.

과연 그러한가? 독학이라든가 천재라는 말이 단순한 찬양이거나 수식어가 아니라면, 그것이 의미하는 바는 무엇인가? 학자로서의 최남선을 평가할 때 그런 말들은 오히려 그에게 약점이 되는 것은 아닐까? 어떤 독창성 못지않게 연구의 방법론과 전문성, 체계성을 따지는 것이 근대 학문이기 때문이다.

최남선 당대에는 한국이 전통에서 근대로 나아가는 길목에 있었다. 이것은 학문 분야에서도 마찬가지였다. 왕도정치를 표방한 조선시대의 학문이 수기치인修己治人의 덕목을 갖춘 군자君子를 양성하는 것이었다면, 서양에서 유입된 근대 학문은 과학적 방법론에 기초한 분과학문으로서 각 분야에 맞는 전문적이며 체계적인 지식을 갖추는 것이 무엇보다도 중요했다. 이것은 동시에 실용적인 가치를 지니고 있어야 했다. 따라서 서양 근대에서는 단계적인 학교 교육과 교과과정을 갖추고 학생들을 길러냈다.

최남선보다 10년 이상 선배였던 이승만과 현순의 경우 각자 그러한 과정을 거쳤다. 두 사람은 또 신학문을 배우기 전에 전통 한학 교육을 받았다. 그런데 최남선은 전통과 근대 어느 쪽에서도 제대로 된 교육을 받지 않았다. 최남선의 '학문'에 대하여 이야기할 때, 우

---

76 〈삼천리〉 4-3(1932. 3), "유명인사 삼형제 행진곡", 54쪽.

77 최남선의 '천재'성에 처음 주목한 사람은 이광수가 아닌가 싶다. 동경 유학 시절 그의 일기에는 이런 기록이 나온다(1909년 11월 8일 자) ; "최남선 군의 文과 詩를 보다. 확실히 그는 천재다. 현대 우리 문단에 第一指될 만하다." 이광수(1925. 3), "六堂의 첫인상", 〈조선문단〉 6, 94쪽.

리는 이 점에 특히 유의해야 한다고 생각한다.

두 번째로 최남선이 혼자 공부하면서 보았다고 하는 텍스트들이 어떤 것이었는가 하는 점이다. 그는 대여섯 살에 국문을 해독했다고 했는데, 이는 대단히 중요한 이야기이다. 그는 첫 한글세대였다. 한글이 '국문'으로 공식 인정받은 것은 갑오개혁(1894)에서이다. 최남선이 만 네 살이 되던 때였다. 이때부터 정부 공문서와 학부에서 편찬하는 교과서들에서 '국문'이 사용되기 시작했다. 1896년부터는 한글로만 된 신문이 나오기 시작했다. 〈독립신문〉에 이어서 〈매일신문〉과 〈제국신문〉이 나왔다. 서울 시내에서는 누구나 쉽게 이들 신문에 접할 수 있었다. 이 무렵 미국인 선교사들도 한글로 된 성경과 전도서뿐 아니라 신문까지 발행하고 있었다. 우리 역사에서 처음 펼쳐지는 한글 '전성'시대였다.

최남선은 열 살 무렵부터 국내외의 신문과 잡지를 구해 보면서 세상이 돌아가는 형편을 살피고, 때론 국내 신문에 기고할 글들을 쓰기도 했다면서 스스로를 '신보잡지광新報雜誌狂'이라고 말한 바 있다.**78** 그의 구독 리스트에는 〈독립신문〉과 국한문으로 된 〈황성신문〉이 포함되어 있었다. 중국 상해에서 서양인들이 발행되던 〈만국공보萬國公報〉와 〈중서교회보中西教會報〉도 그의 목록 속에 들어 있었다.**79**

---

78 최남선(1910. 6), "〈少年〉의 旣往과 및 將來", 〈소년〉 제 3년 제 6권, 12~13쪽.
79 류시현(2009), 《최남선 연구: 제국의 '근대'와 식민지의 '문화'》, 역사비평사,

세 번째로 최남선은 국문, 한문에 이어 일본말을 배웠다. 일찍부터 국내외 신문과 잡지를 보면서 서양의 신문물과 신지식에 접하고 있던 그가, 일본인이 경영하는 경성학당에[80] 들어간 때는 만 12살 되던 1902년이었다. 이해 1월 30일에는 영일동맹이 체결되어 만주와 한반도를 둘러싼 러일 간 각축이 전쟁으로 갈 수밖에 없는 상황이 벌어지고 있었다. 이즈음 최남선은 일본말을 배우려고 경성학당에 입학하지만 3개월 만에 그만두었다. 이승만과 현순이 영어를 배우려고 신식학교에 갔다가 정규 과정을 마쳤던 것과는 비교가 된다.

최남선은 경성학당에서 일본어의 기초를 배운 다음, 일본어로 된 책과 신문·잡지들을 구해 보면서 독해 능력을 키워 나갔다. 이를테면 초등 산술을 가르치는 수학 교과서라든가 해부학과 같은 의학 관련 교과서들을 얻어 보고 주요 단어들을 낱낱이 암기했다고 한다. 여기에서도 중인 특유의 실용적인 감각을 엿볼 수 있다. 한편으로 최남선은 당시 일본에서 발행되던 〈대판조일신문大阪朝日新聞〉이라든가 〈만조보萬朝報〉, 〈태양太陽〉 등을 구해 봤다.[81] 참고로 최남선의 집과 가까웠던 경성학당에는 신문종람소와 일어잡지실이 따로 마련되

38쪽.

80 이 학교는 1896년 대일본대외교육회라는 단체에서 개설한 학교로서 일본어 보급에 각별히 신경을 쓰고 있었다. 허재영(2013), "근대 계몽기 일본어 보급 정책과 경성학당(京城學堂)의 〈독습 일어잡지〉", 〈동양학〉 53, 단국대학교 동양학연구원 참조.

81 류시현, 앞의 책, 37~38쪽.

어 있어 일본어를 배운 사람이라면 누구나 쉽게 접근할 수 있었다.82

이상을 종합해 볼 때, 10대를 전후해서 출발한 최남선의 '독학'이란 학문적 관심에서 비롯된 것이라기보다는 근대적인 교양과 시사時事에 대한 폭넓은 이해를 추구해 나가는 과정이었다. 일본 유학도 그러한 과정의 연속이었다. 이를 통하여 그는 자기만의 독특한 문체, 자기만의 문제의식과 지식을 쌓아 나갔다. 그는 처음부터 학자의 길을 걷고자 했던 것이 아니었다. 따라서 일본 유학 도중에 분연히 책상을 집어 던지고 국내로 돌아와서는 국민 계몽에 나설 수 있었다.

그렇다면 최남선의 일본 '유학'은 어떠했을까? 잘 알려져 있듯이 그는 10대 중반에 두 차례 일본으로 건너갔다. 첫 번째는 러일전쟁이 발발하던 해인 1904년 가을이었다. 그는 당시 학부 참서관인 아버지의 후광으로 50명을 선발하는 황실특파 유학생의 일원이 되었다. 이때 선발 기준에 따르면, 정부 관료 중 칙임관과 주임관의 자子, 손孫, 서壻, 제弟, 질姪의 본종本宗 4촌 이내에서 연령이 16~25세에 해당하는 사람만이 추천 대상이었다.83 이때 최남선의 나이는 만 14살로서 선발된 사람 중 최연소자였다. 일종의 특혜 선발이었다. 그런데 최남선은 동경부립제일중학교에 입학한 지 한 달 반 만에 그만두고 홀로 귀국했다.84

---

82 허재영, 앞의 논문, 참조.

83 한성민(2014), "황실특파유학생의 동맹퇴교운동에 대한 일본의 대응: 구라치 데츠키치(倉知鐵吉)의 활동을 중심으로", 〈역사와 현실〉 93, 378쪽.

84 동경부립제일중학교(東京府立第一中學校)의 기록에 따르면, 최남선은 1904년

왜 그랬을까? 여러 가지 이유를 생각해 볼 수 있다. 이를테면 어린 나이에 감당하기 어려운 문화 충격이라든가 엄격한 기숙사 생활, 또는 교과과정의 문제일 수 있다. 당시 제일중학교는 한국에서 파견된 황실특파 유학생의 교육을 위해 3개년을 이수 연한으로 한 '특설特設한국위탁생과韓國委託生科'를 개설했다. 이 과정에서 유학생에 대한 감독 책임도 제일중학교에 위임되었다.

교과목 구성과 주당 시간을 보면, 수신修身(1시간), 국어(일본어, 9시간), 일한비교문법(3시간), 산술 및 이과(7시간), 그리고 도화圖畵·창가唱歌·체조(각 시수 불명) 등이었다. 일본어와 산술에 중점을 두고 있는데, 최남선은 경성학당에서 잠깐이지만 이 두 과목을 배운 바 있다. 따라서 그는 제일중학교에서의 수업에 흥미를 갖기가 어려웠을 것이다. 기숙사규칙도 엄격했다. 오전 5시 기상, 6시 식사, 7시 등교, 수업 후 귀사, 일요일 외에는 외출금지 등이었다.[85] 국내에서 홀로 자유롭게 공부를 해왔던 최남선이 그러한 통제에 적응하기란 쉽지 않았을 것이다.

일본에서 돌연 귀국한 후 1년이 훌쩍 지난 1906년 4월에 최남선은 다시 도쿄로 건너갔다. 그리고는 9월에 와세다대학 고등사범부 역사지리과에 입학했다. 메이지 시대에 일본은 관학과 사학이 엄격

11월 2일에 입학한 후 부모의 병환으로 12월 19일에 중퇴한 것으로 되어 있다〔阿部洋(1974), "舊韓末の日本留學", 〈韓〉 30, 東京: 韓國硏究院, 104쪽〕.

85 한성민, 앞의 논문, 382~385쪽.

히 구분되어 있었다. 사립대학이 정식 인가를 받은 것은 1903년에 공표된 전문학교령에 의해서였다. 당시 관립대학의 예과(고등학교)는 3년인 데 비해, 사립대학의 예과는 그 절반인 1년 반이었다. 이름은 대학이지만, 내용상 전문학교 정도로 취급받았다. 최남선이 들어간 고등사범부는 중학교 졸업 후 각 분야의 전문 지식을 배우는 일종의 실업학교였다. 따라서 사립대학보다도 한 급 낮았다고 볼 수 있다. **86**

최남선은 경성학당과 동경부립제일중학교를 잠시나마 다녔던 덕분에 와세다대학 고등사범부에 입학할 수 있었다. 그런데 그는 한 학기 만에 그만두었다. 이번에는 정치적 이유 때문이었다. 1907년 3월, 정치학과 학생들이 연례적인 모의국회 행사에서 "대한제국의 황제를 화족華族에 넣을 수 있는가"라는 주제를 내걸었던 것이다. 와세다대학에 다니던 한인 유학생들은 발끈했다. 대한제국의 황실을 모독했다는 이유에서였다. 그들은 대학 당국에 행사 주최자들에 대한 엄한 징계와 공식 사과를 요구하면서 '자퇴'를 선언했다. 시간을 끌면서 정치적 사안이 확대되는 데 부담을 느낀 대학 측이 한인 유학생들의 요구를 일부 수용하면서 사태가 일단락되었다. **87**

그 후 한인 유학생들은 와세다대학으로 돌아갔지만, 최남선은 그

---

86 김윤식, 《이광수와 그의 시대》 2(한길사, 1986) 중 〈조도전대학 시절〉, 479쪽.
87 이진호(1986), "최남선의 2차 유학기에 관한 재고찰: 연보 재정립을 위한 제언", 〈새국어교육〉 42, 113~124쪽.

대열에 합류하지 않았다. "특별히 시세에 자극되어서 국민정신을 일으키겠다는 생각으로 역사지리의 연구에 눈을 뜨게 되었"다던 그가, 왜 대학으로 돌아가지 않았을까? 그냥 자존심 때문이었을까? 아니면 또 다른 이유가 있었던 것인가? 앞으로 들여다보아야 할 문제이다.

비록 한 학기에 그쳤지만, 와세다대학은 최남선에게 근대 학문이 어떤 것인가에 대하여 눈뜨도록 해주었다. 당시 고등사범부 역사지리과의 교과과정을 보면, 3년 동안 윤리, 교육학, 사학, 사회학, 지리학, 영문학 등의 과목을 이수하도록 했다. 전공인 사학 분야를 보면, 1학년에 국사/동양사/서양사가 있고, 2학년이 되면 여기에 고고학이 추가되며, 3학년에는 법제사/역사연구법/고문서연구가 새로 추가된다. 지리학 분야에서는, 1학년 때 일본지지/지문학地文學, 2학년 때 아세아・구라파 지리/지문학, 3학년 때에는 오세아니아・아프리카・아메리카 지리/지문학/제도법대의製圖法大意 등이 개설되어 있었다. 영어 분야도 흥미롭다. 1・2학년에 강독/윤강이 있고, 3학년에는 영문학이 추가된다.88

최남선이 그의 말대로 역사지리학에 관심을 가졌다면 충분히 도전해 볼 만한 교과과정이었다. 그런데 왜 그만두었을까? 그가 학자로서의 길에 뜻을 두었다면 중도에 포기할 수 없는 일이었다. 최남

88 구장율(2009), 앞의 논문, 343~344쪽의 도표 〈1903년도 와세다대학 고등사범부 역사지리과 교과과정(1906년 동일)〉 참조.

선과 함께 1910년대 '2인 문단시대'를 열었다는 이광수는 1920년대 중반 최남선에 대하여 다음과 같이 말한 바 있다.

> 그〔최남선〕를 학자라고 일컫는다. 또 그 자신도 학자 되기를 힘쓰려 한다. 세상은 그를 조선역사학자 또는 넓혀 조선학자라고 생각한다. … 그러나 그의 천품은 결코 학자가 아니다. 학자가 되기에는 너무도 패기가 있고 너무도 열정이 많다. 그는 싸늘한 머리를 가지고 먼저 묻고 바슬바슬하는 사실을 하나씩 둘씩 주어 모으고 앉아 있을 그러한 사람이 아니다. 그는 사실에 충실하기는 너무 상상력이 앞서는 사람이다.89

당대 누구보다도 최남선의 겉과 속을 잘 알고 있던 이광수의 이런 평가에 우리는 귀를 기울일 필요가 있다. 남다른 열정과 패기 그리고 상상력, 여기에 자기를 드러내 보이고자 하는 욕망까지 더해지면 차분히 책상 앞에 앉아 있을 수가 없었다. 하여, 최남선은 책상을 집어던지고 귀국 길에 올랐다. 나라가 망하는데 공부가 무슨 소용이 있겠는가! 10대 후반의 혈기 왕성한 그는 자신의 청춘을 바쳐 국민 계몽과 '신대한' 건설에 앞장서기로 마음먹었다.90

---

89 이광수(1925. 3), "육당최남선론", 〈조선문단〉 6, 87쪽.

90 이광수는 또 이렇게 말한다(위의 글, 89쪽). "그〔최남선〕에게 청춘의 생활이 없었다 함은 아마 가장 그를 동정하고 존경할 점일 것이다. … 〔東京에 유학을 간 十六세부터〕 오늘날까지 시속 청년들이 가장 행복되다고 하는 생활을 맛보아 보지 못하였다. … 독자여. 사람이 바칠 수 있는 희생 가운데 꽃 같은 청춘 시대를 희생하

3. 계몽의 시대

개항(1876) 후 일본의 조선 '보호국'화(1905)에 이르는 30년은 한국이 자주적인 근대화의 길로 나아가느냐 아니면 식민지로 떨어지느냐 하는 갈림길에 선 시기였다. 조선왕조 500년을 놓고 보면 그것은 아주 짧은 기간이지만, 이때의 역사는 오늘에 이르기까지 두루 영향을 미치고 있다. 우리는 그 시기를 '개항기' 또는 '개화기'라고 부른다. 전자에는 개항 후 조선이 세계 자본주의체제로 편입되는 데 따르는 사회경제적 변동을 중시하는 의미가 담겨 있다. 후자는 그 시기를 문명개화의 관점에서 바라본다. 이때 문명이라고 함은 곧 서양의 문명을 가리킨다.

유길준이 1880년대 초반에 지적했듯이 당대의 세계 각국은 3등급으로 나뉘었다. 이른바 미개未開, 반개半開, 개화開化가 그것이다. 조선은 이때 반개의 단계에 속했다. 반쯤은 열려 있고, 반쯤은 닫혀 있는 상태로 보는 것이다. 이 닫혀 있는 반을 마저 여는 것, 그것이 곧 개화였다. 여기에는 구시대의 낡은 전통과 문명에 갇혀 있는 백성을 깨우쳐 새로운 시대, 새로운 문명의 단계로 이끈다는 '계몽'의 의미가 담겨 있다.

여기서는 계몽의 시대를 둘로 나누어 살핀다. 첫 번째는 독립협

는 것보다 더 큰 희생이 어디에 있을까. … 그에게는 인생의 향락이 없었다!"

회가 활동하던 1896년부터 1898년까지의 시기이다. 이때에는 계몽이 곧 개혁을 추동시키는 힘으로 작용했다. 이리하여 만민공동회와 관민공동회라는 우리나라 초유의 대중 집회가 서울 한복판에서 벌어졌다. 이승만과 현순은 이 운동에 직접 참여했다. 나이 어린 최남선은 구경꾼으로 함께했을 수 있다. 유난히 조숙하고 호기심이 많던 그는 이 무렵 한글을 깨우치고 한글로 된 책이나 신문 또는 잡지를 통하여 세상을 바라보기 시작했다. 서재필의 〈독립신문〉이나 이승만이 편집에 참여한 〈매일신문〉은 그에게 좋은 읽을거리가 될 수 있었다. 최남선의 집(을지로)에서는 종각이나 경운궁 앞에서 벌어지는 만민공동회의 소란스러운 소리를 들을 수 있었다.

두 번째는 종종 애국계몽운동기로 불려왔던 1905년부터 1910년까지이다. 제1기와 달리 이때에는 개혁운동이 함께하지 않는, 그러니까 말과 글의 성찬인 계몽운동만이 존재했다. 식민지화의 전 단계인 일본의 '통감통치'가 한국의 내정에 깊숙이 개입하는 한편, 언론을 검열하고 대중운동을 통제하고 있었기 때문이다. 이 시기에 '소년' 최남선은 신문화운동의 주역으로 떠오른다. 이승만은 이때 미국에서 유학 생활을 보내고 있었다. 현순은 하와이에서의 이주 체험을 마치고 귀국한 후 교육과 전교 활동에 종사하면서 계몽운동과는 일정한 거리를 유지했다. 이승만과 현순은 만민공동회의 운동이 절정에 달하던 시기 함께 참여했다가 이승만은 투옥되고 현순은 쫓기듯이 일본으로 유학을 떠났었다.

제1기와 제2기의 계몽운동에는 단절이 있었다. 그 중간에는 '민회民會' 운동을 전면적으로 탄압했던 고종高宗이 있었다. 학계 일각에서는 '광무光武개혁'에 대하여 말하지만, 이 개혁의 초점은 황실재정의 확충과 황제의 전제권 강화에 있었다. 고종은 자기에게 모든 권력을 집중시켰지만, 러일전쟁 후 일본의 한국 침탈에 제대로 대응하지 못하고 황제의 자리에서 물러나야만 했다. 이러한 역사적 비극의 일차적 책임은 외세가 아닌 고종에게 있었다. 그는 동학농민운동에서 분출된 밑으로부터의 요구도, 독립협회와 만민공동회에 참여한 도시 중간층의 요구도 모두 외면하고 오직 자신의 안위와 권력만을 굳게 지키려고 했다.

1) 제 1기(1896~1898) : 독립협회 — 만민공동회 운동

(1) 계몽의 아이콘: 서재필

한국 근대사에서 본격적인 계몽의 시대를 연 인물은 서재필이었다. 이광린은 일찍이 《한국개화사상연구》라는 책에서 서재필에 대하여 이렇게 평가한 바 있다.

> 서재필(1864~1951)이 한국의 볼테르Voltaire(1694~1778)였다고 하는데 이의를 제기할 사람은 없을 것이다. 실상 그는 전근대적인 한국인의 사상을 근대적인 단계, 이른바 개화사상으로 유도하는 데 누구보다 더 진력한 사상가였다. 91

이미 잘 알려져 있듯이 서재필은 1882년 과거(문과)에 합격한 뒤 일본으로 건너가 호산육군학교戶山陸軍學校에 다니다가 귀국한다. 그리고 갑신정변에 참가했다가 대역죄인으로 몰리어 미국으로 망명했다. 그의 가족은 음독자살하거나 처형당했다. 서재필은 그 참혹함을 잊고 미국에서 새로운 인생을 개척했다. 미국인 독지가의 후원을 받아 펜실베이니아주의 해리힐먼아카데미Harry Hillman Academy에 입학했다. 사립인 이 학교는 학생들을 미국의 명문대학에 진학시킬 목적으로 세워진 예비교였다. 서재필은 이 학교에서 3년간 인문계 교육을 받으면서 서구의 시민사상을 몸에 익힌 '미국인' 필립 제이슨Philip Jaisohn으로 다시 태어났다.92 그리고는 컬럼비아대학 의학부를 졸업하고 미국 철도우편사업의 창설자 조지 암스트롱의 딸(Muriel Mary Armstrong)과 결혼했다. 미국 시민권도 획득했다.

서재필이 한국으로 돌아오게 된 계기는 청일전쟁이었다. 이 전쟁으로 성립된 조선의 개화파 내각이 서재필을 불러들인 것이다. 이때 역적의 죄명을 벗어난 그에게 외부협판外部協辦의 자리가 주어졌다. 1895년 12월 26일, 서재필은 서울에 모습을 나타냈다. 그의 변신은 장안의 이목을 끌었다. 단발, 양복, 구두, 안경, 자전거, 그리고 미국인 부인의 존재 때문이었다. 황현은 그의 《매천야록》에 서재필이 고종을 알현한 후 안경을 쓴 채로 궐련을 피우면서 뒷짐을 지고 나오

91 이광린(1979), 《한국개화사상연구》, 일조각, 93쪽.
92 위의 책, 103~107쪽.

니 이를 본 조정 대신들이 매우 분통하게 여겼다고 기록했다.[93] 서재필은 미국에서 타고 다니던 자전거를 갖고 왔는데, 이 또한 장안의 화젯거리였다. "그가 서양에 가서 양인의 축지법을 배워 가지고 하루에 몇백 리 몇천 리를 마음대로 다닌다"는 소문이 났다.[94] 그는 말하거나 연설할 때 서양 사람들처럼 제스처를 취했다.[95] 당시 서재필의 외모와 행동거지는 조선에서 처음 보는 '극極모던'이었다.[96]

갑신정변의 참변을 가슴속에 품고 미국에서 홀로 서야만 했던, 그래서 그 사회가 인정하는 엘리트로 다시 태어난 서재필은 차갑고 냉정하며 때론 오만해 보이기도 했다. 그는 또 이해타산적이었다. 이것은 자본주의에 물든 근대인의 성격이기도 했다. 서재필은 귀국 후 중추원中樞院 고문직을 맡았다. 이 자리는 아무런 실권이 없는 한직이었지만, 그는 매달 300원元의 급여를 받았다. 당시에는 원과 달러의 가치가 비슷했으니 매우 후한 봉급이었다. 서재필은 귀국 후 2년 만

---

93 황현, 《매천야록》 권6, 융희 4년 2월 조; 임형택 외 역(2005), 《역주 매천야록》 하, 문학과지성사, 621쪽. 기록 일자를 보아 황현이 들은 이야기를 옮긴 것 같다. 사실이 그러했는지 의심스럽지만, 어떻든 그런 이야기가 떠돌았다는 것은 보수적인 유림의 서재필에 대한 반감을 보여준다. 황현은 이때 사람들이 "천도(天道)가 내려다보고 있다"라고 말했다 한다.

94 〈별건곤〉 16·17호(1928. 12), "各界各面 제일 먼저 한 사람: 자전거를 제일 먼저 탄 사람".

95 〈삼천리〉 4-12(1932. 12), "최근 半島의 內外賓客: 서재필 씨의 등장"(慶會樓畔居士).

96 〈삼천리〉 4-10(1932. 10), "구한국의 외교와 문화"(구한국불어학교장 에밀 마텔).

에 중추원 고문직에서 해임되고 미국으로 돌아가는데, 그는 이때 원래 계약한 10년 치의 월급과 여비까지 챙겼다. 그 총액은 2만 8,800원에 달했는데, 독립신문사를 설립할 때 정부에서 제공한 4,400원을 제외한 나머지 2만 4,400원을 받았다. 서재필은 독립신문사의 소유권을 가진 채 미국으로 돌아갔다.[97]

윤치호는 서재필에 대하여 말하기를, "그가 보이는 우정은 사무상 필요에 의한 것이지 인정에 의한 것은 아니다"라고 했다. 따라서 "만약 우리 두 사람이 내일 외국의 도시에서 만났을 때 내 주머니에서 은화와 금화가 짤랑거리지 않는다면, 그는 나를 이방인처럼 대할 것이다"라고 했다.[98] 그러면서도 윤치호는 서재필의 인물됨에 대해서 높은 평가를 내렸다. "그는 모든 것을 좌지우지하고 싶어 하는 야심찬 인물이다. 그는 힘이 넘치고, 결단력이 있으며, 상황 판단이 빠르다. 그는 틀림없이 조선이 자랑스러워할 만한 사람이다."[99]

한편, 서재필은 고종을 알현한 자리에서 스스로를 '외신外臣'이라고 칭했다. 이 소식을 전해 들은 보수 유생들은 발끈했다. 다음은 진사進士 정성우가 고종에게 올린 상소 중에 나오는 글이다.

> 아! 이른바 개화하였다는 무리들은 외국으로 나다니다가 본국으로 돌아와서는 환형幻形을 기이하게 여기고 다른 나라 말을 능한 것으로 생

97 이광린, 앞의 책, 187~189쪽.
98 《(국역) 윤치호 영문일기》 4 (국사편찬위원회, 2016), 1897년 11월 2일 조, 108쪽.
99 위의 책, 1897년 8월 8일 조, 79쪽.

각하면서 겉으로는 나라를 부강하게 한다는 말에 의탁하고 속으로는 불량한 마음을 품고는 뱀처럼 서리고 지렁이처럼 얽혀 외국 사람들과 결탁하도록 선동하고 만고에 없던 변고를 빚어내고 있습니다. 고금의 역사에 어찌 이런 역적이 있으며 천하만국에 어찌 이런 변고가 있겠습니까?[100]

이어서 서재필을 흉악한 역도逆徒로 몰아붙인다.

더구나 폐하의 앞에서 스스로 외국의 신하라고 하였는데 그가 만일 외국의 신하라면 어째서 조선의 국사에 관계합니까? 그의 이른바 〈독립신문〉이라는 것은 비방하는 데 지나지 않는 것으로써 의리를 전혀 무시하고 있으니 이것은 나라를 위한 것이 아니고 백성들을 위한 것도 아닙니다. 단지 선왕의 법제를 고치고 순전히 본국을 경복傾覆하려는 것이니 이와 같은 흉역을 어떻게 하늘땅 사이에 용납할 수 있겠습니까?[101]

여기서 '경복'이라 함은 나라를 뒤집어엎어 망하게 한다는 뜻이다. 서재필을 바라보는 보수세력의 시각이 어떠했는지를 잘 보여주는 상소이다. 이들의 태도나 인식은 갑신정변 때와 크게 다를 바 없었다.

---

100 《고종실록》 34, 고종 33년 7월 9일 자 기사(국사편찬위원회 한국사데이터베이스 검색).

101 위와 같음.

서재필은 귀국하자마자 국내 보수세력의 온존과 정계의 불안함을 직감했다. 민비(명성황후) 시해사건과 단발령, 그리고 이어진 아관파천으로 말미암아 그를 불러들인 개화파 내각은 무너졌다. 서재필은 고종과 정부에 대한 기대를 접고 '지식도 없고 깨달음도 없는'(無知沒覺) 백성들의 계몽에 나섰다. 그가 내세운 화두는 '독립'이었다. 이를 위하여 그는 한글로 된 〈독립신문〉을 창간하고, 독립협회를 조직하며, 독립문을 세우고, 독립관을 짓고 독립공원을 만들었다. 러시아공사관의 보호를 받는 고종은 '친일'내각을 무너뜨리고 친러·친미적인 인물들을 등용했다. 이들을 일컬어 '정동파'라고 했다. 그들은 서재필의 계몽사업을 지지하고 후원했다. 고종도 '독립'을 앞세우는 서재필을 물리치기는 어려웠다. 그는 자신의 힘이 미치지 않는 미국인이었다. **102**

이리하여 계몽의 시대가 열렸다. 서재필은 자기가 미국에서 배운 근대 시민사상을 한국인에게 주입하여 그들 각각이 낡은 전통과 신분의 구속을 받지 않는 주체적인 인간으로 설 수 있기를 바랐다. 그래야만 국가의 독립도 굳건해질 수 있다고 보았다.

---

102 아관파천으로 친일파 내각이 무너진 후에도 고종과 신내각은 서재필의 〈독립신문〉 간행과 독립문 건립을 재정적으로 후원했다. 그런데 러시아공사 스페에르가 윤치호에게 전한 이야기에 따르면, 고종은 서재필을 몹시 싫어하여 그에 대하여 말할 때에는 분노로 얼굴이 빨갛게 된다고 했다(《(국역) 윤치호 영문일기》 4, 1897년 10월 12일 조, 102쪽). 이로부터 두 달 후 서재필은 중추원 고문직에서 해임되었다.

(2) 서재필의 제자들: 이승만과 협성회

대중을 상대로 한 계몽사업이란 그 성격상 금방 성과를 낼 수 있는 것이 아니었다. 멀리 보고 조금씩 앞으로 나아갈 뿐이었다. 그것은 혁명이 아니었다. 서재필은 갑신정변을 통하여 백성의 지지를 받지 못하는 개혁이란 모래성과도 같다는 것을 뼈저리게 느꼈다. 그렇다고 마냥 세월을 흘려보낼 수는 없었다. 청일전쟁 후 동아시아의 국제정세와 이에 연동된 한국의 상황은 당장 내일을 예측하기 어려울 정도로 급변하고 있었다. 서재필은 귀국 후 자신과 인민 사이에 중간 다리를 놓을 수 있는 '신식' 학생층에 주목했다. 이들은 갑오·을미 개혁기에 반포된 신식 학제에 의하여 탄생한 새로운 계층이었다. 이들은 신문물을 받아들이고 신학문을 배우려는 열의에 차 있었다.

서재필이 학생층에 주목하게 된 계기는 배재학당의 학당장 아펜젤러의 요청에 따라 실시한 특별 연속강의였다. 1896년 5월 21일부터 매주 한 차례, 1년 이상 계속된 이 특강에서는 세계의 지리와 역사, 그리고 정치학이 다루어졌다. 서재필은 미래의 한국을 이끌 학생들에게 지금 세계가 어떻게 돌아가며 한국은 어디로 나아가야 하는지를 알려 주고자 했다. 그의 강의는 배재학당의 예배당에서 한국말로 행해졌는데, 언제나 학생들로 의자가 꽉 채워졌다.**103**

그들 중에 이승만이 끼어 있었다. 서정주는 이때의 일화를 다음과 같이 소개한다. 소설적인 흥미를 더하기는 했지만, 이승만의 구

---

103 이광린, 앞의 책, 118~119쪽.

술에 바탕을 둔 것이었기에 사실적인 면을 담고 있다.

> 그야 하여튼, 서〔재필〕 박사는 한동안 장안의 한 명물이 되었다. 그가 '실크 해트'에 '모닝'을 바로 입고, 그의 색다른 부인과 같이 길거리를 걸어 다닐 때는 늘 몇십 명씩의 구경꾼이 그 뒤를 졸래졸래 따라다닐 정도로 그는 유명하였던 것이다. 그가 귀국하여 오래지 않아, 배재학당에서는 그를 초빙해 강연회를 열었다. … 〔이〕승만은 정각보다 한 시간이나 전부터 강당의 맨 앞줄에 앉아서 그를 기다렸고, 그가 등단하자 또 그의 일거일동을 주시했으며 말하는 한 마디 한 마디를 주의해 들었다. 104

이승만이 이때 서재필에 대하여 갖는 관심은 두 가지였다. 첫 번째는 "왜 조선 사람으로서 떳떳이 돌아오지 못하고 미국 사람이 되어 미국 여자를 데리고 괴상한 차림새로 돌아와야만 하느냐" 하는 불만이었다. 두 번째는 "저와 같이 고국에서 삼족을 멸하는 중벌을 받고 미국인으로서 돌아온 사람이 참으로 마음으로부터 조국을 사랑한다면 얼마나 사랑할 수 있을까" 하는 의구심이었다. 그런데 강연을 듣고 난 이승만은 "역시 제 나라를 버릴 수 없는 것은 그 나라 사람 된 자의 필연이로구나!" 하는 감상과 함께 서재필에 대한 믿음을 갖게 되었다. 105

---

104 서정주, 앞의 책, 127쪽.

서재필은 자신의 특강을 듣는 학생들에게 그냥 듣기만 할 것이 아니라 그들이 스스로 어떤 문제의식을 지니고 그 해결책을 강구해 나갈 수 있기를 바랐다. 그는 해리힐먼아카데미를 다닐 때 과외활동으로 리노니아Linonia라는 문학토론회에 참가한 바 있는데, 그 경험을 살려 배재학당 내에 협성회協成會라는 토론단체를 만들었다.

1896년 11월 30일에 그 첫 모임이 있고 난 후 매주 거르지 않고 토론회가 열렸다. 제 1회 토론회 제목은 "국문과 한문을 섞어 씀이 가함"이었다. 이어진 주제들은 "학도들은 양복을 입음이 가함"(제 2회), "아내와 자매와 딸들을 각종의 학문으로 교육함이 가함"(제 3회), "우리나라에서 상・하 의원을 설립함이 정치상에 급선무로 결정함"(제 24회), "외교를 잘 하려면 내치부터 잘 하여야 된다는 문제"(제 44회) 등이었다.

협성회는 이처럼 사회적, 정치적으로 논란이 될 수 있는 주제들을 선정하여 공개 토론을 벌임으로써 학생층만 아니라 일반인의 주목을 받았다. 이리하여 발족한 지 1년 만에 회원은 200명에 이르렀고, 이듬해 3월에는 300명으로 늘어났다. 일반인이 참여하는 찬성원도 68명에 달했다.[106]

협성회 주최의 토론회가 장안의 화제를 모으자 독립협회도 1897년 8월 하순부터 매주 토론회를 개최했다. 그 결과 일종의 사교단체

---

105 위의 책, 127~128쪽.

106 이광린, 앞의 책, 120~123쪽.

로서 출발한 독립협회는 차츰 정치적 성격의 단체로 변모하고, 이에 따라서 회원 구성도 관료층에서 학생과 상인, 일반 시민 등 '중류층 middle class'으로 바뀌어 나갔다.[107] 협성회의 존재와 활동이 독립협회의 구성과 성격 변화에 영향을 미친 것이었다.

이승만은 협성회에서 두각을 나타냈다. 그는 창립회원이자 서기를 지냈고 제 6차 임원진의 회장을 맡았다. 한편으로는 〈협성회회보〉의 창간과 그 뒤를 잇는 〈매일신문〉의 편집과 운영에 참여하면서 본격적인 언론 활동에 나섰다. 우리나라 최초의 일간지 시대를 연 〈매일신문〉의 자부심은 대단했다. 다음의 논설을 보자(1898년 4월 14일 자).

> … 우리가 '선생 신문'에 배운 것이 많아 신문 목적도 대강 짐작하고 학문도 좀 있어 남에게 선생 노릇을 좀 하고 싶은즉 전에 가르친 선생을 혹 시비할 도리도 있을지라

여기서 '선생 신문'이란 〈독립신문〉을 가리킨다. '전에 가르친 선생'이란 서재필을 가리킨다. 그로부터 배운 학생들이 이제는 '남에게 선생 노릇'을 할 뿐만 아니라 자기들을 가르친 스승에 대해서도 시시비비를 따지겠다고 나섰다. 배재학당의 학생들은 서재필이 외국 국적을 갖고 한국 정부의 '고문관'을 지내면서 그들이 상상하기

---

107 위의 책, 128~136쪽.

어려운 급여를 받은 것에 대하여 내심 의아하고 불편한 마음을 갖고 있었다. 협성회의 제 27차 토론회 주제는 "각부에 있는 고문관들 연한이 지나거든 다시는 외국 사람으로 쓰지 않음이 가함"이었다. 한편으로 학생들은 그들의 보호막이 되어 온 서재필이 정부의 압력에도 불구하고 계속 한국에 남아 주기를 희망했다.

서재필은 1898년 5월에 미국으로 돌아갔다. 한국 정부뿐만 아니라 서울 주재 외교관들, 특히 러시아와 일본 공관이 서재필의 존재를 달가워하지 않았다. 그가 한국에 남긴 마지막 작품은 만민공동회라는 거리의 대중 집회였다. 잘 알려졌듯이 제 1차 만민공동회가 열린 것은 1898년 3월 10일이었다. 이 날짜 〈독립신문〉에는 "오늘 오후 두 시에 종로에서 유명한 유지각한 이들이 좋은 연설을 한다고 뜻 있는 군자들을 청하였다더라"는 기사가 실렸다.

이 거리 집회를 구상한 사람은 서재필이었다. 당시 독립협회 회장 이완용과 부회장 윤치호는 서재필의 대중 집회 제안에 반대했다. 여기에 모인 사람들이 과격해질 경우 독립협회에 미칠 영향을 우려했다. 이완용과 윤치호는 독립협회가 그 전면에 나서지 않는다는 조건으로 서재필의 제안을 받아들였다.**108** 그러니까 이때의 만민공동회는 독립협회가 주최하는 것이 아니었다. 이러한 사실은 위의 신문 기사에도 분명하게 나타난다. 이 기사에서 언급한 '유명한 유지각한 이들'이란 협성회의 조직과 토론 활동에 활발히 참여했던 이승만,

108 《(국역) 윤치호 영문일기》 4, 1898년 3월 10일 조, 136~137쪽.

문경호, 현공렴, 홍정후 등이었다. 참고로, 협성회의 제 10회 토론회 주제는 "우리 회원들은 인민을 위하여 가로 상에 나가 연설함이 가함"이었다.[109]

제 1차 만민공동회는 독립협회 지도부의 우려에도 불구하고 서재필의 구상과 연출, 연사들의 온건한 연설, 대략 '만 명'에 달한다는 민중의 열성적인 참가와 지지에 힘입어 대성공을 거두었다. 이날 열린 만민공동회에서는 이승만·장붕·현공렴 세 사람을 총대위원으로 선출했다. 이들은 그날 집회의 결의사항인 러시아 재정 고문과 군사 교관의 해고를 요구하는 공한을 작성하여 외부대신 민종묵에게 발송했다. 러시아공사는 3월 17일에 자국 고문관 철수와 더불어 절영도 조차租借 요구까지 철회했다. 그 이면에는 한국과 러시아, 러시아와 일본 사이에 복잡한 외교적 거래와 셈법이 있었겠지만, 표면적으로는 만민공동회의 요구가 관철된 것으로 보였다.

이러한 '성공'에 힘입어 배재학당을 비롯한 서울 시내 각급 학생들이 만민공동회 운동의 전면에 나서게 되었다. 그들은 이제 대중적 여론이 정치와 외교에 영향을 미칠 수 있다는 것을 깨달았다.

그 후 이승만은 만민공동회의 연사와 총대위원으로 활약하면서 신진소장파의 일원으로 주목받기 시작했다. 그의 존재가 두드러진 것은 1898년 11월 4일 밤 독립협회가 공화정을 실시하려 한다는 익명서 사건으로 말미암아 간부 17명이 체포·구금되고 협회 혁파 조

---

109 〈협성회회보〉(1898. 1. 1.), "회중 잡보".

칙詔勅이 내려진 직후였다. 이때 이승만은 아펜젤러 집에 피신한 회장 윤치호를 찾아가 사후 대책을 협의한 다음, 곧바로 배재학당 학생들을 이끌고 만민공동회를 개최했다. 이때부터 11월 23일까지 철야로 만민공동회를 이어나감으로써 결국 고종 황제의 칙유勅諭를 끌어냈다. 그 내용인즉 독립협회 복설 및 간부 석방, '5흉 대신'의 유배, 보부상 해산, 헌의6조 실시 등이었다. 만민공동회의 요구 사항은 모두 관철되었다.

이승만은 그 후 독립협회의 추천을 받아 중추원 의관(종9품)에 임명되었다. 처음 관직에 진출한 그는 수구파의 우두머리로 지목된 민영기·심상훈 등이 입각하자 그다음 날 바로 만민공동회를 개최했다. 이때 회장 윤치호는 민중의 의분과 동정을 얻을 만한 충분한 이유가 없다는 것과 자금 결핍 등의 이유를 들어 '과격파'를 제지하려고 했으나 실패했다. 한편으로 이승만은 반역죄로 일본에 망명한 박영효의 소환·서용敍用 운동에도 앞장섰다. 이때 항간에서는 박영효 대통령설 또는 황제설 등이 유포되었다. 고종과 수구파는 이 기회를 놓치지 않고 민회民會 금압령을 내렸다. 이로써 독립협회와 만민공동회 운동은 종말을 고했다. 110

만민공동회 운동이 절정에 달하던 시기, 이승만의 언동은 거리낌이 없었다. 이를테면 독립협회가 언론과 집회의 자유를 요구하면서

110 이승만과 독립협회 - 만민공동회와의 관련에 대해서는 고정휴, "개화기 이승만의 사상 형성과 활동, 1875~1904", 36~42쪽 참조.

대죄하고 있을 때 고종이 애매한 비답批答을 내리자, "전후에 성칙聖勅이 한두 번에 그친 것이 아니니 그 실시를 보지 않고 퇴거하여 어찌 무죄라 하리오, 계속 대죄하여 본회의 언로言路를 인허받은 후에 퇴거함이 가하다"라고 하여 계속 대죄할 것을 주장하였다. 관민공동회에서 결의한 헌의6조에 대하여 고종의 재가가 내리자, "무릇 국사에 매번 조칙이 내려 정부가 조처하도록 하여도 그 실시를 본 적이 없으니 이는 간쟁을 하지 않은 까닭이므로 본회는 경솔히 해산할 것이 아니라 모든 대신이 만약 이를 실시하지 않으면 쟁론하여 그 실시를 보는 것이 가하다"라고 제의하여 만민공동회를 지속시켰다. 이른바 수구 대신에 대한 공격에도 거침이 없었다. "부상負商의 모주謀主는 민영기라, 그를 착득捉得하는 자에게 일천 원을 상급賞給하자. 정부는 매번 인민을 기만하였으나 우리는 식언을 한 적이 없다."111

이승만은 독립협회의 공식 조직보다는 대중을 직접 상대하는 만민공동회에서 단연 두각을 나타냈다. 그는 고종의 변덕과 우유부단, 수구파 대신들의 부패와 음모 술수에 정치적 선동으로 맞섰다. 몰락 양반 출신인 그는 왕조의 지배체제와 권력 핵심에 대한 분노를 유감없이 표출했다. 이 시기에 그는 언론과 정치 활동을 병행함으로써 말과 글, 글과 말이 지니는 가치와 기술을 터득했다. 이것은 그

---

111 만민공동회가 절정에 달하던 시기 이승만의 활약과 '언동'에 대해서는 정교(鄭喬)의 《大韓季年史》에 자세히 나온다. 그 대체적인 내용에 대해서는 고정휴, 위의 논문, 45~46쪽 참조.

의 일생의 자산이 되었다. 그는 서재필의 수제자이면서 서재필을 넘어서려고 했다. 두 사람의 인연은 3·1운동 후 다시 이어진다.

(3) 서재필의 제자들: 현순과 영어학도

서재필의 한양 체류는 1895년 말부터 1898년 5월까지 2년 반 정도였다. 이 시기에 그는 〈독립신문〉을 발간하고 독립협회와 협성회를 조직하며 배재학당에서 공개 특강을 실시하는 등 바삐 지내면서 많은 사람과 접촉했다. 이들 중에는 현순도 포함된다. 그는 독립문과 독립관 건립식에서 서재필의 영어 연설을 처음 들었다. 이후 한성영어학교에 입학한 그는, '주일主日'에는 배재학당으로 가서 서재필의 강연을 듣곤 했다. 현순은 나중에 서재필이 조선 개혁에 크게 공헌했다고 평가했다. 〈독립신문〉은 한국의 모든 신문의 '원조'로서 여론을 조성하고, 독립협회는 서울에서 '정치의 대중심'이었다는 것이다.[112]

흥미로운 것은 현순보다는 그의 아버지 현제창이 서재필의 활동에 적극적으로 참여했다는 사실이다. 현제창은 협성회에 일반 회원으로 가입하는가 하면, 이 단체의 임원진에도 들어갔다. 그는 이승만이 협성회의 회장을 맡을 때 토론 의제를 담당하는 '제의提議'에 이름을 올렸다.[113] 이 무렵에는 독립협회의 평의원에도 이름을 올렸다.[114]

---

112 《현순자사》, 254, 257쪽.

113 〈매일신문〉(1898. 5. 27.), "협성회 회중 잡보".

보통 독립협회 회원들의 성향을 분류할 때, 서재필이나 윤치호와 같이 서구 시민사상의 영향을 받은 계열과 남궁억이라든가 정교와 같은 개신유학의 계열로 나눈다. 현순은 당연히 서재필 계열에 넣을 수 있지만, 현제창의 경우는 좀 애매하다. 앞서 살폈듯이 현제창은 갑신정변 후 지방 현감을 지냈다. 이때만 해도 그는 개화파와 거리를 두고 있었다. 그런데 아관파천 후 친미·친러적인 '정동파'가 세력을 잡자 이러한 시세의 흐름에 따랐던 것이 아닌가 싶다.

《현순자사》에서 독립협회에 관한 기술을 보면, 관심을 끌 만한 것이 두 군데 나온다. 하나는 서재필에 관한 것이다.

> 정치면에서 독립협회는 서〔재필〕 박사의 현명한 조언으로 세력이 확대되어 정부의 실정 공격을 시작했다. 고종은 이 정세에 불안을 느껴 주한 알렌 공사에게 미국 정부가 서 박사를 소환해 줄 것을 요청했다. 알렌 공사는 이에 동의하고 미국 정부에 서 박사를 소환하도록 통보했다. **115**

여기에 나오는 주한 미국공사 알렌Horace Newton Allen이 독립협회와 만민공동회의 활동에 대하여 어떤 인식과 태도를 갖고 있었는가는

---

114 신용하는 독립협회 조직을 네 시기로 나누어 보는데, 그 마지막 단계인 '민중투쟁기'(1898년 8월 28일 이후)에 현제창(玄濟昶)의 이름이 평의원에 들어갔다(《독립협회연구》, 일조각, 1994, 98쪽).

115 《현순자사》, 257~258쪽.

당대는 물론 현재에도 관심의 대상이다. 왜냐하면 당시 고종은 알렌의 '조언'에 크게 영향을 받고 있었기 때문이다.

한 연구에 따르면, 당시 알렌은 독립협회의 지도부가 미국을 모델로 서구화를 추구하는 것에 대해 높게 평가했다고 한다. 그는 독립협회를 수준 높은 정치단체로 규정하고, 내각 교체를 관철할 수 있는 힘을 가졌다고 보았다. 한편으로 알렌은 독립협회가 고종과의 타협을 통하여 개혁을 추진하기를 원했다. 알렌은 독립협회든 만민공동회든 그들이 황제권에 도전하는 것에 대해서는 부정적이었다. 알렌은 또한 서울에 거주하는 미국인들이 한국의 정치 문제에 개입하는 것을 엄격히 금지했다.116 따라서 서재필 '소환' 조처에 알렌이 어떤 형태로든 관여했을 것이라는 관측이 당시부터 나오고 있었던 것이다.

《현순자사》에 나오는 또 다른 대목은 1898년 11월 4일 밤 독립협회 지도부에 대한 체포·구금 사건과 관련된 것이다. 이 사건은 독립협회가 공화정을 실시하려 한다는 익명서에서 비롯된 것인데, 현순은 그 배경에 대하여 이렇게 기술한다.

> 그 후 고종의 비밀첩자들이 이 협회〔독립협회〕에 침투하여 비밀정보를 입수하고 고종에게 이렇게 조언했다. 즉 정부에서 협회 지도자들을 모

116 현광호(2014), "주한 미국공사의 독립협회운동 인식과 대응", 〈동북아연구〉 29-2, 조선대학교 동북아연구소, 206~209쪽.

두 체포하여 처벌하면 협회는 자연히 와해될 것이라고 말했다. 고종은 이 악의에 찬 조언을 듣고 경찰 본부〔경무청〕에 회장 윤치호, 부회장 이상재를 포함한 17명을 체포하라고 하명했다.117

그런데 당시는 물론이고 현재도 그 '익명서 사건'의 배후는 정확히 밝혀지지 않고 있다. 다만 이 사건이 발생한 시점과 정황을 놓고 볼 때, 현순의 주장대로 무언가 은밀한 공작이 있었음을 짐작케 한다.

독립협회 지도부가 체포된 것은 11월 4일인데, 이에 앞서 서울 종로에서 열린 관민공동회(10월 28일~11월 2일)에서는 역사적인 헌의6조獻議六條가 채택된 바 있었다. 여기에는 황제 독단의 인사권과 재정권, 조약체결권 등을 제한하는 조처가 포함되어 있었다. 고종은 이때 마지못해 헌의6조를 재가했지만 내심 그것을 못마땅하게 여기고 있었다. 무언가 상황을 반전시킬 명분이 필요했다. 그런데 때마침 국체 변혁을 도모한다는 '익명서 사건'이 터진 것이다.118 이로써 고종은 '민회' 해체령을 발포할 수 있는 명분을 얻을 수 있었다.

그런데 사태는 고종과 수구파 대신들이 의도한 대로만 전개되지는 않았다. 《현순자사》를 보자.

나는 자퇴했으나 왕립영어학원에 복귀하는 것을 원했다. 그래서 내가

---

117 《현순자사》, 259쪽.
118 신용하, 앞의 책, 402~407쪽.

> 시동에서 학원에 가는 도중 가친家親의 첩택妾宅에서 오는 하인을 만났다. 그는 급히 오늘 아침 영감님이 체포당했습니다[라고] 하였다. 나는 놀랐다. 나는 중교中橋 북측에 있는 독립협회에 도달했다. 수 명의 회원이 사무실 밖에 서 있었고 무엇을 해야 할지 몰랐다. 나는 즉각 경찰 본부[경무청]에 갑시다 하고 소리쳤다. 우리가 그 정문에 도달하니 이미 서울 각지에서 수백 명이 와 있었다. 119

이리하여 독립협회 복설과 간부 17명의 석방을 요구하는 만민공동회가 시작되었다. 그 간부 중에는 현순의 아버지 현제창도 포함되어 있었다. 어느새 그는 독립협회의 지도부 안에 들어가 있었다. 다시 《현순자사》의 기록을 보자.

> 군중들의 감정을 충동하기 위해 청년 웅변가들이 거리마다에 파견되어 협회 간부가 부당히 체포당한 것을 알리고 모든 상인이 폐시閉市할 것을 호소했다. 정부는 군인들을 보내 거리의 군중을 해산시키려고 했다. 그러나 군중은 대부분 군인들을 무시했고, 군인들은 해를 가하지 않고 지나갔다. 해가 저물어가니 군중은 배고파졌다. 그래서 수백 명의 사람이 자리를 떠났다. 그래도 많은 사람은 그 장소에 잔류하여 가벼운 주식을 취하고 노천에서 잠을 잤다. 이날 이후 한국식 표현으로 풍찬노숙風餐露宿이라는 말이 생겼다. 우리는 경찰 본부 앞에서 육주야

---

119 《현순자사》, 259~260쪽.

六晝夜를 이렇게 지냈다.120

이때의 시위는 배재학당과 영어학교·일어학교 등 외국어학교 생도로부터 시작되어 중앙총상中央總商과 찬양회贊襄會(부인회) 회원들, 이어서 일반 시민들이 가세하면서 금방 수천 명으로 불어났다. 종로의 시전 상인들은 철시했다. 그들은 독립협회 지도부를 석방하든가 아니면 자기들도 함께 체포하여 달라고 요구했다. 밤에는 곳곳에 핀 모닥불의 화광火光이 대낮같이 밝혀졌다. 시위자들에게 의연품과 의연금이 답지했다. 말 그대로 장안이 떠들썩해졌다.121

만민공동회의 위세에 눌린 고종은 다시 칙유를 내려 그들의 요구를 수용하지만, 이는 어디까지나 임기응변적인 조처에 불과했다. 1898년 12월 하순, 고종은 원래 그가 원하던 바대로 모든 '민회'에 대한 금압령을 내렸다. 이제 독립협회와 만민공동회의 활약상은 지나간 일이 되었다.

그 절정기의 나온 일화 중 하나를 소개하고자 한다. 다음의 이야기는 현순과 함께 한성영어학교를 다녔고, 또 그와 함께 일본 유학을 떠났던 장응진의 회고이다. 좀 장황하고 과장된 표현들이 나오지만, 당시의 분위기를 짐작해 볼 수 있는 자료이기에 그대로 소개한다. 1898년 10월 하순에 열린 관민공동회에서 있었던 일이다. 이런

---

120 《현순자사》, 261~262쪽.

121 신용하, 앞의 책, 408~414쪽.

회합, 그러니까 정부 대신과 일반 백성들이 한자리에 모여 국사를 논의하고 하나의 합의(헌의6조)를 끌어냈던 것은 우리 역사상 최초의 일이었다. 따라서 그 현장에 있던 모든 사람이 들떠 있었다. 이런 상황에서 다음과 같은 장면이 나왔다.

… 그러고 나서 종로 네거리에 하얀 장막을 높이 치고 만민공동회를 열고 남궁억·유맹 등 일류 맹장들과 학생들의 정부 공격 대연설회가 열렸었다. 그때 나는 영어학교에 재학 중이었는데 외국어학교, 의학교 할 것 없이 각 학교 학생들은 일제히 참가하여 각 학교가 순번으로 회장을 옹호하고 대표를 뽑아 내여 일장의 공격 연설을 하는데 십부대신十部大臣도 그 자리에 초치하였다. 나도 그때 영어학교의 대표로 또한 참가하였다. 여러 회원들이 대신을 옆에 세워 놓고서 완부完膚도 남지 않게 저훼매도詆毁罵倒하던 것은 정말로 통쾌하였다.

이때까지 천백 년 동안 제국 전제정치에 젖어 와서 관리의 앞, 더구나 요로대신要路大臣의 앞에서는 평민의 몸으로 감히 면회도 어렵고 면회를 하더라도 국궁슬행鞠躬膝行의 당태醣態를 연출하는 것이 그때 인민의 선천적 사상이었는데 나는 19세 학생의 신분으로 십부대신을 입회해 놓고 정부의 매국적 행동을 여지없이 타욕唾辱하는 통에 몇만 명 군중이 박수 노호怒號하는 소리가 천지를 진동하여 비록 천병만마의 위세와 총포창검의 위엄으로라도 도저히 이 기세를 막아낼 수는 없었다.122

---

122 張膺震(1929. 6), "나의 젊었던 시절 제일 통쾌하였던 일", 〈별건곤〉 제21호,

그랬다. 1898년은 말 그대로 질풍노도疾風怒濤의 시기였다. 청일전쟁은 한국 전통사회의 붕괴를 가져왔다. 중국 중심의 세계관의 붕괴와 더불어 한국의 지배층도 크게 흔들렸다. 그 중심에는 왕실이 있었다. 청일전쟁 발발 후 일본의 내정간섭에 속수무책으로 당하던 고종과 민비(명성황후)는 러시아 세력을 끌어들이려다가 '을미사변'이라는 치욕을 당하고, 고종은 러시아공사관으로 피신하는 사태가 벌어졌다. 이른바 아관파천이었다. 왕권은 크게 실추되었다.

한편, 일본의 강압에 떠밀린 갑오개혁에서는 근대적인 법령을 쏟아냈다. 그중에는 조선왕조의 지배체제와 신분사회의 근간을 이루었던 문벌과 반상班常제도의 혁파, 공사노비법 폐지, 천인 직역에 대한 면천 등이 포함되었다. 관료 충원을 위한 과거제도도 폐지되었다. 이 소식은 입신양명의 꿈을 키우던 청년들에게 충격적이었다. 그들 중 일부는 신학문으로 방향을 틀었다. 그리고 만민공동회의 연사로 등장했다. 앞의 과장된 회고담을 늘어놓았던 장응진의 경우가 그러했다. 그들은 예전 같으면 고개도 들지 못했던 대신들을 향하여 아무 거리낌 없이 비판의 소리를 쏟아냈다. 연설장에 모인 군중들은 환호했다. 이전에 누구도 상상할 수 없었던 일이 벌어졌다. 장응진은 이때 가슴이 시원해지고 핏줄이 들뛰는 통쾌함을 맛보았다고 했다.**123** 그 기억은 30년이 지나서도 생생했다. 분명 1898년은 한국

61~62쪽.

123 장응진은 이 때문에 쫓기는 몸이 되어 일본으로 도피 겸 유학길에 오르게 된다(구

근대사에서 획기적인 순간이었다.124

2) 제 2기 (1905~1910): 최남선의 등장과 세대교체 선언

이른바 개화기에 펼쳐진 '계몽의 시대'는 둘로 나뉜다. 첫 번째는 앞서 본 서재필과 그의 '제자'들이 펼쳤던 독립협회-만민공동회 운동기(1896~1898)이다. 이 운동은 도시(주로 한양) 중간층의 계몽운동이자 개혁운동이었다. 여기서 중간층이라고 함은 갑오개혁 이후 등장한 신학생층을 비롯하여 시전과 난전 상인들, 개신 유학자들, 기타 정부 개혁을 지지하는 도시 거주민을 포괄한다. 이들을 이끌던 지도부는 서구식 의회제도의 도입과 같은 방식을 통하여 정부 형태와 권력 구조를 바꾸어 보려는 구상을 지녔었지만, 이에 반발하는 고종 및 보수세력의 장벽을 넘어서지 못했다. 한반도와 만주에서 각축을 벌이던 러시아와 일본도 독립협회-만민공동회의 이권침탈 반대운동에는 비우호적이거나 적대적일 수밖에 없었다.

고종은 1898년 말 '민회' 금압령을 내린 후 이듬해 8월 17일에는 〈대한국국제大韓國國制〉를 발표했다. 그 제 2조를 보면 "대한제국의

장률, 앞의 논문. 333쪽). 아버지의 투옥 후 경무청 앞에서 장기 농성을 벌였던 현순도 사정은 장응진과 비슷했다고 볼 수 있다.

124 전인권·정선태·이승원, 《1898, 문명의 전환: 대한민국 기원의 시공간》(2011, 이학사)에서는 '문명사적인 관점'에서 볼 때 1898년은 대한민국 기원의 시·공간을 이룬다는 논지를 전개하고 있다.

정치는 이전으로 보면 500년 전래하시고 이후로 보면 만세에 걸쳐 불변하오실 전제정치이니라" 했다.[125]

이로써 고종은 대한제국이 존속하는 한 전제정치를 포기하지 않겠다는 의지를 천명했다. 그는 '무한한 군권君權'을 향유하기에 이 군권을 침손할 행위가 있으면 그 이미 행한 것과 아직 행하지 않은 것을 물론하고 신민臣民의 도리를 잃은 자로 인정할 것이라고 선언했다(제 3조와 4조). 대한제국을 선포할 때 고종이 내심 원했던 것이 바로 이 같은 절대군주권이었다. 그런데 독립협회와 만민공동회가 공공연히 '인민 주권'을 내세워 군주의 권한에 제한을 가하려고 했으니 고종이 달가워할 리 없었다. 이제는 대한제국의 '국체'를 바꾸려는 어떠한 시도도 반역의 죄를 피할 수 없었다. 이리하여 왕권을 제약하려는 모든 개혁운동은 종말을 고했다.[126]

역사학계 일각에서는 고종 주도의 '광무개혁'을 거론하지만, 그것이 목적하는 바는 오직 황제의 전제권을 강화하는 데 있었을 뿐이다. 문제는 고종의 '황권' 강화가 국가의 위기상황을 수습하지 못하

---

125 〈官報〉 제 1346호(1899. 8. 22.), "宮廷錄事". 여기에 수록된 원문은 다음과 같다; "第二條 大韓帝國의 政治는 由前則 五百年 傳來하시고 由後則 亘萬世不變하오실 專制政治이니라(띄어쓰기, 필자)."

126 조계원은 〈대한국국제〉에 등장하는 '전제'(專制)의 의미에 대하여 해석하기를, "고종은 통치과정에서 내적 · 외적 간섭을 받지 않고 자신의 뜻대로 권력을 행사한다는 의미로 '전제' 개념을 사용했다"고 보았다["〈대한국국제〉 반포(1899년)의 정치 · 사상적 맥락과 함의", 〈한국정치학회보〉 49-2, 2015, 137쪽]. 따라서 고종은 자기의 권위나 권력을 제한하려는 어떠한 시도도 용납하려 들지 않았다.

고 오히려 더욱 위태롭게 만들었다는 점이다. 〈대한국국제〉가 선포된 후 6년 만에 대한제국이 일본의 '보호'를 받게 되고 이로부터 5년 뒤에는 일본의 식민지로 전락했다는 사실이 그 점을 입증한다.

일본이 강요한 '을사조약'(1905)으로부터 '병합'(1910)에 이르는 5년간을 우리 역사에서는 '애국계몽운동의 시기'라고 불러 왔다. 이것이 제 2차 '계몽의 시대'였다. 그런데 국권 상실의 위기 속에서 전개된 이때의 계몽운동은 실천이나 행동이 담보되지 않는, 오직 말과 글을 통하여 자기들의 생각을 일방적으로 전달하는 데 그칠 수밖에 없었다. 이는 엄밀히 말하면 '운동movement'이라고 할 수 없는 성격의 것이었다. 제 1차 계몽운동의 경우, 말과 행동이 함께 나아갔다. 이 운동에 참여한 사람들은 국가의 권력 구조와 지배체제를 한번 바꾸어 보겠다는 열의와 목표를 갖고 있었다. 이러한 운동에는 당연히 희생이 따랐다. 이승만은 종신형을 받았고, 현순의 아버지 현제창은 일본으로 피신해야만 했다. 현순의 일본 유학도 이러한 상황과 무관하지 않았다.

그런데 제 2차 계몽운동에 참여하는 사람들은 '국권 수호'를 외치면서도 이를 달성하기 위한 실천에는 나서지 않았다. 그들은 의병운동과도 일정한 거리를 유지했고, 때론 그들을 비난했다. 그들의 활동은 신문과 잡지 발행 또는 강연 활동에 의한 '계몽'이 전부였다. 이마저도 새로운 권력 기구인 통감부의 눈치를 보아야만 했다. 대한제국의 황권과 지배체제에 대한 비판도 금기시되었다. 따라서 제 2차 계몽운동은 항일운동의 성격이나 정치색이 배제된 교육이라든가

산업에 의존하는 '실력양성'을 목표로 내걸 수밖에 없었다.

일본의 식민지화가 눈에 보이는 상황에서 손을 놓고 있을 수만은 없다는 절박감이 당시 지식인 사회를 파고들었지만, 그들은 어떤 현실적인 대안도 내놓기 어려웠다. 그들이 할 수 있는 일은 당장이 아니라 먼 미래의 독립을 기약하기 위한 조건들을 내걸고 국민의 절망감을 희망으로 바꾸기 위한 노력에 그칠 수밖에 없었다.

이러한 계몽운동의 막바지에 등장한 인물이 '소년' 최남선이었다. 1890년 출생인 그는 정치적, 사회적인 의식이 깨일 때 한국이 일본의 보호국, 나아가 식민지로 전락하는 상황과 맞닥뜨렸다. 황실특파 유학생으로 선발되어 일본으로 처음 건너간 때가 그의 나이 열다섯, 이때는 러일전쟁이 한창 벌어지고 있었다. 동경부립제일중학교에 입학한 그는, 어느 날 수신 과목을 가르치는 선생으로부터 이런 이야기를 들었다.

> 여러분 어느 나라든지 쇠하는 나라를 보시오. 더욱 그의 국민의 얼굴을 보시오. 가깝게 지나인을 보시오. 또 조선인을 보시오. 창백하거나 황고黃槁하…(이하 인쇄 누락) **127**

이 말을 들은 최남선은 당시 울분을 참기 어려웠으나, 한편 곰곰이 따져 보니 그저 틀린 말도 아니라는 생각이 들었다. "한 나라의

---

127 〈소년〉 제3년 제3권(1910. 3), "少年時言", 18쪽.

자연과 인사人事는 다 그 국세國勢의 반영이"니 그가 볼 때에도 조선인의 얼굴에는 '쇠퇴 국민의 패牌'가 걸려 있음을 보게 되었다.**128** 일본 제국의 힘에 억눌린 한 소년이 처음에는 분노와 수치심을 느끼다가 결국에는 체념하고 강자의 논리에 물들게 된 것이다. 그는 한 달 만에 학업을 포기하고 귀국 길에 올랐다.

이로부터 1년을 훌쩍 넘긴 후, 최남선은 다시 일본으로 건너가 와세다대학에 들어갔다. 이때에는 러일전쟁에서 승리한 일본이 세계 열강의 대열에 합류한 때였다. '현해탄'을 사이에 두고 한쪽은 명실상부한 제국으로 성장하고, 다른 한쪽은 그 제국의 지배를 받게 될 운명에 처해 있었다. 최남선은 이때에도 한 학기 만에 학업을 포기했다. 그는 대신에 일본 내의 여론 동향과 출판문화를 주의 깊게 살피면서 '국민 계몽'의 시급함을 깨달았다. 최남선의 이야기를 들어보자.

> 내가 처음 일본으로 간 때는 일아전쟁의 초기 — 곧 일본 신문명이 정正히 과도기의 한끝에 오르려 한 때라 이래 오륙 년간에 전승戰勝과 기타 지위 상진上進 등 여러 가지 일에 분격된 인심이 일과 물건을 다〔사〕닥다리 난대로 거의 급전직하의 세로 향상 진보의 실적을 보이니 눈에 보이는 바와 귀에 들리는 바가 남다르게 비상히 신경을 충격하여 아무리 하여도 구경꾼의 마음으로 모든 사상事象을 접할 수가 과연 없으며, 이

128 위의 글, 19~20쪽.

렇게 신경의 감수感受가 점점 이상하여지는 동시에 〈나라로 돌아가라! 나라로 돌아가라〉 하는 소리가 무상시無常時로 귀의 고막을 때리는지라 … (중략) … 너는 날 때에 국민으로 낳다, 너는 살기를 국민으로 하여야 한다 하여 이렇게 나라로 돌아온 뒤에는 더욱더욱 신문관을 위하여 진력코자 하였노라.129

최남선은 러일전쟁 후 일본의 '신문명'이 하루가 다르게 변화, 발전하는 양상을 도쿄 현지에서 지켜보면서 신경 이상 증세를 보일 정도로 충격에 빠졌다. 그는 한때 온갖 방면에서 자기 존재의 의의를 드러내고 싶은 욕망에 들떠 있었다. 이를테면 사회개혁가로 또는 신문예 건설자로 한 시대를 풍미하며 반도半島를 넘어 세계상에 '광색光色'을 나타내고 싶었다. 그런데 도쿄에서 바라보는 '반도 조선'은 초라하기 짝이 없었고, 그는 이런 나라에서 일본에 배우러 온 '조선인' 소년일 뿐이었다. 10대 중반의 '환계누각幻界樓閣'이 하루아침에 무너져 내렸다.130

최남선은 문득 자신이 '조선'이라는 나라의 굴레에서 벗어날 수 없다는 사실을 깨달았다. "너는 날 때에 국민으로 낳다, 너는 살기를 국민으로 하여야 한다." 그러니, "네 나라로 돌아가서 네가 할 일을 하라!" 이런 외침이 그의 귓가를 떠나지 않았다.

---

129 〈소년〉 제3년 제6권(1910. 6), "〈少年〉의 旣往과 밋 將來", 14~16쪽.
130 위와 같음.

이리하여 서울로 돌아온 최남선은 '신문관新文館'이라는 출판사를 차렸다. 새로운 문명의 바람을 일으켜 보겠다는 결심을 그 이름에 담았다. 이때가 1908년 6월이었다. 이른바 헤이그밀사사건으로 고종이 폐위된 지 1년이 다 되어 가는 시점이었다. 대한제국은 이미 해체의 위기에 빠져 있었다. 이러한 상황에서 최남선은 〈소년〉이라는 월간 잡지의 발간에 나섰다.

왜 '소년'인가? 여기에 최남선이 '국민'에게 전하고자 하는 메시지가 담겨 있었다. 그것은 다름 아닌 세대교체의 선언이었다. 요컨대 이런 것이었다. 구한국은 죽었다. 그것은 구세대의 잘못이다. 이제는 신세대, 즉 낡은 도덕, 낡은 사상, 낡은 문명에 물들지 않은, 순진무구한 '소년'만이 '신대한'을 만들어 갈 수 있다. 최남선은 이들 '소년'에게 새로운 도덕, 새로운 사상, 새로운 문명을 주입하는 것을 자신의 사명으로 삼았다. 그는 이 일을 다른 누구도 아닌, 오직 자신만이 해낼 수 있다고 생각했다.

1908년 11월 1일에 창간된 〈소년〉의 표지에는 월계수 잎으로 감싼 제목을 사이에 두고 다음과 같은 문구가 실린다.

> 금今에 아我제국은 우리 소년의 지력智力을 자資하여 아국 역사에 대광채를 첨添하고 세계 문화에 대공헌을 위爲코저 하나니 그 임任은 중重하고 그 책責은 대大한지라
>
> 본지는 차 책임을 극당克當할 만한 활동적 진취적 발명적 대국민을 양

성하기 위하여 출래한 명성明星이라 신대한의 소년은 수유須臾라도 가리可離치 못할지라

이 표어에서 우리는 최남선의 당돌함을 볼 수 있다. 첫 번째 표어에서는 대한 '소년'의 역사적 책무에 대하여 말하고 있다. 두 번째 표어에서는 자기가 발행하는 잡지가 '신대한의 소년'을 이끌기 위하여 나온 '명성'임을 자임하고, 따라서 그들은 이 잡지를 한시라도 손에서 놓아서는 안 된다고 타이르듯 말한다. 이제 신대한의 미래는 〈소년〉지에 달려 있다. 이것은 단순히 상업적인 선전만이 아니었다. 그것은 일본에서 공부를 포기하고 제 나라로 돌아온 최남선의 야심 찬 포부를 밝힌 것이었다.

그에게는 선배도 스승도 없었다.[131] 자기보다 앞선 세대는 망국의 죄인일 뿐이었다.[132] 대한의 역사는 '소년' 곧 자신으로부터 새로 시작된다고 보았다. 이리하여 만 18세의 최남선은 한국 '신문화운동'

---

131 최남선은 〈청춘〉 제 4호(1915. 1)에 실린 "我觀"에서 보다 분명하게 말한다. "우리는 쳐다볼 목표가 될 만한 이가 있는가, 우리가 나아갈 길을 개척한 이가 있는가, 우리의 길잡이 되는 이가 있는가, 자기가 애쓰다 못한 것을 우리에게 물려주고 우리가 뒷받침할 만큼 자기의 영향을 끼친 이가 있는가"라고 묻고, "우리는 선배라는 것이 있지 아니하도다"라고 했다. 이 글은 류시현의 《동경삼재》에서 인용된 바 있다(89쪽).

132 최남선은 창간호 〈소년〉의 "少年時言"에서 이렇게 말한다. "諸子는 총명한지라 모를 리 없거니와 우리 祖先이 잠시 세웠던 뜻을 문지른 뒤로부터 우리나라의 역사는 辱에 辱을 더하고 恥에 恥를 겹하여 드디어 오늘 같은 지경까지 도달하여" 국민적인 치욕을 당하고 있다고 질타한다(21쪽).

의 주역이자 계몽의 아이콘으로 떠올랐다.

이 시기 그의 사명감을 엿볼 수 있는 시 한 수를 소개한다. 공육公六이라는 필명으로 발표된 〈가을뜻〉이다. 다음은 제 2연이다.

나의 배에 실은 것은 다른 것 없어
四面에서 얻어온바 새 消息이니
杜門洞 속 캄캄한데 코를 부시는
山林學者 兩班들께 傳하려 하오[133]

이 시구에 나오는 '나의 배'란 곧 〈소년〉을 가리킨다. 이 잡지에는 바다를 통하여 들어오는 '새 소식', 즉 신문명에 관한 이야기를 싣는다. 그리하여 나라의 문을 걸어 잠그고 캄캄한 데 들어앉아 한가로이 코를 후비며 고고한 척하는 양반들께 전하고자 한다는 것이다. 대담한 풍자이다. 여기에서 양반은 구시대, 구세대의 집합체이다. 이들은 더 이상 새로운 시대, 새로운 문명을 감당할 수 없다. 그들은 '소년'에게 그들의 자리를 양보해야 한다.

그런데 따지고 보면 한국 근대에서 '계몽의 시대'를 연 것은 최남선과 그의 세대가 아니라, 앞서 살폈듯이 서재필과 그의 '제자'들이었다. 이러한 사실은 이광수도 인정하는 바였다. 그는 1920년대 중반에 쓴 글에서, "우리 근대 조선에서 새문화운동의 첫 사람을 누구

---

133 〈소년〉 제 1년 제 1권(1908. 11), 38쪽.

로 잡으면 좋을까"라는 문제를 제기하면서 이렇게 말했다.

"새 운동인 고로 자기 혼자가 새로운 지식이나 경륜을 가진 사람을 가리키는 것이 아니오, 그 사람 때문에 많은 사람이 일어나서 조선의 문화운동이라는 한 큰 운동의 시작을 이룬 그러한 사람을 가리키는 것이다." 이어서 말하기를, "우리 조선에서 새문화운동의 첫 사람으로는 물론 서재필 씨를 꼽을 것이다. 그는 조선에 있어서는 옛 시대와 새 시대를 가르는 푯대가 되었다"고 했다.[134]

이 글은 개화기의 계몽운동에서 서재필이 갖는 위상을 제대로 짚었다고 볼 수 있다. 그런데 다음부터 논점이 달라진다.

> 그러나 조선에다 새 시대를 끌어들이는 데 가장 큰 힘을 가진 이는 안창호 씨이다. 그는 오직 정치운동에만 새 정신을 끌어들인 것이 아니라 산업운동에와 교육운동에와 국민정신의 개조에까지 새 운동을 일으킨 이다. 서재필 씨와 안창호 씨 두 분은 새로 오는 조선에서 잊지 못할 첫 사람들이다.[135]

이 글에서는 안창호를 끌어오면서 서재필 주도의 계몽운동이 오직 '정치운동'에만 국한되어 있었다는 한계를 지적한다. 여기에는 안창호의 실력양성론을 계승한 이광수의 입장이 반영되어 있다. 그

---

134 〈조선문단〉 6(1925. 3), 79~80쪽.

135 위의 잡지, 80쪽.

리고 제3의 인물이 나온다. "서〔재필〕 씨와 안〔창호〕 씨를 들어온 새 사상과 특히 안창호 씨로 말미암아 전 조선을 풍미한 조선정신을 논문으로 노래로 역사로 즉 글로 한 이가 내가 지금 말하는 육당 최남선 씨다."136

이광수는 한국 근대 계몽운동의 계보를 정리하면서 서재필과 안창호를 동시대의 인물로 보고, 그다음 세대의 선두주자로서 최남선을 끌어올렸다. 이광수가 최남선에 주목한 것은 그가 '특히' 안창호의 '조선정신'을 이어받아 그것을 글과 노래로 읊었기 때문이라고 했다. 이렇게 보면 최남선은 이광수와 마찬가지로 안창호의 지지자이자 계승자가 되는 셈이다. 실제로 최남선은 그가 국민 계몽사업의 첫 단계로 발행한 〈소년〉지를 1909년 8월 안창호가 국내에 설립한 청년학우회의 기관지로 제공한 바 있다. 안창호의 '무실역행務實力行' 주의가 이때 국내에 뿌리를 내렸다. 최남선이 공개적으로 '존경'의 뜻을 표한 인물은 안창호뿐이었다.137

최남선과 이광수는 무실역행 주의의 핵심이 정치색 배제에 있다고 보았다. 산업운동과 교육운동, 나아가 국민정신 개조운동을 제대로

---

136 위와 같음.

137 최남선은 〈소년〉 제3년 제2권(1910. 2)에 "太白山詩集"을 실으면서, "삼가 이 시집을 나의 가장 敬仰하는 도산 先生 앞에 올려 해외에 있어 여러 가지로 사모하고 염려하던 情을 표하옵나이다"라고 했다. 일종의 헌시(獻詩)였던 것이다. 최남선은 해방 직후 출간한 《朝鮮獨立運動小史》(동명사, 1946)에서 말하기를, "병합 전후에 있던 독립운동에서 가장 뚜렷한 존재는 안창호계의 활동이었다"고 했다〔최남선 저, 이영화 역(2013), 《조선독립운동사》, 경인문화사, 23쪽〕.

벌이려면 지배체제, 그것이 절대군주제이든 식민지 지배이든, 이에 맞서려는 '정치운동'을 해서는 안 된다는 것이었다. 이광수는 서재필의 계몽운동이 결국 '정치운동' 때문에 중도에 좌절되었다고 본다.

최남선도 그의 《조선역사강화》(1930)에서 독립협회와 만민공동회의 '개혁운동'을 꽤 길게 다루지만, 마지막 평가에서 그만 흐지부지되고 만다. 이런 식이다. 독립협회와 보부상단의 일대 충돌이 있은 후, "황제(고종)는 군주와 신하는 한 몸이므로 믿음과 의리로써 유신維新을 꾀하겠다며 타일러 훈계하였다." "이로써 이른바 독립협회와 보부상의 불신과 대립이 순조롭게 끝이 났다. 그러나 공약의 개혁도 실효가 있지 아니하고, 독립협회도 주도자 등이 관직에 나감으로 인하여 이럭저럭 수그러들고 말았다."[138]

마치 독립협회의 지도자들이 고종의 '회유'에 넘어감으로써 그들이 요구했던 '개혁' 또한 흐지부지된 것처럼 말하고 있다. 이는 사실의 왜곡에 가깝다. 고종과 집권세력의 '탄압'에 대해서는 언급조차 하지 않고 있다는 점에서 그러하다. 왜 그랬을까? 앞으로 깊이 들여다보아야 할 문제이다. 당대 최남선과 그의 집안의 정치적 태도 또는 입장과도 관련이 된다고 보기 때문이다.

애국계몽운동기에 등장한 신세대가 바로 앞 세대가 이룬 '업적'을 제대로 평가하지 않는 데에는 그들 나름의 이유가 있었다고 보아야 한다. 무엇보다도 그들은 러일전쟁 발발 후에야 제대로 된 정치적,

---

138 최남선 저, 오영섭 역(2013), 《조선역사강화》, 경인문화사, 143쪽.

사회적 경험을 가질 수 있었다. 그런데 이들 신세대는 사회에 진출하자마자 '망국'이라는 상황에 직면했다. 이때 일본으로 공부하러 갔던 최남선이나 이광수는 '조선인의 비애'를 뼈저리게 느꼈다. 삶의 목적을 잃을 정도의 정신 공황에 빠졌던 그들은 스스로를 '시대의 희생자' 또는 '청춘을 잃은' 세대로 자처했다.[139] 자연히 그들은 자기보다 앞선 세대를 탓할 수밖에 없었다. 그리고 모든 것을 원점에서 새로 출발하는 선각자 또는 선지자의 사명감을 지니게 되었다. 아직 스무 살도 안 된 '소년' 최남선이 그 선두에 섰다.

그 뒤를 따른 이광수는, 당시 일본 유학생 사회를 지배한 풍조는 "나라를 위해 저를 희생하자"는 것이었다고 회고했다. 그들은 모두 어린 지사志士였다. 망국을 앞두고 메이지학원 보통부를 졸업한 이광수는 귀국 길에 오르며 이렇게 생각했다.

"또 한 가지 동경서 고등학교에 들어가기를 그만두고 돌아온 이유는, 공부는 더 해서 무엇 하느냐, 나는 벌써 최고 지식에 달한 것이 아니냐, 나는 벌써 인생관과 우주관을 완전히 가진 것이 아니냐, 하는 건방진 생각이었다. 마치 산전수전 겪어서 인생을 다 알고 난 사람과 같은 초연한 듯, 인생에 피곤한 듯한 그러한 태도를 나는 가지고 있었다. 그래서 인제는 내가 무엇을 배울 때가 아니요, 남을 가르칠 때라고 자임하였다."[140]

---

139 류시현(2016), 《동경삼재: 동경 유학생 홍명희 최남선 이광수의 삶과 선택》, 산처럼, 88~89쪽.

이러한 이상 심리를 분석한 김윤식은 최남선과 이광수, 그리고 그들이 추종했던 안창호를 가리켜 식민지로 전락하는 절망적인 상황에서 예수나 예레미야와 같은 예언자적 존재였다고 설명했다. 이를테면 안창호는 혁명가이자 예언자의 유형이며, 육당은 역사학자이자 예언자의 유형이고, 이광수는 문인이자 예언자로서 가장 심정적이자 기댈 곳 없는 허약성을 지닌 유형이었다는 것이다.**141** 물론 이러한 해석은 그들이 나중에 가는 길을 보고 내린 평가이겠지만, 이른바 애국계몽운동기 일본 유학생들의 동태와 그들의 심정을 이해하는 데 도움을 준다.

한 가지 덧붙인다면 서재필과 그의 '제자'들이 미국을 한국이 나아가야 할 이상적인 모델로 설정했다면, 러일전쟁 후 일본으로 건너갔던 한인 유학생들은 일본을 미워하면서도 일본을 닮고자 했다는 것이다. 그들이 추구하는 '문명개화'의 표본이 다름 아닌 일본이었기 때문이다.

---

140 이광수(1970), 〈그의 자서전〉, 《이광수전집》 6, 우신사, 341쪽.

141 김윤식(1986), 《이광수와 그의 시대》 1, 한길사, 299~302쪽.

4. 개종과 구국

"한국에 종교는 없다!"

개항 후 서울에 들어온 서양인들의 생각이었다. 그들은 서울 도성 안에서 인상적인 종교 건축물이나 상징물을 보지 못했다. 유교는 정치사상이거나 도덕적 규율로 인식되었고, 불교는 현실에 힘을 미치지 못하는 '산속' 사찰에 지나지 않으며, 일반 민중은 샤머니즘에 빠져 있다고 보았다.[142] 이 종교적인 '공백' 상태에 기독교를 주입할 수만 있다면 하는 바람이 생겨났다. 조선 정부는 기독교(개신교)의 포교를 합법적으로 인정하지 않았다. 선교사들은 교육과 의료사업을 통하여 한국인의 호감을 얻는 데 힘을 쏟았다.[143]

그런데 청일전쟁 후 경복궁에 억류된 고종이 서양인 선교사들에게 기대면서 그들의 전도 활동의 폭이 넓어지고 자유스러워졌다. 이러한 상황을 보여준 것이 1897년 말에 '봉헌식'을 가진 '벧엘예배당',

---

142 까를로 로제티 저, 서울학연구소 역(1996), 《꼬레아 꼬레아니: 백년전 이태리 외교관이 본 한국과 한국인》, 숲과나무, 122~158쪽 참조.

143 아펜젤러는 〈1889년 연례보고서〉에서 이렇게 썼다. "한국에 있는 선교사는 변칙이다. 그는 아무런 조약상의 권리 없이 한국에 있는 것이다. 그는 의사나 교사로 환영받았고, 그런 자격으로 소유지를 사고 개량할 권리를 가진다." 이만열 편, 앞의 책, 328~329쪽.

즉 정동제일교회였다. 고딕 양식의 이 교회 건물은 500명을 수용할 수 있었다. 이듬해 5월에는 명동대성당이 '축성식'을 가졌다. 이제 한양은 도성 안 어디서나 그 두 건물을 볼 수 있었다.

한편으로는 기독교 문명개화론이 대두되었다. 1880년대 조선의 개화파들이 내세웠던 문명개화론이 일본에서 들여온 것이었다면, 1890년대 후반의 문명개화론은 선교사들이 앞장서서 한국민에게 제시한 것이었다. 그 주된 매체는 한글로 된 〈조선크리스도인 회보〉와 〈그리스도 신문〉이었다. 개화기 미국 선교단을 대표하는 두 인물, 즉 감리교단의 아펜젤러와 장로교단의 언더우드가 1897년에 각각 창간한 이 두 신문에서 주장하는 바를 요약하면 이렇다.

기독교는 모든 학문과 문명진보의 근원이며, 근면한 노동과 삶을 통해 부귀 복락을 가져다주며, 서양 열강을 부강케 한 원인이며, 여러 미未개화 또는 반半개화 된 나라가 교화된 원인이며, 사람의 마음을 밝히고 자유롭게 한다고 했다. 한마디로 기독교가 문명개화의 시작이요 끝이라는 논리요, 믿음이었다.**144**

그런데 기독교 문명개화론은 비단 선교사들의 주장에만 그친 것이 아니었다. 당시 한국 민중에게 가장 큰 영향력을 끼치고 있던 〈독립신문〉과 이것을 따라 했던 〈매일신문〉에서도 종종 그런 내용의 기사들을 내보냈다. 이를테면 1898년 5월 28일 자 〈매일신문〉의 논설은 이렇게 시작된다.

---

144 류대영(2009), 《한국 근현대사와 기독교》, 푸른역사, 101~102쪽.

> 지금은 대한에도 예수 그리스도를 믿는 동포가 많이 있으니 믿는 형제 자매를 대하여서는 우리가 그 교를 가지고 더 말하지 아니하여도 아시는 바어니와 우리가 특별히 믿지 않는 동포들을 위하여 예수교가 나라〔의〕 문명 부강과 독립자주의 근본이 되는 줄을 깨닫게 하노라.145

이 논설에 나오는 문명 부강과 독립자주는 청일전쟁 후 조선인에게 새롭게 제시된 국가적, 민족적인 과제이자 목표였다. 그리고 이를 달성하기 위한 방법으로서 한국민의 기독교화가 제창되었다. 그 본보기는 세계에서 으뜸가는 '문명 부강국' 미국이었다. 요컨대 서양문명의 근본을 이루는 기독교의 수용을 통해서만 한국이 근대화를 달성하여 문명국의 반열에 오를 수 있다는 것이었다. 이제 근대화는 서구화요, 서구화는 곧 기독교를 통한 미국화라는 등식이 성립되었다. 이웃 국가인 일본이나 중국은 물론 아시아의 다른 나라에서는 볼 수 없던 일이 한국에서 일어났다. 한국의 문명화, 곧 기독교화는 결과적으로 한국에 대한 미국의 영향력을 유지하고 확장시키는 굳건한 토대가 되었다.146

---

145 토론단체인 협성회는 "우리나라 종교를 예수교로 함이 가함"이라는 주제를 가지고 토론회를 벌인 바 있다〔〈협성회회보〉(1898. 1. 1.), "회중 잡보"〕.

146 박정신, "언더우드와 아펜젤러: 역사의 그들, 그들의 역사"에서 이렇게 말한다. "미국의 제국주의는 미국 사람들의 종교적 선민의식에 뿌리를 두고 있으므로 무력보다는 종교적으로 채색된 '하나의 훌륭한 영적 제국주의'인 것이다(《개항기 서울에 온 외국인들》, 서울역사편찬원, 2016, 213쪽).

1) 이승만의 옥중 개종과 전도

"오, 하나님! 내 영혼과 내 나라를 구해주옵소서."

이승만이 죽음을 앞둔 상황에서 외쳤다는 기도문이다. 그는 만민공동회의 운동이 절정에 달했을 때 일본에 망명 중인 박영효 일파의 고종 폐위 음모에 연루되어 체포, 투옥되었다. 그리고 탈옥을 시도했다가 다시 붙잡혔다. 그는 모진 고문을 받으며 언제 사형을 당할지 모른다는 공포감에 시달렸다. 이때 그는 배재학당 예배실에서 들었던 설교를 문뜩 떠올리고는 어깨에 얹힌 형틀에 기대어 간절한 기도를 올렸다는 것이다. 이 극적인 순간에 대한 묘사는 이승만이 나중에 쓴 자서전Autobiography Notes에 나온다.[147]

그 후 《성경》 한 권이 감옥 안으로 몰래 들어왔다. 이승만은 그 책을 읽으면서 '마음의 평안'을 느꼈다. 죽음의 공포에서 벗어날 수 있었다. 영혼의 구제라는 종교 본래의 목적에 이승만은 가까이 다가섰다. 이것은 어디까지나 개인적인 것이었다. 그런데 이승만은 자신의 영혼뿐만 아니라 "내 나라를 구해주옵소서"라는 말을 덧붙였다. 종교적 구원의 대상이 개인에서 국가와 그 구성원으로 확대되었다. 구국救國의 종교가 된 것이다.

종로의 한성감옥서에 갇혔던 이승만은 극적으로 살아났다.[148] 그

147 이승만 저, 이정식 역주(1979. 9), "청년 이승만 자서전", 〈신동아〉, 431~432쪽.

와 함께 탈옥했던 최정식은 형장의 이슬로 사라졌지만, 이승만에게는 종신형과 태형 1백 대가 선고되었다. 그런데 태형은 집행되지 않았다. 무기징역은 선고받은 그해(1899)에 두 차례 감일등減一等의 특사를 받아 10년으로 줄어들었다. 149 러일전쟁이 발발되던 해(1904)에 이승만은 특사로 풀려났다.

이 모든 과정에 은밀한 힘이 작용하고 있었다. 150 그 힘은 고종과 대한제국 정부에 직접적인 영향력을 미칠 수 있던 미국인 선교사들로부터 나왔다. 151 그들은 투옥된 이승만을 위하여 그들이 할 수 있는 일이면 무엇이든지 다 해주었다. 152

이승만의 옥중생활은 '감사'와 '깨달음'의 연속이었다. 그는 미국인 선교사가 발행하는 〈신학월보〉라는 잡지에 기고한 글에서, "혈

---

148 이승만이 편집인으로 활동했던 〈매일신문〉에는 다음과 같은 기사가 실린 바 있다(1899년 2월 4일 자 "잡보"); "금월 일일에 중추원 젼 의관 리승만 씨가 법부로 잡히혀 가셔 형사국 마당에셔 하는 말이 어늬날이나 죽이는고 하고 고등재판소로 나려가다가 황토 마로에셔 하는 말이 십아문을 마지막 본다고 하엿다더라."

149 〈官報〉, 1899년 12월 19일 및 12월 30일 자 "司法".

150 이승만이 고종 황제의 특사 조치에 따라 석방되자 호머 헐버트가 편집하던 *Korea Review*(1904년 8월호)에는 다음과 같은 기사가 실렸다; "It is with great pleasure that we note the final release of Mr. Yi Seung-man whose long imprisonment of more than five years has been a constant source of grief to his foreign friends."

151 이승만이 투옥된 직후에 주한 미국공사 알렌은 외부대신 박제순에게 공문을 보내 이승만의 조기 석방을 요구한 바 있다(《舊韓國外交文書》, 제 11권 美案 2, 482쪽). 이때 알렌은 자국 선교사들의 요청을 받았을 것이다.

152 맥켄지 저, 이광린 역(1989), 《한국의 독립운동》, 일조각, 48쪽.

육의 연한 몸이 오륙 년 역고에 큰 질병이 없이 무고히 지내며 내외국 사랑하는 교중 형제자매들의 도우심으로 하도 보호를 많이 받았거니와 성신이 나와 함께 계신 줄을 믿고 마음이 점점 굳게 하여 영혼의 길을 확실히 찾았"다고 고백했다.[153] 그 후 이승만은 "예수교가 대한 장래의 기초", "두 가지 편벽됨", "교회 경략" 등의 논설을 〈신학월보〉에 기고하여 한국민의 기독교화를 주창하고 나섰다.[154]

한편으로 이승만은 '옥중 전도'에 나섰다. 한성감옥에 갇혀 있던 죄수들을 감화시켜 기독교 신자로 만드는 일이었다.[155] 40명 이상의 개종자가 나왔는데, 그들 중에는 이승만과 같은 정치범들이 포함되었다. 이상재, 이원긍, 유성준, 안명선, 김린, 홍재기, 김정식, 강원달, 유동근, 이승린 등이다. 이들은 이른바 하류가 아닌 상류계층, 즉 지배층인 양반 관료 출신이었다. 그들은 출옥 후 황성기독교청년회 조직에 합류하면서 한국 기독교계의 지도자로 떠오른다.[156]

이승만의 '옥중동지'였던 그들이 기독교를 받아들이게 된 동기는 무엇이었을까? 이 문제에 대하여 이승만은 나중에 작성한 비망록에

---

153 〈신학월보〉 3-5(1903. 5), "옥중전도".

154 〈신학월보〉 3-8(1903. 8), 330~335쪽; 3-9(1903. 9), 389~395쪽; 3-11(1903. 11), 473~479쪽 참조.

155 1900년 전후 한성감옥서에는 미결수 약 140명, 기결수 최소 205명, 도합 350명 정도의 죄수가 갇혀 있었다〔유영익(2002), 《젊은 날의 이승만 한성감옥생활(1899~1904)과 옥중잡기 연구》, 연세대학교출판부, 33쪽〕.

156 위의 책, 60~65쪽.

서 다음과 같이 말한다.

> 우리들 사이에서 의견의 일치를 본 것은 한국 사람들 자신의 힘만으로는 침략국들의 군사력을 물리칠 수 없다는 것이다. 미국의 도덕적이고 물질적인 도움은 불가결한 것이라고 생각했는데, 미국의 주요 목적은 세계 전반에 민주주의와 기독교를 전파하는 것이라고 생각했다. 우리들 생각에는 기독교가 자유의 종교라는 것은 의심할 여지가 없었다. 성경은 진리를 가르치고 있으며, 그리고 "진리가 너희를 자유롭게 하리라"고 믿었다. 〔감옥에〕 같이 있었던 사람들 모두가 우리 국민의 갱생을 위해 기독교 교육을 전파하는 데 전력을 기울이자고 결의하였다.[157]

이 글에서 주목할 대목은 한국의 독립 보전이 미국의 도덕적·물질적인 도움에 달려 있는데, 기독교를 그 매개체로 삼아야 한다는 논리 전개이다. 다시 말하면 한국민의 기독교화를 통해 한국에 대한 미국의 관심과 지원을 이끌어 내자는 것이었다. 이승만과 그의 옥중동지들의 기독교 신앙은 현실 타산적인 이해관계에 기초한, 세속적이며 정치적인 것이었다. 그들은 생사의 갈림길에 섰던 이승만이 미국인 선교사들의 도움으로 살아나는 것을 보면서, 당대 러일의 각축 속

---

157 이승만의 비망록 "Connection of Relation between Missions and Korean Independence Movement"; 이정식(2002), 《초대 대통령 이승만의 청년시절》, 동아일보사, 122쪽에서 재인용.

에서 생사의 기로에 선 대한제국의 운명 또한 선교를 매개로 한 미국의 도움으로 바뀔 수 있지 않을까 하는 소망을 갖고 있었다. 여기에서 십자가와 '조국의 갱생'과는 뗄 수 없는 관련성을 지니게 된다.

이승만은 1899년 1월에 투옥되어 1904년 8월 석방될 때까지 5년 7개월 동안 감옥생활을 했다. 이 시기는 동아시아의 격변기와 맞물려 있었다. 청국에서의 '의화단 사변'과 열강의 무력 개입, 러시아의 만주 점령에 따른 국제적 긴장의 고조, 이른바 만한滿韓 교환론으로 러시아와 협상을 벌이던 일본이 영국과 손을 잡으면서 러일전쟁은 피할 수 없는 일이 되고 있었다. 이승만은 선교사들이 차입해 주는 국내외 신문과 잡지를 통하여 그러한 상황을 파악할 수 있었다. 그는 옥중에서도 〈제국신문〉의 논설을 집필했는데, "국권의 날로 감삭減削함", "국민의 은근한 위태함", "국민의 큰 관계", "패망한 나라들의 당하는 사정", "패망한 나라들의 당한 결실" 등을 통하여 정부와 국민의 각성을 촉구했다. 158

이로부터 얼마 후 러일전쟁이 발발하자 이승만은 그동안 옥중에서 쓴 글들을 토대로 《독립정신》의 집필에 나섰다. 이 책의 초고는 1904년 6월 말에 끝났고, 이승만은 그해 8월 9일에 출옥했다. 그 후 이승만은 미국으로 유학을 떠났고, 《독립정신》은 1910년 2월에 미국 캘리포니아에 거주하는 교민들이 만든 대동신서관大同新書館에서 출간되었다. 한글로 된 《독립정신》은 개화기에 형성된 이승만의 사

---

158 〈제국신문〉, 1903년 2월 21일부터 27일까지의 논설 참조.

상과 국제정세 인식을 잘 보여준다.

먼저 그 서문을 보면, 스스로 '아래 인민'과 자기 자신을 구분하는 선구자적 사명감이 드러난다. 이때부터 이승만은 오직 자신만이 한국 인민을 깨우쳐서 한국의 갱생을 도모할 수 있다고 생각했다. 배재학당에서의 신학문 수업, 〈협성회회보〉와 〈매일신문〉 그리고 〈제국신문〉으로 이어지는 언론 계몽 활동, 독립협회와 만민공동회에서의 신진소장파로서의 활약, 한성감옥서에서의 개종과 옥중 전도 등이 그로 하여금 민족지도자임을 자처하도록 만들었다.

이승만이 《독립정신》에서 제시하는 한국의 독립 보전 방책을 요약해 보면, ① 수천 년 동안 전제정치의 압제를 받아 온 국민을 기독교로 교화시켜 정치 변혁의 정신적 토대를 마련하고, ② 그 위에 서양문명국의 정치제도와 법률을 일체로 받아들여 내정을 개혁함으로써 문명 부강의 길로 나아가며, ③ 대외적으로는 만국공법을 준행하여 공평 정대한 중립외교를 전개함으로써 국제적으로 한국의 독립을 보장받는다는 것이었다. 사실 이러한 주장은 앞서 서재필이나 윤치호가 주관하던 〈독립신문〉과 미국인 선교사들이 발행하는 〈조선크리스도인 회보〉 및 〈그리스도 신문〉 등을 통하여 꾸준히 제기된 바 있었다. 한 가지 달라진 점이 있다면, 이승만이 이제는 누구의 눈치도 보지 않고 한국민의 전면적인 기독교화를 주창하고 나섰다는 것이다. 그 요지인즉 이렇다.

한국은 서양의 지정지미至精至微한 정치법도와 인애자비仁愛慈悲한 도덕

> 교화의 근본이 되는 기독교를 받아들여 국민을 교화시킨 후에야 한국도 비로소 전제정치의 압제를 벗어나 문명 부강을 이룩할 수 있다. 수천 년 동안 전제정치의 압제를 받아 온 한국민은 병들고 썩은 것이 속속들이 배어들어 여간 학문이나 교육의 힘으로는 물론 이미 낡아 버린 유교의 힘으로도 그 근인을 제거할 수 없다.
>
> 기독교는 율법의 결박과 옛 법이 심히 압제하는 굴레와 예식의 결박과 모든 죄악에서 사람을 자유롭게 하는 까닭에 예수교가 가는 곳마다 변혁의 주의가 자라나서 사람들로 하여금 스스로 전제정치의 압제를 벗어나도록 해준다.[159]

이러한 주장은 앞서 소개한 기독교 문명개화론의 연장선 위에서, 그것을 끝까지 밀고 나간 것이었다. 여기에서는 유교, 특히 조선의 왕권과 양반 관료체제를 지탱했던 교조적인 성리학이 설 자리가 없었다. 오직 서구적인 문명과 가치관만이 한국의 미래를 밝혀주는 등불로 인식되었다. 미국인 선교사들이 이승만에게 기대했던 것이 바로 이런 것이었다. 그들은 이승만이 한국민의 기독교화에 앞장서 주기를 원했고, 이승만은 그 일을 선교사들의 기대 이상으로 해냈다. 이승만은 자신의 선배이자 스승이기도 했던 서재필이나 윤치호보다도 훨씬 앞서 나갔다. 이승만은 자기가 생각하고 믿는 바를 거침없이 말했다.

---

159 고정휴, 앞의 논문, 56~57쪽.

기독교 신학자이자 사학자이기도 한 유동식은 한말 - 식민지 시대의 교회와 민족운동의 관계를 다섯 개의 유형으로 나누어 설명한 바 있다. 첫 번째는 교회의 활동을 종교적인 영혼 구원과 개인의 안정에 치중 또는 국한하는 이른바 보수적인 정통주의자들의 입장이다. 이들은 교회와 정치를 엄격히 분리해야 한다고 생각한다. 두 번째는 앞과는 정반대로, 비록 기독교 정신을 중요시하지만 교회와는 관계없이 민족의 독립과 구국운동을 전개하는 유형이다.

세 번째는 기독교를 민족운동의 기초로 삼는다. 그러나 기독교는 어디까지나 국가의 갱신과 민족의 계몽 등 당면과제 수행의 방편이요, 변혁을 위한 이데올로기이다. 기독교를 통한 서양 제국과의 교류와 교회와 학교 조직의 힘을 민족독립의 중요한 수단으로 보는 입장이다. 말하자면 민족운동 안에서의 교회운동이다. 이런 유형을 대표하는 사람이 이승만이라고 했다.

넷째는 앞서와 대비되는 교회운동 안에서의 민족운동이다. 즉 전인적인 인간 구원을 향한 선교의 일환으로 민족의 위기를 극복하고 독립을 이루려는 것이다. 따라서 민족운동은 언제나 교회운동으로 귀착한다. 다음에 보게 될 현순의 경우가 그러하다고 했다.

다섯째는 민족운동과 교회운동을 하나로 합친 입장 또는 그 중간에 선 입장이다. 이런 유형을 대표하는 사람은 윤치호이다. 그는 신학을 전공한 교회의 지도자였다. 그런데 그는 성직자가 아니라 정치가와 교육자로 시종했다. **160**

이상과 같은 분류는, 그 경계와 설명이 다소 모호한 감이 없지 않지만, 그런 가운데에도 개항 후 기독교(개신교)의 유입에서부터 3·1 운동에 이르는 시점까지 다채롭게 펼쳐졌던 교회와 민족운동의 관계를 살피는 데 도움을 준다. 특히 지금 다루고 있는 이승만과 현순의 경우에는 비교적 잘 들어맞는다고 볼 수 있다. 한말부터 언론인이자 정치가이며 외교가로서의 면모를 드러냈던 이승만에게 기독교는 세계 제일의 문명 부강국인 미국과의 소통 창구와도 같았다. 그에게는 기독교가 망해가는 나라를 살리는, 즉 '구국의 종교'로서의 의미가 무엇보다도 크고 우선시되었다.

한편, 다음에 보게 될 현순의 경우에는 이승만과 거의 비슷한 시기에 기독교를 접했음에도 불구하고 '구국'보다는 개인의 영혼 구제라는 측면에 초점이 맞추어졌다. 물론 '망국'을 앞둔 상황에서, 이어서 식민지 시대를 맞이하여, 국가와 민족의 운명을 외면할 수는 없었다. 따라서 현순은 평생 목회자로서 교회를 통한 민족운동을 추구하되, 그것이 교회의 범위를 넘어서는 것에 대하여 경계했다. 그의 신앙과 선교 활동은 무엇보다도 복음 전파가 우선이었다. 이런 점에는 그는 정치와 종교를 분리하고자 했던 선교사들의 입장과 대체로 같았다고 볼 수 있다.

---

160 유동식(1994), 《한국감리교회의 역사, 1884~1992》 1, 기독교대한감리회유지재단, 414쪽.

2) 현순의 〈나의 기도〉

현순의 기독교로의 개종에 대해서는 이미 잘 정리된 연구가 나와 있다.161 여기에서는 새로운 자료를 하나 소개하는 가운데 그 배경과 동기에 대하여 설명해 보고자 한다. 현순은 3·1운동 후 잠시 정치로 '외도'한 후 하와이제도의 북단 카우아이섬에 정착하여 한인 동포를 상대로 목회 활동을 펼쳤다. 이 시기에 그는 자신의 신앙과 관련된 기록들을 남기곤 했는데, 이 중에 〈나의 기도〉라는 한글 메모가 있다.162 첫 페이지에는 다음과 같은 목차가 나온다.

1. 나는 기도를 어떻게 생각하는가
2. 누가 나를 인도하여 기도케 하였는가
3. 나는 무슨 말로 기도를 시작하였는가
4. 내가 기도에 응답을 받았는가
5. 내가 어찌하여 새벽 기도를 시작하였는가
6. 내가 기도할 때에 나의 의식에 무슨 감응이 있는가
7. 나의 기도의 신비가 무엇인고

---

161 한규무(2002), "현순의 신앙과 활동: 3·1운동 이전을 중심으로", 〈한국기독교와 역사〉 16 참조.

162 〈나의 기도〉는 미국 남가주대학이 소장한 현순 문서("The Reverend Soon Hyun Collected Work") 중 Volume 11(Manuscripts: Sermon Notes)에 들어가 있다. 이 메모는 남가주대학의 Korean American Digital Archive에서 볼 수 있다.

8. 나의 기도로 받은 교육이 무엇인가

9. 나의 기도로 집중되는 영력

10. 나의 기도 제목

① 나의 자기를 위하여, ② 나의 가족을 위하여, ③ 나의 친구를 위하여, ④ 나의 나라를 위하여, ⑤ 나의 세상을 위하여

아마도 설교용으로 작성해 놓았던 것 같은데, 그의 신앙생활의 한 단면을 보여준다는 점에서 의미가 있다.[163] 이 중에 '나는 무슨 말로 기도를 시작하였는가'에 기왕에 잘 알려지지 않은 이야기들이 나온다. 그 시작은 자기의 할머니가 집에서 고사 지내던 일, 또 관왕묘에서 가서 참배하고 집안의 한 해 운수를 보던 일에 대한 기억을 떠올리는 것이다. 흥미로운 것은 그다음에 나오는 이야기이다.

그러나 나는 아무에게든지 빌어 본 일이 없고 점도 쳐본 일이 없다. 그리하고 장성하여는 엄한 한학 선생에게 무녀와 복술쟁이는 다 요악한 것이라 함을 들었으며 "사불범정邪不犯正"이니 무서울 때에는 옥추경 한 절을 외우라 하였다.

"천존언왈 구천뢰공장군 오방뇌공장군 팔방운뢰장군 뇌부총병신장 막잠판관 발호시령 질여풍화 유묘가별 유수가견 계세말법 기법유행

163 아쉬운 것은 15쪽 분량의 메모 중 절반이 떨어져 나가 현재 볼 수 있는 것은 세 번째 항목까지이다. 왜 이렇게 되었는지는 알 수 없다.

음사마도 사고상청"164

이 경문은 늘 외우며 마음에 근심이 있던지 겁이 나던지 소원이 있으면 몇백 번씩이라도 외웠다.165

여기에 나오는《옥추경玉樞經》은 중국에 기원을 둔 도교 '경전' 가운데 하나로 알려져 있다. 조선 전기에 도교의 재초齋醮를 거행하기 위하여 설치되었던 소격서昭格署의 관리를 채용할 때 보는 시험과목(3경) 중에도 들어가 있었다. 중종반정中宗反正(1506) 이후 조광조를 위시한 신진사류는 도교는 세상을 속이고 세상을 더럽히는 좌도左道, 즉 이단이므로 소격서를 혁파해야 한다고 주청하여 왕실과 갈등을 불러일으킨 바 있었다. 사림파가 실권을 장악한 선조 이후 소격서는 완전히 폐지되었다. 그 후《옥추경》은 민간의 무속신앙에서 활용되는 가운데 그 경문의 한 대목이 암송, 구전되었다.166

---

164 이 '경문'은《玉樞經》중〈伐廟遣祟章 第九〉에 나온다. 원문은 다음과 같다. "天尊言 九天雷公將軍 五方雷公將軍/八方雲雷將軍 五方蠻雷使者 雷部總兵神將/莫賺判官 發號施令 疾如風火 有廟可伐/多諸巫覡 邪法流行 陰肆魘禱是故/有壇可擊 有妖可除 有祟可遣 季世末法/上淸乃有 天延禁鬼 錄奸之庭帝猷束妖 考邪之房/能誦此經 其應如響." 현순은 이 경문 중 일부만을 암송하고 있다(그중에는 빠트리거나 잘못 쓴 것도 있다). 그는 어쩌면《옥추경》을 보지 않고 일종의 주문처럼 민간에 퍼져 있는 것을 그냥 암송했을 수 있다. 한국학중앙연구원에는 1831년 묘향산 보현사에서 간행한《玉樞寶經》이 소장되어 있다. 이에 대한 해설은 다음의 사이트를 참조할 것. http://encykorea.aks.ac.kr/Contents/Item/E0038817#self

165〈나의 기도〉, 7쪽.

현순이 '엄한' 한학 선생에게 배웠다는 《옥추경》의 한 절이 그것이었다. 현순은 힘들고 어려운 일이 생기거나 무서울 때마다 그 '경문'을 외웠다. 고종이 1898년 말 '민회' 금압령을 내렸을 때, 독립협회 지도부에 포함되었던 그의 아버지가 피신생활에 들어가자 현순의 집안에는 우환이 끊이지 않게 되었다. 다음은 〈나의 기도〉 중에 나오는 이야기이다.

> 1898〔1899〕년 봄에 서울 진고개 어떤 일인日人 집에 숨어 계신 부친과 병석에 누워 계신 모친과 기혈이 쇠패하여 가시는 할머님과 간질병으로 십수 년을 신음하는 아우와 약한 몸으로 시집살이하는 아내를 맹연猛然히 버리고 백동전 오 원을 가지고 집을 떠나 인천으로 내려와서 십여 일 동안 숨어 있다가 평양 친구 김경민과 작반하여 일본 동경으로 발정하였다. 배에서나 기차 속에서도 늘 경문을 외웠다. **167**

다른 자료에서는 볼 수 없었던 이 이야기는 여러모로 시사하는 바가 많다. 먼저 현순의 아버지 현제창에 관한 것이다. 그는 독립협회 해체 후 일본인 거주지인 진고개(泥峴, 현재 충무로 일대)로 피신했

---

166 구중회, 《玉樞經 研究: 우리나라 道教 최고의 經典》(동문선, 2006)의 제7장에서는 역사적으로 《옥추경》이 네 가지 '얼굴'을 가졌다고 본다. ① 국가적 '뇌성보화천존'과 기우제, ② 수련 혹은 권선을 권장하는 책, ③ 고대 소설과 방술서, ④ 삭사(鑠邪), 즉 '귀신을 녹이는' 책이다.

167 〈나의 기도〉, 7쪽.

다는데, 이는 현제창이 일본 망명 중인 박영효 일파의 고종 폐위음모사건에 관계하고 있었음을 알려 준다. 이 사건에 연루된 이승만도 미국인 의사(Harry C. Sherman)를 대동하여 진고개로 가다가 포졸에게 체포, 투옥되었다. 현제창은 진고개에 숨어 있다가 일본으로 도피했다.

현순은 이 무렵에 집안에 병든 어머니, 기력이 쇠한 할머니, 간질병 앓는 동생, 이들을 수발드는 허약한 아내, 이 모두를 뿌리치고 일본으로 떠났다. 현순은 이때 아버지의 '역모' 사건에 자기도 걸려들지 않을까 하는 두려움을 지녔던 것 같다. 고종의 민회 금압령으로 서울에는 독립협회와 만민공동회에서 눈에 띄게 활동했던 사람들에 대한 검거 선풍이 일고 있었다. 현순은 아무런 준비 없이 일본으로 가는 배에 올라탔다. 그는 이때에도 《옥추경》의 경문을 외웠다. 그의 '기도'는 이렇게 시작되었다.

현순은 도쿄에 도착한 후 한때 벗으로 알았던 한상룡에게 냉대를 받고, 같이 동행한 김경민에게도 버림받았다. "사고무친한 만리타향에서 외로운 몸이 되었다." 이때에도 경문을 외우다가 문득 도쿄의 관립공업학교에 다니는 3종형(현국)이 생각나서 그의 하숙집에 얹혀살게 되었다. "나는 3종형의 기모노 한 개를 얻어 입고 일어日語는 하녀 테루에게 배우며 산술을 안형중에게 배워서 장응진이 돈 주고 배운 것만치 따라가고 일어는 도리어 장응진보다 앞섰다." 이러는 동안에도 현순은 늘 '경문'을 외웠다. **168**

현순은 그 후 사립학교(順天求合社)에 입학하여 산술, 기하, 대

수, 물리, 화학 등을 배우고 1년을 잘 치른 후 그 학교 '중학과'(順天中學)로 옮겨갔다. 이때에 현순은 그에게 기도를 가르쳐 준 한 친구를 만났다. 그 기도는 곧 '주의 기도'였다. 그런데 이전에 외우고 다녔던 '경문'이 입살에 아주 익어 좀처럼 고칠 수 없기에, 현순은 영어로 된 '주의 기도'를 외웠다고 한다.

예기치 않게 우리는 현순의 〈나의 기도〉에서 그가 일본으로 떠나게 된 경위, 그리고 도쿄에서 공부하게 된 과정에 대하여 알게 되었다. 그중에 현순이 '순천구합사'에서 1년을 배운 후 '순천중학'으로 옮겼다는 이야기는 처음 듣는다. 그는 도쿄 유학에 대하여 회고할 때 순천구합사, 순천중학, 순천대학을 섞어 쓰는 바람에 혼란스러웠다. 그런데 이것이 정리된다. 현순은 순천중학교에서 4학년을 마치고 졸업했다. 그리고 졸업반에 있을 때 친구로부터 '주의 기도'를 배우고 영어로 된 기도문을 외우기 시작했다. 그 친구는 조선학교造船學校에 다니던 '심비성'이었다.**169**

이다음의 이야기는 '누가 나를 인도하여 기도하게 하였는가'에 나온다. 심비성이라는 친구가 현순의 숙소에 와서 함께 기도한 내용은 이러했다. "대자대비하신 하나님이여〔!〕 우리 대한제국은 일본에나 혹은 아라사에게 먹히게 되었으니 이를 어찌하옵니까. 우리에게 능력을 주시어 우리나라를 구원하여 주옵소서." 현순은 친구의 열렬

---

168 〈나의 기도〉, 7~8쪽.
169 《현순자사》, 267쪽.

한 언사와 강개한 느낌에 감동되어 그에게서 기도를 배웠다. "동언東言에 지극히 아픈 자는 하늘을 부른다 함과 같이 나는 지극히 아픔을 당할 때마다 기도하였다."170

현순의 기독교로의 개종은 두 가지 아픔에서 비롯되었다. 하나는 국세의 급업岌業함이고, 다른 하나는 가운家運의 비참함이었다. 이 중에서 후자가 보다 절박했다. 그의 아버지는 도피 중인 일본에서 귀국 길에 올랐다가 체포, 투옥되었다. 그리고 국사범으로 몰리어 언제 사형을 당할지 알 수 없게 되었다. 누구로부터도 도움을 받을 수 없던 현순은 밤새도록 기도를 올렸다. 그의 기도는 이러했다.

> 전능하신 하나님, 나의 아프고 두렵고 슬프고 애타는 사정을 아시는 아버지시여! 나를 생육하신 아버지가 독립협회 거두 17인의 하나로 충군애국 하시다가 지금에는 정부를 전복하려던 죄목을 입으시고 사형을 받으시게 되었으니 어찌하오리까. 하나님의 뜻이어든 아버지의 영혼이나 구하여 주옵고, 이 어린 자의 정성으로 구하는 바를 들어주실진대 황상 폐하의 마음을 감동시켜 오늘 밤이라도 칙교勅敎를 내리사 애비의 사형을 취소하고 방송하여 주옵소서. 예수의 이름으로 구하나이다.171

---

170 〈나의 기도〉, 4쪽.
171 〈나의 기도〉, 5쪽.

이런 간절한 기도가 통했는지, 현순의 아버지는 '무죄방면'이 되었다.[172] 이때가 1902년 7월이었다. 그 후로 현순은 하나님과 '동행'한다는 신념이 점점 깊어졌다.

> 하와이로 처음 이민을 영솔하고 나오게 된 것도 나의 기도이오, 하와이에서 전도를 시작한 것도 나의 기도이오, 귀국하여 13년 동안 종교와 교육에 종사한 것도 나의 기도이오, 3·1운동에 참가케 된 것도 나의 기도이오, 정계의 물결을 벗고 다시 교역에 돌아온 것도 나의 기도이오, 나를 스스로 징계하여 나를 잡아끌고 하나님 앞에 자복 통회하는 것도 나의 기도이다.

이야기를 다시 앞으로 돌리면, 현순은 그 후 친구(심비성)를 따라 도쿄 YMCA의 성경반에 들어갔다. 그리고 얼마 후 현순은 도쿄의 침례교회에서 '핏셔'라는 목사로부터 세례를 받았다.[173] 여기에 나

---

172 〈대한매일신보〉, 1908년 3월 22일 자 잡보란의 "幽冤請伸"에는 다음과 같은 기사가 실린다. "安國善 씨가 法部에 청원하되 본인이 지난 광무 4년에 평안북도 영변군 거주 吳聖模와 경성 거주 玄濟昶으로 일본에서 동반 귀국하다가 현제창의 고발로 俱爲被捉하여 광무 7년에 始乃裁判하여 오성모는 참형을 당하고 본인은 종신 유형에 처하온바 본인은 작년에 은사를 旣蒙하여 放還하였거니와 오성모의 無頭魂은 罪籍에 尙在하여 冤鬼가 地下에 추추하리로다." 이 기사만을 보면, 현제창은 일본에서 동반 귀국했던 오성모와 안국선을 '고발'함으로써 방면되었던 것이 아닌가 하는 생각을 하게 된다.

173 《현순자사》, 268쪽.

오는 '핏셔'는 미국인 선교사 피셔Charles H. D. Fisher(1848~1920)였다.174 일리노이 출신으로 목사인 아버지를 두었던 그는, 시카고대학을 마친 후 침례교 신학대학을 졸업했다. 1880년대 초 인도를 거쳐 일본에 온 후에 도쿄의 제일침례교회를 맡았다. 현순은 그의 '자서'에서 '핏셔'라는 이름만을 언급하고 있는데, 이는 그에게서 세례를 받고 바로 귀국길에 올랐던 때문이 아닌가 싶다.

그 후 현순은 인천 내리교회의 목사 존스George H. Jones의 영향을 크게 받는다. 잘 알려져 있듯이 존스는 20세기 초 한국인의 하와이 이주에 아주 열성적이었고, 현순은 이 이민사업의 노동자 모집과 통역을 맡게 되면서 존스와 인연을 맺게 된다. 현순이 제2차 이민단을 이끌고 하와이로 갔다가 4년 만에 귀국했던 것도 존스의 권유에 따른 것이었다. 그 후 현순은 국내에서 일고 있던 '백만구령운동'에 동참한다. 1910년대에는 일본의 식민 지배를 인정하는 바탕 위에서 전교 활동에 나섰다.

1914년에 정동교회의 담임목사로 취임한 현순은, 기이한 '성령체험'을 겪은 후 부흥사로서의 면모를 드러냈다. 노블W. A. Noble 감리사는 이듬해 연회에 다음과 같이 보고했다.

---

174 "Life Story of Rev. Soon Hyun" 중 Education에 "In 1901 while in Japan, was converted to Christianity by an American missionary known as Mr. Fisher"라는 구절이 나온다. 이 영문 이력서는 독립기념관 소장 〈현순 문건〉 7-1, "현순의 초기 3·1운동(Soon Hyun: Early Years to March 1 Movement, 1879~1919)"의 첫 장에 나온다.

"지난해의 가장 두드러진 일은 일련의 부흥 집회가 개최되어 왔다는 것이다. 이것은 현순 목사의 헌신적인 영도하에 정동제일교회로부터 시작되어 지방 전 교회에 파급되었고 심지어는 벽지에 있는 교회에까지 번져 나갔다. … 이 부흥회는 비기독교 사회에 대한 전도 집회로도 발전하였으며, 그 결과는 헤아릴 수 없이 훌륭한 것이었다."[175]

현순은 이때 자신이 '빌리 선데이Billy Sunday'로 알려졌다고 했다.[176] 그는 한국이 일본의 식민지로 전락한 상황에서도 이에 굴하지 않고 한국인의 영혼 구제에 나섰던 자신을 스스로 자랑스러워했다.[177]

3) 최남선의 종교 순례

최남선은 그의 말년, 임종을 두 해 앞두고 기독교(가톨릭)에 귀의했다. 그는 1955년 12월 17일 자 〈한국일보〉에 "인생과 종교: 나는 왜 가톨릭으로 개종하였는가"를 발표했다.[178] 이는 다소 이례적인 일

175 유동식, 앞의 책, 420~421쪽.

176 《현순자사》, 289쪽. '빌리 선데이'는 미국의 유명한 야구선수 출신으로 부흥 전도사가 된 윌리엄 선데이(William A. Sunday, 1862~1935)를 가리킨다.

177 그는 앞서 인용한 《石汀集》의 〈小引〉에서 이렇게 말했다. "서기 1907년 5월경 처와 하와이 출생 二女 一男을 대동하고 귀국하였다. 在國 12년간에 國恥民辱의 비극을 목도하고 含怨忍憤하며 후일을 예비코자 하여 민족의 정신과 습성을 계발함이 득책일까 하여 교육, 목회, 순회강연 등에 전력하였다."

178 이 글은 최남선 저, 류시현 역(2013), 《사론·종교론》, 경인문화사, 278~286쪽에 다듬어 수록되었다.

이었다. 최남선은 자신의 개종을 통하여 사회와 국가에 어떤 메시지를 내놓으려고 했다. 이때 발표된 내용을 간추려 소개하면 다음과 같다.

어떤 종교이든지 그 궁극적인 목표는 인생의 구제에 있다. 여기서 구제라고 함은, 우주의 대생명과 자기의 소생명이 하나이지 둘이 아닌 자각에 서서 자기의 인격을 통일해 나가는 생활 태도의 확립이다. 종교의 구제는 진실로 개인적인 것이로되 때에 따라서는 국가와 세상과 백성의 형편과 도덕 등과 관련해서 국가와 민족의 집단적 요구에 적응해야 할 경우가 있다. 오늘날 우리 대한大韓이 요구하는 종교는 각 개인의 정신적 열악함을 보강할 뿐만 아니라, 동시에 우리 대한의 특수한 모든 결함을 치료하는 데 가장 유효적절한 기능을 가진 것이어야 한다. 요컨대 개인의 영혼 구제뿐만 아니라 국가와 민족의 집단적 구제에도 부응할 수 있어야 한다는 것이다.

그렇다면 어떤 종교가 한국에서 이러한 시대적인 소명을 다할 수 있겠는가? 최남선은 이 물음에 대하여, "나는 이에 유교 불교 모든 교문에 구하고자 했으나 얻지 못했다"고 하면서 이렇게 말했다.

> 1955년 11월 17일에 과거 50, 60년간의 종교적 체험을 청산하고 가톨릭에 귀의해서 영세를 받았다. 이는 나에게는 개인적으로 영혼이 구제됨과 동시에 국가와 민족에 관해서는 옛것을 혁파하고 새로움을 진작하자는 하나의 염원이 함께하는 것이다. 가능하다면 나라를 걱정한 선현이 2백 년 동안 완성하지 못했던 책임을 본뜨고 교감하고자 한다.[179]

최남선은 가톨릭이야말로 인류의 사상과 문화에 관한 절대적 보호자이자 육성자로서 유일한 권위를 지녔다고 보고, 한국인 또한 세계 4억 7천만 가톨릭 신도들과 서로 통하고 호흡을 함께하여 견고한 일심동덕一心同德의 대집단을 이루어야 한다고 말했다. 2백 년 전 동양의 금단국이었던 조선이 가톨릭이 들어오는 것을 기다리지 않고 스스로 문호를 열었으니, 이는 세계 전도사에서 하나의 이례적인 일로서 신의 섭리의 발현이었다. 최남선은 그때의 선현들(이익, 이승훈, 남상교, 정약용 삼 형제 등 한 시대의 준재들)이 이루지 못했던 일을 이루어 보고자 하는 소망을 피력했다.

해방 후 '건국입교建國立教'의 정신적 지주로서 가톨릭 이외에 다른 종교를 찾을 수 없었다는 것, 이것이 최남선이 당대 사회와 국가에 던지고자 한 메시지였다.

과연 그러한 결론이 합당한 것인가에 대해서는 여기서 논의할 문제가 아니다. 중요한 것은 1950년대 중반의 시점에서 최남선이 종교의 문제를 정면으로 제기하게 된 배경과 동기이다. 그리고 가톨릭이 되었건, 개신교가 되었건, 최남선이 언제 어떻게 '외래 종교'인 기독교에 대하여 관심을 갖게 되었는가 하는 것도 검토해 보아야 할 문제이다. 해방 이전까지 최남선은 수많은 글을 발표했지만, 그중에서 개인 신앙의 차원에서 기독교에 대하여 언급한 것을 찾기란 쉽지 않다.**180** 이는 기독교에 대한 그의 무관심 때문이 아니었다. 오

---

179 위의 책, 285~286쪽.

히려 개항기와 식민지 시대에 기독교(개신교)가 한국 사회 전반에 미치는 영향력을 고려할 때, 쉽게 이 문제에 대하여 자신의 견해를 밝히기가 어려웠던 것이 아닌가 생각된다. 그것이 신앙의 문제로 들어가면 더욱 그러했다. 식민지 시대에 들어서면 그는 민족의 시조인 '단군'을 전면에 내세우는 한편, 조선의 전통과 문화를 지키려는 '조선학' 운동을 전개하고 있었기 때문이다.

그런데 해방이 된 후 상황은 완전히 달라졌다. 이제는 민족 수호가 아니라 어떤 나라를 세울 것인가 하는 문제가 시대적인 과제로 떠올랐다. 이 문제에 대하여 최남선은 할 말이 무척 많았지만 '친일 청산'이라는 국민적 요구가 분출하자 은둔 생활에 들어갈 수밖에 없었다. 그리고 얼마 후 한국전쟁이 벌어졌다. 이러한 상황을 지켜보던 최남선은 1953년 8월 16일 자 〈서울신문〉에 기고한 "해방 8년과 한국의 장래"라는 글에서 이렇게 말했다.**181**

---

180 최남선은 개설서인 《朝鮮歷史講話》(1931) 라든가 《故事通》(1943) 등에서 천주교의 수용 문제를 다루었지만, 이는 어디까지나 역사적인 기술이었지 자기 개인의 신앙에 대한 이야기는 아니었다. 다만 해방 후에 펴낸 《朝鮮常識問答》(동명사, 1946) 에서는 천주교에 대한 평가가 좀 더 적극적이며 호의적으로 변한다. "혹자들은 조선인은 유약한 폐가 있다고 말합니다. 우리는 그런 사람들에게 조선 근세의 순교의 역사를 보여주고 싶습니다. 그 일부 한 구절만 보더라도 그 생각이 옳지 않았음을 깨달을 것입니다. … 어느 외국의 역사가는 조선 근세의 순교사를 보고 조선의 무서운 민족이고 동양과 세계에서 큰 굿할 인종임을 분명히 깨달았다고 하였습니다"〔최남선 저, 이영화 역(2013), 《조선상식문답》, 경인문화사, 188쪽〕. 여기서 천주교를 매개로 한 조선과 '세계'와의 연관성에 대한 언급은 주목할 만하다. 이 점을 지적해 준 류시현 교수에게 감사드린다.

우리 한국의 전체 역사에서 나아가 세계 인류의 국민 생활사에 이 이상의 비상시 · 초비상시가 일찍이 있었다 할까? 우리는 단연코 명백하게 말하기를 "없었다, 처음이다" 하기를 주저하지 않겠다. 이것이 해방 8년 동안의 우리 국민 생활에 일어난 새로운 경험이다.182

이어서 말하기를, 한국전쟁에는 제 1 · 2차 세계대전보다 몇 배나 진보한 전쟁 도구가 사용되었다. 원자탄이나 수소탄처럼 경천동지할 커다란 파괴력을 지닌 무기가 투입되기 일보 직전에 멈추었다. 이러한 무기가 사용되었다면 한국민은 말할 것도 없고 인류 세계가 거의 마지막 파멸단계에 이르렀을 것이다. "한국전쟁은 인류 전체에게 절대 공포와 위협이었다."183

도대체 왜 한반도에서 이런 일이 일어났고, 무엇이 우리를 이렇게 만들었는가? 이 질문에 대하여 최남선은 다음과 같이 답한다.

한마디로 말하면 민족 분열이 모든 불화의 근본이다. 민족 통일이 모든 복의 원천이라는 자각을 얻는다면 이만한 불행도 오히려 비싼 대가를 지불했다고 볼 수 없다. 한국의 장래는 오로지 한국민이 이러한 자각을 얻고 얻지 못하느냐 하는 한 가지 일에 달려 있다. 그리고 비상시 상황을 극복하는 것도 이외에 다른 방도가 있을 리 없다.

---

181 이 글은 《사론 · 종교론》, 69~72쪽 수록.

182 위의 책, 70쪽.

183 위와 같음.

한민족 분열이 한국사, 세계사에서 찾아볼 수 없는 전쟁을 낳았으니, 결국 민족 통일만이 현재 상황을 치유하는 근본적인 해결책이 될 수 있다는 것이다.184

그러면 어떻게 해야 민족 통일의 길로 나아갈 수 있는가? 이 문제에 대하여 최남선은 두 가지를 이야기한다. 첫 번째로 북한이건 남한이건 외세에 휘둘리지 말아야 한다. 북한이 소련의 지휘·조종에 따르고 복종하는 '괴뢰 역할'을 했다는 것은 숨길 수 없는 사실이다. "그러면 남한 정권은 이에 대항한 점에서 얼마나 독자성을 인정할 수 있는가?" 이에 대하여 최남선은 스스로 부끄러움을 금할 수 없다고 했다. 남한 또한 미국에 대한 자주성을 잃었다는 것이다. 즉 국토와 인민을 제공하여 세계 대립세력 항쟁의 희생물로 만들었을 뿐만 아니라 국난에 임하는 태도 면에서도 남한의 지도층과 정치 지배구조가 잘못되었음을 인정해야 한다는 것이다.

두 번째로 전후 한국 재건의 열쇠는 미국의 원조나 북한 정권의 실각에 있는 것이 아니라 한국 인민 전체가 양심을 찾느냐, 가지느냐, 또 양심에서 사느냐 아니 사느냐 하는 하나의 지점에 있다고 했다. 이것은 결코 서생이나 도학자의 고루한 말이 아니다. "양심의 빛을 새벽별보다 보기 어려운 이 세상이여! 부흥의 싹이 어디서 돋으며 어떻게 자란다는 말인가? 양심의 바닥이 있고서야 모든 것이 있을 것이오, 그렇지 아니하면 아무것도 없을 것이다."185

184 위의 책, 71~72쪽.

최남선이 해방 후 종교문제를 들고나온 데에는 이러한 시대 인식이 바탕에 깔려 있었다. 결국 지도층을 포함한 한국 국민 전체가 회개하고 양심을 회복해야만 한국의 미래가 열리는데, 이를 위해서는 종교의 힘을 빌리지 않을 수 없다고 보았다. 앞서 나온 '건국입교建國立教'라는 말이 이러한 뜻을 담고 있었다. 이승만과 현순이 반세기 전 '망국'을 앞둔 상황에서 한국민의 기독교화를 외쳤다면, 최남선은 해방 후 신국가 건설의 동력으로서 기독교화를 제시했다. 시대가 달라졌지만, 그들은 모두 자기의 개종을 국가와 민족을 살리기 위한 결단으로 정당화했다. 스스로 선구자 또는 선지자라는 확신에 차 있었다.

다른 면도 있었다. 최남선은 이때 개신교가 아닌 가톨릭을 내세웠다. 여기에는 "도도한 아메리카니즘의 횡류橫流를 막고 건전한 신흥 국민의 바른길을 개척함이 어떻게 가능할 것인가"에 대한 고민이 깔려 있었다.186 그는 무엇이 아메리카니즘이고, 어떤 것이 그 횡류인지에 대하여 말하지 않았지만, 두 가지 추측이 가능하다.

첫 번째는 미 군정기와 한국전쟁 때에 한반도(남한)로 쏟아져 들어온 미군들의 소비적이며 향락적인 행태를 바라보면서, 그런 '양키문화'가 새로운 국가 건설에 매진해야 할 한국민의 정서에 미칠 부정적인 영향을 우려했을 수 있다.

---

185 〈자유신문〉(1953. 9. 6.), "한국부흥의 열쇠"; 《사론 · 종교론》, 73~76쪽 수록.
186 위의 책, 285쪽.

두 번째는 전후 미국이 지니게 된 절대적인 힘에 압도된 한국인들이 제 갈 길을 찾지 못하고 미국과 미국인에게 예속되는 것은 아닐까 하는 의구심을 지녔을 수 있다. 일본의 강압에 '친일'의 길로 내몰렸던 최남선으로서는 일본보다 더 큰 물리적, 문화적, 사상적 힘을 지닌 미국을 경계하지 않을 수 없었다. 어떻든 최남선이 '아메리카니즘의 횡류'를 방지하는 데에서부터 신생 대한민국의 진로를 열어 보고자 했던 것은 주목할 만하다.

이제 다른 문제가 하나 남아 있다. 최남선이 언제 어떻게 기독교에 대하여 관심을 갖게 되었는가 하는 것이다. 이 문제는 꽤 흥미롭지만, 마땅한 자료가 없어 어떻게 해 볼 방법이 없었다. 그런데 예기치 않은 곳에서 하나의 자료가 나왔다. 대한성서공회에서 발행하는 〈성서한국〉이다. 이 잡지의 제 1권 제 3호(계간지, 1955)에 최남선의 "성경은 온 인류의 책"이라는 글이 실렸다. 모두 네 쪽인데(2~5쪽), 최남선이 직접 쓴 것은 아니고 그가 구술한 내용을 기자가 정리한 것이다.[187] 최남선은 이때 중풍으로 누워 있었지만, 정신만은 온전했다. 그의 이야기는 이렇게 시작된다.

내가 처음으로 성경을 보게 된 것은 〈마태복음〉 〈누가복음〉 등의 쪽

---

187 본문 앞에 실린 편집자 주에는, "선생〔최남선〕은 이러한 병석에서도 특히 우리 성서사업을 위해 《성서》에 대하여 평소에 품었던 소감을 다음과 같이 술회하였다"라고 되어 있다. 그리고 본문 끝에는 "이 글의 책임은 기자에 있음"이라고 되어 있다.

복음책이었다. 그것은 당시 아직도 〈신약전서〉가 나오기 전이었기 때문이었다. 〈신약전서〉가 번역되어 나온 것은 55년 전인 1900년 때였으니 내가 성경을 읽기 시작한 것도 매우 오랜 일이었다. 188

최남선이 1890년생이었으니, 열 살이 되기 전부터 성경을 보기 시작했다는 것이다. 한글을 깨우친 후 쉽게 접할 수 있는 책이 성경이었기 때문이다. 처음에는 그 뜻을 잘 이해할 수 없었으나 여러 번 읽다 보니 자연히 마태, 마가, 누가, 요한의 복음을 대개 외우게까지 되었다. 그때 삼각동(지금의 을지로 2가 부근)에 살았는데, 길 건너편에 세브란스병원의 전신인 제중원濟衆院이 있었다고 했다. 189 이 병원에 책 파는 가게가 있어서 한두 푼만 내면 성경에 관한 여러 가지 책을 마음대로 살 수 있었다는 것이다. 190

188 "성경은 온 인류의 책", 2쪽.

189 이러한 최남선의 회고는 사실과 맞아 떨어진다. 1885년에 설립된 제중원은 처음에 '재동'에 있었으나 1887년에 구리개(銅峴)로 확장, 이전하여 1904년까지 8년 동안 이곳에 있었다〔왕현종·이경록·박형우(2001), "구리개 제중원의 규모와 활동", 〈醫史學〉 10-2, 135~152쪽 참조〕. 구리개는 당시 한약방이 모여 있던 곳으로, 최헌규의 한약방도 이곳에 있었다.

190 "성경은 온 인류의 책", 2~3쪽. 최남선은 또 이렇게 말한 바 있다. "내가 국문을 해독한 것이 6~7세 즈음의 일이다. 그때에는 한글로 책을 발간하는 것이 예수교의 전도 문자밖에는 없었다. 그렇지만 그것이 발행되는 대로 사서 읽고 보존해서 한 콜렉션을 이룰 만했다." 1954년 12월호 〈새벽〉에 실렸던 이 글은, 《근대문명 문화론》(최남선 한국학총서 14, 류시현 역, 경인문화사, 2013)에 재수록되어 있다(254~258쪽).

최남선이 그때 사서 본 책 중 뚜렷이 기억하는 것이 있었으니, '기일奇一' 씨가 한글로 번역한 《천로역정天路歷程》과 《성경도설聖經圖說》이었다. 191 앞의 책은 목판본이었고, 뒤의 책은 활자판인데 삽화를 넣어 약 2백 페이지나 되는 것으로 재미있게 읽었다고 했다. 나중에는 구약성경도 읽을 기회가 생기는데, 먼저 단편으로 나온 〈창세기〉라든가 〈출애굽기〉 등을 읽기 시작했다. "〔이처럼〕 나에게 독서의 기초가 된 것은 첫째로 성경이었고, 둘째로는 거리에서 팔고 있던 고대 얘기책들이었다. 또 일찍이 외국 학문에 흥미를 얻게 한 것도 성경이었다. '여호아'니 '엘리아'니 '골고다'니 하는 말을 처음 보았을 때 연소한 나의 마음에 큰 자극을 받았다."192

최남선이 성경을 보기 시작한 것은 한글을 깨친 여섯 살 때였다. 그러니까 청일전쟁이 끝날 무렵이었다. 공교롭게도 이때부터 한국에서는 기독교, 특히 개신교의 포교가 활발하게 전개되었다. 중국 중심의 문명관과 세계관이 깨지면서 신학문에 대한 일반의 관심도 높아지고 있었다. 이승만과 현순은 이러한 시대 풍조에 자극을 받아 신학문을 배우더니 얼마 후 기독교를 받아들였다. 두 사람은 이때

---

191 여기에 나오는 '기일'(奇一)은 제임스 게일(James Scarth Gale, 1863~1937)이다. 1888년에 조선에 온 게일은 '성서번역위원'으로 활동하는 가운데 1894년과 1903년에 각각 《천로역정》과 《성경도설》을 우리말로 번역, 출간한 바 있었다. 《천로역정》의 초간본은 국립중앙도서관의 디지털 자료실을 통하여 열람이 가능하다.

192 "성경은 온 인류의 책", 4쪽.

감수성이 예민한 20대의 청년이었지만, 최남선은 아직 세상 물정에 어두운 어린아이였다. 따라서 그가 성경을 대하는 태도는 한글을 빨리 읽히려는 욕심과 생소한 외국 문물과 역사에 대한 호기심일 뿐이었다.

최남선이 신앙의 관점에서 기독교를 바라보기 시작한 것은 제2차 도쿄 유학 시절이었다. 그는 이때 '입신入信'하지는 않았지만, 기독교에 관한 많은 책을 읽었다면서 이렇게 말했다.

> 특히 우치무라 간조內村鑑三의 저서는 거의 다 읽었다. 즉《후세에의 최대 유물》이라든가《대표적 일본인》그중에서도《나는 어떻게 해서 기독교도가 되었는가》같은 것은 여러 번 되풀이해서 읽었었다. 또 그의 주재로 나온 〈성서의 연구〉라는 월간 잡지도 많이 읽었다. 이와 같이 우치무라의 여러 저서를 읽음으로써 나는 자연 그의 영향을 많이 받았고 또 기독교에 대한 이해와 지식은 매우 풍부해졌다. 따라서 기독교에 대한 교양으로 말하면 목사만큼 알고 또한 지니고 있었다. 이것은 지금 생각해도 통쾌한 일이다. 그 후 목사들과의 교제에서도 서로 이해가 잘 되었다.[193]

이 글은 최남선의 회고를 담은 "성경은 온 인류의 책"에서 가장 흥미로운 대목이다. '우치무라 간조Ucimura Kanzo'가 누구인가? 최남선

193 "성경은 온 인류의 책", 3쪽.

보다는 한 세대 위인 1861년생으로, 메이지 시대를 대표하는 지식인이자 사상가로 손꼽을 수 있는 인물이다. 일찍이 삿포로농학교를 다니면서 기독교인이 되었고, 1880년대 중반에는 미국 유학길에 올라 동부의 유서 깊은 애머스트대학Amherst College에서 폭넓은 인문 교육과 성서학에 대하여 배웠다. 그 후 하트퍼드Hartford 신학교에 진학하지만, 이 학교의 교육 방식과 내용에 회의를 느끼고 한 학기 만에 그만두었다. 3년 반 동안의 미국 유학 생활을 끝내고 귀국한 그는, 도쿄의 제일고등중학교 교사로 재직하던 중 천황의 '교육칙어'를 불경하게 대했다는 이유로 사회적 지탄을 받고 해임되었다. 그는 이 사건으로 전국적인 주목을 받았다. 이후에는 신문 편집과 저술 활동을 통하여 사회비평가의 면모를 보이는가 하면, 성서 중심의 신학과 무無교회주의를 일본 사회에 전파하는 데 앞장섰다.[194]

우치무라 간조는 식민지 시대에 조선의 지식인, 특히 기독교인들에게 적지 않은 영향을 미쳤다. 최남선은 이들보다 좀 더 이른 시기에 우치무라로부터 영향을 받았던 것이다. 그는 또 이런 이야기도 했다. "당시 나는 야마무로 군페이山室軍平의 저서 《평민의 복음》을 탐독하였다. 그리하여 그가 주재하는 여러 집회에는 시간이 허락되는 대로 찾아가서는 듣고 하였다. 북을 두드리고 참회하라고 떠들어

194 정준기는 이때 무교회의 '무'(無)란 교회를 부정하는 무가 아니요 모든 나라가 각각의 전통과 문화에 근거하여 창조적인 교회를 세우는 토착화의 '신학'이라고 정의할 수 있다고 본다("内村鑑三의 생애와 사상", 〈교회와 한국문제〉 17, 1991, 22쪽).

대는 그 열렬한 구세군인의 신앙운동에는 그저 호감을 느꼈다. 그러나 나 자신은 이에 입신入信하라는 것이 귀찮아 늘 뒤에서 얘기만 듣고는 곧 돌아오곤 하였다. 이것은 아마도 우치무라의 영향인양 싶다."195

도쿄 유학 시절, 최남선은 기독교에 호감을 느끼면서도 특정 교파나 교회에 소속되는 것만은 피했다. 그는 이러한 자신의 태도가 우치무라의 '영향'인 듯싶다고 했다. 그만큼 최남선은 우치무라의 존재를 강하게 의식하고 있었다. 나중에 보겠지만, 최남선은 우치무라가 그의 저술 《지인론地人論》(1897)에서 내세운 '일본의 천직天職'을 '반도半島의 천직'으로 바꾸어 한민족의 역사적 소명에 대한 논리를 전개한다. 비단 종교적 측면에서뿐만 아니라 각 민족의 역사와 지리를 바라보는 기본시각과 인식 면에서도 우치무라는 최남선에게 직접적인 영향을 끼쳤다. 이렇게 본다면, 일본 유학기 최남선에게 종교적, 사상적, 학문적으로 가장 큰 영향을 끼친 인물로서 우치무라 간조를 꼽지 않을 수 없다.

그런데 최남선은 귀국 후 기독교와는 일정한 거리를 유지했다. 그가 발행했던 잡지들, 즉 〈소년〉과 〈청춘〉 등에서 매호 서양의 위인과 문물을 빼놓지 않고 소개하면서도 정작 기독교에 대해서만은

---

195 "성경은 온 인류의 책", 3~4쪽. 야마무로 군베이(1872~1940)의 《平民之福音》은 1899년 도쿄의 救世軍日本本營에서 발행되어 큰 인기를 모았던 저술이다. 이 책은 1957년 구세군대한본영에서 우리말로 번역되기도 했다.

언급하지 않고 지나갔다. 의도적으로 피했던 것인데, 이는 식민지 시대에 '민족' 고유의 정체성을 확보해야만 하는 절박한 상황 때문이었다. 일본의 조선 병합 직후 조선광문회朝鮮光文會를 설립한 것에서 볼 수 있듯이, 최남선은 조선의 전통과 문화를 지켜내는 것이야말로 자기가 해야 할 일이라고 생각했다. 그는 또한 단군을 '대황조'로 모시는 대종교와도 밀접한 관계를 맺고 있었다.196

3·1운동 후, 최남선은 불교를 자신의 신앙으로 받아들였다. 그의 말인즉, "기미년 삼월에 복당福堂(감옥) 철창에서 정수靜修할 세월을 얻게 되었"는데, 이때 어느 '외인外人' 친지가 《관음경》 일부를 들여보내니, 과연 마른 장작에 불이 피어오르는 것처럼 여기에 몰입하게 되었다고 했다. 이리하여 불교에 대한 믿음이 생겨났다. "말하자면 일종의 법열法悅이 넘치고 출렁거림을 금하지 못했습니다."197 이승만이 한성감옥서에 갇혔을 때, 선교사가 차입한 성경을 보고 기독교에 귀의했던 것과 크게 다르지 않다. 종교만 다를 뿐이다.

그 후 최남선의 불심佛心이 얼마만큼 돈독해졌는지는 알 수 없지

---

196 오영섭은 조선광문회의 설립과 운영에 주도적으로 관여했던 인물들에 대한 분석을 통하여 다음과 같은 결론은 내린 바 있다; "한마디로, 대종교적 구국이념을 받드는 인사들을 중심으로 대종교공동체를 형성했던 광문회는 한국의 역사와 언어 및 전통을 중시하는 문화적 민족주의자들의 집합소였다고 말할 수 있겠다("조선광문회 연구", 〈한국사학사학보〉 3, 2001, 110쪽).

197 이 대목은 최남선이 공개적으로 자신의 신앙을 고백했던 "묘음관세음(妙音觀世音)" 중에 나온다. 1928년 9월호 〈불교〉에 실렸던 이 글은 《사론·종교론》에 다듬어 수록되어 있다(170~177쪽). 인용한 대목은 174~175쪽.

만, 한 가지 분명한 것은 조선의 문화를 불교적 관점에서 바라보고 이해하려는 그의 학문적 자세가 더욱 굳건해진다는 점이다. 1930년에 발표한 "조선 불교: 동방 문화사상에 있는 그 지위"라는 글에서,198 "조선이 조선만의 조선이 아니라 전 동방의 조선, 나아가 세계의 조선임을 불교사상을 통해 인식할 수 있다"고 했다. 그리고 내린 결론은 다음과 같다. "그동안 몹시 기다려온 인류 구원을 위해 이 동방의 빛이 어떻게 세계의 높은 성 위에 얹혀서 헤매는 양의 무리에게 돌아갈 길을 가르쳐 줄지를 고민해야 한다. 그러므로 인류 구제에 관한 조선 불교의 임무가 결코 작다고 할 수 없다."199

최남선은 해방 후에도 한동안 불교에 마음을 두었다. 한국전쟁기 의사였던 그의 큰아들(한인)이 부산에서 심장마비로 세상을 떴을 때, 최남선은 49일 동안 매일 아침 두세 시간씩 《관음경》을 낭송했다.200 그런데 불과 2, 3년 만에 돌연 천주교로의 '개종'을 선언했다.

왜 그랬을까? 두 가지 해석이 가능해 보인다. 첫 번째는 앞서 서술했듯이 한국전쟁이 준 민족사적, 세계사적 충격이다. 핵전쟁으로 인한 인류 절멸의 위기감이었다. 이러한 위기를 한국 고유의 전통이

---

198 1930년 8월호 〈불교〉에 실렸던 이 글 또한 《사론 · 종교론》에 수록되었다(178~250쪽). 이 글은 1930년 7월 하와이에서 열리는 '범태평양불교대회'에서 사용될 팸플릿용으로 작성된 것이었다. 따라서 그 내용뿐만 아니라 문체와 용어에서도 다분히 선언적인 의미가 담겨 있었다.

199 위의 책, 249쪽.

200 최학주, 《나의 할아버지》, 127쪽.

나 종교만으로는 돌파할 수 없다고 생각했을 수 있다.

두 번째는 가족적인 불행과 본인의 육체적, 정신적 고통이다. 1954년의 늦은 봄 어느 날, 최남선은 스스로 '천형중 상천형天刑中 上天刑'이라고 말한 중풍으로 쓰러진다.201 해방 후 친일파라는 지탄, 한국전쟁기 가족에게 닥친 불행,202 장서(17만여 권) 소실 등 연이은 충격을 이겨내지 못한 때문이었을 것이다. 그는 그의 인생에서 가장 힘들고 어려운 시기를 맞이했다. 이대로 생을 마감한다고 했을 때, 그가 선택한 것은 가톨릭에의 귀의였다. 그는 자신이 어렸을 때 집에서 바라보던 명동성당에서 세상과의 이별을 고했다.203

---

201 위의 책, 128쪽에 수록된 시 "五月二十一日 中風半身不隨"(미발표). 그중 한 연을 소개하면 다음과 같다. "平生에 天刑病을 다른 것만 여겼더니/이제와 겪어보니 中風症의 絶對安定/天刑中 上天刑임을 새로안듯 하여라."

202 최학주, 위의 책, 32쪽; "〔한국〕전쟁으로 우리 집안은 문자 그대로 풍비박산이 났다. 할아버지의 큰딸(최한옥)은 북한군에 의해 피살되고, 사위(강건하)는 납북돼 행방불명됐다. 내 선친인 장남(최한인)은 부산에서 병사했고, 막내아들(최한검)은 월북했다."

203 〈소년〉 제3년 제8권(1908. 11), "天主堂의 層層臺" 참조. 여기에는 '북다란재(鍾峴) 천주당', 즉 오늘날의 명동성당 안을 둘러보는 이야기를 담고 있다. 무언가 말하고 싶었던 듯한데, 그것이 무엇이었는지에 대해서는 감을 잡기가 어렵다.

2장

최남선의 일본 체험

〈소년〉과 태평대양의 발견

1. 도쿄 체류: 박문관과 대교도서관

'문명개화'라는 마법의 주문에 홀린 도시

에드워드 사이덴스티커의 《도쿄이야기》에 나오는 말이다.1 새 시대를 여는 그 마법의 주문에 홀린 도쿄는 막부의 권력 중심지에서 어느덧 '제국의 수도'로 성장했다.2 메이지 시대(1868~1912)에 벌

1 E. 사이덴스티커 저, 허호 역(1997), 《도쿄이야기》, 이산, 55쪽. 이 책의 원제는 *Low City, High City: Tokyo from Edo to the Earthquake; How the Shogun's Ancient Capital Became a Great Modern City, 1867-1923* (New York: Alfred A. Knopf, 1983) 이다.

어진 일이다. 그 사이에 두 차례 큰 전쟁이 벌어졌다. 청일전쟁과 러일전쟁이다. 청일전쟁을 치르면서 일본은 근대적 국가로 성장했고, 러일전쟁이 끝난 뒤에는 서양 열강과 어깨를 겨루는 제국의 대열에 합류했다. 명실상부한 '대일본제국'이 된 것이다. 20세기 초 비非백인, 비유럽, 비기독교권에서 나온 유일한 사례였다.

일본이 아시아 대륙으로부터 선진 문물을 받아들일 때, 일본 열도의 배후에 자리 잡은 도쿄는 후진 지역이었다. 도쿄의 옛 이름인 에도江戶는 그 한자 표기가 말해주듯이 스미다강이 바다로 흘러 들어가는 곳이자 태평양의 바닷물이 육지로 밀려오는 곳의 입구이기도 했다. 이곳은 갈대와 참억새가 우거진 벌판이었다.[3] 여기에 세워졌던 '쇼군의 도시'가 '제국의 도시'로 성장할 수 있었던 것은 바다를 통하여 일본에 밀려든 문명개화의 물결 덕분이었다. 그 침식 작용은 동양의 옛것, 낡은 것을 파괴하고 서양의 새것, 좋은 것을 받아들이도록 했다. 도쿠가와 막부를 대체한 천황제 국가 권력이 그 중심에 있었다.

메이지 시대 서양문명의 도쿄로의 유입은 요코하마橫濱－신바시新橋－긴자銀座－쓰키지築地의 동선으로 이루어졌다. 미국에 의하여 개방된 요코하마는 태평양에서 아시아로 들어오는 관문이었다. 요코

---

2 東京市市史編纂係 編, 《東京案內》 上卷(東京: 裳華房, 1907)에서는 도쿄의 역사를 네 단계로 나누어 기술한다(14~36쪽). 즉 도부(都府)의 건설 → 관동(關東)의 수부(首府) → 일본의 패도(覇都) → 일본의 제도(帝都)이다.

3 나이토 아키라 저, 이용화 역(2019), 《에도의 도쿄》, 논형, 27쪽.

하마와 샌프란시스코 사이에는 1869년부터 정기 여객선이 다녔다. 개항장 요코하마와 수도 도쿄의 현관인 신바시 사이에는 1872년에 철도가 놓이면서 57분 만에 두 도시를 연결했다. 이 무렵 화재로 잿더미가 된 긴자는 서양과 같은 불연도시를 만들기 위하여 벽돌 건물이 즐비한 거리로 탈바꿈했다. 이것은 도쿄 최초의 도시계획이었다. 긴자와 연결되는 쓰키지는 외국인 거류지였다. 이리하여 요코하마에 입항한 외국인과 물자는 철도를 통해 신바시역에 다다르고, 이곳에서 긴자의 벽돌거리를 거쳐 쓰키지의 상점이나 여러 시설로 운반되었다. 메이지 도쿄에서, '벽돌거리・거류지・철도역'이라는 3개의 중심점이 '서양・근대'를 향한 창이 되어 하이칼라 취향의 사람들을 매혹시켰다.4 러일전쟁 후 도쿄는 거주민이 2백만 명에 달하는 거대 도시로 성장했다(그것은 당시 서울 인구의 10배였다).5

메이지 도쿄는 조선 사람들도 홀렸다. 김옥균, 박영효, 서재필과 같은 초기 개화파가 그러했다. 그들이 일으킨 갑신정변은 '삼일천하'로 끝났다. 이로부터 10년 후 청일전쟁이 일어나고, 다시 일본에 기댄 개화파는 갑오개혁을 추진하지만, 아관파천으로 주저앉았다. 그 후 서재필과 윤치호 그리고 선교사들을 중심으로 미국을 모델로

---

4 나이토 아키라 저, 이용화 역(2019), 《메이지의 도쿄》, 논형, 27~38, 75~81쪽; 요시미 슌야, 그레고리 M. 풀룩펠더 외 저, 연구공간 수유 역(2007), 《확장하는 모더니티 1920~30년대 근대 일본의 문화사》, 소명출판, 38쪽.

5 1905년 말 도쿄 시내에 거주하는 호수(戶數)는 485,024호이고, 인구는 1,969,833명이었다(앞의 《東京案內》 上卷, 53쪽).

한 기독교 문명개화론이 등장하는데 이 또한 독립협회와 만민공동회 운동이 좌절되면서 수면 밑으로 가라앉았다. 이러한 상황에서 러일전쟁이 터지고 일본이 승기를 잡자 도쿄는 다시금 대한제국(이하 한국) 지식인들의 주목을 받게 되었다. 그 중심에는 '현해탄'을 건너는 유학생들이 있었다. 최남선이 그러했고, 이광수가 그러했다.

도쿄 유학과 체험을 바탕으로 식민지 초기 조선의 '2인 문단시대'를 열었다는 두 사람의 문명관은 어떠했을까?

먼저 이광수부터 살펴보자. 러일전쟁이 끝날 무렵 도쿄로 건너간 후 '일한병합' 직전에 메이지학원 중학부 5년 과정을 마쳤던 그는, 1915년에 다시 도쿄로 건너가 와세다대학 철학과에 다니게 된다. 이듬해 가을, 그는 조선총독부의 기관지인 〈매일신보〉에 "동경잡신東京雜信"이라는 연재물을 싣고 일본의 '문명개화'의 실상이 어떠한 것인가를 조선의 독자들에게 보여주고자 했다.

그가 고른 소제목들은 이랬다. 학교, 유학생의 사상계, 공수학교工手學校, 학생계의 체육, 총망怱忙, 목욕탕, 경제의 의의, 근이이의勤而已矣, 명사名士의 검소, 조선인은 세계에서 제일 사치하다. 가정의 예산회의, 복택유길福澤諭吉 선생의 묘를 배拜함, 문부성 미술전람회기, 지식열과 독서열, 일반 인사의 필독할 서적 수종數種 등이다.[6]

이런 '잡신' 중에서 주목할 것은 두 번째에 나오는 "유학생의 사상계"이다. 그 내용을 간추려 보면 이렇다.

---

6 이 글들은 〈매일신보〉 1916년 9월 27일에서 11월 9일까지 연재되었다.

갑신(1884) 이래 일본에 건너간 조선인 유학생은 5천 명이 넘는다. 그중에 '이른바' 졸업한 자도 거의 천 명에 달한다. 이들이 조선 문화에 공헌한 바는 무엇인가? 이러한 물음에 대해서는 회의적이다. 그렇다고 유학생 무용론에 동조할 수는 없다. 대개 지금은 운경기耘耕期요, 수확기에는 아직 미치지 못했다.

현재 유학생들의 생각과 태도는 어떠한가? 세 부류로 나뉜다. 첫 번째는 세계의 대세와 현대 문명을 통촉洞燭 이해하려고 정성으로 노력하는 자들이다. 두 번째는 아직도 구몽舊夢을 깨치지 못하고 사환열仕宦熱에 미친 자들이다. 세 번째는 남이 유학을 가니 나도 따라서 간다는 철부지들이다. 세 부류 중 조선의 미래를 밝힐 자는 첫 번째이다. 이들의 일념은 분골쇄신하더라도 세계 최고 문명국의 최고 문명인과 동일한 정도에 '추급追及'하려 함이다. 자신이 최고 문명인이 되려 함이다. 이들은 현 조선 사회의 수준에 비추어 볼 때 지나치게 진보적이고 그들의 사상 또한 지나치게 고상하다. 따라서 조선인들의 이해를 받기가 어렵다. "이 또한 선각자, 개척자의 당연한 수數"이다.**7** 이광수는 자신이 이러한 선각자이자 개척자라고 생각했다. 그는 '문명' 자체를 최고선으로 보았다.

최남선도 이광수의 생각과 크게 다르지 않았다. 이광수가 〈매일신보〉에 "동경잡신"을 연재할 즈음에 최남선은 같은 신문에 "강호역서기江戶繹書記"와 "동도역서기東都繹書記"를 3개월에 걸쳐 이어 갔다.**8**

---

7 〈매일신보〉(1916. 9. 28.), "동경잡신: 유학생의 사상계"(春園生).

여기서 '강호'와 '동도'는 도쿄를 가리킨다. 최남선은 1916년 봄부터 도쿄에 체류하고 있었다. 9

이광수와 최남선의 글은 신문 첫 면에 나란히 실리는 때도 있었다. 그럴 때면 사설을 제외하고는 두 사람의 글로 지면이 채워졌다. 이는 〈매일신보〉 측의 의도적인 지면 배치였다고 볼 수 있다. 도쿄 체류 시 '대일본제국'의 위신과 문명의 감화를 받은 조선의 엘리트 두 사람을 통제된 언론의 전면에 내세움으로써 병합 후 폭력에 의존한 무단통치에 '문명'의 옷을 입히려 했던 것으로 보이기 때문이다.

흥미로운 것은 이광수의 "동경잡신"이나 최남선의 "강호역서기"가 '(동경) 제국대학'에 대한 이야기로부터 시작된다는 점이다. 다음은 "동경잡신"에 나오는 문장이다.

> 산지조종山之祖宗이 히말리아면 학지조종學之祖宗은 제국대학이라. 동양의 최고학부니 제국 인물의 태반이 실로 제국대학에서 출出하다. 10

"강호역서기"에는 이렇게 되어 있다. "장서藏書 수의 최다한 자는

---

8 "강호역서기"는 〈매일신보〉에 1916년 10월 24일부터 29일까지 실린다. "동도역서기"는 10월 31일부터 1917년 1월 16일까지 연재되었다.

9 1914년 10월 1일에 창간된 월간잡지 〈청춘〉은 6호(1915. 3)까지 발행한 후 '국시위반'(國是違反)이라는 구실로 정간당하고 뒤이어 허가 취소까지 받았다가 1917년 5월에 가서야 속간된다. 그러니까 〈청춘〉이 나오지 않던 시기에 최남선은 일본을 방문하여 장기간 체류할 수 있었다.

10 〈매일신보〉(1916. 9. 27.), "東京雜信(1) : 學校".

동경제국대학의 부속도서관이니 거의 60만(권)에 달하며 동일한 서書의 이본異本의 다집함과 백과百科의 학學으로 참고서가 주편함이 국중國中에 제일이오 도해渡海한 국조 역대실록도 이곳에 저존貯存하였나니라."[11] 최남선은 고대로부터 일본으로 건너간 조선 서책과 문화에 대한 이야기를 풀어 보겠다는 뜻에서 "강호역서기"와 "동도역서기"를 집필했다.

식민지 초기 최남선은 조선의 자랑스러운 옛것을 살리고 서양의 새것을 받아들여야 한다는 주장을 폈지만, 결국 조선이 나아가야 할 방향은 일본과 같은 '문명화'라고 보았다. 그의 이러한 생각은 1918년 1월 1일 자 〈매일신보〉에 실린 "민덕론民德論"에서 잘 드러난다. '〈청춘〉 주간'이라는 이름을 내걸고 게재된 이 논설은 4단에 걸친 장문인데, 〈매일신보〉가 신년호에 이런 지면을 내주었다는 것은 특기할 만하다.[12]

"민덕론"에서 최남선이 말하고자 한 바는 다음과 같다. 첫째, 시하時下 조선인에 대한 최대 우려는 정신의 위미萎靡와 품성의 타락이다. 둘째, 금일 오인의 요구는 천언만어千言萬語로써 형용할지라도 귀결은 늘 문명진보의 일 점일 뿐이다. 셋째, 천하만사 총히 일 정신의 발동이오 표현인즉 문명의 강약도 즉 정신 활동의 강약일 뿐이

11 〈매일신보〉(1916. 10. 24.), "江戶繹書記(1): 圖書館巡歷".

12 〈매일신보〉의 1918년 신년호는 총 5부로 구성되는데, 최남선의 논설은 4부 첫 면에 실렸다. 전체 지면은 20면인데, 그중 3분의 2가 광고와 삽화, 신년 휘호로 채워졌다.

다. 이처럼 간단한 이야기를 장황하게 풀어 간 논설은 이렇게 끝을 맺는다.

> 면휴眠休〔라〕, 기족旣足하였나니 성기醒起하라. 그리하여 역작力作하라. 정신으로는 고古에 반返하며 사위事爲는 서西에 학學할지어다.

이 문장은 한말부터 식민지 초기에 걸친 최남선의 '신문화' 운동의 내용과 성격을 압축적으로 보여준다. 그는 근세 이전 조선의 역사는 자랑스러운 것이었지만13 어느 순간 정신적으로 타락하여 오늘의 상황에 이르렀다고 보았다. 이제 우리는 과거 조선인의 특수한 성격이요, 탁월한 '민덕'이었던 '추대강용麤大强勇'과 '강인박실彊靭樸實'의 미덕을 살려내는 데 집중해야 한다.14 이 두 가지는 구원한 문명의 주인이 되게 할 자이다. 그러니 정신으로는 옛날로 돌아가되, 일을 힘써 행함에는 서양에서 배워야 한다고 했다.

1910년대 최남선이 벌이던 두 가지 사업, 즉 조선광문회가 옛것을 살리는 일이라면, 신문관은 새것을 받아들이는 통로였다. 이 옛

---

13 이 점에서 최남선은 조선의 역사를 전면 부정하고 '민족(성) 개조' 운운하면서 민족허무주의와 패배주의에 빠졌던 이광수와 다르다. 이광수는 자신을 포함한 조선인이 '유전적'으로 일본인보다 열등하다는 자괴감에 빠지기도 했다〔우미영(2007), "東渡의 욕망과 東京이라는 장소(Topos): 1905~1920년대 초반 동경 유학생의 기록을 중심으로", 〈정신문화연구〉 30-4, 106쪽〕.

14 '추대강용'과 '강인박실'은 고대의 부여인이나 고구려인이 지녔던 용모와 성격을 가리킨다. '추대강용'이란 표현은 《三國志》 魏書 東夷傳 夫餘 조에 나온다.

것과 새것이 어떻게 접목될 수 있는지, 문명이 과연 정신적인 것만으로 이루어진 것인지에 대한 의문이 당연히 나올 법하지만, 최남선은 이런 문제에 대하여 어떤 설명도 하지 않았다. 그의 문장은 다만 '하라'와 '할지어다'로 끝날 뿐이었다.

10대 후반부터 자신들이 마치 선각자나 예언자가 되는 것처럼 행세했던 최남선과 이광수, 이 두 사람으로 대표되는 한말 일본 유학생들의 문명관을 우리는 어떻게 바라보아야 하는 것일까? 이 문제와 관련하여 일찍이 이광수의 "동경잡신"에 주목했던 김윤식은 다음과 같이 평가한 바 있다.

> 첫째, 문명개화를 모든 가치척도의 머리에 올려놓았다는 점이다. 육당도 그러했지만, 한일합방 전에 교육을 받고 청년이 되어 버린 세대 중에서 일본 유학생 출신은 문명개화라는 마법에서 아무도 자유로울 수 없었다. 배우면 모든 것이 다 가능하다는 논법이 암암리에 작용하여 의식을 누르고 있었다. 둘째, 이 문명개화의 표준이 일본 동경이었다는 점이다. 그가 배우고 안 것이 동경뿐이었기에. 이를 표준으로 조선의 현실을 비교 대조 비판하는 방식이 성립되었다. 이렇게 되면 일본은 증오의 대상이 아니라 항시 우러러보는 대상으로 파악되는 것이다. 셋째, 조선사회의 개혁은 ① 문명보급, ② 사회개량, ③ 산업개발의 세 가지 길이 있을 뿐이라는 사상이었다. 이 중 그가 할 수 있는 분야는 ① 뿐이다.[15]

그랬다. 이광수와 마찬가지로 최남선도 러일전쟁 후 도쿄에 체류하면서 문명개화(또는 문명진보)라는 '마법'에 홀렸다.[16] 그리고 이 '마법'의 주문을 가지고 조선 사람들을 계몽하고자 했다. 어떻게 계몽시킬 것인가? 이 방법론에 있어 이광수가 교육에 주목했다면, 최남선은 출판 사업에 모든 것을 걸고자 했다. 국내에 있을 때부터 자칭 '신보잡지광'이었던 최남선은 '제국의 수도' 도쿄에 펼쳐지는 현란한 문명개화의 쇼윈도에서 출판이라는 측면에 주목했다. 그는 도쿄의 서점이나 도서관을 둘러보면서 그가 태어나고 자란 서울에서는 볼 수 없었던 각양각색의 출판물에 놀랐다. 그의 표현을 빌리면 이렇다. "다대多大하다, 굉장하다, 최찬璀璨하다, 분복芬馥하다, 일언一言으로 가리면 엄청나다."[17]

이런 지식의 유통에 기가 눌린 최남선은 한숨을 쉬며 좌절하다가 두 손을 불끈 쥐고 우리도 한 번 해보자 하는 결심을 하게 된다. 그가 와세다대학을 한 학기 만에 그만두었던 것도 이 때문이었다. 앞서 보았던 한국황실 모독사건은 그가 대학에서 빠져나오는 데 하나의 빌미를 제공했을 뿐이다.

---

15 김윤식(1986), 《이광수와 그의 시대》 2, 한길사, 512쪽.

16 이러한 현상은 그 시기 다른 유학생들도 마찬가지였다. 예컨대 도쿄에서 발간된 〈대한유학생회학보〉 제1호(1907. 3)에 실린 창간 취지서를 보면, "우리 6~7백 명 유학생은 … 세계의 문명을 수입하여 국가의 실력에 供給하는 것이 본 회의 광의의 목적이오"라고 되어 있다.

17 〈소년〉 제3년 제6권(1910. 6), "〈少年〉의 旣往과 및 將來", 13쪽. 총 13쪽에 달하는 이 글은 〈소년〉 창간의 배경과 목적 및 당시의 상황을 잘 보여준다.

이와 관련하여 우리가 눈여겨볼 것은 〈대한유학생회학보〉 제1호(1907. 3)에 실린 최남선의 "현시대의 요구하는 인물"이라는 논설이다.[18] 와세다대학을 그만두는 시점에 나온 이 글은 그가 이때 어떤 생각을 하고 있었는지를 잘 보여준다. 한문에 한글 토씨만을 붙인 마지막 문단을 그대로 옮겨 본다. 이러한 형태의 문장은 당시 국내에서 발행되고 있던 〈황성신문〉의 그것과도 닮았다. 최남선은 국내에 있을 때 이 신문을 '존경'할 정도의 애독자였다.

> 回顧ᄒᆞ건ᄃᆡ 陰雲黑霧ᄂᆞᆫ 天日을 掩蔽ᄒᆞ고 慘雨悲風은 國內에 吹動ᄒᆞ야 怒濤激浪이 洶湧奔騰ᄒᆞᆫ 中에 哀我白頭山下 二千萬民族이 載胥及溺ᄒᆞᆯ디라. 此時를 際하야 凡我民族의 男男女女와 老老少少가 莫不飮憤呑恨ᄒᆞ고 祈天禱地ᄒᆞ야 固有ᄒᆞᆫ 國民性을 發揮ᄒᆞ고 嚴正ᄒᆞᆫ 大義를 宣明ᄒᆞᆷ이어ᄂᆞᆯ 嗟ᄒᆞᆸ다 靑丘三千里에 應聲出身ᄒᆞᆯ 者ㅣ 其誰오 八域을 環睹ᄒᆞ나 寂然이 聲息이 無ᄒᆞ니 嗟嗟 韓族아 爾等은 다 行尸走肉이며 土偶木像인가. 余의 理象的 人物이 엇지 上記ᄒᆞᆫ 愚物ᄲᅮᆫ이며 蚩蠢ᄲᅮᆫ이리오마ᄂᆞᆫ 嗚呼彼蒼이 明確히 言破ᄒᆞᆷ을 不許ᄒᆞ시ᄂᆞᆫ도다.

이 글에서는 러일전쟁 후 일본의 침투로 국권 상실의 위기에 놓인

18 최남선은 이때 대한유학생회의 '편찬원'(3명) 중 한 사람이었다. 〈대한유학생회학보〉 제1호(1907. 3), "본회 임원의 개선". 최남선은 이 창간호에만 4편의 글을 실었다. 만 17세였던 그가 일본 유학생을 대표한다는 '학보' 편집을 주도했던 것이다.

한국의 현실을 음운흑무陰雲黑霧, 참우비풍慘雨悲風, 노도격랑怒濤激浪과 같은 단어로 묘사한다. 이리하여 백두산 아래 이천만 민족이 모두 물에 빠져 죽게 생겼는데, 백성들은 그 분통하고 억울함을 삼키며 하늘과 땅에 빌기를 우리 고유의 국민성을 발휘하고 엄정한 대의를 밝혀 주기를 바라지만 한반도 삼천리에 그러한 함성에 응하여 나서는 사람이 없으니, "아아 한족아 그대들은 모두 산송장(行尸走肉)이거나 흙과 나무로 된 사람 형상(土偶木像) 만을 하고 있는가"라고 탄식한다.

이 글은 당대 엘리트로 자부하던 일본 유학생을 상대로 쓴 글인 만큼 이들이 국내 민중의 부름에 호응해야 한다는 메시지를 담고 있다. 그러니까 지금은 언제 끝날지 모르는 공부에만 매달릴 것이 아니라 곧바로 실제적인 행동에 나서야 한다는 것이었다.

그렇다면 이러한 시국에 어떤 인물이 필요한가? 최남선은 이 물음에 다섯 가지로 답한다. ① 몇몇 영웅이나 총명한 재사가 아니라 성실한 의지로써 각자 맡은 바 책임을 다하는 순성질박純誠質樸한 범인凡人이다. ② 건설적 수완을 가진 인물이 아니라 파괴적 성질을 지닌 인물이다. 과거와의 과감한 단절이 필요하다. ③ 고상한 목적이나 심장深長한 학식을 지닌 자가 아니라 원대한 희망과 견확堅確한 지조가 있는 인물이다. ④ 사색에 주밀한 사람이 아니라 실행에 민첩한 사람이다. ⑤ 모호한 겸애兼愛를 내세우는 사람이 아니라 순전한 타애他愛를 지닌 사람이다. 헌신적 정신으로 사국事局을 자담自擔하여 자가自家의 모든 일을 희생에 바칠 수 있는 사람이다. 19

최남선은 이때 국내에서 살고자 아우성치는 민중, 즉 '남남여여'와 '노노소소'의 부름에 모든 것을 걸고 응하고자 하는 우국지사의 면모를 드러내고 있다. 그는 스스로 '현시대의 요구하는 인물'이 되고자 했다. 이를 위해서는 당장 대학 다니는 것을 그만두고 한국에 가장 긴요한 일이 무엇인가를 찾아야 했다. 그는 그것이 출판 사업이라는 확신을 갖게 되었다. 이를 위해서는 준비가 필요하다. 일본에서 그런 사업의 모델을 찾아서 배워야 한다.

최남선은 1907년 3월 말 와세다대학에 자퇴서를 제출한 후 더 이상 학교에 나가지 않았다. 그런데 그가 도쿄 생활을 청산한 후 국내로 돌아온 때는 1908년 6월이었으니, 자퇴 후 15개월의 '공백기'가 생긴다. 꽤 긴 시간인데, 이때 최남선은 어디에서 무엇을 했던 것일까? 기왕의 연구에서는 이 부분을 놓치고 있다. 그 공백을 메꿀 수 있는 단서는 최남선과 반세기 동안 '불소不少한 교섭'이 있었던 언론인 진학문(1894~1974)의 회고담이다. 그의 이야기를 들어 보자.

> … [와세다대학의] 다른 학생들은 유야무야 재취학을 하였는데 육당六堂만은 다시는 교문에 들어서지 않고 이후로는 도서관에 통관하면서 내외문헌의 섭렵에 힘썼다고 한다. 당시 일인 대교신태랑大橋新太郎이라는 자가 출판사 박문관博文館을 경영하며 일본 출판물의 거의 대부분을 독점 출판하다시피 하고 〈태양太陽〉지 기타 다수한 잡지를 출판하

19 〈대한유학생회학보〉 제1호(1907. 3), 3~5쪽.

여 일본 신문화 진전의 일대 연총一大淵叢이 되고 있을 뿐 아니라 거재巨財를 던져 대교도서관大橋圖書館이라는 것을 설립하니, 육당은 여기에 통관하다가 이에도 영향을 받고 모국의 정치적 각성의 저조 및 일반 대중의 문화적 우매가 국운 쇠퇴의 근본 요인이 되고 있음을 깨닫고 문화의 계발 민중의 계몽을 꾀하여 국운을 만회하고 광란을 기도에서 돌리려는 대지大志를 품고 분연 귀국(하니) …**20**

이 글의 첫 문장에 '한다'라고 하는 표현이 들어간 것으로 보아 진학문이 최남선에게 직접 들었던 이야기를 전하는 것으로 볼 수 있다. 여기에서 주의 깊게 볼 것은 세 가지이다.

첫 번째는 일본 신문화 진전의 '일대 연총'이 되었다고 하는 박문관이라는 출판사이다. 두 번째는 이 출판사가 거재巨財를 던져 세웠다고 하는 대교도서관이다. 세 번째는 최남선이 이 도서관에 다니면서 내외문헌의 섭렵에 힘쓰며 그 영향을 받았다는 것이다.

요컨대 최남선은 도쿄의 박문관과 대교도서관에서 자신이 서울에서 벌이게 될 출판 사업의 모델을 찾고 그 추진 방향과 세부적인 설계를 했다고 볼 수 있다. 이러한 준비에는 1년 남짓한 시일이 걸렸다. 1908년 6월, 최남선이 서울로 돌아오자마자 '박문관'을 본뜬 '신문관'을 세우고 서적과 잡지 출간에 나설 수 있었던 것도 그러한 준비가 있었기에 가능했다. 최남선과 신문관에 대한 기왕의 연구들에

---

20 秦學文(1958. 5), "六堂이 걸어간 길", 〈사상계〉 58, 154~155쪽.

서 놓쳤던 것이 바로 이 부분이었다.

나중에 최남선의 출판 사업을 이어받았던 그의 차남(최한웅)의 이야기도 들어 보자.

> 그 당시 일본에서는 박문관이라는 출판사가 문화계에 큰 비중을 차지하고 있었고, 〈태양〉이라는 종합잡지에서 아동물에 이르기까지 거의 전부의 잡지가 이 집에서 간행되고, 이 출판사의 사주 대교신태랑 씨는 문화계뿐 아니라, 일본 출판 문화계에도 깊이 뿌리박고 있는 것으로 알고 있다. 이 대교 씨가 건립한 대교도서관은 그 당시에 일반에게 이용될 수 있는 도서관 중에서 최대의 것으로, 선친의 유학 시에 한국에서 볼 수 없는 동서東西 신구新舊 학문의 문헌에 접할 수 있는 유일한 기관이어서, 선친께서는 부지런하게 여기에서 문헌 초기를 해 가지고 오신 것이었다. 뿐만 아니라, 박문관 등 발행의 각종 잡지 특히 아동 잡지들을 해묵은 것에서부터 백넘버를 맞추어 귀국하셨으니, 이것이 〈소년〉〈아이들보이〉〈붉은저고리〉 등 일련의 출판활동에 많은 자료를 제공하였음은 무론毋論이다. **21**

이 이야기는 진학문의 회고담에서 빠진 부분을 메꾸어 준다. 이를테면 최남선이 대교도서관에 다니면서 부지런하게 문헌 '초기抄記'를 해왔다든가, 각종 잡지의 '백넘버back number'를 맞추어 왔다든가

21 崔漢雄(1986), 《庸軒雜記》, 동명사, 121쪽.

하는 것이다. 앞서 말한 15개월의 '공백기'에 최남선이 어떤 일을 하고 있었는지를 잘 보여준다. 문헌에서 필요한 부분을 일일이 손으로 베끼고 결호가 생긴 잡지들을 찾아서 메꾸고 하는 데에는 적지 않은 시간이 소요될 뿐만 아니라 최남선 혼자서 그 모든 일을 다 할 수 있는 것도 아니었다. 누군가 조력자가 있었다는 말이다. 나중에 보겠지만, 그 조력자는 최남선보다 한 세대쯤 위이고 도쿄 체류 경력이 10년 남짓 되었던 임규라는 인물이었다. 그는 최남선과 함께 귀국한다.

그렇다면 신문관의 모델이 되었다는 도쿄의 박문관은 어떤 출판사였을까? 이 문제에 대하여는 함동주의 연구가 나와 있다. 그는 일본제국의 성립 과정에 작용한 다양한 사회적, 문화적인 맥락을 검토하기 위해서 청일전쟁 후 일본에서 빠르게 진행된 근대적 상업출판의 발전과 제국과의 상호관계에 주목한다. 그 사례로 분석 대상이 된 것이 박문관이었다. 이 출판사는 '제국 일본'의 이미지를 적극적으로 상업화함으로써 커다란 성공을 거두었고, 역으로 출판계에 의한 '제국'의 상업화가 일본 제국에 대한 대중적 지지기반을 확보하는 데 중요한 역할을 했다고 본다. 이처럼 박문관은 전쟁과 제국 그리고 출판사업과의 상호관계성을 보여주는 대표적 사례였다는 것이다.[22]

박문관의 설립자는 일본 중부 니가타현 나가오카長岡 출신의 오하

22 함동주(2009), "일본제국의 성립과 '출판'의 제국화: 박문관을 중심으로", 한국연구재단 기초학문자료센터 연구과제 보고서 참조.

시 사헤이大橋佐平(1836~1901)였다. 그가 1887년에 상경하여 도쿄에 설립한 박문관은 청일전쟁을 거치면서 일본 근대 출판업계의 선두주자로 나서게 된다. 그 결정적 계기는 〈일청전쟁실기日清戰爭實記〉의 간행이었다. 이 잡지는 사진동판을 처음 활용하고 여기에 지도를 더한 상세한 전쟁 경과보고와 월 3회 발행이라는 신속성 등으로 청국과의 전쟁에 대한 정보에 목말라 있던 대중을 사로잡았다. 〈일청전쟁실기〉는 1894년 8월부터 1896년 1월까지 모두 50편이 발행되는데, 1편은 23판을 거듭하여 30여만 부, 여기에 13편까지 합하면 무려 300만 부 이상이 팔려 나갔다. 이 놀라운 성공은 박문관이 단순히 제국주의적인 분위기에 편승한 데에만 있었던 것이 아니라, 근대적 출판기술과 대중의 요구를 적절하게 연결하는 능력에 따른 것이었다. 박문관의 이 같은 출판 방식은 일본 대중으로 하여금 일본 제국에 보다 친밀하게 다가가게 하는 데 매우 중요한 역할을 수행했다.23

청일전쟁 발발 후 박문관은 그 이전까지 발간하던 12종에 이르던 잡지를 통폐합하여 세 종류의 잡지를 발간했다. 1895년 1월부터 나온 〈태양〉, 〈소년세계〉, 〈문예구락부文藝俱樂部〉가 그것이다. 이 가운데 박문관이 자본 투입이나 필진 구성에서 심혈을 기울인 것은 〈태양〉(1895. 1~1928. 3)이었다. 이 잡지의 창간호는 본문만 200쪽이 넘었다. 목차를 보면 논설, 사전史伝, 지리, 소설, 잡록, 문원文苑,

---

23 함동주(2010), "일본제국의 성립과 박문관의 출판활동: 청일전쟁기를 중심으로", 〈동양사학연구〉 113, 250~259쪽.

예원芸苑, 가정, 정치, 법률, 문화, 과학, 미술, 상업, 농업, 공업, 사회, 해외사상, 여론 등 거의 모든 분야를 망라한 '종합잡지'였다. 영문으로 된 목차와 주요 기사들의 초록까지 들어갔다. 집필진에는 일본 내 각 분야의 '전문대가專門大家' 또는 '당대 유수의 명류名流'들을 끌어모았다. 잡지의 판매가격은 15전으로 확 낮추었다. 창간된 해에는 매월 5일에 발간했는데, 각 호 평균 약 10만 부를 발행하고 해외로도 배포했다.**24** 이리하여 〈태양〉은 세기의 전환기 한 세대 이상 일본을 대표하는 잡지로서 주목을 받게 되었다.**25**

〈소년세계〉(1895. 1~1933. 3) 또한 우리가 놓쳐서는 안 되는 잡지이다. 이 잡지는 박문관이 이전까지 발행하던 〈유년잡지幼年雜誌〉, 〈일본지소년日本之少年〉, 〈학생필전장學生筆戰場〉을 합병·개제한 것이었다. 그러니까 〈소년세계〉의 '소년'에는 유년·소년·학생이 모두 포함되었던 셈이다. 이 잡지는 '신강국新强國의 소국민小國民'을 육성할 목적으로 창간되었다.**26** 처음에는 매월 2회 발행하다가 1901

---

24 이 통계는 일본 경무청의 집계에 따른 것이다. 박문관은 〈태양〉 창간호만 28만 5천 부를 발행했으며, '해(海)의 내외(內外)'에 30만 명의 독자가 있다고 선전하기도 했다. 鈴木貞美 編(2001), 《雜誌〈太陽〉と國民文化の形成》, 京都: 思文閣出版, 8~9, 38~39쪽. 이 책은 일본에서 〈태양〉에 대한 '본격적인 연구'를 위한 공동연구의 성과물로서 23편의 개별논문을 싣고 있다.

25 上野隆生(2007), "雜誌〈太陽〉の一側面について", 硏究プロジェクト("日本近代化の問題点: 明治國家形成期の明と暗"), 〈東西南北: 和光大學總合文化硏究所年報〉, 252쪽.

26 田嶋一(2016), "〈少年〉概念の成立と少年期の出現: 雜誌《少年世界》の分析を通して", 《〈少年〉と〈靑年〉の近代日本》, 東京: 東京大學出版會, 355~358쪽.

년부터 월간으로 바뀌었다. 정가는 5전이며 매호 100쪽 정도의 분량이었다. 지면 구성은 논설, 소설, 사전史伝, 과학, 유희, 문학, 기서寄書, 잡록, 학교 안내, 유람 안내, 도서 안내, 시사, 부록 등으로 이루어졌다. 소년을 대상으로 한 '종합잡지'였던 셈이다. 창간된 해에만 2백만 부 가까이 팔릴 정도로 인기를 끌었다.27

그렇다면 최남선은 언제 어떻게 박문관의 존재를 알게 되었을까? 그의 회고에 따르면, 일본에 처음 건너온 때로부터 2년 전인 1902년이다. 그는 이때 일본인이 경영하는 경성학당에서 3개월 정도 일본어를 배운 후 일본에서 발행되던 신문과 잡지를 구해 보는데, 그 목록 중에 〈태양〉이 들어가 있었다.28 이처럼 잡지를 통하여 일본에 박문관이라는 출판사가 있음을 알게 된 최남선은, 러일전쟁 발발 후 도쿄 현지에서 '출판왕국' 박문관의 존재를 직접 확인할 수 있었다.

〈일청전쟁실기〉로 대성공을 거두었던 박문관은 러시아와의 전쟁 조칙이 발포되자마자 〈일로전쟁실기〉를 발행하기 시작했다. 그 결과는 예상대로였다. 창간호의 발매만 10만 부를 넘어섰다. 〈일로전쟁실기〉는 1905년 12월, 100호로 완결되었다.29 바야흐로 '박문관의 시대'가 열렸다.

최남선은 절정기의 박문관이 어떻게 운영되고, 독자들의 반응은

---

27 鈴木貞美 編, 앞의 책, 38쪽.

28 〈소년〉 제3년 제6권(1910. 6), 13쪽.

29 坪谷善四郎(1937), 《博文館五十年史》, 博文館, 171쪽.

어떻게 나타나는지를 관찰할 수 있었다. 그 매개체는 박문관이 창업주의 유지에 따라 1902년에 건립한 대교도서관大橋圖書館(현 삼강도서관)이었다.30 이 도서관은 "주로 보통의 도서·잡지 등을 수집하여 널리 공중公衆의 열람에 제공함으로써 일반 사회의 지식 계발에 도움주는 것"에 목적을 두었다. 사전에 치밀한 준비를 거쳤던 대교도서관은 설립 당시 약 5만 권에 달하는 도서를 갖추어 놓았다. 그리고 이들 도서를 빌려 볼 수 있는 일반열람실과는 별도로 잡지와 신문 및 신간 통속서를 비치할 수 있는 '잡지열람실'을 따로 운영했다. 소정의 입관료를 내면 누구든지 이 열람실을 이용할 수 있었다.31

최남선은 와세다대학을 그만둔 후 이 도서관에 '통관'하면서 내외 문헌과 잡지들을 들춰 보며 자신만의 사업 구상을 했다. 그는 앞서 소개한 "강호역서기"에서 도쿄의 여러 도서관을 '순력巡歷'하는 중에 이런 이야기를 한다.

> 통속通俗도서관의 사립으로는 서사書肆 박문관 주인의 경영하는 대교도서관이란 것이 국정구麴町區 우리 유학생기숙사에서 불원不遠한 처에 재하니, 설비와 정도—대략 일비곡日比谷 도서관으로 백중伯仲의 간間에 재在하다 할 것이며 …32

---

30 이 도서관의 존재에 처음 주목한 것은 류시현이다(《최남선연구》, 역사비평사, 2009, 40~41쪽).

31 坪谷善四郎(1942), 《大橋圖書館四十年史》, 博文館, 46~48쪽.

32 〈매일신보〉(1916. 10. 25.), "江戶繹書記(2) : 圖書館巡歷".

여기서 통속도서관이라 함은 일반 시민을 상대로 하는 도서관을 가리킨다. 그중에는 시립市立과 사립이 있는데, 대교도서관은 사립에 속했다. 당시 도쿄의 시립도서관 중 가장 규모가 컸던 것은 히비야日比谷공원 내에 자리 잡고 있었다. 이 도서관은 20만 권이 넘는 장서를 갖추고 신간 서적 또한 빠르게 사들여 독자의 수요에 맞추었다. 최남선은 이 시립도서관과 사립 대교도서관이 그 규모와 운영면에서 '백중'하다고 보았다. 대교도서관이 도쿄의 한인 유학생기숙사와 멀지 않은 곳에 있었기에 당시 유학생들은 이 도서관을 자주 이용할 수 있었다. 앞서 인용문에 나오는 고지마치麴町는 서쪽으로 와세다대학이 있던 신주쿠와도 맞닿아 있었다. 이래저래 대교도서관은 최남선이 이용하기가 편리한 곳에 위치해 있었다.

최남선은 "강호역서기"에서 이런 말도 남겼다.

> 여余 — 만일 동경東京을 애愛할 이유가 있다 하면 이렇듯 지성 수양의 기관과 기회의 다多함을 선거先擧하리니 … 천天이 반년 유여有餘의 한가閑暇를 사하사 독서의 욕을 기분幾分 충족케 하신 특수한 은총을 감사할 시에 다소의 보시布施를 몽蒙한 제도서諸圖書에 대하여는 어찌 심후한 사의를 표하지 아니하랴.[33]

최남선에게는 유학 시절을 제외하고는 이때에 가장 오래, 또 한가

---

33 위의 글.

하게 도쿄에 체류할 수 있는 기회가 주어졌다.34 '천생天生의 서음書淫'이었던 그는, 이 기회를 이용하여 도쿄의 도서관들을 둘러보면서 옛 추억을 떠올릴 수 있었다. 도쿄는 그에게 있어 선진 문물의 배움터이자 몸과 마음을 닦는 수련장이었다. 그는 이곳에서 '제국' 일본에 대하여 느끼는 질시와 선망, 좌절과 체념을 넘어서는 무언가를 찾기 위해 '고뇌의 시간'을 보내야 했다. 최남선의 〈소년〉과 〈청춘〉 시대는 그렇게 만들어졌다.

---

34 최남선은 그 감사함을 '하늘'(天)에 돌리고 있는데, 혹 조선총독부나 〈매일신보〉 측에서 그러한 편의를 제공하고 "강호역서기"와 "동도역서기"를 집필하도록 했던 것은 아닌가 하는 생각이 든다.

2. 서울 귀환: 신문관 설립과 〈소년〉 창간

1) 신문관의 설립 경위와 목적

최남선이 도쿄에서의 유학 생활을 끝내고 서울로 돌아온 시기가 정확히 언제였는가에 대해서는 이런저런 말들이 나온다. 여기에는 이유가 있다. 1907년 3월 말 와세다대학을 그만두고도 도쿄에 머물면서 서울을 오갈 수 있었기 때문이다. 이때 현해탄은 최남선의 말대로 '실개천'으로 바뀌어 마음만 먹으면 언제든 오갈 수 있었다. 중요한 것은 그가 유학 생활을 언제 청산했느냐 하는 것이다.

이 문제에 관한 한 확실한 자료가 있다. 도쿄의 한인 유학생 잡지인 〈대한학회월보〉 제 3호(1908년 4월 25일)에 실린 〈나는 가오〉라는 이별가이다. 여기에 작자로 나온 '대몽최大夢崔'는 최남선의 필명이었다. 그는 이때 '큰 꿈'을 안고 귀국할 채비를 차리고 있었다(띄어쓰기는 필자).

나는 가오
芙蓉峰 놉고 큰 산
등에 딘 것 그것이오,
玄海灘 실개텬은
뛰넘난 것 그것이라.

나는 가오
우에노 사구라는
떠나가난 그것이오.
洛陽城 도리화는
만나려난 그것이라.

나는 가오
산디나 바다넘어
맛날 언약 찌터두고
새벗님 마디려고
듀뎌안코 활개티며 —

부용봉(후지산)을 뒤로하고 현해탄을 뛰어넘어 당당하게 귀국하려는 18세 소년의 모습이 그려진다. 가사는 이렇지만 현실은 달랐다. 현해탄은 제국으로 상승하는 일본과 식민지로 전락하는 조선을 연결하는 통로였고, 이 바다를 건너는 조선인들은 끝 모를 상심과 비탄에 빠지곤 했다. 한일 두 나라 사이의 공간은 크게 좁혀졌지만 마음의 거리는 더욱 멀어졌다. 제국과 식민의 간극을 메울 수 있는 것은 오직 '큰 꿈'뿐이었다.

최남선은 이때 서울 한복판에 도쿄의 박문관과 같은 '출판왕국'을 세우고 국민계몽에 나섬으로써 '신대한'을 건설한다는 야심찬 포부를 갖고 있었다. 신대한의 주체는 그 자신과 같이 신문명, 신문화,

신사상을 받아들일 준비가 된 '소년'들이었다.

〈나는 가오〉라는 노래로 한인 유학생들에게 작별 인사를 고했던[35] 최남선이 실제 귀국 길에 오른 것은 그로부터 두 달이 지난 6월이었다. 아래의 세 기사는 〈대한학회월보〉 제5호(1908년 6월 25일 발행)의 휘보彙報에 실렸던 것이다.

> ① 소년최씨少年崔氏 : 본회 회원 최남선 씨는 금년 19세인데 일본에 유학한 지 4, 5년이라 그 고상한 사상과 박학한 지식이 노사숙유老師夙儒와 같아서 일반 학생이 씨의 재덕才德을 흠상하더니 씨가 본국에 교과서 흠결함을 개탄하여 수만 환 재산을 판비하여 활판 기계를 일체 매수하여 서적을 인쇄할 차로 귀국하니 우리는 씨의 대사업이 성취되기를 옹망顒望하노라.
>
> ② 임씨동반林氏同伴: 본회 회원 임규林圭 씨는 일본에 유학한 지 십여 년이라 청년학원에서 신입 학생의 언어 불통함을 위하여 일본어 및 기타 보통과를 근면 교수하더니 금월今月에 최남선 씨와 동반하여 귀국하니 그 학생들이 창결悵缺함을 불승不勝하더라.
>
> ③ 최씨부동崔氏復東: 본회 회원 최남선 씨의 귀국한 일은 별항과 같거니와 미비사未備事가 유하여 일전日前에 동경東京에 도래하다.[36]

35 최남선의 작별 인사에 대한 답가로 "詩歌一曲和送大夢崔歸鄉"(달가거라)이 〈대한학회월보〉 제3호(1908. 4)에 실린다. 작자는 '大笑李'로 되어 있다. 그 끝 대목이 애틋하다. "생각나너니다 네생각/文明局에 電報줄 매고/기다리나니다 네소식/울넝튤넝 玄海上에/달가거라 사요나라."

위에 나오는 ①의 내용이 눈길을 끈다. '소년' 최남선을 나이가 많고 학식과 명망이 높다는 뜻을 지닌 '노사숙유'로 보는 것이라든가 그가 '수만 환 재산'을 투자하는 '대사업'이 본국의 '교과서 흠결'에 대한 개탄에서 비롯되었다든가 하는 것이 그렇다. ②에서는 '금월', 즉 1908년 6월에 최남선과 함께 귀국한 임규라는 사람에 대하여 말하고 있다. 그는 최남선이 계획하는 '대사업'에서 빼놓을 수 없는 인물이었다. 왜 그런가에 대해서는 다음에 설명한다. ③에서는 그해 6월 초쯤 귀국했던 최남선이 출판업에 필요한 준비 중 미비한 일이 있어 다시 도쿄로 돌아왔다는 소식을 전하고 있다. 당시 서울과 도쿄는 열흘 정도면 오갈 수 있었다.

이 무렵 국내에서도 최남선에 대한 신문 기사들이 등장한다. 다음은 〈황성신문〉에 실렸던 것들이다.

① 동현銅峴 거 최남선 씨가 제반 서적을 발간키 위하여 자금 30만 환을 휴대하고 기구를 매래買來 할 차로 삼작일三昨日 일본에 도거渡去하였다더라(1908년 4월 17일 자 "서적발간의 기구")

② 일본 유학생 최남선 씨가 서적 출판차로 자금 30만 환을 휴대하고 일본에 도왕하였다고 본보에 게재하였더니 갱문更聞한 즉 해씨該氏가 일본

36 이진호는 이러한 기사들에 근거하여 최남선의 귀국 시점을 1908년 6월로 본 바 있다("최남선의 2차 유학기에 대한 재고찰", 〈새국어교육〉 42, 1986, 121~123쪽). 그런데 학계에서는 이 결론을 받아들이는 데 주저하고 있다. 와세다대학을 그만둔 후부터 귀국하기까지의 '공백기'(15개월 정도)에 대한 설명이 부족했기 때문이다.

에 체재한 지 수년에 본국 왕환往還이 미유未有 하였은즉 30만 원 휴대지설은 사실과 위상違相한 자이라더라(1908년 5월 2일 자 "사실 상위")

③ 동경 유학생 최남선 씨는 십팔 세 청년으로 학문의 정도와 문원文苑의 재예才藝가 실로 유학계의 관면패옥冠冕佩玉이라 일반 국민의 지식을 개발하며 사업을 증진하기 위하여 서적관을 설치할 지의旨意로 각종 서적과 각종 활자 기계를 다수 무래貿來하고 그 부친에게 시의時宜를 비진備陳하여 2만 환의 허시許施를 몽蒙하여 실지 이행하기로 하매 일반 사회에 성칭聲稱이 자심하더라(1908년 5월 14일 자 "청년의 대사업")

여기에서 우리가 주의할 것은 ①의 기사가 ②에 의하여 오보였음이 밝혀졌다는 점이다.37 따라서 ①의 30만 환 투자설은 ③의 2만 환으로 바뀌게 된다. 그리고 ②의 기사를 보면, 최남선은 '수년'의 유학 기간 중 본국에 오고 간 일이 없는 것으로 되어 있다. 이 기사는 최남선이 와세다대학을 그만둔 후에도 계속 도쿄에 체류하면서 출판 사업을 구상했고, 그런 계획이 어느 정도 마무리될 시점에 집에서 보내온 돈을 가지고 각종 서적과 활자 기계를 사들이기 시작했음을 보여준다.

이리하여 최남선이라는 이름을 세상에 알린 신문관과 〈소년〉이라는 월간잡지가 탄생했다. 앞서 소개한 유학생 잡지와 국내 신문에 실린 기사들은 그가 구상한 '대사업'을 세상에 널리 알리는, 그러니

37 기왕의 회고나 연구들에서는 ②의 기사를 놓쳐서 과장된 이야기가 나오곤 했다.

까 사전에 기획된 홍보용으로 볼 수 있다. 앞서 언급한 '노사숙유'라든가 '관면패옥'과 같은 표현은 10대 후반의 소년에게 갖다 붙이는 수식어로는 어떤 면으로도 과장된 것이었다.

최남선은 〈나는 가오〉라는 노래 가사로써 자신의 귀국과 활동 개시를 알렸다. '신보잡지광'이었던 그는 이때부터 언론을 적절히 활용할 줄 알았다. 일본 유학길에 올랐다가 학업을 포기했던 만큼 이를 대신할 명분이 필요했는데, 아버지의 재력이 최남선이 설계한 '대사업'을 뒷받침해 주었다.

구시대, 구문명에 찌든 한국에서 신시대, 신문명의 바람을 불러일으키겠다는 의욕을 담은 '신문관'의 공식 출범은 〈소년〉지의 창간과 때를 같이했다. 1908년 11월 1일이었다. 그 창간호 뒷면에 나오는 〈신문관〉 광고를 보면 이렇게 되어 있다.

- 본관은 판매소가 있어 각종 도서를 비치하고 제 군자의 구구購求를 응하옵.
- 본관은 인출소印出所가 있어 각종 도서를 활인活印하여 제 군자의 수청需請을 수酬하옵.
- 본관은 가장 편리하게 가장 신속하게 가장 저렴하게 하여 차此를 영업함. **38**

---

38 공격적인 광고와 안정적인 유통망의 확보, 박리다매 정책 등은 도쿄 박문관의 성공 요인이었다. 이런 점에서도 박문관은 신문관의 모델이 될 수 있었다.

판매부 신문관판매소 한성 남부 사정동 59통 5호

인출부 신문관인출소 한성 남부 사정동 59통 8호

그런데 이 광고에는 편집부가 빠져 있다. 독자를 상대로 하는 만큼 판매부와 인출부에 대해서만 소개했던 듯하다. 당시 편집부는 판매부와 한 가옥을 쓰고, 인출부는 인출소(인쇄소)가 있는 또 다른 가옥을 쓰고 있었다. 이들 가옥의 주소에 나오는 사정동絲井洞은 '실우물골'로 불리던 곳으로 지금의 중구 저동 1가에서 을지로 2가 어름이었다고 한다.39 한양 도성 내 한복판에 신문관이 자리를 잡았다.

근래 연구들에서는 신문관의 근대적인 측면에 크게 주목하고 있다.40 이 문제를 처음 제기했던 것으로 보이는 박진영은 다음과 같이 말한 바 있다.

> 신문관은 근대적인 출판 복합체로 대장정의 돛을 올렸다. 신문관은 출범 당시부터 편집과 경영뿐만 아니라 조직 역시 인출국 또는 인출소와 판매부 또는 판매소, 그리고 편집국 또는 편집부로 분명하게 나누고 있었다. 세 부서의 이름은 명확하게 통일되어 있지 않은데, 편의상 인쇄부와 판매부, 편집부로 부름 직하다.
>
> 신문관은 본관과 인쇄공장 건물이 분리되어 있어 본관에는 편집부

---

39 박진영(2009), "창립 무렵의 신문관", 〈사이間SAI〉 7, 35쪽.

40 최근에 나온 연구로는 권두연의 《신문관의 출판 기획과 문화운동》(고려대학교 민족문화연구원, 2016)을 들 수 있다.

> 와 판매부가, 그리고 인쇄공장에는 인쇄부가 자리를 잡았다. 본관에는 따로 명함부名啣部도 포함되어 있었다. 각 부서의 주소가 매번 명기된 것은 물론 〈소년〉에조차 각 부서의 이름으로 광고를 냈다.
>
> 특히 판매부의 경우에는 출판물의 우송 업무와 신문관 이외의 출판사에서 출판된 단행본의 판매 및 영업까지 포괄하고 있었다. 게다가 1914년에 이르러서는 독자적인 판매 도서 목록을 간행하기도 했으니 이 역시 한국에서는 처음이 아닌가 싶다. 신문관이라는 이름은 그 전부를 포함한 총 발행소였다.[41]

신문관에 관한 요령 있는 설명이지만, 좀 더 검토해야 할 문제들이 남아 있다. 먼저 살필 것은 설립 당시 신문관에 투입된 총자본이 얼마였을까 하는 점이다. 지금까지 주로 이야기된 것은 최남선이 도쿄에서 최신 인쇄 설비를 사들일 때 들어간 자금이다. 앞선 언론 보도에는 '수만 환' 또는 '2만 환'이라는 액수가 나오지만, 과연 그 돈으로 모든 일이 해결되었는지는 알 수 없다. 인쇄 설비 못지않게 장차 편집에 활용될 '각종 서적' 구입비 또한 만만치 않았다.

최한웅에 따르면, 그의 아버지 최남선은 일본에서 귀국할 때 역사지리학자 요시다 도고吉田東伍(1864~1918)의 《일본지명대사전》(11책)을 비롯하여 각종 백과사전 및 분과학별 사전이나 책 등 수천 권의 도서를 사서 왔다고 한다. 또한 박문관 등의 출판사에서 발행한

41 박진영, 앞의 논문, 16~17쪽.

각종 잡지를 해묵은 것에서부터 '백넘버'를 맞추어 귀국했다.**42**

한편, 국내에서는 최남선의 귀국에 맞추어서 신문관이 들어설 가옥 두 채를 마련하고 여기에 필요한 설비와 일할 사람들을 고용했다. 이렇게 쓴 돈을 합산하면 신문관에 투입된 초기 자본의 규모를 알 수 있을 터이지만, 그 내역이 아직 밝혀진 바 없다. 그냥 막연히 얼마라는 식이다. 최한웅의 이야기를 들어 보자.

> 그렇다손 치더라도 조부님〔최헌규〕의 나이 40〔세〕, 내 선친〔최남선〕의 나이 17세 때에, 선친이 구국하는 길은 오직 젊은 청년들을 깨우쳐 주는 일이 선행되어야 한다고 역설하시자 단 끈에 17만 원이라는 그 당시 국가 현금예산의 배액倍額에 가까운 돈을 내놓으시고 당신의 무역상사 자리에 신문관으로 내놓으시고, 당신의 큰사랑 일우一偶에 새로 20간 2층 신누옥新樓屋을 지어 내놓으신 것은 대단한 결단이었다고 생각되며, 어쨌거나 이곳이 한국 신문화 발생지인 광문회光文會였다.**43**

최남선의 나이 17세라고 하는 것은, 1907년에 신문관이 세워졌다는 것을 전제로 한다. 구국 운운은 신문관 건립이 '출판 보국'의 이념에 따른 것임을 강조하기 위한 것이다. 당신의 무역상사란, 최헌규가 운영하던 한약방을 가리킨다. 신누옥은 1910년에 만들어진

---

42 최한웅, 앞의 책, 120~121쪽.

43 위의 책, 28쪽.

조선광문회를 위한 것이니, 신문관에 투입된 초기 자본에서 빠져야 한다.

흥미로운 것은 최남선이 아버지로부터 받은 17만 원이 당시 국가 '현금예산의 배액'이라는 말이다. 이때 현금예산이 정부의 어떤 항목의 예산을 가리키는지가 분명치 않다. 참고로, 1908년도 대한제국 정부의 세출 예산 총액은 2,029만 6,073환圜이었고, 그중 학부 예산이 29만 8,735환(학부 본청 15만 5,631환/관립 제학교 14만 3,104환) 이었다. **44** 그러니까 최남선이 받았다는 17만 원은 당시 학부 예산의 절반을 넘는 큰돈이었다. 여기에 신문관의 가옥과 기타 설비투자를 합하면 초기 자본은 당시 학부 예산과 거의 맞먹는 것이었다고 볼 수 있다. 그런데 이런 비교를 할 때, 당시 대한제국의 학부 예산이 전체 세출 예산의 1퍼센트 남짓했다는 사실을 간과해서는 안 된다.

한편, 최학주는 이런 이야기를 한다.

> 할아버지 육당 최남선이 1906년 17세 때 구국출판 사업자금으로 엄친 최헌규로부터 받은 돈은 당시 현금으로 7만 원이었다. 할아버지는 그 돈으로 일본 슈에이샤秀英社에서**45** 활판 인쇄에 필요한 기계와 설비를 들여왔고, 인쇄기술자들도 데려와 당시 우리 집 상리동 21번지(현 을

---

44 〈官報〉(1907. 12. 20.), "호외 1: 융희2년도 세입세출총예산과 각특별회계 세입세출예산".

45 슈에이샤(秀英社)는 대영제국을 넘어서겠다는 야심만만한 꿈을 담아 붙인 이름으로 당시 도쿄에서는 제일 크다는 인쇄소였다(박진영, 앞의 논문, 27~28쪽).

지로 2가) 맞은편, 지금 외환은행 본점 터에 있던 집 두 채에 인쇄공장 과 사무실을 차렸다. 미리 말하자면 그때부터 18년 동안 할아버지는 엄친의 돈 9만 원에 부동산을 담보로 빌린 은행 융자 17만 원가량을 더 썼고, 결국 집안의 부동산을 팔아 빚을 갚아야 했다. 국가가 마땅히 해야 할 고전보전사업과 계몽문화사업에 지금 화폐로 환산하면 4백억 원 가까이 됐던 우리 집 재산이 거의 다 들어갔던 것이다. 46

요컨대 국가가 있었다면 마땅히 해야 할 사업을 최헌규-최남선 부자가 거의 전 재산을 들여 감당했다는 것이다. 그런데 이것은 어디까지나 나중의 이야기였다. 다시 말하면 처음부터 그런 것을 예상하고 신문관을 설립했던 것은 아니었다. 오히려 설립 당시에는 '구국출판' 못지않게, 아니 그것을 명분으로 한 '상업출판'을 염두에 두었을 가능성에도 우리는 눈을 돌려야 한다. 도쿄의 박문관이 '제국일본'의 이미지를 내세워 '출판왕국'을 만들었듯이 말이다. 앞서 보았듯이 박문관의 상업적 성공은 전쟁을 통하여 일본이 제국으로 성장하는 과정과도 일치했다. 반면에 대한제국은 대일본제국으로 흡수되면서 신문관의 당초 사업 구상 또한 틀어질 수밖에 없었다.

최헌규-최남선이 신문관을 설립하면서 상업출판에 상당한 비중을 두었다는 것은 〈소년〉지 창간호에 실렸던 광고를 통해서도 알

46 최학주(2011), 《나의 할아버지 육당 최남선: 근대의 터를 닦고 길을 내다》, 나남, 43쪽.

수 있다. 주로 책 광고인데 목록은 다음과 같다.

《소인국표류기》(금월 말 출수出售)

총서 '신지식 초백종初百種' 중 《지구지기왕급장래地球之既往及將來》(11월 출간)

《지리학 별론: 대한지지》(전 1책, 정가 75전, 11월 하순 출고)

《지리학 별론: 외국지지》(전 3책, 정가 각 40전, 본년 11월 중 상권 출고)

《태서교육사》(전 1책, 정가 90전, 11월 하순 출수)

《대한교육사》(추간追刊)

《일어초광日語初桄》(근간)

《일문역법日文譯法》(금월 중 출수)

《무사도武士道》(근간)

《한양가》(1책, 정가 6전, 사진 다수 삽입)

《경부철도가》(1책, 정가 10전, 사진 수십 종 입)

《세계일주가》(부인중付印中)

모두 12종인데, '신지식 초백종'과 같은 총서가 있는가 하면 일본어 시리즈와 소년구가서류少年口歌書類가 들어가 있다. 각각의 책에는 독자의 흥미를 유도하기 위한 설명이 곁들여 진다. 《대한지지》에는 "정교한 목판본 사진과 및 13도・항・만・도島・곶串 의상도擬像圖 다수 삽입"이라는 설명이 붙는다. "우리나라에는 일찍이 없었다"는 이런 지지류 간행은 최남선의 기획이었다. 그는 자신이 전문 연구가는 아니지만 책임감을 갖고 편집한 만큼 학교 교과서로 쓸 수 있다는 뜻을 넌지시 비친다.47 사실 신문관 설립의 일차적인 목적은 통감부 시기 확대되고 있던 초등 또는 중등교육에 활용될 교과서류의 발행이었다.

아래는 도쿄의 한인 유학생 잡지 〈태극학보〉 제 24호(1908. 9)에 실렸던 "최씨 위업"이라는 기사이다.

> 유학생 최남선 씨는 문장 학술을 숙달하고 이상 열성이 겸전한 청년 모범적 인사라 국세의 참담을 거상우분居常憂憤 하더니 근일에 지하여는 아국我國 학계에 교과서 결핍함을 개탄하여 기만환幾萬圜 자본을 자판하여 완미完美한 각종 교과 서적을 번역 발간한다니 진실로 아 국민 계발상에 일대 광명을 정로呈露함이라 하노라.

그런데 각종 교과 서적의 발간 계획은 제대로 진행되지 못했다. 여기에는 여러 가지 이유가 있을 수 있지만, 지리 교육의 경우 갑오개혁(1894) 이후 각급 학교에서 필수과목이나 다름없어 이에 필요한 교과서들이 이미 제작, 공급되고 있었다.48 따라서 기성의 출판

---

47 〈소년〉 창간호(1908. 11)의 광고면 중 "崔南善地理書".

48 서태열(2013), "개화기 학부발간 지리서적의 출판과정과 그 내용에 대한 분석", 〈사회과교육〉 52-1, 한국사회과교육연구학회. 이 논문에 따르면, 1895년에서 1905년 사이에, 학부에서 발간한 지리교과서만 《小學萬國地誌》, 《朝鮮地誌》, 《輿載撮要》, 《地球略論》, 《士民必知》, 《大韓地誌》, 《中等萬國地誌》 등 7종

판도를 바꾼다는 것은 쉽지 않은 일이었다. 시기적으로도 좋지 않았다. 신문관이 설립된 때는 일제의 통감통치가 총독통치로 넘어가는 과도기였고, 이에 따라 학교 교육의 큰 틀 또한 바뀔 수밖에 없었다. 따라서 '완미한 각종 교과 서적'을 발간하려던 계획도 틀어졌다고 보아야 한다. 《일어초광》이라든가 《일문역법》과 같은 일본어 시리즈도 나름대로 시세를 반영한 출판물이었지만, 이 책들이 과연 얼마만큼 일반의 호응을 받았는지는 알 수 없다. 앞서 소개한 단행본 간행 목록 중 그나마 시장성이 있던 것은 《경부철도가》나 《한양가》 정도가 아니었을까 짐작된다. 49

신문관 설립 당시의 사업 구상과 관련하여 선행연구들에서 놓친 부분이 또 하나 있다. 그것은 최남선 집안을 일으켰던 책력 발행이다. 〈소년〉 제 2호(1908. 12)를 보면 다음과 같은 광고가 나온다.

이 광고를 보면, 용과 파도치는 바다를 형상화한 듯한 사각 문양 안에 '대한제국 융희3년력'이라는 글자가 선명하다. 그 밑에는 '한성 신문관 편수 인행'이라는 글자가 나온다. 이것이 신문관에서 독자적으로 편집, 발행한 1909년도 책력의 표지였다. 그 양옆에는 "정인미장精印美裝 1건 8전"과 "세의歲儀 선물에 적당함"이라는 선전 문구가

이었다. 이중 《士民必知》는 1890년경 미국인 선교사 헐버트(H. B. Hulbert)가 한글로 만든 《사민필지》를 한역(漢譯)한 것이다.

49 《경부철도가》는 1908년에만 3판까지 나왔다. 그런데 초판본이 1908년 3월에 나왔다는 것이 문제이다. 이때에는 신문관 창립 이전이었기 때문이다. 이와 관련해서는 박진영, 앞의 논문, 29~34쪽 참조.

〈융희3년력〉의 표지 광고.

나온다. 여기서 정인이란 함은 거친 목판본이 아닌 정교한 활판 인쇄물임을 내세우려는 것이다. 이전의 책력들은 대부분 목판본이었다.50 이것을 활판으로 바꾸면 염가의 대량 공급이 가능했다. 신문관은 당시 최신식의 인쇄 설비를 갖추었으니 시장에서 충분히 비교 우위를 가질 수 있었다. 그런데 이때에는 민간 책력 시장을 놓고 경쟁이 치열했다.51 정부에서도 '용산인쇄국'을 통하여 대량으로 찍어 냈다.52 따라서 신문관의 책력 발매 사업이 원래 생각했던 만큼 순조로울 수 없었다.

신문관의 조직과 운영이라는 측면에 대해서도 한 가지 덧붙일 말

---

50 〈대한매일신보〉(1908. 7. 12.), "책력발간의론".
51 〈대한매일신보〉(1908. 8. 7.), "책력발간"; "책력무역"(1909. 11. 25.).
52 〈대한매일신보〉(1908. 11. 3.), "책력반포"; "역서무용"(1909. 5. 21.).

이 있다. 최근의 연구를 보면, 신문관의 경영과 편집이 엄격히 분리되어 있었다는 점을 강조하면서 신문관의 '관주館主'였던 최창선의 역할을 부각시키고 있다.[53] 그런데 이러한 시각과 견해에는 문제가 있다고 생각한다. 단적으로 최창선이 어떤 인물이었는지를 아직까지 누구도 제대로 설명하지 못하고 있다. 그가 최헌규의 세 아들 중 장남이며 최남선보다 두 살 위였다는 것, 그리고 어렸을 때 최남선과 함께 동네 글방에 다녔다는 것이 거의 전부이다. 그가 신학문을 배웠는지도 알 수 없다. 따라서 최창선이 과연 '근대적인 출판 복합체'라는 신문관을 실제 운영할 만한 식견과 능력을 갖추고 있었는지를 입증할 만한 어떤 자료도 제시되지 않고 있다.

이러한 상황을 고려한다면, 최창선의 경우 그의 아버지 최헌규를 대신하여 신문관의 관주 또는 발행인으로 이름만 올렸을 가능성이 크다. 신문관 설립 당시 최남선은 만 18세의 미성년자로서 신문관의 조직 어디에도 이름을 올리지 못했다.[54] 〈소년〉 창간호의 판권란에도 편집 겸 발행인에 최창선, 인출인에 박영진朴永鎭이라는 이름만 나올 뿐이다. 최남선은 공식 직함이 없는, 그냥 '집필인'이었다.

53 권두연, 앞의 책, 51~58쪽.

54 광무 11년(1907) 7월 24일에 공표된 〈법률 제 1호 신문지법〉의 제 3조를 보면, "발행인 편집인 및 인쇄인은 연령 20세 이상의 남자로 국내에 거주하는 자에 限함"이라고 되어 있다(《한말근대법령자료집》 5, 국회도서관, 1970, 587쪽). 출판사 설립이나 잡지 발행의 경우도 이 '신문지법'에 준했다고 보면, 최남선은 신문관과 〈소년〉지 어디에도 자신의 이름을 올릴 수 없었다. 최창선은 신문관 설립 당시 만 20세였다.

그런데 누구나 다 인정하듯이 〈소년〉지를 만들어 낸 것은 최남선이었다. 마찬가지로 신문관의 설립도 최남선의 귀국과 동시에 이루어졌다.[55]

요컨대 신문관 설립과 〈소년〉지 창간의 주역은 최남선이었다. 물론 그의 배후에는 아버지 최헌규가 있었다. 한약방을 '가업'으로 이어받았던 최헌규는 그 가업을 계승할 아들이 없자 출판업을 새로운 '가업'으로 정하고 장남인 최창선을 '관주'로 내세워 재산을 관리하도록 하되, 실질적인 출판 사업은 최남선에게 맡겼다고 보아야 한다. 최남선이 없는 신문관은 실제로 어떤 사업도 벌일 수 없었다.[56]

2) 〈소년〉지 창간과 발행상의 문제들

(1) 창간 모델과 성격의 문제

신문관에 대한 이야기가 좀 장황해졌는데, 이제는 잡지 〈소년〉에 대하여 살펴보도록 하자. 최남선의 출세는 〈소년〉지 창간에서 비롯된다. 〈소년〉이 없었다면 최남선의 명성도 없었다. 따라서 〈소

---

55 신문관의 설립 시점에 대해서는 1906년 말부터 1908년에 이르기까지 말들이 많았는데, 최근에는 1908년 6월로 보는 것이 일반적이다. 이것은 자료로도 뒷받침된다. 1918년 6월에 나온 〈청년〉 14호가 '신문관창립십주년기념호'였다. 그들이 스스로 창립 시기를 밝힌 것이다.

56 최남선이 3·1운동으로 구속된 후 신문관은 어떤 잡지나 기획물도 발행하지 못한 채 기왕의 인쇄 및 출판 사업을 유지하는 것으로 만족해야 했다.

년〉에 대하여는 일일이 열거하기 어려울 정도로 많은 논저가 나와 있다. 그런데도 아직 해결되지 않은 문제들이 남아 있다.

먼저 갖게 되는 의문은 이런 것이다. 도쿄의 박문관이 신문관의 모델이었다면, 〈소년〉이 본뜨고자 했던 잡지는 또 어떤 것이었을까 하는 것이다.[57] 이 문제와 관련하여 우리는 〈소년〉의 창간호 맨 앞에 실렸던 한 장의 동판 사진에 주목할 필요가 있다(뒷장 상단 그림 참조). 여기에는 "일본에 어유학御遊學 하옵시는 아我 황태자 전하와 태사太師 이등박문공伊藤博文公"이라는 설명이 달려 있다. 이때 황태자 전하는 고종의 셋째 아들인 영친왕 이은李垠(1897~1970)이었다. 이른바 헤이그밀사사건으로 고종이 황제에서 물러나고 순종이 즉위하자 영친왕은 곧바로 황태자로 책봉되었다. 그리고 통감인 이토 히로부미가 황태자의 스승인 '태사'가 되었다. 이토는 이때 '문명적 교육'의 필요성을 내세워 영친왕을 일본으로 데려갔다. 한국의 황실을 확실히 일본의 통제하에 두기 위한 볼모이자 한국의 황실을 일본의 황실체계 속에 넣기 위한 사전 포석이었다.[58]

최남선도 당시 이런 사정을 대충 알고 있었을 것이다. 그런데 왜

---

57 최재목은 최남선의 〈소년〉지 발행의 '힌트'가 일본의 유명 저널리스트인 도쿠토미 소호(德富蘇峰, 본명 猪一郎, 1863~1957)가 1887년에 창간한 〈國民の友〉를 흉내 내서 만든 당시의 각종 '소년' 관련 잡지였다고 말했을 뿐, 그 직접적이며 구체적인 연관성을 밝히지는 않았다("최남선 〈少年〉誌의 '新大韓의 소년' 기획에 대하여", 〈일본문화연구〉 18, 2006, 261쪽).

58 한상일(2015), 《이토 히로부미와 대한제국》, 까치, 347~349쪽.

왼쪽부터 이토와 영친왕, 요시히토 황태자, 이토 총리대신
출처: 〈소년〉 창간호(1908.11), 일본 〈소년세계〉 창간호(1895.1), 〈태양〉 창간호(1895.1)

〈소년〉이 처음 세상에 얼굴을 내보이는 순간에 그런 사진을 실었을까? 그리고 이 사진을 통하여 대한의 소년, 나아가 국민에게는 어떤 메시지를 던지려고 했던 것일까?

이런 의문을 해결할 단서는 도쿄의 박문관에서 발행한 〈소년세계〉와 〈태양〉에서 찾을 수 있다. 두 잡지의 창간호는 1895년 1월 1일에 나오는데, 이때 〈소년세계〉의 맨 앞장에는 "황태자전하 어초상御肖像"이 실린다. 장차 메이지 천황을 계승할 황태자 요시히토嘉仁(1879~1926)를 '소년'의 상징적 인물로 내세웠던 것이다. 한편 〈소년세계〉와 동시에 창간된 〈태양〉에는 당시 일본을 이끌던 내각 대신들의 사진이 실리는데, 그 중심에 "이토伊藤 총리대신"의 사진이 실렸다.

최남선은 여기에서 〈소년〉지 창간호의 얼굴이 될 사진의 아이디어를 얻었을 수 있다.59 그러니까 〈소년세계〉와 〈태양〉에 실렸던 두 사진을 하나로 만들되, 황태자만을 바꾸는 방식을 취했다고 보는 것이다. 〈소년세계〉에 실렸던 일본의 황태자 요시히토는 1907년 10월 중순 서울을 방문하여 한국의 황태자와 함께 나란히 선 사진을 남기기도 했다. 60 당시 이런 '기획'을 한 인물은 통감 이토 히로부미였다. 그는 '표상의 정치학'을 체득한 인물이었다. 61

최남선은 그러한 이토와 영친왕이 함께 찍은 사진을 〈소년〉지 창간호에 올리면서 어떤 생각을 했을까? 오늘날 우리의 관점에서 그 사진을 보면 수치와 굴욕감을 느낄 수밖에 없다. 만 10살의 어린 소년 영친왕의 긴장된 표정과 그 옆에 의자를 짚고 선 60대 후반 이토의 비딱한 모자와 시큰둥한 표정을 들여다보고 있으면 더욱 그러하다. 62

그런데 당대 한국인의 시각은 다를 수 있다. 이토의 '통감통치'기에 한국 사회에서는 '애국계몽운동'이 활발하게 전개되고 있었다.

---

59 앞서 나온 최한웅의 이야기 중 그의 아버지 최남선이 일본에서 귀국할 때 "박문관 등의 출판사에서 발행한 각종 잡지를 해묵은 것에서부터 '백넘버'를 맞추어" 왔다는 대목에 유의할 필요가 있다. 그 '백넘버' 중에 〈태양〉과 〈소년세계〉의 창간호가 포함되었을 가능성은 충분하다.

60 그 사진은 이경민, 《제국의 렌즈: 식민지 사진과 '만들어진' 우리 근대의 초상》(산책자, 2010)의 표지에 실려 있다. 이에 대한 해설은 같은 책, 27~33쪽.

61 위의 책, 23쪽.

62 〈소년〉 창간호에 실린 사진이 언제 어디에서 찍힌 것인지는 아직 밝혀지지 않고 있다. 미국 의회도서관에는 사진의 원본으로 보이는 것이 소장되어 있다("Prince Ito and Crown Prince of Korea"). 다음 사이트에서 사진 확대가 가능하기 때문에 두 사람의 표정을 살필 수 있다(https://www.loc.gov/resource/cph.3b20130/).

양자는 모두 사회진화론에 기초한 문명론을 시대적 화두로 던지고 있었다.63 특히 한일 양국 간의 '문명 격차'를 직접 체험한 일본 유학생들의 경우 이토의 통감통치가 한국의 과감한 내정개혁과 문명화에 유리하게 작용할지도 모른다는 생각을 할 수 있었다. 이토가 누구인가? 메이지 시대의 부국강병을 주도하여 일본을 세계열강의 반열에 올려놓은 일등공신이 아닌가! 따라서 그의 지도를 받는 한국의 황태자가 장차 황제의 자리에 오른다면 고종이나 순종 시대보다는 나아지지 않겠는가! 이런 생각을 해볼 수 있는 것이다.64

최남선의 생각이 그랬을 수 있다. 그는 일단 이토의 '통감통치'를 인정하는 바탕 위에서 자기가 가장 잘 알고 잘 할 수 있는 일을 찾고자 했다. 한말 상승하는 중인 집안에서 태어난 그는 자기 나름의 합리적이고 실용적인 태도를 취하고 있었다. 〈소년〉에 실렸던 다음의 글을 보자(강조는 원문에 따름).

> 가거라! 가거라! 너의 구설적口舌的 애국자야! 우리들 신대한의 소년은 너의가 아니라도 애국할 줄을 알며 애국의 성심誠心을 사실로 현출現出할 줄 아나니라 너의는 너의끼리 몰려가서 수족은 놀릴 생각 말고 입

63 이성환(2011), "이토 히로부미의 문명론과 한국통치", 〈일본사상〉 20, 63~67쪽.

64 당시 일본 유학생들은 그러한 기대와 희망의 끈을 놓지 않고 있었다. 다음은 〈대한학회월보〉 5(1908. 6)의 휘보에 실렸던 소식이다. "獻祝睿壽: 我皇太子殿下께옵서 睿體康健하시며 學業이 日新하샤 尋常課를 卒業하시고 高等科에 入學하셧으니 一般學生이 欣祝不已하더라." 최남선을 비롯한 일본 유학생들은 황태자의 도쿄 도착 시 환영행사에 동원된 바 있다.

으로만 쇠소리 개소리 옮기려무나 … 우리 신대한의 신소년은 온갖 고루 편협한 사상과 행동을 다 버리고 광명하고 정대하게 할 것이오 온갖 허위 사식詐飾의 언론과 문장을 다 말고 진실하고 각고하게 하여 **일보일보로 가만가만히 천천히 그리하나 쉬지 않고 꺾이지 않고 착실과** 견고로 다진 기지에 수족과 사실로 애국탑을 건설하고 애국기를 번양하리라[65]

이 글에서는 오직 말로만 애국, 애국하고 떠드는 '구설적' 애국자에 대한 조롱과 적개심을 드러내는 한편, 일본의 '통감통치'의 테두리 내에서 조금씩 조금씩 앞으로 나아가는 점진적이며 실제적인 행동의 필요성을 역설하고 있다. 그리고는 이렇게 끝을 맺는다(강조는 원문에 따름).

> **우리 신대한 신소년의 애국은 척양斥洋도 아니오 배일排日도 아니오 오직 자려자신自勵自新 자성자수自成自守 — 니라.**[66]

〈소년〉이라는 텍스트를 읽을 때, 우리는 최남선의 이러한 시국관을 염두에 두어야 할 것이다. 그는 일본의 조선 침략에 맞설 생각이 없었다. 〈소년〉지에서 시사 문제를 다룬 글이나 정치색을 지닌 글을 찾아볼 수 없는 이유가 여기에 있다. 도쿄의 박문관에서 발행한

---

65 〈소년〉 제 2년 제 3권(1909. 3), "이런 말삼을 스마일쓰(書節譯)", 52~53쪽.
66 위의 글, 53쪽.

〈소년세계〉와 〈태양〉을 모델로 삼으면서도 청일전쟁 후 일본의 팽창을 찬양하고 이에 앞장설 것을 독려했던 두 잡지와는 성격을 달리했던 것이다.

(2) '1인 잡지'의 문제

다음으로 살펴봐야 할 것은 〈소년〉지의 체재와 구성상의 특징이다. 이 문제에 대한 접근 방식으로는 최남선의 〈소년〉 창간에 직간접적으로 영향을 미쳤을 것으로 보이는 박문관의 〈소년세계〉와 비교해 보는 것이 좋겠다. 두 잡지의 얼굴인 창간호(1908년 11월 · 1895년 1월)를 함께 놓고 보면, 비슷한 구도의 표지 다음에 사진 또는 그림(口繪)이 들어가고 이어서 바다를 주제로 한 권두시(海에게서 少年에게 · 奇海祝)가 나온다.

그런데 두 잡지는 목차에서부터 큰 차이가 난다. 이를테면 〈소년세계〉의 목차는 논설 · 소설 · 사전史傳 · 과학 · 유희 · 문학 · 기서奇書 · 잡록 · 학교 안내 · 유람 안내 · 도서 안내 · 시사 등의 분류 아래 기사 제목들이 나오는 데 비해, 〈소년〉의 목차는 아무런 분류 없이 그냥 기사 제목들만 나열된다. 한편으로 〈소년세계〉의 각 기사에는 작가 또는 필자 이름이 붙지만(부록 포함 18명), 〈소년〉에는 그런 이름이 아예 나오지 않는다. 그냥 기사 제목만 나열되고 있을 뿐이다.

왜 그랬을까? 이런 의문은 〈소년〉이 최남선의 '1인 잡지'였다고 하면 쉽게 풀릴 수 있다. 조용만의 《육당 최남선》에서는 이렇게 말한다. "〈소년〉의 원고는 육당이 거의 다 혼자 써서, 말하자면 육당 개인지인 셈이므로, 원고를 의뢰한다든지 독촉하는 일은 없었다고 한다." 또 이렇게 말한다. "〈소년〉의 원고 작성·편집·인쇄·발행으로부터 판매에 이르기까지 거의 혼자서 담당한 셈이니" 눈코 뜰 새 없이 바빠서 하루 너덧 시간밖에 자지 못했다는 것이다.**67**

과연 〈소년〉의 원고 작성과 편집은 온전히 최남선의 몫이었을까? 그가 혼자서 그런 일을 다 처리할 수 있었을까? 아니면 또 다른 누군가가 있었을까? 이와 관련하여 우리는 앞서 잠깐 언급했던 한 인물, 그러니까 최남선의 도쿄 유학 시절 그와 함께 활동하고 함께 귀국한 임규林圭(1867~1948)라는 사람을 떠올릴 필요가 있다.

임규에 대하여 처음 주목하고 그의 생애와 인물됨을 탐구한 학자는 정후수이다. 그가 쓴 논문에 따르면, 임규의 본관은 평택이며 전북 익산 출생이다. 어려서 익산 군수의 잔심부름꾼인 통인通引 노릇을 하면서 한문을 익혔던 그는, 1895년에 돌연 일본으로 건너갔다. 이후 게이오의숙慶應義塾의 중학과정(특별과)을 거쳐 같은 대학 전수학교 경제과를 졸업했다. 러일전쟁 발발 후에는 도쿄의 유학생 단체와 관련을 맺고 일본어를 가르쳤다. 이때 최남선은 임규를 만났다. 두 사람은 함께 귀국했다. 신문관 설립과 〈소년〉지 창간은 그 직후에 벌어진 일이다. 두 사람의 '협업' 가능성을 짐작케 한다.

3·1운동이 일어날 때까지 임규는 시종 최남선과 같이 활동했다. 최남선이 작성한 독립 〈선언서〉와 일본에의 〈통고문〉을 들고 도쿄

67 조용만(1963), 《육당 최남선》, 삼중당, 86~87쪽.

로 건너가서 일본 정부에 직접 제출할 정도였다. 두 사람은 그만큼 가까웠다. 3·1운동 후 임규는 '48인' 중 한 사람으로 1년의 옥고를 치렀다. 그는 계명구락부가 추진하는 한글사전 편찬사업에 참여하여 십여만 장에 달하는 낱말 카드를 작성했다. 1941년에는 한문시집인 《북산산고北山散稿》를 엮어 냈다. 임규는 자기가 한 일을 내세우지 않는, 또 그 자취를 남겨 놓기를 원치 않는 은둔의 삶을 살았다. **68**

이제 다시 원래의 질문으로 돌아가자. 최남선의 신문관 창설과 〈소년〉지 발행에 임규는 도대체 어떤 역할을 맡았을까?

최남선은 도쿄로 유학 온 한인 학생들에게 일본어와 기본교과를 가르치기 위한 '광무학교光武學校'에서 임규를 만났다. 1906년 11월 6일 자 〈황성신문〉 보도에 따르면, 이 학교 설립 당시부터 교사였던 임규는 일어문법·지리도화地理圖畵를 가르쳤고, 최남선은 와세다대학 '지리역사과' 학생으로 역사 과목을 맡았다고 한다. **69** 이때부터 두 사람은 유학생 잡지의 편찬 일을 함께하면서 미래의 일을 계획했던 것으로 보인다. **70**

---

68 정후수(1993), "偶丁 임규의 근대문화사적 역할", 〈동양고전연구〉 1, 33~64쪽; "우정 임규의 詩世界", 〈동양고전연구〉 18(2003), 141~168쪽 참조.

69 〈황성신문〉(1906. 11. 6.), "賀光武學校盛况". 이 광무학교는 1907년 9월 '청년학원'으로 교명이 바뀐다. 〈태극학보〉 13(1907. 9), 잡록 중 "三校聯合".

70 〈대한유학생회학보〉 제1호(1907. 3)의 "학계 보고"를 보면, 학보 편찬원 명단에 최남선과 임규가 함께 등장한다.

임규는 나이로 보나 유학 경력으로 보나 최남선의 '스승'뻘이었다. 청일전쟁 후 일본의 제국으로의 성장 과정을 도쿄 현지에서 들여다본 임규는 최남선의 짧은 유학 기간과 공부, 그리고 사회활동의 부족한 면을 메꿀 수 있는 적임자였다. 한문이나 일본어학의 측면에서도 그러했다. 한편, 최남선은 임규가 갖지 못했던 소년의 패기와 재력을 갖고 있었다. 임규는 게이오의숙의 전수 과정을 마치고도 귀국하지 못한 채 도쿄에 머물고 있었다. 두 사람은 서로에게 필요한 것을 제공할 수 있었다. 최남선이 일본의 '엄청난' 출판 환경과 유통 경로를 이해하고 신문관 설립 구상을 하는 데서부터 임규는 더없는 조력자가 될 수 있었다. 귀국 후에도 사정은 마찬가지였다.

최남선은 1908년 6월에 귀국하자마자 신문관을 세우고, 이어서 11월 1일에 〈소년〉지를 세상에 내놓았다. 불과 4개월 사이에 혼자서 그 모든 일을 처리한다는 것은 결코 쉬운 일이 아니었다. 〈소년〉 창간호의 "편집실 통기通寄"에서는 이때의 상황에 대하여 다음과 같이 설명한다.

- 오래 우리가 경륜하여 오던 소년을 위하는 잡지는 되나 못되나 슬금슬금 해볼 차로 신문관으로 이를 발행케 하여 겨우 이달부터 내이게 되었소.
- 그러나 온갖 일이 다 소료所料와는 틀리고 편집하는 손이 적어 본문 중에는 삽화가 적고 글은 세련을 지내지 못하고 재료의 선택도 실당失當한 것이 많아 이 꼬락서니를 만들어 놓았으니 무엇이라고 사

죄할 말씀도 모르겠소.

이 통고문의 첫머리에 나오는 "오래 우리가 경륜하여 오던 소년을 위하는 잡지"에서 우리가 과연 누구였을까? 복수인 것으로 보아 최남선 외에 다른 사람(들)이 있었다. 최남선과 함께 '오래 경륜'하던 사람이라면, 일본 유학기에 그와 함께 활동하고 같이 귀국했던 임규를 먼저 떠올리지 않을 수 없다.

〈소년〉 창간호의 광고란에는 '근간 예고'라고 하여 일본어 시리즈 3권이 실린다. 그중 《일문역법》(250면)에 대하여 말하기를, "이 책은 가장 간요簡要하게 또 가장 주상周詳하게 일본 문장의 역해법譯解法을 술한 것이니 … 가히 완벽이라 위할지니라"고 했다. 이 책을 낸 사람이 임규였다. 창간호부터 〈소년〉에 연재되기 시작한 〈소년 한문교실〉의 '주임主任'도 임규였을 가능성이 높다. **71**

그렇다면 임규는 왜 그의 이름을 드러내지 않았을까? 두 가지 해석이 가능하다. 하나는 1908년 당시 중년(만 41세)인 임규가 '신대한' 건설의 주역이 될 '소년'의 이미지와 어울리지 않는다는 점이다. 다른 하나로는 중인中人에서도 한참 격이 떨어지는 '통인' 출신이라는 점이 임규로 하여금 대중 앞에 나서는 것을 꺼리게 만들었을 수

---

71 최남선은 창간호의 본문에서 '公六'이라든가 '鳳吉伊'이라는 필명을 썼다. 때론 그냥 '집필인'이라고 나오는데, 이 또한 최남선을 가리킨다. 이런 필명이나 '집필인'이 명기되지 않은 일반 기사들까지 전부 최남선이 썼다고 보기에는 무리가 있다. 누군가 '조력자'가 있었다는 추론이 나오는 이유다.

있다. 72 어떻든 〈소년〉이라는 잡지가 성공을 거두기 위해서도 임규는 숨은 '조력자'로 남아 있어야 했다.

그런데 임규의 실제 역할은 단순 조력자 이상이었다. 그는 때론 최남선을 대신하여 잡지의 편집을 맡기도 했던 것 같다. 〈소년〉지의 "편집실 통기"를 보면, 최남선은 종종 과로와 '신경 이상' 때문에 편집상의 어려움을 호소한다. 이 때문에 매호 잡지의 분량과 내용이 들쑥날쑥했다. 1909년 11월에는 최남선이 일본으로 건너가 이듬해 2월 1일에야 돌아왔다. 73 만약 '1인 편집'이었다면 이 시기 잡지 발행은 멈추어야 했다. 그런데 〈소년〉 제 3년 제 1권(1910년 1월 15일 발행)이 나왔다. 이것은 신년호에도 불구하고 분량이 50쪽에 그쳤다(부록 제외). 내용 또한 부실했다. 뜬금없이 나온 "아브라함 · 린커언 백년기념" 특집과 "소천소지笑天笑地" 두 개의 기사로만 채워졌다. 74 이렇게라도 잡지가 나올 수 있었던 것은 최남선을 대신할 누

---

72 임규는 익산 군수의 '통인'을 지내다가 군수가 서울 모처에 상납하라는 쌀 700석을 몰래 팔아 일본으로 건너갔다는 전언도 있었다(정후수, "우정 임규의 근대문화사적 역할", 36쪽).

73 〈소년〉 제 2년 제 10권(1909. 11)과 제 3년 제 2권(1910. 2)의 "편집실통기".

74 〈아브라함 · 린커언 백년기념〉 특집 중 번역물 "린커언의 인물과 밋 그 사업(The Career and Character of Abram Lincoln, By Joseph Choate)"에는 "〔링컨〕 탄생 백년의 歲가 一旬이 餘한 日에 東京 牛込區 周衣洞에서 識"이라는 주기가 붙은 것으로 보아, 최남선이 도쿄에 있으면서 급하게 번역물을 보낸 듯하다. "笑天笑地"는 임규의 작품일 수 있다. 이후 〈소년〉에 몇 차례 더 "笑天笑地"가 실린다. 1912년 신문관에서 발행한 笑談集 《開卷嬉嬉》의 본문 첫머리에 나오는 '偶丁居士'가 임규였다. 1918년에는 《笑天笑地》라는 제명의 책이 신문관에서 발행되었다.

군가가 국내에 있었음을 말해준다.

한편, 〈소년〉의 편집 자료 중 중요한 비중을 차지했던 것은 매일매일 일본에서 들어오는 각종 신문과 잡지들이었다. 75 여기에서 기사 작성에 활용하거나 참고할 거리를 골라내야 하는데, 이 일을 최남선 혼자 감당했다고 보기는 어렵다. 오히려 일본 사정을 잘 알고 일본어에 능통한 임규가 그 일을 맡는 것이 효율적이었다. 어떻든 매달 잡지를 거르지 않고 내려면, 최남선과 임규의 '협업'은 불가피했다고 생각된다.

이와 관련하여 흥미로운 자료 하나를 소개한다. 앞서 최남선의 일본 방문에 대하여 말을 꺼냈는데, 그때 도쿄에서 임규의 《일본어학음・어편音・語篇》(東京: 以文社, 1910)이 나왔다. 76 이 책 맨 앞에 최남선의 서문이 실린다. 그 뜻이 은근하여 전문을 소개한다. 두 사람의 관계를 살피는 데 큰 도움이 된다.

---

75 최한웅에 따르면, 최남선은 서울에서 일본 신문을 취급하는 마치다(町田) 신문포의 '독자 카드 제1호'였다고 한다(앞의 책, 95쪽).

76 이 책의 인쇄소는 '대한흥학회인쇄소'이고 발수처(發售處)는 도쿄의 대한흥학회 사무소와 국내 신문관이었다. 〈대한흥학보〉 제9호(1910. 2)의 "휘보"에는 이런 기사가 실린다(53쪽); "日語大書: 본회 인쇄소에서 출판한 〈日本語學音語篇〉은 일본 어학에 嫻熟한 林圭 씨의 저술한 바인데 문법과 회화의 일체 긴요한 부분을 조직적으로 망라하고 이론상으로 해석한 6백 항의 大書인데 我韓 日語界의 초유한 대저작이러라." 임규의 일본어학에 대한 지식은 그의 한글사전 편찬에 대한 관심과 의욕으로 연결된다는 점에서 주목할 만하지만, 아직 이런 부분에 대한 연구는 나오지 않고 있다.

여余는 후진後進이오 또 일본어학상으로 바야흐로 선생의 계옥啓沃을 수受하는 자이라 선생의 이 저著에 대하여 타어他語로써 서序할 것이 없도다.

그러나 일석日夕으로 선생을 봉오奉晤하는 제際에 이를 위하여 신神을 뇌惱하시며 이를 위하여 심心을 노勞하시며 매昧로써 매昧를 도導하는 아국 금일의 일본어학계에 한 지남指南을 건설하기를 노력하시는 것은 일찍 도覩하고 일찍 감感한 바오 또 일반 미로자迷路者를 위하여 남 먼저 흔변欣抃하든 바오 더욱 저반사這般事는 선생에 재하여 말기末技의 말末이로대 오히려 심신審愼에 심신을 중重하여 일사一辭를 경홀輕忽히 아니하심을 관觀하고 그 고학자적古學者的 고상한 품격에 대하여 탄격嘆激하여 조措치 못하든 바이라 금今에 기궐剞劂이 공功을 준竣한지라 서書의 내용은 여의 감히 췌론할 것이 되지 못하거니와 오직 이 권위 있는 저작이 곧 정직하고 성실한 노역의 산물인 것은 여로써 서序치 아니함을 자이自已치 못할지라 일언一言이 있는 소이所以니라.

어려서부터 '독학'으로 마땅히 스승을 찾지 못했던 최남선이 이 글에서 보여주는 태도는 자못 공손하고 진지하다. 그는 자신을 '후진'으로 낮추고 임규를 '선생'으로 높이면서 학자로서 그의 성실함과 고상한 품격에 대하여 찬사를 보낸다.**77** 특히 일본어학에 대하여 선생

77 〈소년〉 제3년 제7권(1910. 7) 앞에 실린 《日本語學 音語篇》(大板 全一冊) 에 대한 광고문에서도 '선생'과 '후학'이라는 표현이 나온다. "저자 임〔규〕 선생은 십여

의 '계옥啓沃'을 받는다고 했는데, 이는 선생의 가르침을 받아 일본어에 대한 지식이 열리고 풍부해진다는 의미를 담았던 것으로 보인다. 78 또 "낮밤(日夕)으로 선생을 받들어 뵙는다(奉晤)"는 문장은 최남선이 매일 만나는 임규를 스승의 예로 대했음을 말해준다. 이렇게 본다면 임규는 신문관에서 '고문'과 같은 역할을 맡았다고 해도 크게 문제가 되지는 않을 듯싶다. 79

이러한 추론을 뒷받침할 만한 자료가 또 하나 있다. 임규는 1918년 6월 발행한 〈청춘〉에 "신문관 창업 10주년 기념에 여余의 소회를 술함"이라는 제목의 글을 싣는다. 일종의 기념사인 셈인데, 그중 한 단락을 소개한다. 임규의 문장 실력이 만만치 않았음을 보여준다.

> 오호, 군〔최창선〕의 사업을 경시經始하던 본지本志가 어찌 일一 영업에 재하였으리오. 과도시대에 인심이 의구疑懼하여 혼구昏衢에 방황하는 자는 정사正邪를 막변莫辨하고 무해霧海에 표탕漂蕩하는 자는 방향을 미정하니 이때를 당하여 일도一道의 광선光線으로 그 암흑을 조파照破하고

년, 친히 일본에 임하여 일본의 어문을 전문으로 연구한 大方家라 그 온축의 풍부함과 지식의 淵博함과 더욱 兩 國語 비교연구의 심원함은 오인의 후학이 십분 신뢰할 자격이 畢備함이오." 이 문단 끝에는 '學界의 師表'라는 말까지 나온다.

78 계옥(啓沃)은 사전적인 의미가 두 가지이다. ① 충성스러운 말을 임금에게 아룀과 ② 마음속의 생각을 상대편에게 솔직하게 털어놓음이다.

79 임규는 일본 유학생들의 '스승'이었다. 그가 세상을 뜬 후에는 李始榮, 趙素昻, 申翼熙, 崔奎東 등의 발기로 中東學校 강당에서 추도회가 열렸다〔《자유신문》(1948. 10. 22.), "林圭 선생 추도회"〕.

일개의 침반針盤으로 그 미로를 지시하여 후학 청년으로 하여금 정신계 지식계의 세례를 수受케 할 천래天來 복음이 가히 없지 못할 지이니, 신문관이라는 영형아寧馨兒가 기期를 응하여 처음으로 고고의 성聲을 양揚한 소이所以라

이 글에서는 신문관의 관주館主이자 〈소년〉지의 편집 및 발행인으로 이름을 올렸던 최창선을 거명하지만, 내용적으로는 사실 최남선의 '업적'을 기리고 있다.80 마지막에 나오는 영형아寧馨兒란 '이와 같은 아이'라는 감탄사이다.81 이는 국권 상실을 앞둔 '과도시대'에 장차 한줄기 광선 또는 한 개의 나침반의 역할을 하게 될 신문관이라는 기관이 탄생했음을 강조하는 표현이다.

임규는 이어서 말하기를, 신문관은 사람의 힘으로 어찌할 수 없는 '세계 대세'의 영향을 받으며 몇 차례 폐관의 위기를 맞기도 했지만, "전가全家의 역力을 희생에 공供하고 생명의 한限을 천직天職에 도賭하"며 시대의 압박과 속류俗流의 시기를 불요불굴의 의지와 자신자중自信自重의 태도로 이겨내서 오늘날과 같은 기념일을 맞게 되었으

80 '신문관 창립 10주년'을 기념하는 〈청춘〉 제 14호(1918. 6)에는 '관주'인 최창선의 기념사가 실릴 만도 하지만, 그의 글은 어디에도 나오지 않는다. 〈소년〉과 〈청춘〉 전호로 확대해도 사정은 마찬가지이다. 이는 신문관에서 최창선의 역할이 대단히 제한적이었음을 말해준다.

81 중국 고사에 나오는 이야기인데, 현대 중국어('宁馨儿')에서도 그러한 의미로 사용된다.

니 만강의 혈성을 담아 '일언一言'의 감격을 표하지 않을 수 없다고 말했다. 그의 기념사는 다음의 문장으로 끝을 맺는다.

> 천天은 곤란으로써 인人을 시험하여 인내자에게 행복을 여한다 하니 과거의 십 년이 어찌 군의 시험 시대가 아닌 줄을 지知하리오 우리는 또 군의 사업이 본지를 관철하고 군의 이상이 실지에 발현하여 종금 이후에 그 경과한 시간의 장구長久를 감感할 시기가 불원에 당도함을 신信하여 의疑하지 아니하노니 군은 그 면강勉强할지어다 노력할지어다.

이 글은 스승이 제자에게, 또는 선배가 후배에게 당부하듯이 지난 10년과 마찬가지로 앞으로 10년도 신문관 설립 당시에 세운 본뜻과 이상 실현에 진력해 달라는 말로 끝내고 있다. 당시 신문관과 최창선·최남선 형제를 대하는 임규의 자세가 어떠했는가를 잘 보여준다.

(3) 사회적 영향력의 문제

이제 우리는 좀 더 심각한 문제에 대하여 검토해 보아야 한다. 대체 당대에 〈소년〉의 사회적 영향력이 어느 정도였을까 하는 점이다. 이 잡지를 창간할 당시 일본에서 함께 돌아왔던 최남선과 임규는 그것을 일본의 〈태양〉이나 〈소년세계〉와 같은 '국민 잡지'로 만들어 볼 생각이었던 듯하다. 〈소년〉의 창간호는 이렇게 시작된다(강조는 원문에 따름).

나는 이 잡지의 간행하는 취지에 대하여 길게 말씀하지 아니하리다. 그러나 한마디 간단하게 할 것은

우리 대한으로 하여금 소년의 나라로 하라. 그리하랴 하면 능히 이 책임을 감당하도록 그를 교도教導하여라.

이 잡지가 비록 적으나 우리 동인同人은 이 목적을 관철하기 위하여 온갖 방법으로 써 힘쓰리라.

소년으로 하여금 이를 읽게 하라. 아울러 소년을 훈도하는 부형으로 하여금도 이를 읽게 하여라.

그러니까 대한의 미래를 책임질 '소년'들은 물론이고 그들을 가르치고 이끌 위치에 있는 '부형'까지도 이 〈소년〉지를 읽어야만 올바른 길을 찾을 수 있다는 것이다. 또한 이렇게 말한다. "본지는 이 책임을 극당克當할 만한 활동적 진취적 발명적 대국민을 양성하기 위하여 출래한 명성明星이"니 신대한의 소년들은 잠시라도 이 잡지를 손에서 놓아서는 안 된다고 했다. 여기에 실린 기사들은 '정금미옥精金美玉'과도 같기 때문이다. 창간 당시 잡지 편집진의 의욕과 자부심이 어떠했는가를 잘 보여준다.

그렇다면 이렇게 나온 〈소년〉지에 대한 일반의 평가는 어떠했을까? 이 문제를 가늠할 수 있는 지표 중 하나는 구독자의 숫자일 것이다. 〈소년〉 제 2호의 "편집실 통기"에는 이런 이야기가 나온다.

한 가지, 우리가 제군에게 청할 일이 있으니, 우리가 이 잡지를 간출

> 함은 흉중에 타는 듯한, 무삼한 마음을 여러분과 같이하고자 함인즉, 만일에 이것이 전국에 광시廣市되지 못하면, 이는 다만 우리의 기망期望을 이루지 못할 뿐 아니라 또한 소년 대한을 위하여 통곡할 일이오 태식太息할 〔일〕이니, 다행히 바라노니 여러분은 족척에게도 권하고 친지에게도 권하여 아무쪼록 잡지로 하여금 우리 신대한 소년계에 일대 세력이 되도록 극력 주선하여 주시옵기를 천만 바라옵니다. 82

그런데 이처럼 간절한 호소에도 불구하고 〈소년〉지의 구독자는 좀처럼 늘지 않았다. 창간된 지 1년을 맞이하여 나온 "기념사"의 고백을 들어 보자.

> 먼저 본지는 한 집필인의 손으로서 된 것과 이것이 반년이 넘은 뒤까지도 겨우 삼사십의 독자에게 읽힘을 말하리라. 힘쓰는 사람이 이미 그렇게 홀로 또 도라보는 사람이 그렇게 드무니 그 영향의 범위가 적고 좁음은 다시 더 할 말 없나니 한 잡지의 사명을 다하는 위로 이것을 보건댄 실로 미미하다 할밖에 없도다. 83

이어서 나오는 글을 보면 구독자의 숫자가 좀 더 분명해진다. 창간 첫 달에는 겨우 6명, 둘째 달에는 14명, 이렇게 조금씩 늘어나서

82 〈소년〉 제 1년 제 2권(1908. 12), 80쪽.
83 〈소년〉 제 2년 제 10권(1909. 11), "第壹朞紀念辭", 5쪽.

지난 1년 동안에 200명 가까운 '고객'이 생겼다며 잠시 위안을 삼는다. 그렇지만 전체적인 평가는 냉정했다. "어시호에 지나간 1년 동안 일은 응시자인 집필인은 점수 미만으로 낙제하여 원통하고, 시관試官인 독자는 평일의 소망을 이루지 못하여 섭섭하시기 측량없을 뿐이로다."**84**

신문관 설립과 잡지 창간 당시 의욕에 넘쳤던 최남선은 힘이 빠졌다. 네 번째 〈소년〉지를 내면서 이렇게 말했다.

"나는 지난여름부터 신경쇠약병에 걸려서 이때까지 쾌유치 못하여 걱정이외다"라고 말문을 열고는, "내가 나를 생각하여 보든지 의원이 나에게 권하는 말을 듣던지 한 달이고 두 달이고 산명수청山明水淸 하고 수음임예樹陰林翳 한 곳에 가서 글을 읽어도 비분강개한 뜻을 붙인 글은 읽지 말며 글을 지어도 되지 못하게 상시우속傷時憂俗의 뜻을 붙인 글은 짓지 말며 친지를 상종하여도 또한 그러한 친지는 상종치 말고, 이른바 정초지어庭草池魚로 천지天地의 생의生意나 보면서 배 편하고 가슴 유하게 지내었으면 아무리 거머리 같은 병마라도 쫓기 전에 갈 줄은 알으나 이를 단행치 못하고 밤에는 잠을 덜 자고 낮에는 곱이 낀 눈과 영채映彩 없는 동자瞳子로 보아도 맛없고 써도 뜻없는 것을 읽고 쓰기에 골몰하니 나의 일이나 알 수 없으며"라고 한탄했다. 그러면서도 "우리는 병들었다 그러나 쉬지를 못하며 또한 아니하노이다"라는 말로 끝을 맺었다. **85**

---

84 위의 글, 6~7쪽.

이처럼 실의에 빠진 최남선에게 활로를 열어 줄 사람이 나타났다. 그에게 청년학우회의 일을 맡긴 안창호였다. 최남선은 이 학우회의 총무가 되었고, 〈소년〉은 그 기관지 역할을 맡았다. 이러한 변화는 1909년 9월에 발행된 〈소년〉지에 잘 나타난다. 먼저 "소년시언"의 주제로 '청년다운 청년'과 '청년학우회'가 등장했다. 이어서 '무실역행'이라는 구호가 나온다. "청년학우회보"란이 따로 마련되었다. 그 후 〈소년〉은 학우회 조직을 바탕으로 하여 전국적인 잡지로 발돋움했다. 구독자의 숫자도 세 자리에서 네 자리인 1,000명까지 올라섰다. 그런데 이 일도 잠시였다. 일본의 조선 병합과 더불어 〈소년〉지는 정간에 들어갔고, 이듬해 5월 15일에 발행된 4권 2호(총 23호)를 마지막으로 폐간되었다.[86]

이로부터 7년이 지난 후 최남선은 〈소년〉지 발행에 대하여 이렇게 회고했다. "사회 장래의 추축을 담임할 청년에게 정당한 자각과 질실質實한 풍기를 환기하기 위하여 잡지 〈소년〉을 발간하였도다. 지상紙上에 횡일橫溢한 치기穉氣와 사간辭間에 현현顯現한 삽미澁味는 도리어 특색이오 장처長處 — 라 할지니, 차를 제하면 아무 미점美點을 발견할 수 없는 도아물塗鴉物에 불과함이 무론毋論이로다."[87]

이는 물론 겸사이지만, 그 안에 새겨들을 말이 있다. 지면에 넘쳐

---

85 〈소년〉 제 2년 제 2권(1909. 2), "집필인의 문장", 52~53쪽.

86 박용규(2011), "최남선의 현실 인식과 〈소년〉의 특성 변화 : 청년학우회 참여 전후의 변화를 중심으로", 〈한국언론학보〉 55-1 참조.

87 〈청춘〉 제 14호(1918. 6. 신문관창업십주년기념호), "十年"(六堂), 7쪽.

나는 '유치함'과 '떨떠름함'을 빼고는 별로 '좋은 점'을 찾아볼 수 없다는 것, 하여 이를 서투른 낙서장이라는 뜻의 '도아물'에 비유했던 최남선의 회고를 거울삼아, 우리는 10대 후반의 소년이 '홀로' 발행하는 잡지가 가질 수밖에 없던 한계에 대하여 좀 더 넓고 깊이 들여다보아야 한다. 그래야만 〈소년〉이 당대에 지녔던 사회적 역할과 영향력에 대해서도 제대로 된 평가가 나올 수 있다.

3. "해상대한사" 분석 1: 해사사상과 태평대양의 발견

〈소년〉이 어떤 잡지인가? 이 문제에 대해서는 다양한 시각, 다양한 측면에서의 접근이 가능하다. 그런데 잡지의 발행과 편집이라는 측면에서 본다면, 〈소년〉은 기대에 미치지 못하는 낙제점을 받을 수밖에 없다. 무엇보다도 발행 기일이 제대로 지켜지지 않았다. 처음에는 매달 1일, 나중에는 매달 15일이 발행일이었지만, 그냥 한 달에 한 번 나오는 것에 만족해야 했다. 외부의 압력이 아니라 내부 사정으로 결호가 생기기도 했다.[88] 잡지의 분량은 들쑥날쑥했다. 출간 당시 80쪽 내외로 정했던 것 같은데, 적을 때는 50쪽을 밑돌고, 많을 때는 150쪽을 넘었다.

잡지의 편집에서도 어떤 정해진 원칙이나 기준이 없었다. 목차를 보면 분류 항목이 없이 기사 제목만 나열되었다. 예고된 기사나 연재물이 까닭 없이 취소되거나 미뤄졌다. 어떤 사람이 어떤 기사를 썼는지도 알 수 없다. 잡지의 내용 또한 빈약했다. 기사의 다양성이 부족하고 그 수준 또한 일정하지 않았다. 10대의 성장기 '소년'을 대상으로 한 교양 잡지였던 만큼 그 폭과 깊이에 대한 고민이 필요했

---

88 1909년 6월과 12월에 결호가 생겼다. 12월에는 그 전월(前月)에 미리 나오지 않는다는 공지가 있었지만, 6월의 경우에는 그 전후로 아무런 공지가 없었다.

었다. 이 모든 것이 최남선의 '1인 잡지'라고 하여 정당화될 수는 없는 일이었다. 자신의 능력의 한계를 깨닫는 순간 편집진을 제대로 갖추려는 노력이 있어야 했지만, 그런 진지한 시도는 없었다. 뒤늦게 필진을 보강하는 수준에 머물렀을 뿐이다.**89**

〈소년〉지는 이상과 같은 한계를 지녔지만, 그런데도 하나의 독특한 연재물이 있어 스스로 존재 가치를 드러냈다. "해상대한사海上大韓史"가 그것이다. 이미 널리 알려졌듯이 〈소년〉은 '가위와 풀'로 만들어진 잡지였다. 일본에서 들여온 백과사전류에서부터 단행본과 잡지 또는 신문 등에서 필요한 기사들을 골라 우리말로 옮기고 다듬은 후 〈소년〉지에 실었다는 것이다. 물론 이 잡지가 그런 기사들로만 채워졌던 것은 결코 아니다.

문제는 〈소년〉만의 독창적인, 그리하여 〈소년〉을 대표할 수 있는 것이 무엇이었느냐 하는 것이다. 문학사적 측면에서는 신체시新體詩라든가 창가唱歌 같은 것들이 도드라져 보일 수 있다. 그런데 역

---

89 최남선은 1909년 11월에 일본으로 건너가 3개월 정도 체류했었다. 이때 그는 도쿄에서 홍명희와 이광수를 만나서 잡지 편집에 대하여 상의를 하고 원고도 부탁했던 것 같다. 〈소년〉 제3년 제2권(1910. 2)의 "編輯室通寄"에는 다음과 같은 공지가 뜬다. "이번 일본 길에는 독자 제위를 위하여 가장 경하할만한 일이 한가지 있으니 무엇이냐 하면 곧 장래의 우리나라 문단을 건설도 하고 增廣도 할뿐더러 다시 한 걸음을 나아가 세계의 사조를 한번 翻動할 포부를 가지고 바야흐로 驚人冲天의 준비를 하시는 假人 홍〔명희〕 군과 孤舟 이〔광수〕 군이 수고를 아끼지 아니하고 길이 본 잡지를 위하여 瓊章玉稿를 부치심을 언약할 일이라." 실제로 그 후 이광수와 홍명희는 〈소년〉지에 원고를 싣는다.

사적, 지리적인 관점에서 하나를 꼽으라고 한다면 단연 "해상대한사"였다. 이것은 땅이 아닌 바다, 대륙이 아닌 해양의 시각과 관점에서 한국의 역사를 살펴보려는 최초의 시도였다. 이러한 시도는 당대는 물론이고 오늘날에도 상당한 의미를 지닌다. 해방 이후 한국 사학계에서 바다를 통하여 한국사를 바라보려는 시도가 2000년대에 들어와서야 활기를 띠기 시작했다는 점을 고려하면 더욱 그렇다.

다음의 〈표 2-1〉은 〈소년〉지에 실렸던 "해상대한사"의 전체 구성과 개요를 한눈에 알아볼 수 있도록 만든 것이다. 총 12회에 걸친 이 연재물은 잡지가 창간된 1908년 11월부터 1910년 6월까지 근 2년에 걸쳐 실렸다. 〈소년〉지의 단일 주제 기사로는 가장 길고 오랜 연재물이었다. 그만큼 최남선이 심혈을 기울였던 기획물이었다.

그런데 "해상대한사"는 총론만 있고 각론이 없는 미완성의 작품이었다. 12회차 끝에서 "나는 이제로부터 말씀을 채찍질하여 얼른 태동문화상泰東文化上에 끼친 공적을 관찰하오리다"라고 예고했지만, 〈소년〉이 폐간될 때까지 후속 기사는 나오지 않았다. 그 이유에 대해서는 두 가지로 생각해 볼 수 있다. 첫 번째로는 일본의 식민지화 진전에 따른 검열을 의식한 것일 수 있다. 그런데 병합 직전까지 두 차례 잡지가 더 나왔다는 점을 고려하면 이런 추론은 설득력이 떨어진다. 두 번째는 최남선이 각론에 들어갈 충분한 준비가 되어 있지 않았을 가능성이다. 그는 연재물의 첫 회 기사 앞('미리 통기')에서 이런 이야기를 한 바 있다.

〈표 2-1〉 〈소년〉의 "해상대한사" 연재 호수와 소제목 일람

회차	호수(연월)	소제목	페이지
1	1-1(1908.11)	미리 통기/수편 총론(도트러 이약): 왜 우리는 해상 모험심을 감추어 두었나 / 해의 미관(美觀)은 어떠한가	30~36
2	1-2(1908.12)	삼면환해한 우리 대한의 세계적 지위(1)	5~8
3	2-1(1909.1)	삼면환해한 우리 대한의 세계적 지위(2)	9~19
4	2-2(1909.2)	삼면환해한 우리 대한의 세계적 지위(3)	11~15
5	2-3(1909.3)	삼면환해한 우리 대한의 세계적 지위(3[4])	13~17
6	2-6(1909.7)	반도와 인문: 반도(半島)의 특장(特長)	22~25
7	2-7(1909.8)	반도와 문화: 해륙(海陸)문화의 전파자로의 반도	15~18
8	2-8(1909.9)	해륙문화의 장성처(長成處)로의 반도 / 해륙문화의 보지처(保持處)로의 반도	17~20
9	2-9(1909.10)	해륙문화의 융화와 및 집대성처로의 반도	42~[43]
10	2-10(1909.11)	(위의 연속)/세계통일자로의 반도/이상의 개관	38~43
11	3-3(1910.3)	태동(泰東)에 처한 우리 반도 기왕의 공적	46~48
12	3-6(1910.6)	(위의 연속)	37~42

차서此書는 소년의 해사사상海事思想을 고발鼓發하기 위하여 편술한 바인즉 일편의 사기史記, 혹, 사론史論으로써 평하면 진실로 정비整備 완전치 못한 것이오, 또 이와 같은 저술은 원래, 아국에 유례가 없는 바인즉 사실의 소루疎漏・오착誤錯이 다多할 것은 편자도 예기하는 바이라, 연이나 참조할 서書와 방고傍考할 물物을 유有치 못한 편자에게는 여하히 할 수 없는 바이니 독자는 양언諒焉이어다.

이 글에서 볼 수 있듯이 최남선은 자료가 제대로 갖추어지지 않은 상태 — 이것은 개인의 문제가 아니라 당시의 상황이 그러했다 — 에서**90** "해상대한사" 집필에 들어갔던 것이다. 아직 누구도 시도한 바

없던 이 일에 그가 착수한 이유는 단 하나, 소년의 '해사사상'을 하루라도 빨리 드높여 이들이 스스로 바다로 나아가도록 해야 한다는 절박함 때문이었다.

그렇다면 최남선이 말하는 해사사상이란 무엇인가? 먼저 '해사海事'의 사전적인 뜻은 바다와 관계되는 모든 일을 말한다. 그런데 그 뜻이 두리뭉실하다. 여기에 사상을 갖다 붙이면 더욱 설명하기가 어려워진다. 메이지 시대 일본에서는 '해국海國'과 더불어 '해사'라는 말이 자주 쓰였다. '해사사상'이란 말도 꽤 나온다.**91** 그러나 누구도 그것을 명확하게 정의했던 것 같지는 않다.**92** 최남선도 유학기에 그

---

90 "해상대한사"의 각론에 들어가기 위해서는 고대에서 근대에 이르기까지의 기본사료—이를테면 《삼국사기》와 《삼국유사》, 《고려사》, 《조선왕조실록》 등—가 먼저 갖춰져야 하지만, 당시의 사정은 전혀 그렇지 못했다. 각 자료의 소장처를 확인하고 이에 접근하는 것조차 쉽지 않았다. 국가기관이라면 몰라도 개인으로서는 엄두조차 낼 수 없는 일이었다. 최남선이 1910년에 조선광문회를 설립하여 고문헌 보전과 간행에 나섰던 것도 이런 사정에서 기인한다. 사실 역사지리학자로서의 최남선의 삶은 "해상대한사"의 기획과 집필에서부터 비롯되었다고 볼 수 있다. 우리가 이 연재물에 관심을 가져야 하는 또 하나의 이유이다.

91 일본 국립국회도서관 사이트(https://www.ndl.go.jp/index.html)에서 '海國'이라든가 '海事'(思想)라는 검색어를 넣으면 이 용어들이 메이지 시대에 어떻게 쓰이고 있었는지를 대충 짐작할 수 있다.

92 谷信次(海軍編修書記) 編, 《海の大日本史》 下巻(東京: 大學館, 1903) 끝에 수록된 〈跋辭:海事思想の普及策と奬勵法〉을 보면, 해사사상이란 "바다와 관련된 모든 일을 이해하고 바다로의 진출을 장려하는 사상"으로 정리될 수 있을 듯하다. 그러니까 뭐 특별한 정의를 내릴 필요 없이 일반적으로 사용되던 용어였던 셈이다. 여기서 우리는 메이지 시대에 그런 용어가 통용되고 있었다는 사실에 주목할 필요가 있다.

런 말에 접했을 터이지만, 그 역시 해사 또는 해사사상이 무엇인지에 대하여는 언급한 바 없다. 93

일본에서 쓰인 용례들을 일별할 때, 결국 해사란 '해국'이라든가 '해권海權'과 연관시켜 생각해 볼 수밖에 없다. 이들 용어는 메이지 시대 일본이 해양제국으로 나아가고자 하는 욕망을 담고 있다. 대체로 해국과 해권이 국가의 정책이나 진로 설정과 관련되는 것이었다면, 해사 또는 해사사상은 일반 국민의 바다에 대한 관심을 환기시키려는 의도에서 사용된 듯하다. 도쿠가와 시대에 바다를 기피하던 해금海禁 또는 해금사상에서 벗어나서 바다로의 적극적인 진출을 도모하려는 목적을 지녔다고 보는 것이다.

일본에서 이런 여론 조성에 앞장섰던 잡지가 박문관에서 발행한 〈태양〉이었다. 이 잡지의 초창기(1895~1896) 기사를 분석한 한 논문에 따르면, 청일전쟁 후 저널리즘의 영역에서 해양제국 형성의 사조를 가장 적극적으로 제기한 것이 〈태양〉이었다고 한다. 그 요점은 ① 해군력 중심의 군비 확장, ② 산업·해운·조선·무역의 확장, ③ 식민지 경영의 확대를 삼위일체로 하는 환環태평양경제권

---

93 한국에서는 〈소년〉지를 통하여 '해사'와 '해사사상'이라는 말이 일반에 알려진다. 1908년 11월 8일부터 15일까지 〈황성신문〉의 광고란에는 잡지 〈소년〉의 광고가 뜬다. 그 안에는, "少年의 海事思想을 鼓發하기 爲하여 海의 美와 海의 利를 說하고 아울러 우리 祖先의 海上功績을 贊頌하는 海上大韓史"라는 문장이 들어간다. 식민지 시대에는 '해사사상'이라는 용어가 좀 더 널리 쓰이는데, 그 뒤에는 '보급'이라든가 '고취'라든가 '장려'라는 말이 함께 쓰인다. 이와 관련해서는 대한민국 신문아카이브에서 '해사사상'을 검색해 볼 것(https://nl.go.kr/newspaper/).

에서의 일본의 헤게모니 확립에 있었다고 보았다.[94] 청일전쟁에서의 승리를 배경으로 한 이런 낙관적 전망은 그 구체성과 실행력이 떨어지지만, 일단 일본열도–류쿠제도–타이완을 연결하는 해상통로가 확보됨으로써 일본인의 동남아시아와 남태평양에 대한 관심을 제고시키는 효과를 낳았다는 것만은 분명해 보인다.

1902년 6월 15일, 박문관은 창업 15주년을 기념하는 특집호를 발간한다. 제목은 〈해의 일본海の日本〉(〈태양〉 임시증간, 제8권 제8호)이었다. 그 표지는 푸른 바다와 넘실대는 파도, 떠오르는 붉은 해, 구름 사이로 비치는 찬란한 아침 햇살로 장식되었다. 본문만 488쪽 분량의 이 특집호(46배판)에는 황실의 해군 중장(H. I. H. Prince Arisugawa, Vice Admiral) 사진이 맨 먼저 등장한다. 해양제국의 이미지와 황실을 일치시키려는 의도를 담은 것이다.

지도로는 〈일본연해 항로전도Maritime Connection Surrounding Japanese Empire〉가 실려 있다. 서쪽을 위로 둔 이 전도를 보면, 일본열도–류큐제도–타이완을 연결하는 해상 루트가 안쪽으로는 동아시아를 감싸고 바깥쪽으로는 북태평양을 향해 열려 있다. 아시아와 태평양의 경계에 자리 잡은 일본은 어느 쪽으로든 그 힘을 발산할 수 있었다. 전도의 오른쪽 한 편에는 "일본우선회사 해외항로도"가 그려져 있

---

94 竹村民郎(1999), (共同硏究報告)"十九世紀中葉日本における海洋帝國構想の諸類型: 創刊期〈太陽〉に關連して", 〈日本硏究〉 19, 京都:國際日本文化硏究センター, 277~282쪽.

다. 바다를 통하여 일본이 세계와 연결되어 있음을 보여주려는 것이다. 이 시기 일본은 미주와 오스트레일리아 그리고 유럽으로 가는 독자적인 항로를 갖고 있었다.

〈해海의 일본〉의 본문은 명류名流 의견, 문원文苑, 기행, 잡록 등으로 구성된다. 모든 기사는 바다에 초점이 맞추어졌다. 명류 의견란에 실린 기사의 제목과 필자(또는 담화자)만을 소개해 본다. "제국 해운의 연혁과 장래의 희망"(체신대신 자작 芳川顯正) / "세계에 있어 일본 수로의 가치"(해군 소장 肝付兼行) / "일본 해사의 상황"(체신성 관선국장 內田嘉吉) / "세계에 있어 해운사업의 현황"(우선회사사장 近藤廉平) / "일본 해원액제회의 사업"(부회장 前島密) / "세계적인 해의 일본"(법학박사 松波仁一郎) / "대판상선회사의 현황"(사장 中橋德五郎) / "원양항해의 화話"(해군 소좌 關重孝) / "수난구제사업"(일본 해원 구제회 회장 吉井伯爵) / "중학생 및 부형 제씨에 바란다"(상선학교장 平山藤次郎) 등이다. 당시 일본의 해양에 대한 관심의 폭이 상당히 넓었음을 보여준다.

〈해의 일본〉이라는 특집호를 낼 당시 박문관의 위세는 대단했다. 제2대 관주인 오하시 신타로大橋新太郎는 그 발간사에서 지난 15년 동안 '문명의 대세'를 따르는 사업을 벌여 왔다면서 앞으로도 '국민지식의 공급자'가 될 것임을 공언했다. 그러면서 최근 5년 동안 박문관에서 낸 도서와 잡지의 신간류가 총 1,678책에 달한다고 했다. '1일 1책'의 신간을 냈다는 자랑이었다. 그는 또 이번 특집호를 통해서 '해국 일본의 진의의眞意義'를 드러내고자 했다고 말했다.

〈해의 일본〉의 출간과 더불어 우리가 주목할 것은 이 특집호가 나오기 반년 전에 영일동맹이 체결되었다는 사실이다. 주지하듯이 이 동맹은 동아시아와 태평양 방면으로 세력을 뻗치려던 러시아를 봉쇄하려는 것이었다. 여기에는 미국도 힘을 보태려고 했다. 일본은 그 후 2년 만에 러시아와 전쟁을 벌였다. 이 전쟁의 피날레를 장식한 것은 '쓰시마해전'이었다. 일본 연합함대는 러시아의 발틱함대를 궤멸시켰다. 세계는 깜짝 놀랐다. 청일전쟁 후 일본이 꿈꾸어 오던 해양제국이 이제 그 모습을 드러냈다.

최남선이 "해상대한사"의 집필에 착수하게 된 배경과 동기에는 '해국' 일본의 비상飛翔이 있었다. 그의 제 1차 도쿄 유학기는 러일전쟁 중이었고, 제 2차 유학기는 러일전쟁 후 일본이 세계열강의 대열에 합류하던 시기였다. 그가 본 대일본제국의 성장 비결은 해외웅비론이었다.

"바다로 나아가야 한다, 바다로 나아가야 한다."

최남선이 일본 체험에서 얻은 교훈이 이것이었다. '섬나라島國' 일본이 할 수 있는 일을 '삼면환해三面環海'한 대한(제국)이 하지 못할 이유는 없지 않은가! 역사적, 문화적으로 보자면 한국은 오히려 일본보다 앞서 있지 않았는가! 문제는 의식이다. 대한의 소년들에게 '해사사상'을 불어넣어 그들이 바다를 두려워하지 않고, 바다와 함께 뛰놀 수 있도록 만들어야 한다.

이러한 목적에서 기획된 "해상대한사"는 〈왜 우리는 해상모험심을 감추어 두었나〉로 시작한다. 여기서 이 '왜'에 대한 대답은 여러 갈래로 나온다. 예부터 우리가 육로로 교통해 온 나라(이를테면 지나支那)에는 문물에서 취할 것도 있고 방물方物에서 가히 구할 것도 있었지만, 바다로 왕래하는 곳에서는 아무것도 취할 것이 없고 도리어 우리가 항상 각색各色 물품을 줘야 하는 폐단만 있었다. 더욱 왜倭와는 문득 움직이면 틈이 벌어지니 국민의 감정이 바다 바깥에 대하여 좋지 않은 것이 하나의 원인이요, 유구流寇로 인하여 연해가 항상 해를 받음과 임진란과 같은 쌓인 원한이 있어 남방과의 교통을 외겁畏怯한 것도 또한 한 원인이 될 것이라고 했다.

한편으론, "우리의 종족이 중앙아시아—바꾸어 말하면 대륙 중 진眞대륙에 장장 기만리幾萬里 동안을 육로로만 종래한 고로 조선祖先의 육상적陸上的 유전성이 해상모험심을 나딜 틈이 없도록 한 종성種性(적게 말하면 국민성)도 또한 큰 원인이 될 것이오"라고 했다. **95** 이리하여 우리 민족은 바다를 멀리하고 그곳으로 나아가려는 생각조차 하지 못하게 되었다.

여기서 '육상적 유전성'이라는 표현이 흥미롭다. 사실 이런 유전성의 근본 원인은, 도시적인 삶을 살았던 최남선은 간과했지만, 땅에 뿌리를 내리고 살아가는 농경사회에 있었다고 보아야 할 것이다. 왕도사상 구현을 위하여 농본주의를 내건 조선 사회가 특히 그러했다. 해금海禁이니 공도空島니 하는 말이 이때에 나왔다.

해상모험심에 대한 이야기가 끝난 다음에는 "해의 미관美觀은 어

---

95 〈소년〉 제1년 제1권(1908. 11), 32쪽.

떠한가"와 "바다란 것은 이러한 것이오"라는 기사가 이어진다. 앞의 글에서는 '환해국環海國' 소년의 '천직天職'에 대한 당부가 나오고, 뒤의 글에서는 '랄늬'의 다음 경구가 나온다.

"대양大洋을 지휘하는 자는 무역을 지휘하고 세계의 무역을 지휘하는 자는 세계의 재화를 지휘하나니 세계의 재화를 지휘함은 곧 세계 총체를 지휘함이오."**96**

오늘날에도 회자 되는 이 문구는 유럽 주도의 대항해시대에 '교역의 바다'가 지니는 세계사적 의의를 압축적으로 표현한 것으로, 영국의 정치가이자 탐험가이며 작가이기도 했던 월터 롤리Sir Walter Raleigh(1552?~1618)의 산문 한 구절이었다.**97** 최남선은 이 글귀가 일본 잡지나 책에 번역·게재된 것을 보고 끌어왔을 터이지만, 바다가 단순한 낭만의 표상이 아니라 치열한 생존경쟁의 무대였다는 사실을 그가 얼마만큼 이해하고 있었는지는 알 수 없다.

"해상대한사"의 제 2회부터 5회까지의 주제는 '삼면환해三面環海한 우리 대한의 세계적 지위'이다. 최남선은 이 연재물의 첫 회, 첫머리에서 이렇게 말한 바 있다. "내가 이 책에 집필할새 우리 국민에게 향하여 착정着精키를 고할 일사一事가 있으니 그것은 곧 우리들이

---

96 위의 잡지, 37쪽.

97 그 원문은 다음과 같다; "For whosoever commands the sea commands the trade; whosoever commands the trade of the world commands the riches of the world, and consequently the world itself." *The Works of Sir Walter Ralegh, Kt*(Oxford: The University press, 1829) vol. 8, 325쪽.

우리나라가 삼면환해한 반도국인 것을 허구간, 망각한 일이라."98

사실 반도半島, peninsula는 땅이 아니라 바다에서 바라볼 때 비로소 그 형상이 드러난다. 따라서 해금을 고수했던 조선시대에는 '반도'라는 말이 나올 수 없었다. 오늘날 우리에게 익숙한 '한반도'라는 말은 20세기에 들어와서야 나온다. 그러니까 메이지 시대 일본인이 먼저 '조선반도'라는 말을 쓰고, 그것이 대한제국기에 '한반도'로 수용된 것으로 볼 수 있다. 이때 '한韓'은 '삼한三韓' 또는 대한제국을 가리킨다. 그 이전의 한국은 반도가 아니라 대륙의 한 부분일 뿐이었다. 99

최남선은 그런 인식을 뒤집고 삼면환해한 반도국으로서 대한이 지니는 '세계적 지위'를 살펴보고자 했다. 18세 소년으로는 당찬 기획이었다. 그는 이렇게 말한다(강조는 원문을 따름).

> **'우리가 여지도를 펴놓고 볼 때마다 항상 감사하난 뜻을 금치 못함은 사실이니'** 대개 우리나라의 처지같이 좋은 곳이 다시는 찾아보려 하여도 없거늘 오직 한군데 우리나라만 천혜天惠를 편후偏厚히 받아 이렇게 묘한 위位를 얻음을 감사치 아니치 못함이라100

---

98 〈소년〉 제1년 제1권(1908. 11), 32쪽.

99 이러한 인식을 잘 보여주는 것이 조선왕조의 개창과 더불어 제작된 〈혼일강리역대국도지도〉였다. 이 지도는 조선이 '반도'가 아니라 중국에 버금가는 '대륙' 국가임을 당당하게 보여준다. 이에 대해서는 최창모(2013), "〈혼일강리역대국도지도〉(1402년)의 제작 목적 및 정치-사회적 배경에 관한 연구", 〈한국이슬람학회논총〉 23-1 참조.

100 〈소년〉 제1년 제2권(1908. 12), 5쪽.

그렇다면 유독 '하늘의 혜택'을 받은 반도국의 위치란 어떤 것인가? "아시아 대륙 중 동방에서 **좌에는** 일본해를 끼고 **우에는** 황해를 끼고 **머리에는** 세계 철탄鐵炭의 무진장으로 아직 주인을 만나지 못한 원동遠東 대륙을 이고 **발아래론** 세계 문화의 대중심으로 바야흐로 활극을 연출하는 남대양南大洋을 구부려보면서 대소 상잡한 총도叢島 열도를 거느리고 **'장엄하게 정중하게 꾸부정·뾰족·길쭘하게'** 나는 나감네 하고 내여민 반도"라고 했다. 이리하여 한반도를 국제법학자들은 **'태동의 발칸'**이라고 일컫고 비교지리학자들은 **'태동의 이탈리아'**라고 부른다고 했다(강조는 원문을 따름).[101]

이어서 최남선은 한반도 주변 '사린四隣의 관계'에 대하여 논한다. 먼저 '동린東鄰'인 일본에 대하여 말하기를, 이 나라는 원래 태동 일국一局에서 가장 미개한 자이러니 '지금 황제'인 메이지 시대에 이르러 닫혔던 문을 열고 막혔던 길을 뚫어 지난 사오십 년을 두고 상하일심上下一心으로 죽기를 무릅쓰고 새 사업을 경영하여 드디어 오늘의 지위를 얻게 된 '신흥국'이라면서 다음과 같이 말했다.

> 우리가 장차 나아가려 하는 길을 이 나라(일본)에서는 그 일부분을 먼저 지나간 경험을 가졌고 또 우리나라 새 문화는 이 나라로부터 가져올 것도 많을 뿐더러 다나 쓰나 지금에는 극히 큰 관계를 맺고 있은즉 그가 좋은 데로 잘 지도하여 주는 것은 우리가 또한 감사하는 뜻으로 좇

101 위의 잡지, 6~7쪽.

을 필요가 있소 또 다른 날 우리 소년 여러분의 심력心力으로 우리가 항상 건설하기를 힘쓰는 신대한이 이루어지는 때에는 가장 구의舊誼 가진 친구도 이 나라오 또 가장 거치적거리는 경쟁자도 이 나라인즉 우리는 잠시라도 이 나라 일을 홀저忽諸히 할 수 없소. 102

이 글은 당시 최남선이 일본에 대하여 가졌던 복잡한 심사를 잘 드러내고 있다. 청국 및 러시아와의 전쟁을 통하여 세계 일등국의 반열에 올랐다고 환호하는 일본과 그러한 일본의 '보호'를 받게 된 한국, 힘에 기초한 이 현실을 최남선은 일단 받아들이면서도 일본을 애써 '신흥국'으로 지칭하고 그들의 '미개'한 과거의 역사를 들추어 냄으로써 현재의 한일관계가 언제든 뒤바뀔 수 있음을 시사하고 있다. 그는 절망 속에서도 희망의 빛을 찾고자 했다.

최남선은 가까운 동쪽 이웃近東鄰 일본에 이어 먼 동쪽 이웃遠東鄰 북아메리카합중국으로 이야기를 옮기면서 "일위가항一葦可航할 저 일본만 없으면 합중국이 곧 동린東鄰이 될 뿐 아니라 다른 날 남대양상南大洋上에서 패권을 다투게 되는 가장 무서운 경쟁자가 될 터"이라고 했다. 103 그는 미국이 콜럼버스 등 '용감한 소년'들의 모험 탐색한 결과로 비로소 널리 세상에 알려진 나라로서 광활한 국토와 풍부한 자원에 바탕을 두고 근대적인 산업 발달과 무역 확장을 꾀하고 있다

102 〈소년〉 제 2년 제 1권(1909. 1), 16~17쪽.
103 위의 잡지, 17쪽.

고 했다. 최근에는 스페인과의 전쟁을 통하여 획득한 필리핀 제도가 극동에 있는 미국의 군사상, 경제상의 큰 근거지가 되고 있으며, 하와이의 호놀룰루 항구는 극동에 이르는 중추지가 되고 있다. 장차 파나마운하가 개통되면 미국은 대서양과 태평양을 연결하여 세계 최강국으로 부상할 것이라면서 이렇게 말했다.

> 이와 같이 합중국이 태평양상에서 세력을 발전하여 가는 형태는 우리 국민이 수유須臾라도 방심치 못할 것이오. 또 일본의 새 문화가 많이 그 나라에서 얻어온 것과 같이 우리나라도 이 나라로부터 얻을 것이 많은즉 더욱더욱 우리와의 관계가 친밀하여 갈 것이 요연瞭然하오. 104

앞서 최남선은 일본을 신대한의 '가장 거치적거리는 경쟁자'로 지목하고 '저 일본만 없으면' 미국과 바로 교통할 수 있을 것이라는 바람까지 드러낸 바 있다. 그는 메이지 시대 일본의 문명개화가 미국에 의한 개항과 그 영향에 따른 것으로 일본은 결국 미국의 아류일 수밖에 없다고 생각했다. 따라서 한국이 진정 배우고 따라야 할 나라가 있다면 그것은 일본이 아니라 미국이라고 보았다. 여기에서는 일본에 대한 선망과 질시 그리고 배제의식이 작동한다. 일본만 없다면 한국은 미국과 '태평대양'을 사이에 두고 마주할 것이고, 그러면 그 바다를 통하여 불어오는 문명의 바람을 한국이 가장 먼저 맞게

---

104 위의 잡지, 19쪽.

될 것이기 때문이다.

한반도의 서쪽 이웃西隣인 중국支那帝國에 대한 최남선의 태도는 어떠했을까? 그는 이 제국이 아시아 대륙의 중부와 동부를 거의 다 점거한 세계상 제 4위 되는 '대국'이지만, '지나인'들에게는 자존자대自尊自大하고 시고비금是古非今하는 병통이 있어 진보라는 것을 알지 못한다면서 이렇게 말했다.

> 만일 사람에 귀천의 별別이 있다 하면 마땅히 진보를 알고 모름으로써 나눌 것이오. 나라에 화이華夷의 별이 있다 하면 또한 진보의 있고 없음으로써 나눌지니, 이 이치로써 말하면 지난날의 지나는 화華라 할지라도 오늘의 지나는 이夷오 지난날의 서인西人은 이夷라 할지라도 오늘의 서인은 화華이니 만일 이 분별 저 분별 아니하고… 번연히 야광주보다도 명휘하고 금강석보다도 찬란한 눈이 부신 문명진보를 보면서도 그를 이적夷狄의 족속이라 하고 그를 수축獸畜의 화생化生이라고 하니 이따위가 화禍를 밧고 이따위가 해害를 보지 아니하면 누가 당하리오.105

이 글은 서양 '표준'의 진보와 문명 의식이 소년 최남선의 뇌리에 각인되어 있음을 잘 보여준다. 근대 이후 유럽 사회의 진보와 발전을 세계사의 보편적 전개 과정으로 보고 그것을 목표로 삼는 '계몽주의적 문명사관'의 세례를 받은 것이다.106 그는 이러한 역사 인식을

---

105 〈소년〉 제 2년 제 2권(1909. 2), 13쪽.

서양이 아니라 탈아입구脫亞入歐를 외치던 메이지 일본으로부터 배웠다. 위의 글에서도 '지나'로 대표되는 동양문명에 대한 멸시와 서양문명에 대한 찬양이 극적으로 대비되고 있다.

이러한 동·서 문명의 역전은 이른바 대항해시대 땅에서 바다로, 대륙에서 해양으로의 인식 전환과 맞물리면서 동양문명 = 대륙문명 = 후진문명, 서양문명 = 해양문명 = 선진문명으로 도식화되었다. 이러한 '문명' 담론은 〈소년〉 시대에서 〈청춘〉 시대로 옮겨서도 변함이 없었다. 10대 후반 일본 유학기의 문화적 충격이 최남선의 사고를 지배하고 있었다.

---

106 김현주(2007), "문화사의 이념과 서사전략: 1900~20년대 최남선의 문화사 담론 연구", 〈대동문화연구〉 58, 230~234쪽.

4. "해상대한사" 분석 2:
도국의 천직과 반도의 천직

"해상대한사"의 6회부터 12회차까지는 '(한) 반도의 지리학'에 대한 이야기가 펼쳐진다. 이에 따르면, 반도란 해륙 접경에 처하여 육리陸利와 해리海利를 겸하여 받는다. 그리고 이러한 자연적 형세 이상으로 더 중요하고 더 거대한 천명天命과 지리地利가 인문상에 있음을 깨달아야 한다. 그것은 세 가지이다. 첫 번째는 해륙문화의 융화와 집대성자 됨이오, 두 번째는 해륙문화의 전파와 소개자 됨이며, 세 번째는 해륙문화의 장성처長成處 됨이라고 했다. 최남선은 각각에 대하여 기술한 후 다음과 같이 정리했다.

> 이를 개관하건대 문화의 대부분은 반도에〔서〕 일어났고 또 문화의 전도와 조화와 집대성과 개척은 모두 반도의 천직이어서 고석古昔으로부터 인류사회에 등대光塔임을 알지니 이는 엄정한 역사적 사실이 가장 엄숙하게 우리〔에〕게 고하는 바이라. 여러 번 말하는 바이니와 하늘이 온갖 무거운, 또 영화스러운 책임은 어찌하여 반도를 시키심을 생각하건대 그 은총의 융숭하심을 감격하지 아니할 수 없소. 107

107 〈소년〉 제 2년 제 10권(1909. 11), 42~43쪽.

그런데 이 글의 문투와 논리 전개 및 구도는 일본의 그리스도 사상가 우치무라 간조内村鑑三(1861~1930)가 청일전쟁 직전에 발표한 《지리학고地理學考》를 연상시킨다.[108] 이 책은 1897년에 제명을 《지인론地人論》으로 바꾸어 출간되었다.[109]

발표 당시부터 일본에서 큰 반향을 불러일으켰던 이 책은, 그 결론이라고 할 수 있는 제 9장 "일본의 지리와 그 천직天職"에서 다음과 같이 말한 바 있다.

일본의 천직은 무엇인가? 지리학은 대답하기를 그녀는 동서양의 매개자라고 한다. 너무나 간단한 답이라고 말하지 말라. 이것은 큰 국민이기에 떳떳한 천직이다. 이것이 그리스의 천직이었다. 또한 영국의 천직이기도 하였다. 그녀가 강대할 수 있었던 것은 그녀가 자기의 천직을 다하였기 때문이다. 매개자의 위치 … "화평케 하는 자는 복이 있나

---

108 우치무라의 생애와 한국과의 관계에 대해서는 양현혜(2017), 《우치무라 간조, 신 뒤에 숨지 않은 기독교인》, 이화여자대학교 출판문화원 참조.

109 우치무라는 《地人論》을 출간하면서 이 책 제목이 아놀드 기요(Arnold Guyot, 1807~1884)의 *The Earth and Man: Lectures on Comparative Physical Geography in its Relation to the History of Mankind*(Boston: Gould, Kendall, and Lincoln, 1949)에서 따온 것임을 밝혔다. 두 책의 관계에 대하여는 辻田右左男(1977), "地人論の系譜", 〈奈良大學紀要〉 6, 28~39쪽 참조. 이 논문에서는 두 책의 제목은 같지만 내용적으로 꽤 이질적이라고 점을 강조한다. 이를테면 아놀드 기요가 자연지리에 치중했다면, 우치무라는 인문지리에 초점을 맞추었다든가, 50년이라는 시간적 격차에 따라 우치무라의 책이 좀 더 발전된 내용을 담고 있다고 한다. 요컨대 《지인론》의 독창성에 주목해야 한다는 것이다.

니, 그는 하나님의 아들이라 일컬음을 받으리라."

지리학이 시사하는 바 우리나라의 천직은 야마도 민족 2,000년간의 역사가 자기도 모르는 사이에 서서히 이룩해 온 천직이다. 110

우치무라가 여기서 말하는 '천직'이란 종교상의 술어인 섭리providence와 관계된다. 그는 웹스터 사전을 빌려 섭리의 뜻을 풀이하기를, "하나님神이 만유萬有 위에 집행하는 선견先見과 배의配意"라고 했다. 111 이처럼 섭리에는 신의 절대적 의지가 작용한다는 관념이 들어가 있었다.

우치무라는 과연 그런 절대적 의지가 존재하는가는 순수철학상의 문제이므로 자기가 논할 바 아니라고 했다. 그는 오직 귀납적 방식을 택하여 지리학의 사실이 그 존재를 입증할 수 있도록 할 뿐이라고 했다. 이러한 방식에 따라 그가 내린 결론은 지리적인 형상 속에 신의 절대적 의지가 작용하고 있다는 것이었다. 《지인론》의 저술 동기가 여기에 있었다. 112

---

110 우치무라 간조 저, 김유곤 역(2000), 《內村鑑三全集》 제2권, 크리스찬서적, 292쪽.

111 內村鑑三(1897), 제4장 〈地理學과 攝理〉, 《地人論》, 東京: 警醒社書店, 55쪽. 김유곤의 번역서에서는 '配意'를 '배려'로 번역한다(위의 책, 218쪽). 그런데 원문의 '배의'에 우치무라가 원래 말하고자 했던 '신의 의지'가 담겨 있다고 생각된다.

112 양현혜(2016), "함석헌과 무교회의 역사 철학", 〈종교문화학보〉 13의 제2장 참조. 《지인론》은 일본에서 인문지리학의 여명을 열었다는 평가를 받는다〔中川浩

이러한 관점에서 우치무라는 일본이 '섬나라'(島國)라는 점에 주목한다. 그는 이렇게 말한다. "섬나라의 쓰임새는 언제나 대륙 간의 관계를 돕는 데 있다. 영국이 유럽과 아메리카 사이에서, 유럽의 정수로써 아메리카를 열고, 아메리카의 부로써 유럽을 이롭게 한다는 것은 이미 말한 바와 같다. 시칠리아는 지중해의 중앙에서 유럽과 아프리카 양 대륙의 사상을 교환한 곳이었다. … 일본의 위치는 아메리카와 아시아 사이에 있다. 그 천직은 이 두 대륙을 이어주는 일이 아니고 무엇이랴."113

우치무라는 인도와 중국에서 발원한 동양문명이 한반도를 거쳐 일본 열도로 들어오고, 서아시아와 지중해에서 발원한 서양문명이 아메리카 대륙을 거쳐 일본으로 들어왔다고 했다. 그리고 이런 결론을 내린다. "파미르고원의 동서에서 정반대로 갈라져 흘러갔던 두 문명은 태평양 가운데서 서로 만나 양자의 합일로 새 문명이 잉태하고, 이것이 우리에게서 나와 다시 동양과 서양으로 퍼져 나가게 된다."114

이리하여 일본이 동서 문명의 매개자이자 융합처로서 새로운 세계 문명을 만들어 낼 것인바, 이것이 곧 하느님이 일본(인)에게 부여한 '천직mission'이라고 말했다.115

一(1975), "明治の地理學史: 20・30年代を中心にして", 〈人文地理〉 27-5, 507쪽].

113 우치무라 간조 저, 김유곤 역, 앞의 책, 291쪽.

114 위의 책, 295쪽.

최남선은 우치무라가 《지인론》에서 말한 '도국' 일본의 천직을 '반도' 대한의 천직으로 바꾸고, 우치무라가 말한 동양·서양을 대륙·해양으로 재배치했다. 그러니까 "해상대한사"의 '반도와 인문'은 우치무라가 '일본의 지리와 그 천직'에서 설파한 내용을 한반도라는 지리적 조건과 역사에 맞추어 고쳐 썼던 것으로 볼 수 있다.

그렇다면 현재 한반도에 사는 대한(인)에게 주어진 천직은 무엇인가? "해상대한사"에서는 이에 대하여, "하늘은 우리 반도에 대하여 처음부터 큰 것을 바라시며 완전한 것을 구하시니 신의 지능知能하심이 우리의 지리적 처지로써 큰 준비를 하기와 완전한 일을 하기에 가장 적당하도록 하실새"라고 운을 뗀 후, 현재 우리의 상태는 구차하지만 과거의 '역사상 공적'으로 볼 때 미래의 희망이 없지 않다고 했다.[116] 여기서 미래의 희망이란 한반도의 '세계통일자로서의 역할'이었다.[117]

이에 대한 구체적인 이야기는 "해상대한사"가 아니라 《초등대한지리고본》에 나온다. 이 원고본에 나오는 '시운時運'이라는 항목을 보면, 금후 세계의 대경쟁 무대는 실로 '수계水界의 왕'인 태평대양과 '육계陸界의 왕'인 아시아 대륙인데, 대한제국은 내외로 이 두 곳을

---

115 우치무라는 1892년에 요코하마에서 발행되던 *The Japan Mail*에 "Japan: Its Mission"이라는 기고문을 보낸 바 있다. 《지인론》은 이것을 확대, 발전시킨 것이다.

116 〈소년〉 제3년 제3권(1910. 3), 46~48쪽.

117 〈소년〉 제2년 제10권(1909. 11), 41~42쪽.

아울러 공제하고 그 위에 풍토・물산・지세・종족이 모두 아름답고 풍족하고 준수하니 대한인은 크게 자각하여 담대한 포부와 기백을 가져야 한다고 했다. 다음의 글을 보자.

> 더욱 금今 이전의 문화는 다 지방적 문화러니 금에 시운의 소진所進에 동서의 문화가 일一은 동東으로서 서西로 향하고 일은 서로서 동으로 유流하여 금 이후에 양자가 회합하는 처에서 증전曾前에 미유未有한 세계적 문화가 성립하려 하는데, 그 발점發點과 추향趨向을 관하건대 양자의 귀착처 곧 상봉상화相逢相和하여 대大한 결과를 산産할 곳이 아 제국 됨이 명확한지라, 차嗟홉다 제자여 이를 사思하라. 118

동서 문명(또는 문화)의 융합과 신문명(또는 신문화)의 탄생이라는 점에서 우치무라와 최남선의 이야기 구도는 같다. 물론 다른 점도 있다. 그것은 두 가지이다. 첫 번째는 지리적 주체가 '도국' 일본에서 '반도' 대한으로 바뀐다. 두 번째는 '천직'에서 천天의 해석이다. 우치무라가 그것을 기독교의 유일신으로 보았다면, 최남선은 한민족의 시조인 단군에게서 찾고자 했다. 〈소년〉 창간 1주기를 맞이하는 기념호(1909. 11)를 보면, 그 맨 앞에 '단군절檀君節'(11월 1일)이라는 가사와 곡보曲譜가 실려 있다. 여기에 '우리 성조聖祖'라든가 '대주재大主宰'라는 표현이 등장한다. 이후 〈소년〉지에는 단군과 태백산

---

118 〈소년〉 제3년 제4권(1910. 4), 15쪽.

에 대한 기사들이 본격적으로 등장한다.119 이것이 곧 대종교大倧教와 연결되는 것인지에 대해서는 좀 더 검토가 필요하다.

또 다른 문제가 남아 있다. 최남선이 언제 어떤 경로로 우치무라와 그의 저술 《지인론》에 대하여 알게 되고 그 영향은 어느 정도였는가이다. 자료로 확인되는 것은 1909년 11월호 〈소년〉지에 실린 "지리학 연구의 목적"이다.120 이 기사는 《지인론》의 제 1장을 완역한 것인데, 그 앞과 뒤에 나오는 소개 글과 본문 번역에서 흥미로운 점들이 눈에 들어온다.

먼저 앞글에는 이런 이야기가 나온다. 최남선이 최근 국내의 한 지방을 여행하던 중 모 학교의 간곡한 청에 못 이겨 아무런 준비도 없이 대여섯 시간 동안 '지리의 기초적 관념'에 대해 강연하게 되었는데, 그 내용이 스스로 생각하기에 "천박하고 소루하기 비할 데 없는지라" 무척 부끄러워했다. 이에 서울로 돌아오자마자 《지인론》을 꺼내 읽으니 더욱 자기의 '소축素蓄'이 적음을 알게 되었다고 했다.121 최남선은 벌써 우치무라에 대하여 알고 있었을 뿐 아니라 그의 책까지 갖고 있었던 것이다.122

---

119 〈소년〉 제 3년 제 2권(1910. 2)에는 "태백산시집"이 실린다. 여기에는 '太白山歌' 1·2, '太白山賦', '태백산의 四時', '태백산과 우리'가 수록되어 있다.

120 〈소년〉 제 2년 제 10권(1909. 11), 83~97쪽.

121 위의 잡지, 83쪽.

122 제 2차 일본 유학기(1906~1908), 최남선은 한 학기 동안 와세다대학에서 역사지리학을 배우고 이 분야에 대한 관심을 꾸준히 유지하고 있었던 만큼, 당대 일본 지성계에서 독특한 위치를 차지하던 우치무라의 존재와 그의 저술들에 알고 있었

《지인론》의 첫 장에 실린 〈지리학 연구의 목적〉은 ① 지리학의 본령, ② 지리학과 식산, ③ 지리학과 정치, ④ 지리학과 미술・문학, ⑤ 지리학과 종교, ⑥ 지리학과 세계관념, ⑦ 세계관념 양성의 실리, ⑧ 지리교육 등의 항목으로 나뉜다.

최남선은 〈소년〉지에 이 장을 번역・게재할 때, ⑤항의 제목을 '지리학과 법교法教'로 바꾸었다. 그러니까 '종교religion'가 '법교'로 바뀐 것이다.123 그 이유는 아직 분명치 않다. ⑤항의 번역은 이렇게 시작된다. "누가 법교〔종교〕에 지리학이 요긴치 않다고 하더냐, 법교사〔종교사〕를 읽고 지리학의 무용無用을 알게 된 사람이 누구냐, 에집트교에서 사막과 나일강을 빼고 보아라 의미 없고 목적 없는 한 난잡한 것이 되고 말리라, 시나이산 그것이 곧 유대교의 주해注解니라, 메카・예만이 아니면 이슬람교가 생기기 아니하였을 것이오."

을 것이다. 최남선은 말년에 대한성서공회의 한 기자와 대담하면서 우치무라가 지은 책들을 거의 다 읽었다고 말했다〔권정화(1990), "최남선의 초기 저술에서 나타나는 지리적 관심: 개화기 六堂의 문화운동과 明治 地文學의 영향", 〈응용지리〉 13, 21쪽〕. 이 논문은 최남선과 우치무라의 관계에 대하여 처음 주목한 것으로 보이는데, 《지인론》의 저술 배경과 〈소년〉지에 실린 "지리학 연구의 목적"을 간단히 소개하는 데 그쳤다.

123 주지하듯이 우치무라가 사용한 '종교'의 개념은 영어 'religion'의 번역에서 나온 것이다. 메이지 초기 'religion'은 종교 이외에도 宗門, 法教, 教法, 教問 등으로 번역되다가 1880년대에 점차 '종교'로 일반화되었다. 그 과정은 종교가 문명, 학문, 도덕과 분리되면서 '초월적' 개념을 획득해 나가는 것이기도 했다. 이에 대해서는 호시노 세이지 저, 이예안・이한정 역, 《만들어진 종교: 메이지 초기 일본을 관통한 종교라는 물음》(글항아리, 2020)의 〈서론: '종교' 개념을 대상화한다는 것〉 참조.

요컨대 종교와 지리(풍토)와는 떼어 놓고 생각할 수 없다는 것이 우치무라의 생각이었고, 따라서 그는 일본의 풍토에 맞는 기독교(개신교) 수용을 주창했다. 이른바 '교회가 없는 자의 교회', 즉 무교회주의가 그것이다. 우치무라는 기독교 정신이 형식화, 제도화되는 것을 막기 위해 오직 성서와 신앙만을 중시해야 한다고 보았다. 하나님과의 직접 소통을 내세운 것이다.124 최남선은 우치무라의 이야기 중 종교와 지리와의 상관성에 깊은 감명을 받았지만, 그의 기독교 신앙만은 받아들이지 않았다. 최남선은 그 대신에 한국적 풍토에 맞는 단군 신앙을 내세우고자 했다. 다음은 《지인론》의 제 1장 ⑤항을 번역하면서 최남선이 임의로 고쳐 쓴 부분이다.

> 신神이 오사 태백산상에 제좌帝座를 정하시고 힘껏 발을 붕비곤유鵬飛鯤遊하는 남명南溟에 향하여 뻗으시고 금강〔산〕의 수秀와 묘향〔산〕의 유幽가 그 허리를 두르고 금파金波가 찬燦하고 은파恩波가 난爛한 바다가 전좌우前左右로 몸을 씻길 새 우리나라가 교화되였나니라.125

---

124 우치무라의 신앙을 이해하는 데 직접 도움이 되는 것은 그가 1905년에 발표한 *How I became a Christian: Out of My Diary*(Tokyo: Keiseisha, 1895)이다. 우치무라 간조 저, 김유곤 역, 《內村鑑三全集》 제 2권(크리스찬서적, 2000)에 그 번역문(〈나는 어떻게 크리스천이 되었는가?〉)이 실려 있다.

125 〈소년〉 제 2년 제 10권(1909. 11), 92쪽. 이 문장의 원문 번역은 다음과 같다. "하나님이 오셔서 우리 가운데 거하여, 후지산으로 보좌를 삼고, 미쓰보의 솔밭을 발판으로 하고, 벚꽃이 그 가슴을 수놓고, 검푸른 소나무 숲이 그의 허리를 두르고, 사면의 바다의 흰 물결이 그의 띠가 될 때, 이 나라는 비로소 문명국이 되었다고 말할 수 있다."

이 글은 태백산, 즉 백두산을 머리에 이고 있는 한반도의 형상을 그리고 있다. 그 산 정상에 내려오신 천제의 아들 단군이 나라를 세우시매 한반도의 '교화', 즉 역사가 시작되었다는 것이다. 최남선은 이때 단군의 '신성神性'을 인정하는 듯하지만, 그것이 곧 기독교의 하나님과 같은 절대적인 존재로 인식하는 것인지에 대하여 좀 더 검토할 필요가 있다. 이 문제는 최남선이 '지리학과 종교'라는 소절 제목을 '지리학과 법교'로 바꾸었던 것과도 연결될 수 있다.

한편, 우치무라는 그의 저술 《지인론》에서 일본인이 '세계인'이 될 수 있기를 강력히 희망한다. 1880년대 초 삿포로농학교를 졸업한 후 미국으로 건너가 매사추세츠주의 유서 깊은 애머스트대학Amherst College에서 폭넓은 인문 교육을 받았던 그는, 문명화된 세계 속에서 일본이 나아가야 할 길에 대하여 진지한 고민에 빠진다.126

그 사색의 결과는 〈소년〉지에 실린 번역문 "지리학 연구의 목적" 중 ②항 지리학과 식산, ⑥항 지리학과 세계관념, ⑦항 세계관념 양성의 실리에 잘 나타난다. 이 가운데 ⑥항의 첫 문단을 소개한다.

---

126 우치무라는 〈나는 어떻게 크리스천이 되었는가〉에서 자신이 미국 유학 시절(1884~1888) '조국 일본'을 다시 보게 되었다고 언급했다. "조국이야말로 고상한 목적과 고귀한 야심을 가지고 세계와 인류를 위하여 존재하는 신성한 실재임"을 깨닫게 되었다는 것이다(우치무라 간조 저, 김유곤 역, 앞의 책, 105쪽). 그가 말하는 '일본의 천직'이 어떤 배경과 동기에서 나왔는지를 잘 보여준다. 보다 자세한 것은 박상도(2016), "청년 시절 우치무라 간조의 국가관 형성", 〈일어일문학연구〉 98-2 참조.

지리학으로 하여 우리가 가장 건전한 세계관념을 함양할 수 있으니, 국가가 홀로 일개 독립인인 사회가 아니라 지구도 또한 한 유기적 독립인이니 지방이 일국의 일부분인 것처럼 일국도 또한 지구란 한 독립인의 일부분에 지나지 못하나니라 … 우리는 아국인我國人이 될 뿐 아니라 또한 세계인Weltmann이 될지라, 한 손으로라도 눈을 가리면 우주를 가릴 만하거니, 시력을 한 소국에 주사注射하여 세계의 공민권公民權, 원문은 市民權을 포기치 못할지니라. 127

그러면서 말하기를, 세계관념을 양성하는 데 있어 최상책은 직접 세계를 둘러보는 것이며 그다음은 세계지리를 공부하는 것이라고 했다. 이러한 우치무라의 이야기를 듣다 보면, 최남선이 〈소년〉지에서 강조한 '세계적 지식'의 필요성과 지리학 공부의 중요성이 어디에서 영향을 받았는지를 알 수 있다. 128

---

127 〈소년〉 제 2년 제 10권(1909. 11), 92쪽.

128 윤영실은 우치무라가 《지인론》에서 미국의 근대 지리학에 배어 있는 '제국의 욕망'을 팽창 일로에 놓여 있던 메이지 일본의 상황에 그대로 투영했다고 보고, 최남선 또한 그 영향을 강하게 받았다고 보았다〔윤영실(2008), "'경험'적 글쓰기를 통한 '지식'의 균열과 식민지 근대성의 풍경: 최남선의 지리 담론과 〈소년〉지 기행문을 중심으로", 〈현대소설연구〉 제 38호, 227~231쪽〕. 흥미로운 지적이다. 실제로 《지인론》 중에는 그렇게 해석될 부분이 없지 않다(특히 〈지리학 연구의 목적〉 중 ②항 지리학과 식산이 그렇다). 그런데 우치무라의 《지인론》 중 핵심이라고 할 수 있는 '세계인'이라든가 '일본의 천직'이라는 것이 전쟁과 일본의 팽창을 일방적으로 옹호했던 것이 아니라는 점 또한 인정해야 한다.

우치무라는 청일전쟁 직전에 발표한 《지리학고》를 《지인론》(1897)으로 제목

한편, 《지인론》에서는 지리학을 이렇게 정의한다. "진리를 연모하는 성의로써 대하면 지리학은 일종의 애가愛歌요 산수山水로써 그려진 철학이며 조주造主의 손으로 만들어진 예언서이다."129

최남선은 이 문장을 번역하면서 '철학'을 '이학理學'으로, '조주'를 '대주재大主宰'로, '예언서'를 '비참秘讖'으로 각각 바꾸었다.130 앞서 보았듯이 그는 단군을 '대주재'라고 부른 바 있다. '예언서'를 한국 전래의 풍수지리설에 근거한 '비참'이라고 한 것도 흥미롭다. 당시의 대중적 정서를 반영하여 근대 지리학에 대한 이해와 친밀감을 끌

을 바꿔 출간하면서, 그 서문에 이렇게 썼다. "청일전쟁 이후의 일본인은 내가 이 책에서 論究한 바 大天職을 감당할 만한 민족이 못 된다는 것을 증거하고 있는 듯하다. 그러나 나는 하늘의 지시를 굳게 믿는다." 청일전쟁이 동아시아의 진보를 위한 '의전'(義戰)이라고 보았던 우치무라가 유보적인 입장을 밝힌 것이다. 러일전쟁이 예견되던 1903년에는 〈전쟁폐지론〉을 발표한다. 우치무라는 '전쟁 폐지'의 목소리가 들리지 않는 국가는 미개국이며 야만국이라고 비판했다. 그는 '신의 섭리'에 의하여 전쟁은 없어지고 평화의 시대가 도래할 것으로 믿었다. 자연의 법칙에는 우승열패의 이치뿐만 아니라 협력, 애련, 희생에 의한 진화 발전의 원리가 존재한다고 했다[아가사키 히데노리(2004), "근대일본정치사상에 나타난 이상과 현실: 일본의 과오와 교훈", 〈국제정치논총〉 44-2, 176~179쪽].

《지인론》에서 우리가 놓치지 말아야 할 것은 이 책이 '신의 섭리'를 밝히려는 목적에서 나온 것이라는 점이다. 최남선은 이것을 놓쳤다. 따라서 그의 '제국의 욕망'은 맹목적일 수 있었다. 이에 대해서는 다음 장에서 다룬다. 청일·러일 전쟁기 우치무라의 활동과 생각에 대하여는 이기용(1998), "內村鑑三의 기독교사상 및 그의 일본관과 조선관", 〈한일관계사연구〉 9 참조.

129 內村鑑三(1897), 《地人論》, 東京: 警醒社書店, 20쪽; 우치무라 간조 저, 김유곤 역, 앞의 책, 198쪽.

130 〈소년〉 제 2년 제 10권(1909. 11), 96쪽.

어내고자 했던 것 같지만, 우치무라가 말한 '예언서The Prophets'는 유일신앙에 기초한 것으로 한국의 '비참'과는 성격이 완전히 달랐다.[131] 이 문제는, 앞서 본 '종교'와 '법교'의 문제처럼, 최남선이 이때 서양의 기독교를 온전히 이해하지 못하고 있었던 것이 아닌가 하는 의문을 갖게 한다.

최남선은 우치무라의 《지인론》 첫 장을 번역하여 〈소년〉지에 소개한 후 다음과 같은 소회를 밝혔다.

> 이 글을 읽는 자여 생각할지어다. 왜 우리가 오늘날에 똑똑한 지리학을 한 권 들고 똑똑하게 지리를 공부하여 보지 못하느냐 … 천의天意 소재를 모르고 세운世運 추이를 짐작치 못하고 제 나라 제 고향의 어찌 되어 갈지를 모르고 제 나라 제 고향이 어떠한 처지에 있는지도 모르고 제 나라 제 고향이 어떻게 하여야만 좋을지도 알 수 없는 우리는 불행하도다 여러분은 분발할지어다.[132]

이 글에서도 볼 수 있듯이 최남선의 지리학은, 우치무라의 영향을 받아 '천의'의 소재와 '세운'의 추이를 살핌으로써 자기 나라, 자기 고향이 나아가야 할 바를 제대로 알기 위한 학문으로 정립되었

---

131 우치무라가 말한 예언서는 《구약성서》 중의 〈예레미야서〉이다. 그는 이스라엘의 구원을 위해 애를 쓴 선지자 예레미야를 통해서 자기의 '조국' 일본을 어떻게 구원할 수 있는지에 대해 사색하게 된다(박상도, 앞의 논문, 246쪽).

132 〈소년〉 제 2년 제 10권(1909. 11), 97쪽.

다.[133] 그리하여 최남선은 '반도'의 지리학에 대한의 4천 년 역사를 접목하여 "해상대한사"를 집필함으로써 신대한의 소년들에게 그들이 나아가야 할 방향을 제시하고자 했던 것이다.

---

133 최남선은 우치무라에 대하여 평하기를, "그는 지리학 전문가는 아니지만 眞理를 위하여 지리 공부를 성실히 하는 자"라면서, "이것이 지리학상으로는 한 우스운 말이나 그러나 우리와 같은 자에게 지리의 緊重한 것을 알림에는 매우 周到하다 할지니"라고 했다. 그러면서 "역자〔최남선〕도 지리학 전문가는 아니나 원저자〔우치무라 간조〕와 같이 진리를 위하여 지리를 공부하는 정성을 덜하지 아니하노니"라고 하여 지리 공부의 동기와 목적에서 우치무라와 함께한다는 뜻을 보였다(위의 잡지, 97쪽, 譯者의 말).

5. 제국과 식민의 교차: 신대한의 꿈과 현실

20세기의 세계는 제국과 식민지로 양분된다. 동아시아도 마찬가지였다. 이른바 중화문명권에서 변방에 위치하던 일본이 청국 및 러시아와의 전쟁을 통해 제국의 대열에 합류한 반면에 청국과 한국은 각각 반半식민지와 식민지로 전락했다. 이렇게 된 배경과 원인에 대하여는 여러 방면에서 심층적 연구가 이루어져야 하겠지만, 한 가지 분명한 것은 근대로의 전환기 동아시아 3국의 지배층이 서양문명을 대하는 태도와 인식에서 차이가 있었다는 점이다. 이를테면 일본이 '탈아론'을 내세워 서양 근대문명의 수용에 적극적이었다면, 청국과 조선(대한제국)은 전통적인 화이론적 사고에서 벗어나는 데 실패했다고 보는 것이다.

최남선의 표현에 따르면, 그것은 '세운世運', 즉 세계 문명의 흐름을 제대로 읽지 못한 데서 비롯되었다. 이런 자폐적 상황에서 벗어나기 위해서는 과거의 낡은 사상과 관습에 얽매이지 않는 소년들이 주체가 되어 신대한을 건설하는 길밖에 없다. 〈소년〉은 이 같은 메시지를 끊임없이 반복적으로 독자에게 전달했다.

최재목은 이렇게 말했다. "최남선이 〈소년〉지에서 보여준 '신대한의 소년'이라는 기획은 기본적으로는 메이지 시기 일본에서 발신한, '소년'(또는 '청년')이라는 일본화된 서양=근대의 지知를 수신하여 한국적으로 새롭게 영유領有하려던 것이었다."134

이것은 대체로 적절한 지적이지만, 한 가지 우리가 생각해야 할 것이 있다. 그것은 〈소년〉이 표방하고 그 목표로 삼은 '신대한'에는 표어 이상의 어떤 실체가 없었다는 점이다. 이를테면 신대한이 도대체 어떤 체제와 모습을 갖춘 나라인지, 그리고 그런 나라를 세우기 위해서는 무엇을 어떻게 해야 하는지에 대한 이야기들이 통째로 빠져 있었다.[135] 따라서 〈소년〉지를 읽는 독자들은 공허해질 수밖에 없다. 어떻게 세계와 소통하면서 신대한을 세울 것인가? 그냥 바다로 나아가기만 하면 되는 것인가? 어떤 독자는 〈소년〉지를 보고 난 감상에 대하여, "왜 우리는 해변에서 나지를 아니하였노!"라고 한탄한 후 이렇게 말한다.

> 나는 이 설움을 풀고 이 소망을 이루기 위하여 학업을 성취하기만 하거든 나의 튼튼한 몸은 바다와 싸우는 데 쓰고 나의 넉넉한 지식은 바다를 탐구하는 데 쓰고 나의 가진바 유형무형의 온갖 것을 다 바다 씨름하기에 비용하리라. 그리하다가 그 위에서 죽어 눈을 감고 그 속에 장사하여 뼈를 삭히리라.[136]

---

134 최재목(2006), "최남선 〈少年〉誌의 '新大韓의 소년' 기획에 대하여", 〈일본문화연구〉 18, 270쪽.

135 기왕의 논문들에서는 '신대한의 기획' 또는 '근대 국민국가의 기획'이라는 표현이 자주 등장하는데, 이때 기획이라는 표현은 적절치 않다고 본다. "일을 꾀하여 계획한다"는 사전적 의미의 기획(planning)에는 하고자 하는 일의 목표뿐만 아니라 그것을 달성하기 위한 방법과 일정 등을 포함하는 개념이기 때문이다.

136 〈소년〉, 제 2년 제 1권(1909. 1), 76쪽.

이 글은 서울에 사는 15살 소년 최정흠이 〈소년〉의 제1호와 2호 정도를 보고 투고한 것이다. 그는 대한의 소년이 바다에서 나서 바다와 씨름하다가 바다에서 죽어야 한다고 말한다. 여기에서는 왜 바다와 싸워야 하는지, 그렇게 해서 얻는 것이 무엇인지에 대한 설명은 나오지 않는다. 한 마디로 맹목적이다.

문제는 그런 한계가 독자만의 것이 아니라 〈소년〉지에서 비롯되었다는 점이다. 이 잡지에는 바다와 문명에 대한 화려한 수사만 있을 뿐 당대 한국의 상황에 대한 진단과 문제 해결 방안이 나와 있지 않다. 소년들이 가져야 할 꿈과 포부에 대하여 말하지만, 그 꿈을 이루기 위하여 무엇을 어떻게 해야 하는지에 대한 설명이 없다. 〈소년〉이 창간된 후 1년이 지났지만 독자가 200명 수준에 그쳤던 것도 그런 공허함 때문이었을 가능성이 크다.

사실 러일전쟁 후 대한제국이 일본의 '보호국'으로 전락한 현실 속에서 '신대한'을 일으키려는 구상은 사상누각일 수밖에 없었다. 최남선은 그 공허함을 "해상대한사"에서 반도라는 지리적 '이점'과 태동사상泰東史上에 광채를 발했던 4천 년 고국古國의 역사로 채움으로써 국망의 위기에 체념하고 좌절하는 소년들에게 신대한의 '꿈'을 심고자 했다. 이 꿈은 바로 최남선 자신의 꿈이기도 했다. 그가 〈소년〉에서 말하는 것은 그 자신에게 속삭이는 다짐이기도 했다.

그렇다면 최남선의 '꿈'은 어떤 것이었을까? 그것은 다름 아닌 메이지 시대의 '신일본'을 그대로 닮고자 하는 것이었다. 〈소년〉지에 실렸던 다음의 글을 보자.

가거라 가거라 나아가거라,

천애지각天涯地角 남기는 데 없이,

북빙륙北氷陸 남열해南熱海 빠지는 데 없이,

가거라, 그리하여 이르는 곳마다 신일본을 건설하여라,

너희들은 애향심을 버려라 사친연처事親戀妻의 정을 끊으라,

팽창적 신일본의 인민은 단정코 이리하여서는 못쓰나니라.[137]

비장감마저 느끼게 하는 이 시적인 문장에서 우리는 '팽창적 신일본'이라는 용어에 주목해야 한다. 잘 알려져 있듯이 메이지 시대 일본이 대외팽창의 명분으로 내세웠던 것은 '과잉인구'였다. 이 문제를 해결하기 위해서는 일본 열도 밖으로 인구를 배출하여 세계 곳곳에 '소일본'을 건설할 수밖에 없다는 여론이 진작 일었다. 위의 글은 이런 분위기를 반영한다.

최남선은 신대한의 소년들도 일본인 또는 중국인처럼 적극적으로 밖으로 나가야 한다는 주장을 펼쳤다.[138] 그는 우리 역사상에 가장 '팽창적 원기'를 넉넉히 보인 대발해국大渤海國과 그를 계승한 고구려

---

137 〈소년〉, 제 2년 제 1권(1909. 1), 11쪽.

138 최남선은 전 세계로 퍼져 나가는 중국 화교에 대하여 말하기를, "다른 나라들은 金力과 무력으로 세계를 정복하려 하는 중에서 이 나라 사람들은 筋力으로 정복하려 하는 듯하니 세계상 어떠한 窮極한 곳에라도 支那의 苦力(募軍)과 일본의 娼婦가 없는 데가 없다 하게 하도록 되었는지라"고 했다. 그러면서 신대한의 소년들은 시급히 중국 인민의 自守誠과 建設才와 발전력(즉 팽창력)을 배워야 한다고 했다. 〈소년〉, 제 2년 제 2권(1909. 2), 14~15쪽.

를 상기시키면서 우리의 역사가 이 두 나라를 계승하지 못하고 위축되어 오늘날에는 우리의 '당당한 속지'인 간도間島에 대한 영유권마저 제대로 내세우지 못한다고 한탄했다. 그러면서 이렇게 말한다.

> 우리는 국외 발전지로는 오직 북강北疆 일변뿐이 있어서 고래古來로 이주민이 간단없이 들어가서 처처에 소한국小韓國을 별성別成한 것이 허다하고 장래에는 더욱 늘어갈 터인즉 우리가 이 땅의 형세를 항상 주의하여야 할 것이오. 또 우리나라의 장래 운명을 생각하건댄 우리의 세력이 여기서 굉대宏大하게 신장하여야만 팽창적 신대한이 비로소 의의 있게 될 터인즉 바야흐로 그 경륜을 하고 장차 그 사국事局을 당할 우리 소년은 더욱 촌시라도 이 지방의 연구를 게을리하지 못할 것이오.139

여기에 나오는 '소한국'이란 조선 후기부터 만주와 연해주沿海州로 이주하여 생겨난 '한인촌'을 가리킨다. 최남선은 또 20세기 초 하와이와 미주 본토로 건너간 우리 노동자들이 이곳에 건전 완미한 '외外신대한'을 건설하기에 노력 중이라고 했다.140

최남선의 원대한 꿈은 〈우리의 운동장〉이라는 사조詞藻에 잘 드러난다. 여기서 운동장이라고 함은 대한의 소년들이 마음껏 뛰어놀 수 있는 태동대륙과 태평대양을 가리킨다. 이 시구 양편에는 다음과 같

139 〈소년〉, 제2년 제3권(1909. 3), 14쪽.
140 〈소년〉, 제2년 제1권(1909. 1), 17쪽.

은 표어가 나온다.

> 우리 삼면 환해국 소년아 너의는 순시瞬時라도 몽매夢寐에라도 너의 천혜편후天惠偏厚한 세계적 처지를 잊지 말지어라.

> 목금目今 세계 문운文運의 대중심은 태평대양과 태동대륙에 있나니 우리 대한은 좌우로 이 양처를 공제控制함을 생각하라."[141]

최남선은 이처럼 대륙과 해양으로 뻗어 나가는 '팽창적 신대한'이야말로 반도의 소년들이 품어야 할 담대한 목표이자 이상이며 그들에게 부여된 소명, 즉 '천직'임을 강조했다. 그런데 그가 열병처럼 앓으면서 꾸었던 꿈은 한반도가 일본의 영토로 편입되면서 수포로 돌아갔다. 공교롭게도 그의 꿈을 현실화시킨 것은 신대한이 아니라 제국 일본이었다. 러일전쟁 후 일본은 아시아 대륙으로의 '북진'과 남서 태평양 방면으로의 '남진'을 동시에 밀고 나갔는데, 이러한 팽창은 오직 힘이 뒷받침될 때에만 가능한 것이었다.

꿈도 많고 포부도 컸던 소년 최남선의 신대한 구상은 두 가지 점에서 치명적인 약점을 지니고 있었다. 첫 번째는 구대한을 어떻게 신대한으로 바꿀 것인가에 대한 전략과 비전이 제시된 바 없다는 점이다. 그것이 혁명이 되었든 개혁이 되었든 더 이상 국권을 수호할

---

141 〈소년〉, 제 1년 제 2권(1908. 12), 32~33쪽.

의지도 비전도 없는 대한제국의 지배체제를 뜯어고쳐야만 했는데, 최남선은 정작 이 문제를 외면했다.

〈소년〉지에서 정치체제에 대한 언급이 나오는 것은 딱 한 번이었다. 1909년 11월 호에 실린 "봉길이 지리공부"에서였다. 이 기사는 창간호부터 실린 연재물이었지만 오랫동안 중단되었다가 다시 나왔다. 그런데 이번에는 좀 생뚱맞게 '세계 각국의 정치제도'에 대하여 설명한다. 그 앞부분을 소개한다. 인용문이 좀 길지만 〈소년〉지에서는 처음 보는 정치 기사라는 점에서 흥미롭기도 하고 또 주의해서 볼 대목이 있다.

> 지금 세계 각국의 정치를 보면 그 제도가 불일不一하여 혹은 주상主上이 큰 권력을 혼자 가져 주상의 뜻이 곧 정치요 주상의 말이 곧 법률로 그 나라는 주상 한 사람의 나라와 같은 데도 있고, 혹은 주상과 인민이 국사를 협의하여 다수의 의견으로 가려 쓰는 데도 있고, 그렇지 않고 혹은 인민이 모두 주장하는 데 편의상 두령 될 사람 하나를 공천하여 국사를 처리해 가는 데도 있으니 최초는 전제국이란 것이요 그다음은 입헌국이라는 것이요 마지막은 공화국이란 것이라. 이 중 전제국은 인민의 정도가 낮은 나라에서 많이 행하는 바요 입헌국과 공화국은 높은 나라에 행하는 바인데 통틀어 보면 전제국은 거의 없어지게 되도록 적다 하여도 무방하니 인민의 지식이 진보되면 면할 수 없는 이세理勢요.**142**

---

142 〈소년〉 제 2년 제 10권(1909. 11), 98쪽.

세계 각국의 정치제도에 대하여는 1880년대 중반 〈한성순보〉와 《만국정표》에서 이미 소개되기 시작했고, 1890년대 후반 독립협회와 만민공동회에서 조선에 입헌제도를 도입하려는 논의까지 진행된 바 있기에 위의 기사는 사실 새로울 것이 전혀 없는 내용이었다. 다만 눈길을 끄는 것은, 인민의 지식이 진보되면 국왕의 사유물처럼 인식되는 전제국은 사라질 수밖에 없다는 대목이다. 그런데 여기에서 개혁이나 혁명이 아닌 '이세理勢'라는 말이 나온다. 이 말은 세상의 이치 또는 형세에 의하여 자연히 그렇게 될 것이라는 뜻이다.

그다음 이야기는 동아시아 3국으로 좁혀진다. "우리나라와 일본과 청국은 인종도 같고 문자도 같고 역사적 발전에도 크게 밀접한 관계가 있어 온 고로 무슨 일에든지 태동 3국이라 하여 세쌍둥이같이 부르기도 하려니와 내정도 그렇지 아니함이 아니었는데, 정체로 말한진대 일본은 이미 헌정憲政을 행하였은즉 이무가론已無可論이고 청국도 방장方將 헌정을 행할 차로 분주히 준비하는 중인즉 또한 멀지 아니하여 4천 년 내려오는 전제가 깨지게 될 터이라. 그러고 본즉 태동 3국에서는 우리나라가 홀로 전제국으로 있게 될 터이오."143

이 글에서도 볼 수 있듯이 시국에 대한 최남선의 언행은 몹시 조심스럽다. 행여 문제가 생기지 않을까 하는 조바심마저 느껴질 정도이다. 그는 위의 기사를 쓴 직후에 일본으로 건너갔다. 겉으로 내세운 이유는 '관풍觀風'하러 간다는 것이었지만, 144 식민지로의 전락을

143 위의 잡지, 102쪽.

목전에 둔 상황에서 일본 정부와 여론의 동향을 살피고 나름대로의 대비책을 세우고자 했던 것으로 보인다.

매월 〈소년〉지 발행에 대한 부담 때문에 몸과 마음이 병들었어도 제대로 쉴 수 없다고 독자에게 호소했던 그는, 1909년 11월부터 이듬해 1월 말까지 도쿄에 머물렀다. 3개월 가까이 되는 꽤 오랜 시간인데, 고민이 그만큼 깊었음을 알 수 있다. 최남선에게는 자신의 포부를 현실에서 펼쳐 보이려는 혁명가적 기질이 없었다. 그는 대체로 자기가 속한 체제 — 그것이 대한제국이든 대일본제국이든 — 에 순응하는 모습을 보였다. 앞에 나서지 않는 중인 출신의 처세술이라고 할까, 어떻든 그는 나름의 생존 방식을 터득해 가고 있었다.[145]

한편, 〈소년〉에서 오직 문명, 문명만을 외쳤던 최남선이 서양의 근대문명에서 실제 보고자 했던 것은 그 배경이나 과정이 아니라 결과로 나타나는 힘power, 즉 세계를 제패하는 모습이었다. 그는 '해가 아니지는' 대영제국의 판도를 진심으로 부러워했다.[146] 그리고 이 나라와 동맹을 맺어 동아시아의 패권국으로 등장한 대일본제국을

---

144 위의 잡지, 152쪽, "편집실통기".

145 일제의 통치방침이 식민지로 전환한 이후에도 최남선이 발행하는 〈소년〉지가 바로 폐간되지 않고 살아남았던 것, 그리고 무단통치기에도 〈청춘〉을 새로 발행할 수 있었던 것은 그러한 생존 방식 때문에 가능했다고 보아야 할 것이다.

146 〈소년〉, 제2년 제6권(1909. 1)에 수록된 "세계적 지식: 현세계상에 屬地 甲富는 뿌리탠국". 이 글의 말미에는 이런 문장이 나온다(64쪽). "장래에 위대한 국민이 되려 하는 諸子는 마땅히 旣往과 方今에 위대한 국민에게 배우시오. 그리하여 다만 그네의 위대한 정신을 잘 배우시오."

어찌할 수 없이 부러워했다. 그에게는 힘이 곧 정의였다. 따라서 제국주의를 비판할 현실적인 이유와 명분을 찾을 수 없었다.

일본의 조선 병합을 1년 앞둔 시점에 〈소년〉지에 실렸던 "국가의 경쟁력"이라는 글을 보면, 이렇게 되어 있다.

> 생물계에는 여러 가지 관계로 하여 경쟁이란 일이 생겨서 우優한 자는 승하고 열劣한 자는 패하며 적適한 자는 생존하고 부적不適한 자는 사멸하는 것이 한 공례公例가 되었다. 그런데 이것은 다만 생물계에서만 그런 것이 아니라 국가와 국가(곧 갑 단체와 을 단체) 간에도 자연의 추세로 이 경쟁이라는 공례가 행하여 연방 넘어지고 연방 일어남이 무비無非이 경쟁력의 강약에 말미암음이니,

이러한 경쟁에서 탈락한 국가는 이민족의 압제를 받아 결국 만국지지萬國地誌 중에서 사라질 수밖에 없다고 담담하게 써 내려갔다.**147** 약소국의 운명은 스스로 자초한 일이니 누구를 탓할 수도 없다는 것이다.

일본을 경계하고 때론 미워하면서도 그들을 닮고자 하는 욕망을 지녔던 소년 최남선, 대한제국의 소멸 후 그는 식민지 지배체제에 순응하면서도 한편으로는 그들의 속박에서 벗어날 힘을 길러야 한다는 강박관념을 지닌 채 그가 할 수 있는 일을 찾고 또 그 일에 최선

---

147 〈소년〉 제 2년 제 10권(1909. 11), 108쪽.

을 다하는 지식인으로의 삶을 살아가게 된다.

그는 일본 유학 시절부터 현시대가 요구하는 것은 '영웅'이 아니라 현실에 충실한 '범인'이라는 소신을 밝혔었다. 안창호의 청년학우회와 〈소년〉지를 연결하면서는 '무실역행'을 표어로 내걸기도 했다. 최남선은 이때 이렇게 말했다.

"청년학우회는 무론 정치적으로 아무 의미 없는 것이오 사회적으로 아무 주의主義 있는 것이 아니라 사상이고 감정이고 의지고 지식이고 모든 것이 다 단순한 청년학우들의 주의고 목적이고 방법이고 계획이고 모든 것이 다 단순한 집회라 단순한 고로 평범하고 평범한 고로 그 색色이 박薄하며 그 미味가 담淡하도다."148

최남선은 평범하고 단순한 것에서부터 위대한 사업을 이룰 수 있다는 자신의 철학을 청년학우회의 이상과 포부에 담아냈다. 식민지라는 암울한 시대를 맞이하며 그의 삶을 지탱했던 것은 미래에 대한 희망이었다. 그는 역사와 지리를 공부하면서 '세운'과 '천직'에 대하여 깨달았다. 이리하여 세상의 운수라는 것은 늘 바뀌는 것이고, 사람이건 민족이건 국가이건 그들에게는 저마다 하늘이 부여한 소명이 있기에 오늘의 시련은 더 큰 미래를 준비하기 위한 것일 뿐이라는 믿음을 지니게 되었다.149 시간을 낭비하지 않고 하루하루를 충

148 〈소년〉 제3년 제6권(1910. 6), 75쪽, "청년학우회의 主旨"(회원 최남선).

149 최남선은 〈소년〉 제3년 제4권(1910. 4)에 게재한 "초등대한지리고본"에서 이렇게 말한다(34~35쪽). ① 吾人은 지금까지는 天意를 拂하고 天職을 포기하였으나 今後로 자각과 노력은 무한한 前程을 개척할 수 있음. ② 기왕의 4천 년 역사

실히 살다 보면 세상은 언젠가 바뀔 것이다. 그때에는 나에게 주어진 소명을 다할 수 있다. 지난 역사를 돌이켜 보면 영원한 제국이 없었듯이 영원한 속국이란 것도 있을 수 없다. 왕조의 흥망과 동서 문명의 역전처럼 제국과 식민지의 관계도 언제든 뒤바뀔 수 있다.

이런 확신에서 최남선은 일제의 식민통치가 시작되자마자 곧바로 조선광문회 사업에 착수했다. 과거의 전적典籍더미에서 미래로 나아가는 희망의 빛을 찾고자 했다.150 최남선은 혁명가는 아니었지만, 그 토대를 만들려는 낙천적인 사업가였다.151

는 준비시기요 作爲시기는 실로 今 이후이며, 기왕은 生長시기요 활동시기는 今 이후이니 光明을 大放할 조선사의 제1항과 아울러 완전 진정한 세계사의 제1장이 오인의 手에 기초될 것. ③ 장래가 안락하게 될 양으로 旣往이 困苦하였고 장래가 위대할 양으로 기왕이 褊小하였음(金은 百鍊을 經하여 良品이 되고 대기는 만성하나니 多難한 것을 恨치 말며 晩時된 것을 嘆치 말라 良하려 함이오 大하려 함이니라).

150 1910년 12월호 〈소년〉지 끝에 실린 "朝鮮光文會廣告"를 보면, "天下萬世에 朝鮮土의 眞面目과 朝鮮人의 眞才智"를 드러내고자 하는데 본 사업의 취지가 있다고 설명한다.

151 1910년 8월호 〈소년〉지 앞에는 "少年의 學藝上大計劃"이 공지된다. 그 첫 문장을 보면, "緘默하였던 〈少年〉은 이제야 한 소리를 질러 來頭 獅子吼의 習儀를 삼으려 하오"라고 하여 본격적으로 〈소년〉의 사업을 확장하려는 계획을 발표한다. 첫 계획은 매월 한 차례 학예(學藝) 증간권(增刊卷)을 발행하여 이로써 〈소년〉의 새로운 활동의 단서를 열고자 했다. 양적, 질적으로 〈소년〉을 한 단계 더 발전시키겠다는 의지를 밝힌 것이다. 일제의 조선 병합이 공식화되던 시점에 최남선은 오히려 신문관의 사업을 확장하려고 했던 것이다. 그로서도 시국에 대한 불안감이 없을 수 없었지만 그 난관을 뚫어 보겠다는 낙천적인 면모를 드러내 보인 것이다. 물론 그의 모든 계획은 수포로 돌아갔다. 병합 후 조선총독부는 두 차례 〈소년〉지 발행을 허가한 후 폐간 조처를 내렸다.

한편, 식민지 시대로 접어들면서 최남선의 시선은 바다에서 산으로 향한다. 외부로 향하던 시선이 안으로 돌려졌다. '해국' 지향에서 '산국山國' 탐색의 길로 나섰다. **152** 그는 문득 태백산을 '발견'하고는 이렇게 노래한다.

지구地球의 산 — 산의 태백이냐?
태백太白의 산 — 산의 지구냐?
시인아 이를 묻지 말라.
그것이 긴緊하게 찬송할 것 아니다.

하날ㅅ면은 휘둥그렇고 땅ㅅ바닥은 펑퍼짐한데,
우 리 님 — 태백이는 우뚝!

독립 — 자립 — 특립特立. **153**

---

152 최남선은 1910년 4월호 〈소년〉지에 게재한 "초등대한지리고본"에서 이런 말을 했다(23쪽). "我國은 山國이라 山國民의 특성은 純實과 質樸과 壯健과 충성과 근면이니 이는 그 長處로되 또 孤陋와 偏執 등의 短處가 있다"고 했다. 우치무라는 《지인론》의 제 2장 〈지리와 역사〉에서 "한 나라의 역사는 땅과 인간과의 상호작용의 결과"라면서 지형에 따라 나라를 山國, 平原國, 海國 셋으로 나눈 바 있다. 최남선이 말한 '山國'도 이런 구분에 따른 것이다.

153 〈소년〉 제 3년 제 2권(1910. 2) 앞에 실렸던 "태백산시집" 중 '太白山賦'. 최남선은 이 시집을 일본방문기(1909. 11 ~ 1910. 2) 도쿄에서 지었다. 그는 이때 앞으로 닥쳐올 식민지 시대를 어떻게 살아갈 것인가에 대한 고민을 했을 것이다. 그 산물이 "태백산시집"이라는 점에 주의를 기울어야 한다. 그는 이 시집을 '나의 가

우뚝 솟은 태백은 지구를 굽어본다. 땅에 발을 붙이고 사는 사람들은 그 '영광의 첨탑'을 우러러본다. "아아 세계의 대주권大主權은 영원히 이 첨탑—이 팔뚝에 걸린 노리개로다."

"해상대한사"에서 펼쳐졌던 신대한의 꿈이 어느덧 '산의 지구'로 옮겨 갔다. 그 통로가 바다가 되었건 산이 되었건, 지구를 정복하려는 '소년' 최남선의 꿈은 '청년'이 되어서도 변함이 없었다.**154** 그는 여전히 힘을 신봉하는 제국의 욕망에 사로잡혀 있었다. 이리하여 동방문화의 '연원'이 되는 단군신화가 탄생한다. 이것은 역사와 종교, 종교와 역사의 경계에 자리 잡고 있었다. 최남선은 그 신화를 붙들고 식민지 시대에 흔들리는 한민족의 정체성을 지켜내고자 한다.

장 敬仰하는 島山 선생' 앞에 바쳤다. 이는 식민지 시대에도 청년학우회의 정신을 이어가겠다는 다짐이었다.

154 최남선은 일본이 조선을 강점하던 해에 만 스무 살이 되었다. 그는 이때의 감상을 이렇게 표현했다. "금년부터는 어른에게 버릇없는 짓을 하고도 未成年者 핑계하고 책망을 모면할 수 없는 나이 된지라." 따라서 "空然히 헛생각·큰소리 못할 것도 깨달았소이다"라고 했다. 〈소년〉 제3년 제2권(1910. 2), "편집실통기".

3장

현순의 하와이 체험

《포와유람기》와 태평양시대의 예견

1. 태평양을 건너다: 노동이민의 길

최남선은 그랬다. 태평양을 '우리 도령님'들이 뛰어놀 '운동장'으로 만들자고. 그는 한반도와 일본 열도 사이의 바다를 가리켜 실개천이라고도 말했다. 그는 이 개천을 넘나들지만 '태평대양'을 넘지는 못했다. 그는 이 대양 건너편 신대륙에 자리 잡은 미국과 그 배후의 유럽을 동경하지만 직접 가보지는 못했다. 그는 〈소년〉의 지면을 서양문명과 바다 이야기로 채웠지만, 그 이야기들은 자신의 체험에 바탕을 둔 것이 아니라 일본에서 보고 듣고 배운 것에 지나지 않았다. 그 이야기들은 더없이 화려해 보였지만, 한편으로는 공허했다. 한국의 현실과는 동떨어져 있었기 때문이다. 태평양을 어떻게 '우리의 운동장'으로 만들 것인가!

태평양은 그 발견에서부터 '제국의 무대'였다. 이 바다를 건너기 시작한 것은 폴리네시아인들이었지만, 대를 이어가며 그들이 본 것은 여기저기 흩어진 태평양의 조각(섬)들에 지나지 않았다. 16세기 초 마젤란 일행의 태평양 횡단 또한 지나고 보면 흔적도 남지 않을 바닷길에 지나지 않았다. 태평양을 동서로 가로지르는 선이 아니라 입체적인 면으로 바라볼 수 있게 된 것은 18세기 후반 '쿡 선장Captain James Cook'의 탐사 덕분이었다. 그의 세 차례 걸친 과학적 탐사는 태평양이라는 바다의 전체적인 윤곽을 드러냈다. 이로써 태평양은 '영국의 호수'가 될 수 있었다. 스페인에서부터 네덜란드 그리고 영국으로 이어지는 '해양제국'은 그들이 발견하고 정복한 태평양을 신대륙과 구대륙을 연결하는 교역의 장으로 만듦으로써 세계 자본주의 체제를 가동시켰다. 이리하여 지구는 한 덩어리로 움직이기 시작했다. 그 주역은 유럽인들이었다.[1]

한국인에게 태평양이라는 바다의 존재가 알려지기 시작한 것은 17세기 초였다. 명나라에 들어온 예수회 선교사들이 만든 세계지도와 지리서들을 통해서였다. 조선의 위정자와 실학자들은 그런 지도와 지리서를 보고 중국 바깥에 더 넓은 세계가 존재한다는 것을 알

1 Arif Dirlik(1992), "The Asia-Pacific Idea: Reality and Representation in the Invention of a Regional Structure", *Journal of World History*, Vol. 3 No. 1, ; 우리말 번역으로는 아리프 딜릭(1993), "아시아·태평양권이라는 개념: 지역구조 창설에 있어서 현실과 표상의 문제", 〈창작과비평〉 21-1 참조.

수 있었지만, 그 세계는 오직 호기심의 대상일 뿐이었다. 그들이 지도에서 눈여겨본 것은 바다가 아니라 땅이었다. 그들이 본 세계는 다섯 개의 대륙으로 쪼개진 것이었다. 그 대륙들이 바다를 통하여 하나로 연결되고 있다는 사실에는 눈을 뜨지 못했다. 그들은 또 문명적인 관점에서 중국이 세계의 중심이라는 사고에서 벗어나지 못했다. 서양 열강이 본격적으로 동아시아로 침투해 들어오는 19세기 중엽에 이르러서야 조선의 식자층 가운데 몇몇 사람이 바야흐로 '해양의 시대'가 도래하고 있음을 인지하게 된다.[2] 그런데 이들은 조선의 지배층에서 소외된 사람들로서 국초 이래 견지되어 온 해금海禁정책에 어떤 영향도 미칠 수 없었다.

조선은 결국 일본의 압력에 못 이겨 바닷길을 열었다. 1876년의 강화도조약에 의해서였다. 이른바 '개항開港'이었다. 1882년에는 미국과 수호통상조약을 체결했다. 이때 비로소 태평양이 조선인의 시야에 들어오기 시작했다. 이듬해 창간된 〈한성순보〉에는 "주양洲洋에 대해 논함"이라는 기사가 실렸다. 이 기사에서는 오대양 육대주에 대하여 설명하는 가운데 태평양에 대하여 다음과 같이 설명한다.

〔오대양 중〕 첫째는 태평양이니, 일명 대동양大東洋이라고도 하며 아세

---

2 그 대표적인 예가 최한기(崔漢綺, 1803~1879)였다. 이에 대하여는 고정휴(2017), "태평양의 발견: 그 바다 이름의 생성·전파와 조선에의 정착", 〈한국근현대사연구〉 83, 80~83쪽.

아와 오대리아奧大利亞(오스트레일리아) 2개 주의 동쪽, 아미리가亞米利駕(아메리카) 주의 서쪽에 있다. 남북의 길이는 4만 리, 동서의 길이는 3만 리이며, 그 면적은 총 4억 5천만 방리方里이다. 결국 이 태평양 하나의 넓이가 실로 전 육지를 합한 크기와 같은 셈이다.[3]

이 기사에 나오듯이 지구 표면의 전 육지를 합한 크기와 맞먹는다는 태평양, 그 광활함은 인간의 도전을 쉽게 허락하지 않았다. 마젤란은 이 바다를 가로지른 후 필리핀에서 죽음을 맞이했다. '쿡 선장'은 이 바다의 동서와 남북을 탐사하다가 하와이에서 원주민에게 희생당했다. 18세기까지만 해도 태평양을 건넌다는 것은 곧 목숨을 건 모험이었다. 이 바다에서의 항해가 비교적 안전하게 된 것은 19세기 중엽 이후였다.

이 무렵 동아시아인들이 태평양을 건너기 시작했다. 미국의 '서부개척'에 따라 노동시장이 형성되고, 이 시장에 중국인 '쿨리'들이 투입되었다. 하와이 사탕수수농장에도 중국인 노동자들이 고용되었다. 이들이 노동시장에서 차지하는 몫이 커지자 미국은 중국인 이주자들을 배척하는 법안(Chinese Exclusive Act)을 만들었다. 이때가 1882년이었다. 그 후 중국인의 빈자리를 일본인들이 메꾸기 시작했다. 이들은 하와이에 농장노동자로 들어온 후 계약 기간이 만료되면 노동조건이 더 좋은 미국 본토로 건너갔다. 그들은 태평양 연안의

---

3 〈한성순보〉의 창간호(1883. 10. 31.)에 실렸다.

도시와 농촌으로 파고들었다. 20세기에 들어서자 백인 노동자와 이들에 영합하는 정치인들이 합세하여 일본인 이민배척운동이 일어났다. 그 진원지는 태평양에서 미국 본토로 들어가는 관문인 샌프란시스코였다.4

한편, 하와이의 사탕수수농장주들도 이곳 노동시장의 주류로 등장한 일본인에 대하여 경계심을 품고 그들을 대체할 새로운 인종 또는 민족을 찾기 시작했다. 이러한 농장주들의 눈에 들어온 것이 한국인이었다. 서울에 주재하던 미국공사 알렌Horace N. Allen이 하와이농장주협회의 이해를 대변하여 고종 황제의 설득에 나섰다. 다음은 하와이로의 한인 이주사移住史를 꼼꼼히 파헤쳤던 웨인 패터슨Wayne Patterson의 이야기이다. 1902년에 일어난 일이다.

> … 그〔알렌〕는 고종과의 20여 년에 걸친 친분과 고종이 신뢰하는 고문으로서의 막강한 영향력을 적극 활용했다. 이민권을 미국에 부여하면 어떤 장점이 있는지, 즉 이를 통하여 얻을 수 있는 이득, 한국에서의 기근의 구제, 고종의 위신 상승, 미국과의 보다 친밀한 관계 등을 열

---

4 케리 맥윌리엄스(Carey Mcwilliams)는 그의 저술 *Prejudice: Japanese-Americans: Symbol of Racial Intolerance*(Boston: Little, Brown and Company, 1944)의 첫 장 제목을 "캘리포니아 - 일본 전쟁(1900~1941)"으로 붙인 바 있다. 그러니까 일본의 진주만 공격이 있기 전에 캘리포니아와 일본 간에는 반세기에 걸친 '선전포고 없는 전쟁'(undeclared war) 상태가 지속되고 있었다는 것이다. 이 전쟁은 캘리포니아에 뿌리를 내린 백색 미국인들과 일본인 이주자 집단 간에 벌어진 '인종전쟁'이었다(같은 책, 14~15쪽).

거하면서 설득했다. 이러한 과정에서 알렌은 워싱턴 정부로부터의 지시, 즉 한국 내정에 간섭하지 말라는 지시에도 아랑곳하지 않고, 한국의 국왕에게 거짓말을 하거나 한국에 새로운 관청을 순식간에 설립하는 등, 일을 추진해 나가는 데 주저함이 없었다.5

알렌은 고종을 설득할 때 중국인들이 못 들어가는 하와이에 한국인은 들어갈 수 있다면서 이번 일이 성사되면 한미관계에도 도움이 될 것이라는 암시를 줬다. 고종은 후자에 좀 더 마음이 끌렸던 듯하다. 청일전쟁 후 한반도와 만주 문제를 놓고 러시아와 협상을 벌여왔던 일본은 이 무렵 영일동맹을 체결함으로써 러시아와의 결전에 대비하고 있었다. 또다시 한반도에서 전쟁이 벌어지면 고종은 미국의 호의적인 중재에 기대를 걸어야 하는 상황이었다. 이리하여 고종은 알렌이 추천한 데쉴러David W. Deshler, 大是羅에게 한인 노동자를 모집하여 해외로 보내는 사업에 대한 독점적인 권한을 부여했다.6

요컨대 하와이 사탕수수농장주들의 저렴한 노동력 확보의 필요성, 조미수호조약 체결 후 의료선교사로 서울에 발을 들여놓았다가 외교관으로 변신한 알렌의 협잡에 가까운 중재, 그리고 계약노동 송출이 갖는 의미를 제대로 이해하지 못한 채7 자신의 위신과 정치적

---

5 웨인 패터슨 저, 정대화 역(2002), 《아메리카로 가는 길: 한인 하와이 이민사, 1896~1910》, 들녘, 80쪽.

6 오인환·공정자(2004), 《구한말 한인 하와이 이민》, 인하대학교 출판부, 60쪽.

7 계약노동이란 이주민의 뱃삯을 포함한 제반 경비(100달러 정도)를 농장주 측에서

인 계산만을 앞세웠던 고종, 이 3자 간의 합의로 태평양 한가운데 떠 있는 하와이로 한국인이 이주할 수 있는 길이 열렸다. 비록 그 배경이나 과정에서 한국인의 이익이 고려된 것은 아니었지만, 어떻든 국가가 공식적으로 인정하는 이민이 시작되었다는 것은 한국 역사상 최초의 일이었다. 이것은 조선시대에 국법으로 엄격하게 다스려졌던 월경越境 또는 범월犯越의 죄목이 사실상 폐기되는 것을 의미했다. 개항 이후 바닷길이 열려 있었기에 국가가 해외로 나가는 사람들을 통제할 수단도 마땅치 않았다. 이처럼 바다는 땅에 그어졌던 '경계'의 의미를 흩트려 놓았다.

1902년 12월 22일, 하와이로 가는 첫 이민단 122명이 제물포항을 출발했다. 그들은 고종이 새로 만든 수민원綏民院에서 발행한 '여행장'을 소지한 후 일본 선적의 증기선을 타고 남해를 돌아 나가사키에 도착했다. 이곳에서 행해진 신체검사에서 20명이 탈락했다. 합격한 사람들은 태평양을 건너는 미국 선적의 증기선(S. S. Gaelic)으로 갈아탔다. 이 배는 고베와 요코하마를 거쳐 1903년 1월 13일 새벽 하와이 호놀룰루에 도착했다. 여기서 다시 신체검사를 받고 16명이 탈락했다. 최종 입국이 허용된 사람은 86명이었다(성인 남자 48명, 성인 여자 16명, 어린이 22명). 이들이 우리나라 최초의 공식적인 해

제공하고 그 대신 일정 기간(3~4년) 농장에 갇혀 노역에 동원되는 것이었다. 사실상 부채노예인 셈이었다. 이러한 노동계약제는 하와이가 미국에 합병된 후 폐지되었지만, 알렌은 한국 정부와 미국 정부 그리고 하와이 당국에 이러한 사실을 숨기고 한인 이주의 길을 텄다. 웨인 패터슨 저, 정대화 역, 앞의 책, 49~54쪽.

외 이민이었다.

하와이로 가는 길은 순탄치 않았다. 제물포에서 출발한 사람들은 일본의 나가사키나 고베에 머물면서 신체검사를 받은 후 큰 배로 갈아타고 태평양을 건넜다. 이러한 과정은 이민 첫 세대인 최해나崔海羅(1880~1979)의 구술자료에 잘 나타난다. 양반 출신인 그녀는 결혼 후 "대한서 지내려 했지만 나라가 분주하니깐 어떻게 살 수 없어" 남편과 함께 하와이로 가기로 결심한다. 그녀의 남편인 함호용咸鎬墉(1868~1954)도 양반 출신이었다.[8] 최해나는 나중에 남편의 성을 따라 '함해나Hannah Chur Ham'로 이름을 바꾸었다.

노년기 최해나의 회고에 따르면, 그녀는 제물포항을 출발한 후 고베의 임시거처인 유숙소에서 일주일을 보낸 후 '몽고리아Mongolia'라는 배를 탔다. 미국 선적의 이 배는 14,000톤급의 대형 여객선으로 1,800여 명(1등실 350명, 2등실 68명, 3등실 1,400명)을 수용할 수 있었다. 대개 외교관이나 사업가 또는 부유한 여행객들이 이용하는 1등선실은 배의 상층에 위치하며 전용 식당과 사교실, 끽연실, 음악실 등이 따로 마련되어 있었다. 주로 이민자들을 수용하는 3등선실steerage은 배의 하층에 위치하며 화물칸과 붙어 있었다. 객실 겸 화물 창고였다.[9]

---

8 국외소재문화재재단 편(2013), 《미국 UCLA 리서치도서관 스페셜 컬렉션 소장 함호용 자료(Ho Young Ham papers special collections of Research Library)》, 서울: 同 재단 참조.

9 三浦昭男(1994), 《北太平洋定期客船史》, 東京: 出版協同社, 100, 230쪽.

그런 객실에서 지내야 했던 최해나는 이렇게 회고했다.

배 기름 냄새가 지독했고 소·말을 함께 실어서 소·말 냄새까지 나서 구역질이 절로 나왔어. 그 와중에 밥을 먹으라고 박이가 땡땡이를 땡땡 치면 사람들은 가서 밥을 가져와 먹었지. 하지만 나는 구역질이 심했고 내외가 드러누워, 열흘을 굶고 있으니까 기운이 하나도 없어서 그전에 대한 땅에서 가져간 삼蔘이라는 약을 칼로 갈아 그 가루를 조금씩 물하고 같이 먹었어. 그렇게 삼 가루를 일주일 반, 열흘 정도 먹으면서 지내다 호놀룰루에 오니깐 머리가 흔들흔들하고 …[10]

이리하여 태평양은 그냥 머릿속에서 그려보는 상상의 지리적 공간에서 구토와 배멀미를 동반하는, 그것도 하루 이틀이 아니라 열흘씩이나 지속되는 체험의 공간으로 바뀌었다. 그 광활한 바다는 동양과 서양, 구대륙과 신대륙을 가르는 지리적 경계이자 문명적 경계이기도 했다. 이민자들은 이 경계를 '물고개水嶺'라고 말했다. 이 고개를 넘어야만 미국 영토인 하와이에 발을 디딜 수 있었다.

1903년 1월부터 1905년 8월까지 하와이에서 새로운 삶을 시작한 한국인은 모두 7,415명에 달했다(이 숫자는 자료에 따라 조금씩 다르

---

10 안형주(2014), 《1902년, 조선인 하와이 이민선을 타다: 안재창의 가족 생애사로 본 아메리카 디아스포라》, 푸른역사, 43~44쪽에서 재인용. 한국이민사박물관의 상설 전시자료에도 〈최해나 육성 증언〉이 들어가 있다. 번역은 조금씩 다르다.

다). 그런데 이 이민사업은 1905년 8월경 돌연 중단되었다. 여기에는 두 가지 이유가 있었다.

첫 번째는 러일전쟁에서 승기를 잡은 일본의 압력이었다. 그들은 하와이의 노동시장에서 한국인이 일본인과 경쟁하는 것을 처음부터 탐탁하게 여기지 않았었다. 한편으로 미국의 태평양 연안 지역에서는 일본인 이주자 급증에 따른 배일排日 여론이 고조되고 있었다. 하와이는 미국 본토로 진출하려는 일본인 노동자들의 중간 기착지였다. 한국인들도 사정은 비슷했다. 일본으로서는 하와이로의 한국인 이민을 원천적으로 봉쇄할 필요가 있었다. 미국인(백인)들이 볼 때 한국인이나 일본인이나 다 같은 황인종으로 그들의 배척 대상이었다. 11

두 번째로 들 수 있는 것은 대한제국 정부의 체계적인 이민정책의 부재였다. 이러한 사례로 들 수 있는 것이 멕시코로의 노동이민 송출이었다. 러일전쟁이 한창 진행되던 1904년 11월부터 국내 신문에는 멕시코로 이주할 〈농부모집 광고〉가 실렸다. 이 광고에서는 멕시코가 미국의 이웃에 있는 부강한 나라로서 세계 중의 '극락국'이라고 선전했다. 일종의 국제이민 브로커인 영국인 마이어스John G. Myers와 일본의 대륙식민회사가 결탁한 이 불법적인 사업에 한인 지원자들이 몰렸다.

11 하와이로의 이민 송출이 중단된 배경과 그 과정에 대해서는 웨인 패터슨 저, 정대화 역, 앞의 책, 13장 〈한국인 이민을 중지시킨 일본〉 참조.

1905년 4월 초 1,033명의 한인이 정부의 공식 허가도 받지 않은 채 제물포항을 떠났다. 당시 한국에서 송출된 단일 이민으로는 규모가 가장 컸다. 그들은 40여 일의 항해 끝에 멕시코 유카탄반도에 내린 후 25개 이상의 에네켄 농장에 분산·배치되었다. 그들은 사실상 부채노예Peon 또는 Peon de Campo로서 농노農奴와 다를 바 없는 처지로 내몰렸다. 4년 후 그들은 계약노동에서 풀려 자유의 몸이 되지만, 농장에서의 고립된 생활로 말미암아 현지 사회에의 적응과 일자리 찾기에 어려움을 겪게 된다. 그들 중 일부는 나중에 미국 자본의 유입으로 호황을 맞이한 쿠바로 건너가 정착했다.12

그렇다면 20세기 초 태평양을 건넌 한인 이주자들은 어떤 사람이었을까? 그들은 대체로 조선왕조에서 소외되거나 억압받던 몰락 양반이거나 하층민이었던 것으로 파악된 바 있다. 이를테면 농촌에서 밀려난 도시 노동자라든가 일용잡역부, 군인, 하급 관리, 농민, 수공업자, 광부, 목공, 머슴, 승려 등이었다. 이들의 교육 수준은 대체로 낮았던 것으로 이해된다. 또 노동이민이었던 만큼 10대 후반에서부터 30대까지의 독신자들이 많았다. 이들은 주로 개항장과 철도 연변의 도시에 거주하고 있었다. 농촌에서 떨어져 나온 후 도시로 몰렸다가 다시 하와이로 가는 배에 몸을 실었던 것이다.13

---

12 오인환·공정자, 앞의 책, 부록 〈구한말 멕시코 이민 출항에 관한 연구: 이민선, 이민모집, 광고, 정부 공문 등을 중심으로〉. 이 분야의 선구적인 업적으로는 이자경의 《한국인 멕시코 이민사: 제물포에서 유카탄까지》(지식산업사, 1998)가 있다.

하와이 또는 멕시코로의 한인 이주자들은 3년이나 5년 또는 10년 안에 큰돈을 벌고 조상의 묘와 친척들이 있는 고향으로 돌아온다는 부푼 꿈을 안고 한국을 떠났다. 물론 현실은 달랐다. 그들 대부분은 다시 고국으로 돌아오지 못한 채 이주지에 눌러앉거나 미국 본토로 들어갔다. 이렇게 된 데에는 개인적인 사정 못지않게 또 다른 중요한 요인이 있었다. 그것은 러일전쟁 후 대한제국의 몰락이라는 국가적, 민족적인 비운이었다. 한인 디아스포라의 역사가 시작되었다.

---

13 웨인 패터슨 저, 정대화 역, 앞의 책, 10장 〈한국인 이민의 특징과 이민한 이유〉 참조.

2.《포와유람기》분석 1: 출간 배경과 경위

20세기 초 태평양을 건너 하와이로 이주하는 한인들은 저마다 가슴 아픈 사연을 지녔다. 그 사연은 주로 개인적인 것이었지만, 때론 사회적이며 국가적인 것일 수도 있었다. 개인의 경우에는 경제적인 이유가 컸다. 돈을 벌러 가는 것이다. 미국 유학을 꿈꾸는 사람도 더러 있었다. 자식의 공부를 위해 떠나는 사람도 있었다. 사회적 혼란과 국가적 위기 상황에서 벗어나서 안정된 삶을 원하는 사람도 있었다. 국가의 운명을 바꾸어 보려는 꿈과 비전을 갖고 떠나는 사람도 없지 않았다. 이들에게는 하와이가 미국으로 가는 중간 기착지일 뿐이었다. 현실에의 좌절과 절망은 더 나은 미래를 향하는 추동력이 되었다.

1909년 서울에서 출간된《포와유람기》는 현순이라는 한 인물의 하와이 이주체험에 기초하여 집필된 것이다. 그가 개인적으로 하와이로 가게 된 배경과 과정, 하와이에서의 활동, 그리고 귀국 길에 오르게 된 이유 등에 대해서는《현순자사》에 나와 있다. 총 20개 절로 이루어진 '자사'에서 하와이 이주와 관련되는 것은 다음의 4개 절이다. 괄호 안은 영문본(*My Autobiography*)의 제목이다. 아래 4개의 절은 영문본에서 재번역하여 보충해 넣은 것이다.[14]

---

14 《현순자사》의 국한문본과 영문본의 관계에 대하여는 제1장 1절 출생과 환경 중

11. 自東京 歸國後 所歷(Return to Seoul)

12. 携妻 向布哇(Adventure to Hawaii with My wife)

13. 在布 所歷(Experiences in Hawaii)

14. 自布 歸國의 動機와 丁未의 國運(Return to Korea: National Tragedy)[15]

이상 4개의 절에 나오는 내용과 기타 자료를 가지고 《포와유람기》가 세상에 나오게 된 배경과 과정을 살펴보고자 한다. 현순이 도쿄 유학에서 서울로 돌아온 것은 1902년 봄이었다. 이때 그의 집안은 우환으로 가득했다. 다음은 현순 자신의 회고이다.

> 나는 비운에 싸여 있는 서울 집으로 돌아왔다. 부친은 평리원平理院감옥에 재수하신 지 3년이 되었으나 판결이 나지 않았었고 집에는 모친의 상장喪葬이 있었으며, 70 당년이신 노조모가 계시고 병든 아우와 약한 아내가 있었다. 거꾸러지는 나라와 집을 생각할 때에 그 얼마나 애달픔을 느꼈음이요[16]

'현순의 자전기록' 참조.

15 《현순자사》, 269~284쪽; *My Autobiography*, 109~119쪽.

16 "The Reverend Soon Hyun Collected Works", Vol. 11(Manuscripts: Sermon Notes) 중 〈나의 기도〉. 이 문건은 미국 남가주대학의 Korean American Digital Archive에서 볼 수 있다.

집안의 불행과 국운의 쇠망, 이 애달픈 상황에서 현순을 더욱 힘들게 한 것은 3년 넘게 감옥에 갇혀 있던 그의 아버지(현제창)가 사형 판결을 받게 될지도 모른다는 불안감이었다. 다행히 현제창은 '종형從兄과 재판관의 조력'으로 풀려났지만,[17] 그와 함께 투옥되었던 사람은 극형을 받았다. 두 사람은 다 일본 망명 시 국사범인 박영효 일파와 접촉한 혐의를 받고 있었다. 일단 이런 혐의를 받으면 살아남기가 쉽지 않았다. 고종은 어떤 형태로든 자신의 권위와 권력에 도전하는 것을 용납하지 않았다.

일본에는 한국인 망명객과 유학생이 뒤섞여 있던 관계로 유학생들은 귀국시 무조건 체포당한다는 소문이 떠돌았다. 현순은 제물포에 도착하여 배에서 내릴 때 일본인들과 함께 내려 경찰 검문을 통과했다.[18] 아마도 일본인 행세를 했던 것 같다. 현순은 도쿄에서 일체의 정치 활동을 멀리하고 학업에만 열중했지만, 그러면서도 속으로는 박영효를 '위대한 개혁정치가'라고 생각했다.[19] 당시 일본 유학생들의 정서가 그러했던 모양이다. 그들은 갑신정변과 같은 혁신적인 개혁이 필요하다고 생각했다.

현순은 귀국 후 가족의 생계를 책임져야 했다. 때마침 하와이로의 이민 길이 열렸다. 그는 하와이의 사탕수수농장주협회를 대신하

---

17 《현순자사》, 270쪽.

18 《현순자사》, 269쪽.

19 《현순자사》, 282쪽.

여 이민자 모집에 나섰던 인천 소재 동서개발회사East-West Development Company에 취직했다. 통역 겸 조수였다. 현순은 하와이로 가는 제 2차 이민단(90명)을 인솔했다. 임신 중인 그의 아내도 함께했다. 아버지와 할머니의 반대가 있었으나 간신히 허락을 받았다. 현순은 이때 하와이로의 영구이주를 생각했을 수 있다. 그는 서울을 떠나면서 친구들에게 말하기를, 러시아와 일본 사이에 전쟁이 벌어져 한국은 '비참'하게 될 것이라고 했다.[20]

1903년 2월 8일 제물포항을 출발한 현순과 그의 아내는 일본을 거쳐 3월 3일 호놀룰루에 도착했다. 최종 입국이 허가된 사람은 64명이었다. 이들은 오아후섬 북단의 카후쿠Kahuku 농장으로 배치되었다. 그들을 환영한 농장 지배인은 노동자는 매달 16달러, 통역은 30달러를 지급받게 될 것이라고 말했다. 막사camp에는 약 20개의 조그만 가옥이 있었다. 결혼한 부부는 독채를 배당받고, 미혼자는 한 집에 3~4명씩 들어갔다. 현순은 이때의 상황에 대하여 다음과 같이 말했다.

> … 동료 한인들은 이 지독한 막사에 입주하고 사탕수수 밭에서 혹독한 노동을 하는 것에 낙심했다. 나는 그들에게 우리는 명예로운 국민이고 태평양의 낙원에 왔다고 격려했다. 그러니 다행으로 생각하고 농장에서 열심히 일하자고 했다.[21]

20 《현순자사》, 273쪽.

그들은 매일 4시 반에 기상하여 아침을 먹고 기차 정거장으로 가서 지붕이 없는 화차를 타고 농장의 일터로 갔다. 현순은 '루나'라고 불리는 감독의 통역을 맡았다. "우리는 열심히 밭줄 파기, 관개용 도랑 파기, 제초, 수수 벗기기, 절단 등을 했다." 하루 10시간 이상의 중노동이었다.

현순은 그 후 귀국할 때까지 4년 2개월 동안 하와이에 체류했다. 꽤 긴 시간이었다. 그사이에 러일전쟁이 터지고 한국은 일본의 보호국으로 전락했다. 현순이 말한 대로 '비참'한 상황이 벌어졌다. 그런데 '태평양의 낙원'인 하와이는 평온했다. 현순의 형편도 점차 나아졌다. 카후쿠 농장에서의 생활은 1904년 말에 청산하고 호놀룰루로 거처를 옮겼다. 한인감리교선교회의 목사로 부임한 와드만John W. Wadman과 함께 일하게 된 것이다. 현순은 순회 설교사로서 오아후섬의 카후쿠와 모쿨레이아Mokuleia에 예배당을 세웠다.

얼마 후 현순은 하와이제도 북단에 위치한 카우아이섬에 파견되었다. 이 섬에는 당시 2천 명의 동포가 있었다고 한다. 현순은 현지의 유력 농장주들로부터 도움을 받아 카파이아Kapaia 계곡을 내려다보는 언덕에 아름다운 한인교회를 건립했다. 현순은 자신에게 주어진 일에 최선을 다했다. 현지에의 적응 능력도 뛰어났다. 그는 하와이의 이민국과 지방법원 및 순회법원의 통역으로 일하기도 했다. 이를 위하여 미국법까지 공부했다고 한다. 그는 하와이로 이주한 한인

21 《현순자사》, 275쪽.

들이 현지에 빠르게 정착하여 그들 나름의 삶의 터전을 마련할 수 있도록 하는 데 기여했다.

1907년 5월에 현순은 하와이 생활을 청산하고 귀국 길에 올랐다. 이때에는 아내뿐만 아니라 하와이에서 태어난 두 딸과 아들이 함께 했다.[22] 이들은 한국계 미국인Korean American이었다. 큰딸 앨리스는 부산에 도착했을 때, "백색 복장(하얀 옷)과 실크 햇트(갓)를 쓴 사람들을 보고 이상한 사람들이라고 했다." 그렇다면 현순은 왜 이때 한국으로 돌아왔을까? 그의 이야기를 들어 보자.

> 나는 1906년과 1907년에 해밀톤 감독하의 감리교 연회에 참가했다. 나는 목사 과정의 학과 즉 신학, 설교술과 교회사를 공부했다. 동절冬節에 나는 리후에Lihue(카우아이섬)에서 휴가를 마치고 돌아가는 조지 존스 박사를 우연히 만났다. 그는 나에게 한국에 돌아오면 아주 중책重責을 줄 것이라고 약속했다. 나는 그의 제의를 수락했다.[23]

여기에 나오는 조지 존스 박사란, 인천항 용동감리교회('내리교회'라고도 한다)의 목사 존스George H. Jones, 趙元時를 말한다. 한국어를 유

---

22 1903년 5월 8일, 카후쿠 농장에서 첫 딸이 태어났다. 현순과 그의 아내가 하와이에 온 지 두 달만이었다. 첫 딸의 이름은 우리말로 미옥(美玉), 영어 이름은 앨리스(Alice)였다. 그는 하와이에서 출생한 첫 번째 한국 아이였다고 한다. 뒤이어 차녀 명옥(明玉, Elizabeth)과 장남 준섭(駿燮, Peter)이 태어났다.

23 《현순자사》, 280쪽.

창하게 구사했던 존스는, 하와이 이민 모집이 어려움을 겪을 때 교인들에게 이주를 적극적으로 권했던 인물이다. 현순은 국내에 있을 때 동서개발회사에서 일하면서 존스 목사와 인연을 맺은 바 있는데, 휴가차 하와이에 왔던 그를 '우연히' 만나게 되고 또 그로부터 귀국 권유를 받았던 것이다. 고국에서 쓸쓸하게 노년을 보내고 있을 부친과 할머니에 대한 생각도 간절했을 것이다.

현순은 서울로 돌아온 후 배재학당에서 학생들을 가르치고 정동 제일교회에서 설교를 하게 되었다. 이때 국내 상황은 하루가 다르게 변하고 있었다. 이른바 헤이그밀사사건을 계기로 일본은 한국의 식민지화를 서둘렀다. 현순은 그가 귀국한 1907년이 '공포의 해'였다고 했다. 그 후의 상황은 더욱 악화되었다. 이런 가운데 현순은 교육과 종교를 강조했다.

"나余는 배재에서 야간 영어학교를 시작했다. 매 주일 참가하는 학생 수는 5백 명에 달했다. 그 이외에도 나는 정동교회에서 부흥전도 집회를 주도했고 종로 YMCA에서 매 주일마다 설교했다. 나의 설교는 하류에서 상류 인사까지 모두를 고무했다."**24**

존스는 1908년의 연회보고에서 이렇게 말했다. "정동교회는 그 역사에서 최고의 해를 보냈습니다. … 지난해 현순 목사의 전도 아래 가장 은혜로운 부흥을 체험했습니다."**25**

---

24 《현순자사》, 285쪽.

25 한규무(2002), "현순의 신앙과 활동: 3·1운동 이전을 중심으로", 〈한국기독교와

그런데 이런 보람은 오래가지 못했다. 배재학당 학감인 벙커Dalziel A. Bunker와의 불화로 현순은 배재학당을 그만두게 되었다. 정동교회에서의 '부목사' 직도 안정적이지 못했다. 아직 정식으로 목사 안수를 받지 못했기 때문이다.26 그 후 현순은 월 2백 달러의 고액을 받고 제물포의 영미연초회사英美煙草會社에 광고원으로 취직했다. 아무래도 경제적 어려움이 컸던 모양이다. 그의 아내는 만류했다. 현순은 5개월 만에 연초회사를 나왔다. 그리고 존스 목사에게 사과의 서신을 보냈다. 다시 교회로 돌아온 현순은 정동교회에서 '돌아온 탕자'라는 제목으로 설교를 했다.27

이 무렵 현순은 《포와유람기》의 집필에 착수했다. 그의 '자사'에는 다음과 같이 기록되었다.

> 동년〔1908〕 여름에 나의 의형 이원상의 조력助力으로 나는 "포와유람기"를 저술했으며, 친척인 현공렴玄公廉이 그 책을 발행했다.28

이 이외에 다른 설명은 없다. '의형'이라는 이원상이 누구인지, 그가 어떤 도움을 주었는지는 알 수 없다.29 친척이라는 현공렴은

역사〉 16, 57쪽.

26 현순은 1909년부터 감리교 협성신학교에서 신학 공부를 시작한 후 1911년 12월 20일 全德基, 崔炳憲 등과 함께 제 1회 졸업생이 되었다. 이때 장로목사 안수를 받았다.

27 한규무, 앞의 논문, 58쪽.

28 《현순자사》, 285쪽.

현채의 아들로 당시 서적상을 경영하고 있었다.[30] 《포와유람기》의 끝에 나오는 출판사항을 보면, 융희 2년(1908) 12월 16일 인쇄, 융희 3년(1909) 1월 20일 발행으로 되어 있다. 발행인은 현공렴(경성 계동)이며, 인쇄소는 일한인쇄주식회사(경성 명치정 3정목)였다. 이로 미루어 볼 때 《포와유람기》의 '저술'은 1908년 여름 한 철에 이루어졌고, 그해 12월 중순 인쇄에 들어가서 이듬해 1월에 책이 나왔던 것이 된다. 책의 집필에서부터 출판에 이르기까지 반년밖에 걸리지 않았다. 소책자(본문만 58쪽)임을 감안해도 무척 빠른 것이었다. 무언가 급히 서두른 감이 있다.

왜 그랬을까? '돌아온 탕자'로서 심기일전의 변화를 보여주어야 할 필요성이 있었던 것은 아닐까 하는 생각이 먼저 든다. 어떻든 책은 나왔다. 이 일이 가능했던 것은 《포와유람기》의 4분 3 정도의 분량이 일본인 저술에서 따왔기 때문이다. 현순이 자기 체험에 바탕을 두고 직접 쓴 것은 나머지 4분의 1에 그쳤다.[31] 당시에는 이런 것이 크게 문제가 되지 않기 때문에 현순은 서문이나 발문을 통하여 그

---

29 제1공화국에서 초대 주미대사와 국무총리를 지낸 장면(張勉, 1899~1966)의 회고에 따르면, 1910년대 초기 종로 기독교청년회의 영어학당 교사로 이원상(李源祥)이 있었다고 하는데, 현순이 말하는 이원상과 같은 사람인지는 알 수 없다〔허동현(2010), 《운석 장면 일대기》, 운석장면기념사업회〕. 영어학당 교사 이원상은 천문학자로 연희전문학교 교수를 지낸 이원철(李源喆, 1896~1963)의 형이었다.

30 현공렴에 대하여는 방효순(2013), "일제강점기 현공렴의 출판활동: 한양서적업조합소와의 관계를 중심으로", 〈근대서지〉 8 참조.

31 자세한 내용은 다음 3절 '《포와유람기》 분석 2: 하와이 개관 기록 검토' 참조.

경위와 출처를 밝힐 필요가 있었다. 그랬다면 오히려 책의 가치와 시의성을 높일 수도 있었다. 메이지 시대 해외 이민을 활발하게 추진하던 일본과의 비교를 통하여 이에 대한 국내의 관심을 촉구할 수 있었기 때문이다. 그런데 책 제목이 《포와유람기》이다 보니 현순은 자기가 모든 것을 보고 쓴 것처럼 할 수밖에 없었다.

《포와유람기》의 정가는 20전이었다. 최남선이 1909년에 야심 차게 시작했던 '10전 총서'의 첫 번째가 《걸리버여행기》인데, 이 책의 본문이 54쪽이었다. 비슷한 분량에 가격 차이는 두 배가 났으니, 《포와유람기》의 정가가 저렴했던 것은 아니었다. 러일전쟁이 끝날 무렵 일본의 압력으로 한국의 해외 이민이 중단되었기에 이 책에 대한 일반의 관심도는 떨어질 수 있었다.

그런데 이미 하와이나 멕시코로 가족이나 친지를 떠나보낸 사람들은 그쪽 사정이 궁금해질 수 있었다. 1910년부터 혈혈단신으로 태평양을 건너는 '사진 신부picture bride'들이 등장하는데, 이들에게는 《포와유람기》가 귀중한 정보를 얻는 출처가 될 수 있었다. 러일전쟁 후 국권 상실의 위기감이 고조되면서 해외로의 이주와 유학에 대한 식자층의 관심 또한 높아지고 있었다. 특히 신문물, 신학문, 신종교에 접한 청소년에게 미국은 '기회의 땅'이자 '약속의 땅'으로 비춰졌다.[32] 그런 신세계로 건너가는 중계지 역할을 한 것이 하와이였다.

---

32 김욱동(2012), 제5장 "황금의 땅을 찾아서: 차의석", 《한국계 미국 이민 자서전 작가》, 소명출판, 194쪽.

3.《포와유람기》 분석 2: 하와이 개관 기록 검토

현순의《포와유람기》를 볼 때마다 갖게 되는 몇 가지 의문이 있다. 첫 번째는 이 책에 왜 서문이나 발문이 없는가 하는 점이다. 그 어느 것도 없다 보니, 현순이 이 책을 내게 된 동기랄까 목적 또는 경위에 대하여 알 수가 없다. 당시 '포와'라고 하면, 일반인이 잘 알지도 못하고 갈 수도 없는 곳이었다. 그런데 왜 이곳에 대하여 알아야 하는가에 대한 설명이 먼저 나와야 되지 않을까 하는 생각이 들게 된다.

두 번째는 책의 구성이다. 이 책의 제 1장이 '총론'인데, 여기에서 포와, 즉 하와이로 이주한 한인들에 대한 기술이 이루어진다. 그리고 2장부터 4장까지는 하와이의 역사와 지리, 그리고 경지耕地에 대한 설명이다. 이것을 보면서 한국보다 먼저 하와이로 이민을 보냈던 일본에서 한때 일반의 관심을 끌어모았던 '도항渡航' 안내서들이 떠올랐다.

세 번째로 오늘날 한국에서《포와유람기》가 주목받는 이유는 이 책이 한국인의 하와이 이주사 연구에 도움을 주기 때문이다.**33** 그런데 그것과 직접 관련된 부분은 책 전체 분량의 4분의 1 정도에 지나지 않는다. 나머지는 하와이에 대한 소개인데, 그 출처가 어디일까

---

33 한규무(2008), "현순: 《포와유람기》", 〈한국사 시민강좌〉 42; 김미정(2014), "하와이 견문록 《포와유람기》 고찰", 〈어문연구〉 80 참조.

하는 궁금증이 생겨났다.

이 의문을 풀기 위하여 일본 국회도서관에서 메이지 시기 '포와'를 제목에 내건 책들을 살피던 중 《신포와新布哇》의 목차 중에서 《포와유람기》와 겹치는 항목들이 나오는 것을 찾을 수 있었다. 《신포와》라는 책은 메이지 33년(1900)에 도쿄에서 처음 출간되는데, 2년 후에 개정증보판이 나왔다. 출판사는 이때 태평관太平館에서 문헌사文獻社로 바뀌었다. 그리고 이로부터 100년이 지난 2003년에는 《신포와》(개정증보판)의 복각판復刻版이 일본에서 이민사 자료집으로 출간되었다. 34

이 판본을 보면, 본문만 698쪽이고 여기에 서문과 목차·지도·사진·광고 등을 합하면 762쪽에 달한다. 그리고 부록으로 〈재포와 일본인 출신록在布哇日本人出身錄, *The Directory of the Japanese-Hawaiian*〉(총 266쪽, 광고 38쪽 포함)이 들어갔다. 이 출신록에는 직업별(医術家, 종교가, 상업가, 各業列家)로 분류된 각 인물의 간단한 정보와 사진이 실렸다. 이 부록을 포함하면 《신포와》의 전체 분량은 1,028쪽이 된다. 하와이에 관한 모든 것, 그리고 일본인의 하와이 이주에 관한 모든 것을 한 권의 책에 담고자 했던 것이다(〈부록 1〉 참조). 따라서 이

---

34 일본 도쿄의 文生書院(Bunsei Shoin)이 2003년부터 의욕적으로 출간하기 시작한 《初期在北米日本人の記錄》 중 그 첫 권인 布哇編 第 1冊이 《新布哇》(개정증보판)였다(奧泉榮三郎 監修). 이 책의 자료적 가치가 인정받은 것이다. 참고로, 《初期在北米日本人の記錄》은 布哇編이 12책, 北美編이 23책이다. 시기적으로 明治시대 4책, 大正시대 11책, 昭和시대가 18책으로 구성되어 있다.

책은 20세기 초의 시점에서 하와이 일본인 사회의 현상과 역사를 총합적으로 망라한 것으로 평가받고 있다.[35]

《신포와》의 저자는 후지이 슈고로藤井秀五郎(1869~?)였다. 현명玄溟 또는 석동石童이란 호를 사용했고 이송학사二松學舍와 국학원國學院에서 공부를 했다고 한다. 1897년에는 하와이로 건너가서 〈히로ヒロ, Hilo신문〉의 주필을 지냈다. 소화昭和 연대에 귀국한 후 〈일포시사日布時事〉를 발행했다. 그는 중일전쟁이 일어나던 1937년에 《대일본해외이주민사大日本海外移住民史》를 기획하고, 그 첫 권으로 이듬해 '포와' 편을 발행했다.[36] 이 책의 저자 서문을 보면, 일본의 해외 이주민은 신방토新邦土를 만들기 위한 '평화의 전사平和の戰士'라는 점을 누차 강조하고 이런 모범적인 성공 사례가 '포와'라고 했다. 그 이유로는 다음의 여섯 가지를 들었다.

① 그들은 해외발전의 선구자로서 성공의 모범을 보인 것.

② 평시에는 일미日米 친선의 일대 조직체楔子로서 활약하는 것.

③ 어느 날 일이 생기면, 문득 일어나서 모국을 위하여 변호하고 혹은

35 移民硏究會 編(2007), 《日本の移民硏究: 動向と文獻目錄》I (明治初期-1992年9月), 東京: 明石書店, 97쪽.

36 이 책은 비매품으로 도쿄의 '海外調査會'라는 출판사에서 1938년에 나왔다. 그 복각판은 앞의 《初期在北米日本人の記錄》 布哇編 第7冊(2004)에 수록되었다. 上/中/下 세 권으로 구성되었다. 저자의 표현에 따르면, '제 2의 新布哇'의 발행이었다. 그는 이 布哇編에 이어서 北美, 南美, 南洋編을 계획했으나 중일전쟁의 발발로 급하게 布哇編 만을 내놓게 되었다고 말했다.

헌금하면서 한 뜻으로 모국의 발전을 위하여 노력하는 것.

④ 그들은 모국에 어떤 손해도 끼치지 않는 것.

⑤ 그들은 경제적으로 모국에 간단없이 공헌하고, 모국품의 수출에도 박차를 가하고 있는 것.

⑥ 그들은 물질 이외에 모국 문화의 진출에도 박차를 가하고 있는 것. 37

이 조항들은 메이지 시대 중기부터 본격화된 일본의 해외 이주가 어떤 동기와 목적을 지니고 있었는지를 잘 보여준다. 후지이는 민간의 해외 진출을 적극적으로 주장하고 이를 실천에 옮긴 인물 중 한 사람일 뿐이었다. 그는 매년 100만 명씩 늘어나는 일본의 '과잉인구'를 해결하기 위해서는 이민 이외에 다른 길이 없다고 보았다. 그는 메이지 정부의 '이민보호법'에 반대하고 민간 이민회사에 의한 계약이민의 폐지와 자유이민의 실현을 추구했다.

참고로, 일본 정부와 민간단체들은 1880년대에 들어서면서 해외 이민을 장려하기 시작했는데 첫 번째 대상지가 하와이였다. 이른바 정부 주도의 '관약官約' 이민은 1885년부터 1893년까지 26회에 걸쳐 총 22만 9,069명에 달했고, 이어서 민간회사를 통한 '민약民約' 이민이 1899년까지 4만 208명이었다. 이들 가운데 상당수는 계약 기간 만료 후 미국 본토로 재이주하거나 일본으로 돌아왔다. 후지이의

---

37 藤井秀五郎(1938), 〈序〉, 《大日本海外移住民史》 第 一編 布哇, 東京:海外調査會.

《신포와》가 처음 출간되던 1900년에 하와이 거주 일본인과 그 후손은 총 6만 1,111명으로 하와이 전체 인구의 40퍼센트를 차지했다. 이때 하와이 원주민은 전체의 26퍼센트, 백인Caucasian은 17퍼센트 정도였다. 38

그렇다면 현순은 언제 후지이의 《신포와》를 보게 되었을까? 이 물음에 대한 대답은 4가지이다. 현순의 일본 유학기(1899~1902)이거나 귀국 후 동서개발회사에 다닐 때, 또는 하와이 체류기(1903~1907)이거나 《포와유람기》의 집필에 착수할 때이다. 그의 유학기에는 일본에서 한창 이민 붐이 일면서 하와이 이주와 관련된 다양한 형태의 잡지와 '도항' 안내서들이 출간되고 있었다. 39 《신포와》도 그런 책들 중 하나였다. 현순이 귀국 후 동서개발회사에 취직하고 하와이로 아내를 데리고 떠났던 것도 일본에서 그런 영향을 받았는지도 모른다. 어떻든 현순은 《포와유람기》를 집필하면서 《신포와》에 크게 의존했다. 그의 한인 이주민 기록도 《신포와》에 나오는 일본인 이주민 항목을 참고했을 수 있다.

이러한 사실은 《포와유람기》와 《신포와》의 장/절 항목을 비교해

---

38 이토 히로코·신형진(2017), "하와이 닛케이(日系)의 사회인구학적 변천, 1900~1910", 〈아세아연구〉 60-1, 247~251쪽.

39 일본 국립국회도서관의 검색창(https://www.ndl.go.jp/ko/index.html)에 '布哇'라는 단어를 넣으면, 메이지 시대에 나온 다양한 형태의 잡지와 책들의 목록을 접할 수 있다. 여기에는 정부 문서나 신문 기사들도 포함되기 때문에 원하는 잡지나 책을 찾으려면 시간과 인내가 필요하다.

보면 잘 알 수 있다. 《포와유람기》의 제 1장 총론의 제 2절에서부터 6절까지와 제 4장의 4절과 5절을 제외한 나머지 항목에서는 《신포와》의 내용을 그대로 옮기거나 간추려 싣고 있다(〈부록 2〉 참조). 분량으로 따지면, 《포와유람기》의 4분의 3 정도(45쪽)가 《신포와》에서 나왔다. 이것은 《신포와》 본문 중에서도 극히 일부였다. 현순은 이 책에서 꼭 필요하다고 생각하는 항목만을 골라서 번역했다. 그 방식은 다양했다. 문장을 그대로 옮기거나, 일본의 사례를 한국의 사례로 바꾸어 넣거나, 시간대를 1900년 이전에서 1900년 이후로 대체하는 방식이다. 흥미로운 것은 《신포와》의 '총론'에 나오는 제 2절(상업상의 포와)과 제 3절(군비상의 포와)을 《포와유람기》의 제 2장(지리) 중간에 끼워 넣었다는 점이다. 그 대신에 한인의 하와이 이주기록을 '총론'에 넣었다. 《신포와》를 그냥 베꼈다는 인상을 지우려 했던 것으로 보인다.

《포와유람기》는 1장은 〈태평양낙원〉으로 시작된다. 그 첫 대목은 다음과 같다. 《신포와》와 비교하기 위하여 원문 그대로를 옮긴다. 〔 〕 안의 한자는 《신포와》에 나오는 것이다.

> 美洲〔米州〕의 山이 亞細亞의 野로 相距가 東西 六萬里〔六千里〕에 碧波는 浩蕩ᄒᆞ야 一望無際ᄒᆞ며 日月은 出於水ᄒᆞ여 落於水ᄒᆞ며 長風怒濤는 萬里征客의 夢을 驚하도다 覊愁를 惹ᄒᆞᄂᆞᆫ 目寓耳得이 十數晝夜에 同一無變ᄒᆞ니 蓬窓에 首를 纔倚ᄒᆞ고 浮床에 身을 僅容ᄒᆞᆫ 船客들이 誰가 困苦를 堪ᄒᆞ며 旅懷를 忍ᄒᆞ리오

此時를 當ᄒᆞ야 一點青螺가 杳然이 昏迷ᄒᆞᆫ 雲煙間에 露出ᄒᆞ매 山村水廓은 漸近漸明ᄒᆞ며 椰子糖林은 愈往愈蔽ᄒᆞ고 磯頭釣魚ᄂᆞᆫ 呂尙의 古跡인듯ᄒᆞ며 款乃를 唱罷ᄒᆞᄂᆞᆫ 漁舟ᄂᆞᆫ 風勢를 從ᄒᆞ야 咫尺眼頭에서 冒波橫走ᄒᆞ니 滿船旅客의 快活ᄒᆞᆫ 狀態ᄂᆞᆫ 哥倫波〔閣龍, コロンブス〕가 北美〔北米〕를 發見ᄒᆞ든 當時를 畵出ᄒᆞᆫ듯ᄒᆞ며 爽快ᄒᆞᆫ 心情은 長霖이 盡ᄒᆞᆫ 後에 白日靑天을 見ᄒᆞᆷ과 如ᄒᆞ더라

《포와유람기》의 서두를 장식하는 문장인데, 망망대해인 태평양을 건너는 선객들의 회포와 지루함, 그리고 이를 한순간에 깨뜨리는 반전을 시각적으로 잘 표현하고 있다. 10여 일 동안 좁은 선실에서 검푸른 바다와 파도만을 바라보다가 어느 날 홀연히 섬의 형체가 드러나는 것이다. 이때의 쾌활한 기분은 '가륜파', 즉 콜럼버스가 미주대륙을 발견하는 것과도 같다고 했다.

그런데 시적인 이 문장은 현순이 직접 지은 것이 아니라 《신포와》에서 따온 것이었다. 《신포와》에서는 위의 문장이 두 개의 문단으로 나누어져 있었는데, 현순은 이 둘을 하나로 합하면서 몇 군데를 압축적으로 표현했다. 그리고 일본식 지명이나 인명 표기를 우리 것으로 바꾸었다. 거리 표기에서는 같은 '리里'를 쓰지만, 일본의 경우 1리는 약 3.9km로서 한국의 열 배이다. 따라서 현순은 《신포와》의 '육천리'를 '육만리'로 바꾸었다.

《포와유람기》의 〈태평양낙원〉은 다음과 같은 문장으로 끝을 맺는다.

想컨딕 數萬移民이 怒濤狂瀾을 冒하고 四方으로 雲集ᄒᆞ야 其歸를 忘却홈은 生活의 便利홈을 위홈이니 此群島에 在留ᄒᆞᄂᆫ 六千餘名 大韓同胞〔五万 日本同胞〕ᄂᆫ 故土를 遠離ᄒᆞ고 如斯樂土에 寓接ᄒᆞ야 第二 鄕里〔鄕土〕로 認得ᄒᆞ엿더라**40**

이 문장 또한 《신포와》에서 옮긴 것인데, 달라진 것은 '5만의 일본동포'를 '6천여 명 대한동포'로, '제 2의 향토'를 '제 2 향리'로 바꾼 것이다. 다른 문장에 나오는 '낙토선원樂土仙園'이라든가 '태평양낙원'이라는 표현 또한 《신포와》에서 빌려 왔다. 이리하여 '태평양의 낙원'이라고 하면 하와이를 떠올리게 되었다.

《포와유람기》의 제 2장(지리) 은 20개의 절로 이루어져 있는데, 거의 대부분 《신포와》에서 옮겨 왔다. 다만 2개의 절을 하나로 합치거나 각 섬에 대한 개관에서 한인이 집단적으로 거주하는 농장들을 끼워 놓았다. 오아후, 카우아이, 하와이섬 세 군데가 그러하다. 제 3장(역사) 의 5개 절은 《신포와》의 제목을 그대로 따왔는데, 내용은 대폭 압축했다. 262쪽의 분량을 8쪽으로 줄인 것이다. 저자인 후지이가 《신포와》에서 가장 공을 들였던 부분이 하와이의 '역사'였다. 그는 하와이가 미국의 속지로 편입될 때 일본 정부의 대응에 대한 진한 아쉬움을 갖고 있었다. 이때 하와이를 미국에 '양보'하더라도 하와이에 거주하는 일본인의 참정권만은 확보할 수 있어야 했다

40 《포와유람기》, 4쪽.

는 것이다. 제 4장(경지)의 5개 절 중 3개는 《신포와》의 해당 항목을 줄여서 옮겨 왔다.

4. 《포와유람기》 분석 3: 한인공동체 관련 기록 검토

1) 한인공동체의 원형 : 사탕수수농장과 한인캠프

이른바 대항해 시기에 유럽 자본이 투입되어 카리브해에서 성황을 이루었던 설탕산업은 19세기 중엽 하와이로 이식되었다. 이곳에서는 미국인 선교사의 후예들이 설탕산업의 주역으로 등장했다. 그들은 하와이 왕실로부터 불하받은 토지를 기반으로 하여 대규모의 사탕수수농장을 만들고 제당 설비와 운송 시설까지 갖추어 설탕산업을 하와이의 주력 산업으로 키워 나갔다. 여기에서 필수적으로 요구되었던 것이 저렴하고도 풍부한 노동력이었다. 농장주들은 처음에 하와이 원주민을 고용했으나 이들의 인구 급감과 생산성 저하로 말미암아 외부로부터의 노동력 충원이 불가피해졌다.

카리브해의 설탕산업이 아프리카 대륙으로부터 '노예' 공급을 받았다면, 하와이의 경우에는 유럽과 아시아로부터 '계약노동자'들을 들여왔다. 1852년에 광둥 출신 중국인 293명이 처음 하와이에 도착한 후 포르투갈인(1877), 노르웨이인(1880), 독일인(1881), 일본인(1885), 푸에르토리코인(1900), 한국인(1903), 필리핀인(1905)들이 차례로 하와이에 들어왔다. 하와이 농장주들은 어느 한 인종이나 민족이 노동시장을 독점하는 것을 경계했다. 이 문제는 농장 경영의 안정성과 수익성에 바로 영향을 미칠 수 있었다. 이리하여 하와이는 세계의 '인종 전시장'이 되었다.

현순의 《포와유람기》에 나오는 하와이 인상기 중 두 개의 단어를 고르라면, 하나는 '태평양낙원'이요, 다른 하나는 '인종 박람회'이다. 전자는 책의 첫 장 제목이었고, 후자는 제 2장(지리)의 5절 인종 및 인구에 나온다.

> 금今에 그 인구를 조사하건대 각종 인물이 혼합하여 일개 인종박람회를 이루었으니 가량假量 한 가족 중에 주인은 백인, 처는 토인土人, 자는 잡종, 용녀傭女는 일본인, 요리인은 지나인支那人, 마부는 포르투갈인葡萄牙人 등이니 이는 진실로 일종 박람회라 칭함이 가하도다.[41]

한반도와는 완전히 다른 아열대 기후와 환경 속에서 다양한 인종과 민족들이 한데 뒤섞여 사는 모습을 한 가정에 빗대어 묘사하고 있다. 여기에는 가부장적인 계서제階序制가 자리 잡고 있었다. 당시 하와이를 정치적, 경제적으로 지배했던 것은 소수의 백인(선교사의 후예인 미국인들)이었다. 이들이 곧 하와이의 '주인'이었다. 원주민 폴리네시아인은 그 '주인'에 복종적인 '아내'가 된다. 그들의 자손은 '잡종'으로 순수 혈통의 백인보다 아래에 위치한다. 이들 '가정'에 외래의 이주민들이 들어온다. 하녀로는 고분고분한 일본인, 요리인에

41 《포와유람기》, 19쪽.

는 음식을 잘 만드는 지나인, 마부는 말을 잘 부리는 포르투갈인이 제격이었다. 이들은 모두 '주인'에게 고용된 사람일 뿐이었다. 언제든 그들은 '가정'에서 쫓겨날 수 있었다. 이것은 곧 사회로부터의 격리 내지 추방을 의미한다. '태평양의 천국'인 하와이의 평화로움은 각자가 자기의 위치에서 자기에게 주어진 역할에 충실할 때에 주어지는 것이다. 하와이왕국이 어느 날 소수의 백인 쿠데타에 의하여 무너져 내린 후 그 흔적조차 찾기 어렵게 된 것도 이러한 지배 구조에서 비롯되었다.

그렇다면 20세기 초 하와이의 인구 분포는 어떠했을까? 《포와유람기》에는 1904년도의 인구 통계가 나오는데, 그 출처가 명기되어 있지 않다. 숫자 또한 부정확해 보인다. 이를테면 일본인의 숫자를 그냥 7만 명이라고 표기한 것이 그렇다. 1904년의 시점에서 한국인을 6,200명으로 잡은 것도 과다 계상된 것이다. 따라서 1910년도 미국 정부의 인구통계를 함께 넣어 놓았다. 이 자료에 나오는 'White'(백인)는 논문 저자의 임의 분류에 따른 것이다. 원래의 센서스에는 국가 또는 민족별로 나뉘어 있었을 것이다. 이 점에서는 《포와유람기》의 분류가 오히려 도움이 된다(표 〈3-1〉 참고).

아시아인의 하와이 유입은 미국 본토에서 중국인 이민배제법(1882)이 실시된 이후 일본인으로 대체된다. 그 결과 1905년이 되면 일본인 이주자가 하와이 전체 인구의 40퍼센트를 넘게 된다. 이들의 인구가 급증하자 다음에 들어온 것이 한국인이었다. 《포와유람기》에서는 그 배경에 대하여 이렇게 설명한다.

"〔일본인들의〕 인수人數가 점다점증漸多漸增하매 임전 및 사역賃錢及事役의 만족치 못함으로 동맹휴업하는 폐가 빈출頻出함으로 이에 한인韓人의 온순한 성질과 순전한 노력을 문聞하고" 하와이 사탕수수경작

〈표 3-1〉 하와이 인구분포도(1904/1910)[42]

《포와유람기》의 통계(1904)		신형진 논문 통계(1910)	
국가 또는 민족 분류	인구(명)	인종 또는 민족 분류	인구(명)
포와인(하와이인)	31,019	포와인(하와이인)	26,095
반(半) 포와인	12,000	반(半) 포와인	12,472
미국인	9,000	백인	16,693
영국인	3,200	—	—
프랑스인	150	—	—
독일인	1,700	—	—
노르웨이인(諾威人)	400	—	—
포르투갈인	17,000	포르투갈인	22,257
푸에르토리코인(포도리코인)	5,000	푸에르토리코인(포도리코인)	4,797
중국인	22,500	중국인	21,682
일본인	70,000	일본인	79,628
한국인	6,200	한국인	4,605
—	—	필리핀인	2,302
기타 외국인	3,000	기타 외국인	1,343
합 계	181,169	합 계	191,874

42 현순(1909), 《포와유람기》, 일한인쇄주식회사, 19쪽; 신형진(2016), "하와이 한인 이민 1세의 사회경제적 동화: 1910년 미국 센서스 자료의 분석", 〈한국인구학〉 39-1, 112쪽.

동맹회에서 한국 노동자들을 고용하기로 결정했다.43 일본인 노동자들을 견제하기 위하여 한국인을 들여오게 되었다는 것이다.

이러한 사정을 못마땅하게 여긴 일본이 러일전쟁 후 한국인의 이주를 사실상 중단시키자 하와이 농장주들은 필리핀인들을 데려오게 된다. 1904년도 통계에는 잡히지 않던 필리핀인이 1910년에 나오는 것은 그 때문이다. 한국인은 1905년도에 7,500명으로 정점에 이른 후 차츰 줄어든다. 미국 본토로 들어가거나 한국으로 돌아가는 사람들이 있었기 때문이다.

20세기 초 하와이 농장주들의 대리인인 데쉴러의 주선으로 하와이에 들어온 한국인들은 호놀룰루 항구에 내리자마자 기차나 배로 갈아타고 사탕수수농장으로 집단 배치되었다. 하와이가 미국의 영토로 편입된 후 계약노동은 불법화되었지만, 한인들은 하와이 이주에 소요되는 제반 경비를 데쉴러은행으로부터 미리 빌렸기 때문에 그 빚을 갚는 동안은 농장에서 의무적으로 일을 해야만 했다. 사실상의 계약노동이었던 셈이다. 주한 미국공사 알렌은 이러한 사실을 알면서도 묵인했고, 한국 정부(고종)는 무엇이 문제이며 어떤 일이 생길 것인지를 제대로 알아보지도 않고 알렌의 말만 듣고 해외 이민사업을 승인했던 것이다.44

---

43 《포와유람기》, 4쪽.

44 이 문제에 대해서는 웨인 패터슨 저, 정대화 역(2002), 《아메리카로 가는 길: 한인의 하와이 이민사, 1896~1910》, 들녘, 135~147쪽 참조.

하와이로 이주한 초기 한인들의 삶에서 우리가 주목해야 할 것은 사탕수수농장의 한인캠프camp이다. 이곳에서 그들은 먹고 자고 일터로 나갔다. 한인들만 그러했던 것이 아니라 농장에서 일하는 노동자들이 모두 캠프에 갇혀 살았다. 그것은 집단수용소나 다름없었다. 그들은 농장 지배인manager–현장 감독luna–통역인–노동자의 통제 체계에 따라야 했다. 하루의 일과표도 미리 정해져 있었다. 노동 일수만큼 임금은 주어졌다.

인종과 국적을 달리하는 노동자들은 구획된 캠프 안에서 생활하는데, 여기에도 위계질서가 있었다. 유럽의 백인이 우선이고, 아시아인들은 이주 시기와 규모에 따라 순서가 정해졌다. 여기에서 한국인은 중국인이나 일본인에 밀릴 수밖에 없었다. 나중에 온 필리핀인들에게도 밀렸다. 한국인의 이주가 3년 만에 중단되면서 하와이 인구에서 한인들이 차지하는 비중은 2퍼센트 안팎에 머물렀다. '인종전시장'에서 한인들의 독자적인 존재감을 드러내기가 쉽지 않았다.

20세기 초 하와이로 이주한 한인들은 거의 예외 없이 사탕수수농장 안의 캠프에 배치되었다. 이곳이 그들의 생활공간이자 삶의 터전이었다. 그렇다면 한인들이 집단적으로 거주하는 캠프들은 어디에 있었고, 그 규모는 어느 정도였을까? 기왕의 연구에서는 농장 캠프에 대하여 언급하면서도 그 실태를 파악하는 데에는 소홀히 해왔다. 따라서 그들의 삶의 현장을 제대로 들여다볼 수 없었다. 이주 초기 한인캠프와 관련된 자료로는 다음의 세 가지를 들 수 있다.

첫 번째는 현순의 《포와유람기》이다. 이 책의 제 2장(지리) 중 제

14절 가와이도(Kauai섬), 제 15절 오아후도(Oahu섬). 제 17절 마위도(Maui섬), 제 20절 하와이도(Hawaii섬, 일명 Big Island)에는 '한인이 거류하는 경지'의 소재지가 나온다. 그 지명은 한글로 표기되어 있는데, 일본 자료에서 뽑았는지 원래 지명과 발음상의 차이가 있다. 따라서 그 지명을 특정하지 못하는 사례도 있다. 4개 섬의 한인캠프의 소재지는 모두 44곳으로 나온다.

두 번째 자료는 1905년 상반기에 작성된 하와이 사탕수수농장주협회의 내부 참고자료이다. 여기에는 하와이제도 34곳 농장 지배인들의 한인 노동자에 대한 평가가 들어가 있다. 웨인 패터슨은 그 보고 내용을 요약하여 소개한 바 있다.45 그런데 협회 자료에서는 농장 캠프의 소재지가 아니라 농장 소유의 회사 이름이 주로 나온다. 따라서 지명과 회사 이름이 일치하지 않을 때 한인캠프의 소재지를 찾기가 쉽지 않다.

세 번째는 1905년 9월 하와이 동포 시찰에 나섰던 윤치호의 순행기록이다. 그는 이때 32곳 농장에서 5천 명의 동포에게 41차례에 걸쳐 '연설speech'을 했다고 한다. 그의 일기에 이와 관련된 기록이 나온다. 그런데 하와이 지명을 쓸 때 영어 발음을 그대로 사용하는 사례가 더러 있어 원 지명을 찾아야 하는 번거로움이 따른다. 'Kauai'섬

45 Wayne Patterson(1988), *The Korean Frontier in America: Immigration to Hawaii, 1896~1910*, Honolulu: University of Hawaii Press, 118~121쪽; 이덕희(2009), "초기 하와이 한인들에 대한 견해", 〈한국기독교의 역사〉 30, 193~197쪽.

의 경우에는 'Kanai'로 표기한다.

위의 세 가지 자료에 기초하여 작성해 본 것이 이 책 뒤에 나오는 〈부록 3: 하와이제도 사탕수수농장의 한인캠프(1905~1908)〉이다. 여기에서는 《포와유람기》에 나오는 한글 지명을 먼저 표기하고, 패터슨의 저술과 윤치호의 일기를 대조하는 방식으로 원 지명을 찾아 놓았다. 44곳의 한글 지명 중 4곳(오아후 3곳, 카우아이 1곳)은 특정하지 못했다. 한편, 농장주협회의 자료 중 한인캠프의 소재를 확인하지 못하는 경우 농장 이름만을 표기해 놓았다. 각 자료에 대한 검토는 출처별로 나누어서 다루고자 한다.

(1) 현순의 《포와유람기》

현순의 하와이 이주 체험은 두 시기로 나누어 볼 수 있다. 1903년 3월부터 1904년 말까지는 오아후섬 북쪽 해변에 가까운 카후쿠Kahuku 농장에서 통역인으로 일했다. 1905년 1월부터는 호놀룰루로 거처를 옮겨 감리교회의 순회 설교사로 활동하기 시작했다. 이후 카우아이섬으로 들어가서 전도 활동을 펼치다가 1907년 5월 귀국길에 올랐다. 여기에서는 카후쿠 농장에서의 체험을 바탕으로 하여 작성된 기록만을 검토하고자 한다.

먼저 《포와유람기》 제 4장(경지) 3절 〈경지노동자의 생활상태〉부터 살펴보자. 2페이지를 조금 넘는 이 절에서는 사탕수수농장에서 한인들의 삶이 어떠했을지를 짐작케 하는 내용이 항목별로 짧게 소개되고 있다. **46**

첫 번째는 '가옥'에 대한 것이다. 각각의 농장마다 가옥의 구성은 조금씩 다르지만 대개 목재로 만들어진 '장랑長廊'이라고 했다. 그러니까 긴 복도식 막사인데, 한편으로만 4~5개의 방이 있는가 하면 복도를 사이에 두고 양편으로 방을 만들어 10여 개의 방을 만든 곳도 있다고 했다. 노동자 중 처를 데리고 온 사람에게는 방 하나를 내주고, 독신자들은 5~6명이 함께 방을 쓰도록 했다. 방안에는 2층 또는 3층 다락의 목제 침대가 놓여 있었다. 이것은 집house이 아니라 병영 막사barracks와도 같은 것이었다.

두 번째는 '식물食物'에 대한 것인데, 그것은 극히 '조악粗惡'하다고 했다. 이것을 참지 못하면 돈을 모을 수 없다. 몸이 약하거나 병든 사람 또는 게으른 사람은 자기 식비를 벌기도 쉽지 않았다. 세 번째는 노동 시간이다. 하루 일정을 보면 오전 4시 반 기상, 세면 후 식당 직행, 5시 15분 '노동 취합소' 출회와 작업장 이동, 6시부터 일과 시작, 11시 30분부터 12시까지 점심, 오후 4시 30분 일과 종료 및 귀가로 이루어졌다. 하루 10시간의 노동이었다. 노역 중 잡담이나 흡연은 금지되었다.

네 번째는 노동자의 소득이다. 한 달에 26일을 꼬박 일하면 18달러의 임금을 받을 수 있다. 여기에서 식비 6달러와 담배와 의복 등의 잡비를 제하면 8달러를 저축할 수 있다. 그런데 음주, 잡기, 색상色傷에 침혹한 자는 귀국 여비조차 마련할 수 없다. 근검 인내하는

---

46 《포와유람기》, 53~56쪽.

자는 불과 수년에 '거액'을 모아 금의환향하거나 포와에서 자립하여 상업에 종사하는 사람도 있다고 했다.

현순은 인천에서부터 자신이 인솔해 온 한인 노동자들을 카후쿠 캠프에 들여놓았을 때, '동료' 한인들은 이 '지독한 막사'에 입주하고 들판에 나가 '혹독한 노동'을 하는 것에 낙심했다고 한다.[47] 그들이 들었던 '태평양의 낙원'은 허상이자 허구였다.

당시 한인들의 캠프 생활을 제대로 이해하기 위해서는 그들이 먹고 자고 일하던 생활공간이 어떠했는지에 대한 이해가 필요하다. 다음의 지도를 보면서 설명을 이어가자. 손으로 그려진 이 지도는 1930년대 초 하와이대학에 다니던 한 학생이 과제로 제출한 보고서("Survey of Kahuku as Plantation Town") 안에 들어가 있던 것이다.[48] 이것은 현순이 카후쿠 농장에 처음 발을 들여놓았을 때보다 30년이 지난 시점에 작성된 것이지만, 그 농장 안에 자리 잡고 있던 마을의 공간 구조와 배치를 이해하는 데 도움이 된다.

이 지도에서 먼저 눈여겨볼 부분은 마을을 가로지르는 도로(Kamehamea Highway)와 철로(Koolau Railroad)이다. 이 두 선을 경

---

47 《현순자사》, 275쪽.

48 이 보고서는 하와이대의 Romanzo Adams Social Research Laboratory(RASRL)의 수집품에 들어가 있다. 보다 자세한 것은 Local Citing; A Curated History of Territorial Hawai'i(2022), "Survey of Kahuku as a Plantation Town, Kahuku ahupua'a, O'ahu" 참조. https://www.localciting.com/mapping-the-territory/survey-of-kahuku-as-a-plantation-town-kahuku-ahupuaa-oahu/

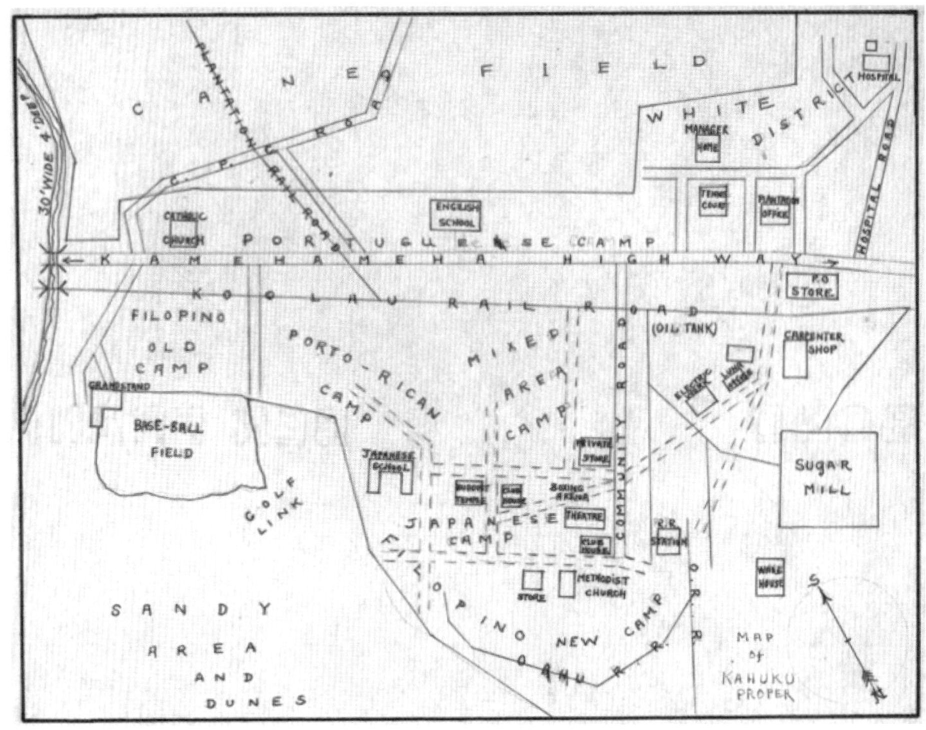

1930년대 초 카후쿠 농장의 마을(town) 배치도

계로 하여 백인과 유색인종의 거주 지역이 나뉜다. 위쪽(남쪽)은 농장 지배인과 포르투갈인이 모여 사는 '백인 지구White District'이다. 이 지구에는 병원, 농장 사무실, 영어학교, 성당 등이 함께 자리 잡고 있다. 아래쪽(북쪽)에는 유색인종들의 집단 거주지가 있다. 지도 아래의 왼쪽부터 보면 Filipino Old Camp, Porto-Rican Camp, Mixed Area Camp, Japanese Camp, Filipino New Camp로 나누어져 있다. 1930년대가 되면 하와이의 농장 인력 구성에서 필리핀인들이 일본인을 대체하고 있음을 보여준다. 한국인 또는 중국인은 이때 Mixed Area Camp로 편입되었을 것이다. 1905년 당시 5천 명에 달했던 한국인 노동자는 1930년이 되면 500명 정도로 줄어든다. 이들 중 일부가 카후쿠 농장에 있었을 것이다.

흥미로운 부분은 일본인 캠프의 바로 밑에 감리교회Methodist Church가 그려져 있다는 점이다. 이것은 이주 초기에 현순을 비롯한 카후쿠 거주 한인들이 농장주의 도움을 받아 세웠던 예배당이었다. 일본인이 다니던 학교와 사찰은 따로 있었다. 이외에도 생필품을 파는 가게와 극장 등 오락 시설이 있었다. 다른 농장들과 마찬가지로 카후쿠 농장의 마을 또한 자족적인, 따라서 외부와의 연결이 차단된 곳이었다. 이 안에서 노동자들은 자기들만의 방식대로 살아가고 있었다. 1890년에 만들어진 카후쿠 농장은 그 전성기인 1930년대에 4천 에이커의 농장에 1,200명의 노동자들을 고용하고 있었다.[49]

앞의 지도에서 또 하나 눈여겨볼 것은 유색인종 거주지구 옆(지도 오른편 하단)에 세워진 제당공장Sugar Mill이다. 이 공장의 높은 굴뚝은 마을의 상징물이었다. 하와이의 사탕수수농장들은 사탕수수 재배에서부터 설탕(원당) 추출까지를 한 농장 안에서 처리하고 있었다. 최종 생산물인 설탕은 철로를 통하여 호놀룰루 항구로 보내지고, 여기서 미국 본토로 실려 갔다. 자본 투자, 사탕수수 재배, 설탕 제조, 우송과 판매, 자본 회수에 이르는 과정은 3년 주기로 돌아갔다. 계약노동이 대부분 3년 단위로 이루어졌던 것도 이 때문이었다.

---

49 *Honolulu Star Advertiser*, 2013년 11월 5일 자에 실린 앤드루 고메스(Andrew Gomes)의 칼럼 "Plantation life forged tight bonds" 참조.

사탕수수농장주들은 계약노동자를 일시적인 체류자로 인식했다. 필요하면 전 세계 어디에서든 데려올 수 있었다. 농장주들은 인종과 민족을 섞어 놓고 그들 사이의 경쟁을 유도함으로써 임금을 낮추고 생산성은 높이려고 했다. 노동자들은 일종의 소모품이었다. 농장에 입주하는 즉시 그들에게는 번호를 새긴 인식표가 주어졌다. 이것을 '방고Bango'라고 했다. 일본말(ばんごう, 番号)에서 따온 것이었다. 일하러 갈 때는 물론 상점에서 물건을 살 때도 방고를 보여줘야 했다. 계약노동자에게는 최소한도의 의식주만 제공되었다. 현순이 말한 대로 '지독한 막사'와 '조악한 식물'만 주어졌다.

다음의 사진은 하와이 이주 초기 한인들이 가장 많이 살고 있던 에와Ewa 농장의 주거지였다. 그들의 '막사'는 1910년대 이후 점차 개선되어 가족이 한데 거주할 수 있는 '집home'으로 바뀌었다.50 계약노동이 법적으로 금지된 후 이주 노동자들의 장기 거주를 유도할 필요성에 따른 것이었다. 1910년부터 '사진결혼'이 허용되었던 것도 이러한 필요성에서 비롯되었다. 가족과 함께하는 노동자들이 생활이 안정되고, 그만큼 생산성도 높일 수 있었다. 제1차 세계대전 이후 에와 농장의 생산성은 세계 최고의 수준으로 올라갔다. 고용한 노동자의 숫자도 2,500명에 달했다.51

---

50 Barnes Riznik(1999), "From Barracks to Family Homes: A Social History of Labor Housing Reform on Hawai'i Sugar Plantations", *The Hawaiian Journal of History*, Volume 33, 125~126쪽.

51 "Ewa Plantation Company(1891~1960)", The HSPA Plantation Archives,

에와 농장의 막사. 출처: Barracks at Ewa Plantation, Bishop Museum 소장.

에와 농장의 연립주택. 출처: Double House at Ewa Plantation, Bishop Museum 소장.

University of Hawaii at Manoa Library (http://www2.hawaii.edu/~speccoll/p_ewa.html).

(2) 하와이 사탕수수농장주협회의 조사 기록

19세기 중엽부터 본격화된 하와이의 설탕산업은 하와이의 정치와 경제는 물론 자연환경과 풍경마저 바꾸어 놓았다. 아열대의 울창한 산림은 사탕수수농장을 만들기 위하여 깨끗이 '청소'되었다. 울창한 산림이 넓은 들판으로 바뀌고 여기에서 사탕수수가 재배되었다. 이를 위하여 세계 각처에서 일꾼들을 불러 모았다. 농장 한가운데에는 제당공장이 들어서고 이 공장을 중심으로 마을이 형성되었다. 농장에 물을 대기 위한 관개시설이 마련되고 설탕을 항구로 실어 나르기 위한 도로와 철도가 개설되었다.

한편, 카리브해나 자바에서 번창하는 설탕산업과 경쟁하기 위해서는 안정적인 판로 확보가 무엇보다도 중요했다. 최선의 방법은 미국과의 합병이었다. 이를 위한 정지 작업으로 설탕산업의 주역들은 하와이왕국Hawaiian Kingdom을 전복하고 공화정부를 세웠다. 그리고 4년 뒤인 1898년에 하와이는 미국의 영토로 편입되었다.52

그 후 하와이의 설탕산업은 급격하게 팽창하는데, 이 일을 체계적이며 조직적으로 추진했던 것이 하와이 사탕수수농장주협회The Hawaiian Sugar Planter's Association, HSPA였다. 1895년에 만들어진 이 협회는 대외적으로 농장주들의 이해를 대변하고 미국 정부를 상대로 로비를 벌이는가 하면, 자체적으로 연구소를 설립하여 사탕수수 재배

---

52 Carol A. MacLennan(2014), *Sovereign Sugar: Industry and Environment in Hawai'i*, Honolulu: University of Hawai'i Press, 27~31쪽.

에서부터 방제 및 관개시설 관리, 제당공장의 현대화에 앞장섰다. 1915년에 이르면 하와이가 쿠바와 자바에 이어 세계 3위의 설탕 생산지로 부상했다. 이때 나온 농장주협회의 보고서에 따르면, 쿠바와 자바가 각각 저렴한 지가와 풍부한 노동력에 의존했던 것과 달리 하와이는 최적의 효율성, 즉 중앙집권적인 조직 관리와 과학적인 영농 방식에 의한 생산성 향상에 있다고 했다.**53** 이 무렵 하와이 농장주협회는 이른바 '빅 화이브Big Five'가 주도하는 과두체제를 이루고 있었다.**54** 그들은 하와이의 설탕산업뿐만 아니라 하와이의 정치와 경제를 실질적으로 지배했다.

한국인의 하와이 이주를 성사시켰던 것도 사탕수수농장주협회였다. 이들은 주한 미국공사 알렌을 중간에 넣어 고종을 설득했다. 그리고 그들의 대리인으로 데쉴러를 내세워 이민자들을 모집했다. 이런 로비와 사업에 필요한 자금은 모두 농장주협회에서 나왔다. 1905년 초, 농장주협회는 그들 산하 34개 농장의 지배인manager들에게 한인 노동자에 대한 자체 평가를 요구했다. 이에 한 곳을 제외한 33개의 농장에서 회신이 왔다. 이 자료를 검토한 웨인 패터슨은 그것이 내부용이었기 때문에 한인 노동자들에 대한 솔직하고 객관적

---

53 위의 책, 43~46쪽.

54 'Big Five'는 다음과 같다. Castle & Cooke, Inc.; C. Brewer & Co.; American Factors; Theo. H. Davies & Co.; Alexander & Baldwin, Ltd. 이들 중 영국계 회사인 T. H. Davis를 제외하면 모두 미국인 선교사 가문 출신이었다. 즉 Cookes, Castles, Alexanders, Baldwins가 그들이다(같은 책, 45쪽).

인 평가가 담겼던 것으로 볼 수 있다고 했다.

그렇다면 각 농장의 보고서에는 어떤 내용이 담겨 있었을까? 패터슨은 그 내용을 간추려 정리한 바 있다.[55] 여기에서는 그 가운데 몇 가지 흥미로운 평가만을 골라 소개한다.

카후쿠 농장(오아후섬) : 이 농장에서는 전체 노동자의 12%에 해당하는 80명의 한국인을 고용했다. 지배인 애덤스는 중국인과 일본인 다음으로 한국인을 선호한다고 했다. 이들은 현장 노동자로서 부지런하며 흥분을 잘하나 쉽게 권위에 영향을 받는 특성을 지녔다.

킬라우에아Kilauea 농장(카우아이섬) : 65명의 한국인을 고용했는데(전체의 19%), 이들은 훌륭한 노동자들이지만 많은 시간을 낭비한다.

마우이농업회사Maui Agricultural Company(마우이섬) : 93명의 한국인을 고용했는데(전체의 6%), 어떤 사람들은 꽤 괜찮으나 대부분 일본인이나 중국인에 비해 열등하다.

허친슨Hutchinson 농장(하와이섬) : 106명의 한국인을 고용했다(전체의 18%). 푸에르토리코인, 중국인, 일본인 다음으로 한국인 노동자를 선호한다. 앞으로 교육을 받아 보아야 하겠지만 그들은 일할 의욕

---

55 웨인 패터슨, 앞의 책, 184~188쪽.

만큼은 충분히 지니고 있다.

패터슨은 이상과 같은 보고서들에 기초하여 하와이 사탕수수농장의 한국인들이 전체적으로 '평범한 노동자'였다는 평가를 내렸다. 그는 또 하와이 농장주나 지배인들이 노동자로서보다는 당시 농장에서 절대다수를 이룬 일본인들에 대한 견제 세력으로서 한국인의 가치에 주목했다고 보았다. 한국인들이 이러한 필요를 충족시켜 주는 한 농장주들은 한국인이 특별히 뛰어난 노동자가 아니라 하더라도 개의치 않았다는 것이다.[56]

이러한 견해가 과연 타당한 것인지에 대해서는 좀 더 살펴볼 여지가 있다. 무엇보다는 우리는 그 보고서들이 '중간' 평가적인 성격을 지니고 있었다는 점을 간과해서는 안 된다. 즉 농장주협회에서는 앞으로도 계속 한국인을 데려와야 하는지에 대한 결정을 내리기 위한 참고자료가 필요했던 것이다. 문제는 그 조사 시기가 너무 빨랐다는 점이다. 이 때문에 현장의 농장 지배인들은 좀 더 시간을 갖고 지켜보아야 한다고 말했다. 이를테면 카우아이섬의 '게이와 로빈슨Gay and Robinson' 농장에서는 보고하기를, 자기들이 22명의 한국인을 고용했지만 이들이 최근에 도착해서 아직 평가하기에는 이르다고 보고했다.[57]

---

56 위의 책, 191쪽.

57 위의 책, 185쪽.

1902년 초부터 몇십 명 또는 몇백 명 단위로 한인들이 하와이로 들어오기는 했지만, 그들이 한국과는 완전히 다른 자연환경과 기후 조건 속에서 한국에서는 전혀 해보지 않았던 일에 적응하는 데에는 얼마간의 시간이 필요했다. 여기에 언어장벽과 문화적 차이까지 더해지면 그 누구도 그들을 쉽게 평가할 수 없었다. 한국인과의 비교 대상이 되었던 중국인이나 일본인의 경우 19세기 중후반부터 하와이에 들어오기 시작했다는 점 또한 간과해서 안 된다. 패터슨은 이런 문제들의 심각성을 충분히 고려하지 않은 채 성급한 결론을 내렸다고 볼 수 있다.

아울러 우리는 그 보고서들에 반영된 인종주의적 편견이나 선입견에 대해서도 주의를 기울일 필요가 있다. 노동자 개개인이 지니는 성격이나 자질 또는 능력상의 차이를 인종적, 민족적인 것으로 치환하려는 태도가 그러한 편견에서 비롯될 수 있었다.

(3) 윤치호의 일기와 "포와정형"

초기 한인의 하와이 이주와 관련하여 우리가 주의 깊게 살펴야 할 또 하나의 자료가 있다. 그것은 윤치호(1866~1945)의 하와이 '시찰' 기록이다. 러일전쟁 발발 직후 외부협판으로 임명되었던 그는, 이 전쟁이 끝날 무렵 고종의 지시로 하와이를 다녀왔다. 윤치호의 하와이 체류 기간은 1905년 9월 7일부터 10월 3일까지였다. 그는 이 기간에 하와이제도의 4개 섬(오아후, 마우이, 카우아이, 하와이)에 흩어져 있던 32곳의 사탕수수농장을 방문하여 이곳에서 일하는 약 5천

명의 한인을 상대로 41차례 '연설'을 했다. 휴일을 제외하면 하루에 최소 1~2곳의 농장을 방문했던 것이다.[58]

하와이에서는 당시 이 섬에서 저 섬으로 가는 데만도 한나절이 걸렸다는 점을 고려하면 윤치호의 하와이 순행은 이례적이라고 할 만큼 순조롭게 진행되었다고 볼 수 있다. 이 일이 가능했던 것은 사탕수수농장주협회의 적극적인 도움과 배려 덕분이었다. 그들은 러일전쟁에서 승리를 거둔 일본이 한국인의 하와이 이주에 제동을 걸지도 모른다는 우려와 불안감을 지니고 있었다. 1905년 상반기에 집중적으로 한인의 하와이 이주가 이루어졌던 것도 그런 우려에서 비롯되었다. 이러한 상황에서 한국 정부의 '대표' 자격으로 윤치호가 하와이에 왔으니 농장주협회에서는 반색할 수밖에 없었다.[59]

윤치호의 하와이 '시찰' 기록은 두 가지 형태로 남아 있다. 첫 번째는 그의 영문 일기인데, 하와이 체류기의 기록만 30쪽 가까이 된다.[60] 이것만 해도 현순의 《포와유람기》에 나오는 한인 관련 기사

---

58 윤치호의 하와이 순행 일정은 '공무'(公務)였던 만큼 그의 영문 일기에 잘 기록되어 있다. 국사편찬위원회 편(1976), 《윤치호일기》 6, 同 위원회, 141~170쪽 참조.

59 하와이 사탕수수농장주협회의 대리인인 스완지(Mr. Swanzy)는 도쿄에서부터 윤치호와 함께 행동을 했다. 그는 호놀룰루에 도착한 후 윤치호를 하와이 지사 조지 카터(George R. Carter)와 농장주협회에 소개했다. 윤치호의 순행 일정도 협회 사무실에서 대충 짜여졌다(위의 책, 145~146쪽). 각 농장의 지배인은 윤치호의 방문 일정에 맞추어 한인 노동자들을 소집했다. 농장주협회는 그만큼 잘 조직되어 있었다.

60 《윤치호일기》 6, 143~170쪽. 이 앞뒤로도 하와이 방문과 관련되는 기사들이 나온다. 그 대체적인 내용과 관련해서는 최종고(2020), 〈윤치호의 하와이 및 멕시코

의 2배 분량이다. 두 번째는 〈대한매일신보〉에 7회에 걸쳐 연재되었던 "포와정형布哇情形"이다. 이 기사는 1906년 1월 10일부터 17일까지 신문의 "잡보"란에 실렸다(1월 15일은 휴간). 첫 회에는 다음과 같은 머리말이 들어갔다.

> 본년〔1905〕 8월 27일에 외부협판 윤치호 씨가 일본 동경東京 유주留住시에 포와 이주 한민韓民 정형 시찰차로 즉왕해지卽往該地하라시는 외부전外部電을 봉승奉承하와 29일 오후에 기선 만주호滿洲號 또는 S. S. Manchuria를 탑승하와 9월 8일 조朝에 포와 도성 호놀눌루에 도착 순행하야 수미首尾 24일간에 포와 소속 4도四島 농장 32개소에 산재한 한민을 시찰하옵고 그 정형을 여좌如左히 보고홈
>
> 광무光武 9년 10월61

그러니까 윤치호가 하와이를 다녀와서 정부에 보고한 문건이 〈대한매일신보〉를 통하여 공개되었던 것이다. 이 문건이 작성된 때는 1905년 10월인데, 신문 지상에 실린 것은 1906년 1월 10일부터였다. 그 사이에 대한제국의 외교권은 일본에 넘어갔고, 윤치호는 외부협판직을 사임했다. 이러한 상황에서 정부 문건이 공개된 것은 고

방문〉, 윤경남 편, 《좌옹 윤치호 평전: 윤치호 그는 누구인가?》, 신앙과지성사, 140~158쪽 참조.

61 〈대한매일신보〉(1906. 1. 10.), "布哇情形".

종의 의중에 따른 것으로 보인다. 해외 이민사업은 그의 재가에 따라 이루어졌고, 윤치호의 하와이 시찰도 그의 명에 따른 것이었다. 따라서 자기에게 보고된 문건을 공개할 수 있는 사람은 고종 이외에 다른 사람일 수가 없다.

여기에서 '을사보호조약'에의 서명을 거부했던 그가 대한제국의 외교권이 여전히 자기에게 있음을 보여주는 하나의 증표로서 윤치호의 보고문건을 활용하고자 했던 의도가 읽혀진다. 위의 머리말에 나오는 '즉왕해지하라시는'이라든가 '외부전을 봉승하와'와 같은 표현은 고종의 명을 윤치호가 충실히 따르고 있었음을 보여준다.

윤치호가 하와이 시찰을 다녀온 후 고종에게 보고했던 "포와정형"은 6개 항목으로 이루어졌다. ① 포와 열도의 위치 및 기후, ② 정치 연혁, ③ 인종·인구, ④ 한민 수효, ⑤ 한민 경황, ⑥ 시찰 의견이다. 이 문건은 시기적으로 현순의 《포와유람기》보다 2년 빠르다. 물론 기록자들의 처지는 달랐다. 윤치호는 본국 정부의 고위 관료로서 시찰자의 입장이었고, 현순은 그 대상자였다.

실제로 두 사람은 오아후섬의 카후쿠 농장에서 만났다. 둘 다 이때의 만남에 대하여 한두 줄의 문장만을 남겼다.**62** 서로 불편했던 모

---

62 윤치호는 그의 일기에 다음과 같이 기록했다(1905년 9월 11일) ; "카후쿠 농장에 갔다. 지배인은 Adams였다. 〔오후〕 7시 30분에 약 40명의 한인에게 연설을 했다. 그들은 언덕 위의 예배당에 모였다. 그런데 현제창의 아들인 현순이 한인들의 설교사였다."(《윤치호일기》 6, 147쪽). 윤치호는 독립협회에서 현순의 아버지와 함께 활동한 바 있었다. 그 기억을 되살린 것이다. 한편, 현순은 이때 "余는 외부

양이다. 이처럼 처지와 입장이 달랐기에 두 사람의 기록은 정착기 하와이 한인사회의 상황을 이해하는 데 오히려 도움이 될 수 있다. "포와정형"과 《포와유람기》의 구성과 내용을 비교·검토하는 것은 여러모로 흥미롭겠지만 이런 과제는 다음으로 미루고 여기서는 "포와정형"에서 주목할 대목만을 소개하는 것으로 그치고자 한다.

먼저 '하와이의 인종 및 인구'에 대하여 소개하는 항목에서는 하와이의 면적에 비하면 인구가 적다면서 이렇게 적어 놓았다.

> … 탕농糖農 및 도농稻農에 노동자가 부족함으로 각국 이민을 권장하나 동양인 중에 청인淸人은 미국 법률에 금하는 바오 한일韓日 양국인은 무애왕래無碍往來하되 일본인은 포와를 경經하여 미국에 전왕轉往하는 자가 과다夥多함으로 각 장주庄主 소언所言에는 한민韓民이 매삭每朔 삼사백 명씩 이주하여도 무방하겠다 운云함[63]

끝의 문장에 나오는 '장주의 소언'은 곧 하와이 사탕수수농장주협회가 윤치호를 통하여 한국 정부에 전하고자 했던 이야기로 볼 수 있다. 그들은 매달 3~4백 명 정도의 한인 노동자를 고용할 의사가 있음을 밝힌 것이다. 1년이면 4,000명 내외가 되니 결코 적은 숫자가 아니었다. 그런데 외교권을 박탈당한 한국 정부는 그들의 의견을

협판인 윤치호를 만났다"고만 언급했다(《현순자사》, 279쪽).

63 〈대한매일신보〉(1906. 1. 12.), "布哇情形"(續).

받아들일 수 없었다.

이어서 나오는 '한민 수효' 항목에서는 광무 6년(1902)부터 광무 9년(1905) 7월 1일까지 하와이로 건너간 한인이 총 7,519명(남 6,536, 여 474, 아동 509)이라면서 그들의 원적原籍을 도별道別로 밝히고 있다. 이러한 통계는 하와이 농장주협회에서 제공했다고 볼 수 있다. 그들은 또 하와이제도의 4개 섬, 30여 처 농장에서 일하는 한인이 한 농장에 많게는 오륙백 명, 적게는 수십 명으로 모두 4,946명이라고 했다. 그런데 이들이 여기저기 떠돌아다니기 때문에 오늘과 내일의 통계가 다를 수밖에 없다는 단서를 붙였다.64 한인 가운데 일부가 한 농장에 오래 정착하지 못하고 있다는 점을 은연중 내비친 것이다.

그런데 이때는 미국 본토와 마찬가지로 하와이에서도 계약노동이 불법화되어 있었기 때문에 노동자들은 보다 좋은 환경에서 보다 나은 조건으로 일할 수 있는 농장을 얼마든지 찾아다닐 수 있었다. 이것을 탓하는 것은 어디까지나 농장주의 입장일 뿐이었다.

'한민 경황' 항목에서는 한인들의 거처, 의복, 음식, 사무事務, 고가雇價, 의약醫藥, 학교, 대우, 한인의 품격品格과 절용節用 등에 대하여 짧게 기술하고 있다. 그중 품격에 대한 설명을 보면 이렇게 되어 있다.

"외국인이 논하되 한인의 체격이 건장하여 제반 노동을 능히 감당

64 위와 같음.

할 수 있으며 학습이 민첩하여 다른 나라 사람들과 비교하여도 양보할 바가 별로 없으나 가장 안타까운 것은 한인이 나약하고 게으름이 많고 도박과 음주를 좋아하여 하루 일하고 열흘을 누워 노는 자가 열에 네다섯이나 되니 농장주가 믿고 일을 맡길 수 없으나 처자식이 있는 자는 열심히 일하기에 믿을 수 있다고 말한다."65

여기에서 '열에 네다섯'이라는 것은 농장주의 입장을 그대로 반영한 과장된 표현이라고 볼 수박에 없다. 아울러 초기의 한인 노동자들은, 다른 나라의 노동자들이 그러했듯이, 20대 또는 30대의 독신 남자가 대다수였다는 점을 감안해야 한다. 앞에 나온 통계만 보더라도 이주 한인 총 7,519명 중 여자는 474명에 지나지 않았다. 하와이에 처자를 데리고 온 사람은 열 명 중 한 명에도 미치지 못했던 것이다. 이런 점을 고려하면 하와이 및 미주의 한인사회가 정착기를 넘어 안정적인 상황에 접어드는 것은 '사진 혼인'의 길이 열리기 시작한 1910년부터라고 볼 수 있다.

"포와정형"에서 가장 중요한 대목은 이 문건의 끝에 나오는 '시찰 의견'이다. 이것은 윤치호가 고종 및 한국 정부에 앞으로의 이민 대책을 어떻게 수립할 것인가에 대한 자기 나름의 의견을 개진한 것으로 볼 수 있다. 그는 먼저 말하기를, '이민'이라는 것은 한 나라의 과밀한 인구를 해결하기 위한 하나의 방책으로서 구주 열강이 수백 년 동안 실시해 온 '국책'이라고 했다. 가까운 일본도 20년 전부터 이민

65 〈대한매일신보〉(1906. 1. 13.), "布哇情形"(續).

을 장려하여 각국으로 이주한 자가 십수 만에 달하며, 이들 이민자가 일본에 보내는 돈만도 매년 1,200여만 원에 달한다.

하와이만 보더라도 일본인이 이곳 인구의 절반인 7만 명 정도로 그들의 영사와 병원, 신문, 단체, 학교, 은행 등을 두어 하나의 '완전한 사회'를 이루었다. 그동안 한국 정부는 '다사多事'하여 하와이 이주민에 신경을 쓰지 못했지만 이번 시찰이 그들에게 다소간 위안이 되었다고 했다.66

윤치호는 이어서 하와이가 한인에게 '다행'인 것으로 세 가지를 들었다. 첫째로 이곳의 물과 토양, 기후, 음식 거처가 한인에게 잘 맞는다. 둘째로 한국에서 놀고먹던 사람이 이곳에 오면 노동을 하지 않고는 굶어 죽을 수밖에 없으니 자연히 나태한 습성을 고칠 수 있다. 셋째로 한인의 문견聞見을 크게 넓혀 트이도록 하고 신세계의 활발한 기격氣格을 배워 몸에 익히도록 한다.

또 말하기를, 일본인이 하와이를 '일본 금고'라고 부른다면, 우리에게 하와이는 '한민실업학교韓民實業學校'라고 불러도 지나치지 않다고 했다.67 따라서 한인의 하와이 이주를 금지할 필요는 없다. 다만 그동안 '지도관할指導管轄'이 제대로 이루어지지 않았던 관계로 '국민명예'를 손상케 하는 일들이 적지 않았으니, 앞으로의 대책과 관련하여 다음과 같은 우견愚見을 개진한다.

---

66 〈대한매일신보〉(1906. 1. 16.), "布哇情形"(續).

67 위와 같음.

1. 이민규칙을 속히 제정 반포할 것.
2. 이민회사로 하여금 보증금을 선납토록 하여 이민 중에 병고病故가 생기거나 노동을 감당하지 못하거나 패류悖類로 손해를 끼친 것으로 영사領事가 인정하는 자는 그 책임을 지워 귀국케 할 것.
3. 수토水土 기후와 거처 대우의 형편을 살펴 알 수 없는 곳에는 이민을 허락하지 말 것.
4. 현금 포와의 형편과 한민의 경황을 살피건대 이민 수효가 지나치게 많으면 선발이 부정不精하고 임금이 저락할지니 매년 이민의 수효를 제한할 것. 68

이상과 같은 건의는, 사실 해외 이민을 시작할 때에 마땅히 살피고 시행했어야 하는 것들이었다. 특히 3항은 멕시코의 불법 이민과 관련된다. 2항에서 언급된 '영사'와 관련해서는 하와이 거주 한인들이 한국 정부에 '영사' 파견을 거듭 요청한 바 있지만 끝내 실현되지 않았다. 그런데 외교권을 박탈당한 상황에서 이 문제가 또 거론되었으니 한국 정부로서는 할 수 있는 일이 없었다. 요컨대 고종과 그의 정부는 해외 이민과 관련하여 사전 준비도 사후 관리도 제대로 하지 않았음을 위의 건의는 보여주고 있다고 하겠다.

한편, 윤치호는 그의 개인 일기에서 한국뿐만 아니라 하와이 한인의 장래에 대해서도 우울한 전망을 내놓았다. 다음은 하와이 순방

68 〈대한매일신보〉(1906. 1. 17.), "布哇情形"(續).

을 마친 후의 기록이다.

> 하와이족과 카나카 원주민Kanakas들은 다 어디로 갔을까? 모두 급속히 사라졌다. 어떤 사람이 말하기를 선교사들이 알콜 중독과 나쁜 병을 가지고 와서 하와이섬에 퍼트렸고, 백인들이 전통생활 양식을 바꾸도록 가르쳐서 카나카족이 멸종하도록 만들었다고 한다. 내 생각에 그것은 잘못된 설명이다.
>
> 그렇게 된 주원인은 카나카족이 게으른 탓에 백인들이나 다른 민족과의 생존경쟁에서 밀려난 것이다. 카나카족이 한국 사람들과 흡사한 버릇이 있다는 것을 알게 되어 흥미롭긴 하나 괴롭다. 그들은 ① 본성이 착하다. ② 손님을 후하게 대접한다. ―카나카 사람들은 잘사는 친구나 친척들이 거덜 날 때까지 그 집에서 더부살이하다가 또 다음 집으로 옮겨가서 그 집이 바닥이 날 때까지 얹혀산다고 한다. ③ 게으르다. 배고파질 때까지 일을 하지 않는다. 몇 달러 번 돈이 떨어질 때까지 놀면서 즐긴다.[69]

1905년 10월 3일 자 일기에 나오는 내용 중 일부이다. 이때는 러일 강화협상의 결과가 세상에 알려져서 한국이 일본의 통치를 받게 될 것이 충분히 예견되던 시점이었다. 윤치호는 하와이 원주민들이 치열한 생존경쟁의 장에서 밀려나서 '멸종'되는 것처럼 한국과 한국

---

69 《윤치호일기》 6, 166~167쪽; 번역은 최종고, 앞의 논문, 153~154쪽 참고.

인도 그러한 위기에 처해 있다고 보았다. 그것은 다른 누구도 아닌 한국인 자신의 탓일 수밖에 없다. 윤치호는 그 절망의 터널에서 빠져나올 수 있는 출구를 찾지 못했다. 약육강식의 세계에서 약자란 설 자리가 없기 때문이다. 그는 자신의 한 몸조차 편안히 쉴 곳을 찾지 못했다.70 그의 일기에서 하와이 '시찰' 기록을 읽을 때, 우리는 윤치호의 이러한 심리를 감안해야 한다.

(4) 재한 선교사들의 관찰 기록

윤치호가 초기 하와이 한인공동체에 대하여 비관적인 전망을 내놓았다면, 그와 달리 적극적으로 평가한 일단의 그룹이 있었다. 개항 이래 한국에서 전교 활동을 펴왔던 선교사들이었다. 그중에서도 인천 내리교회의 존스 목사는 특기할 만하다. 현순은 《포와유람기》에서 말하기를, 그가 동서개발회사에 취직한 후 전국의 부府·군郡과 각 항구에 '포와의 정형'을 알리며 이민자 모집에 나섰지만, 사람들은 반신반의하여 좀처럼 응하지 않았다고 한다. 이때 존스 목사가 나서 포와의 진적眞的한 형편을 그의 교도에게 설급說及하니 남녀 교

---

70 한국 내의 정치 상황에 질려 버린 윤치호는 늘 밖에 나가기를 원했다. 그는 한국의 '눅눅한' 공기조차 싫어했다. 그런데 그가 편안히 숨 쉴 곳은 다른 어디에도 없었다. 하와이 순행을 마치면서 그는 이렇게 말한다. "나는 하와이나 미국 어디서도 살고 싶은 생각이 없다. 백인들이 인종차별을 하고 업신여기는데 바늘방석 같은 그런 미국에서 살 수 없다." 또 이렇게도 말한다. "일본 사람들은 저희 나라에서는 씩씩하고 예의바르지만, 외국에 나가면 거칠고 버릇이 없다." 《윤치호일기》 6, 167·169쪽; 최종고, 위의 논문, 154·156쪽.

인 50여 명과 인천 항내의 노동자 20명이 출양出洋하기를 자원했다고 한다.[71] 알렌이 고종을 설득하여 하와이 이민사업을 성사시켰다면, 존스는 현장에서 그 사업이 실제로 진행될 수 있도록 도움을 주었던 것이다.

그 후 존스는 1906년 7월부터 9월까지 두 달 동안 하와이에서 지내면서 이곳 한인들의 정황을 살펴보았다. 그리고는 서울에서 발행되는 영문 월간잡지 〈코리아리뷰〉에 "하와이의 한인들"이라는 글을 발표했다.[72] 일종의 보고서인 셈인데, 존스는 한인 이주자들(총 7,394명) 중 4,683명이 사탕수수농장에서 일하고 있는바, 이들이 원래 약속했던 대우를 받고 있으며 성공적으로 하와이에 정착하고 있다고 했다. 그의 표현을 빌리면 이렇다. "대체로 한인들을 잘 살고 있다. 그들은 미국인과 같은 옷을 입고, 미국인과 같은 음식을 먹으며, 될 수 있는 한 미국인들처럼 행동하려고 한다."[73]

존스는 또 말하기를, 하와이 거주 한인 3분의 1이 기독교인이며, 노동자 복지에 관심을 갖는 농장주들은 한인들에게 우호적이다. 하와이에는 인종차별이 없다. 국적에 관계없이 모든 사람들이 평등하다. 이러한 환경에서 한인들은 매우 빠르게 성장하고 발전하고 있다. 하와이는 한인들에게 '커다란 가능성'을 이루도록 해줄 땅이다.[74]

---

71 《포와유람기》, 5쪽.

72 *The Korea Review* Ⅵ(Nov. 1906), "The Koreans in Hawaii", 401~406쪽.

73 위의 글, 404쪽.

74 위의 글, 406쪽.

존스는 이어서 발표한 "해외의 한인들"이라는 글에서,[75] 하와이의 한인들은 이전과는 다른 사람으로 보일 정도로 발전하고 있다면서 그 내용을 다음과 같이 조목별로 제시했다.

① 하와이의 한인들을 그들의 토착적인 낡은 이상과 삶의 철학에서 벗어나고 있다. 그들은 미국 땅을 밟자마자 그들을 억누르던 도덕과 관습에서 벗어나서 자기의 삶을 추구하게 된다. 그들은 미국적인 가치들 — 근면, 정직, 자유, 공정한 재판, 관용 등 — 을 하루하루 경험하면서 변화하고 있다.

② 하와이의 한인들은 그들이 태어난 곳에 있는 사람들보다 훨씬 더 서양문명을 이해한다. 그들은 개인의 자유와 평등, 재산권, 그리고 시민적 권리가 무엇인지를 체험하게 된다. 한인들은 서로에게 하대의 말을 쓰지 못한다. 과거의 신분적인 굴레에서 벗어나고 있다.

③ 하와이의 한인들은 시간과 그 소중함에 대하여 깨닫고 있다. 한국에서는 없었던 "시간이 돈이다"라는 관념이 생겨나는 것이다.

④ 그들은 체계system, 즉 제도와 조직이 무언인지에 대하여 배워가고 있다. 그는 자신이 인정해야만 하는 규율과 통제 속에 있음을 알게 된다.

⑤ 하와이의 한인들은 공동생활을 하면서 위생sanitation의 중요성에 대하여 알게 되었다.

---

75 *The Korea Review* Ⅵ(Dec. 1906), "Koreans Abroad", 446~451쪽.

⑥ 하와이의 한인들은 통합과 조화의 교훈을 배우고 있다. 한국 각처에서 온 사람들이 과거의 지방색에서 탈피하고 있다. 그들을 하나로 묶는 위대한 힘은 교회이다.

⑦ 하와이의 한인들은 경제적으로 형편이 좋다. 그들의 노동의 대가는 크다. 그들은 자신이 번 돈으로 편안하게 살 수 있다. 수천 달러가 한국의 가족들에게 보내졌다. 만약 충분한 숫자의 한인들이 하와이로 가는 것이 허용된다면, 그들은 고국을 잘 살게 만들 수 있다.[76]

존슨의 이러한 평가를 우리는 어떻게 봐야 하는 것일까? 이 문제에 관하여 먼저 생각해야 할 것은 그의 글이 실린 〈코리아리뷰〉가 한국인이 아니라 한국에 사는 외국인, 또는 한국에 대하여 알고 싶어 하는 외국인들을 대상으로 하는 잡지였다는 점이다. 따라서 하와이의 한인들에 대한 그의 칭찬은 일차적으로 외국인들, 그중에서도 선교사들에게 알리기 위한 것이었다.

20세기 초 하와이 이민은 한국 교회, 특히 존스가 속했던 감리교회에 새로운 기회인 동시에 시련이기도 했다. 존스의 권고를 받은 국내 교회의 지도자급 청년과 교인들이 대거 하와이로 떠나 버렸기 때문이다. 존스의 후임이었던 케이블Elmer M. Cable은 1903~1904년도 선교사업을 보고하는 문건에서 이런 문제점을 지적한 바 있었다.

76 위의 글, 446~450쪽.

> 하와이에서 노동자들을 확보하기 위한 농장주들의 노력의 결과로 시작된 하와이 이주는 우리 (선교) 사역에 많은 걱정과 손실을 가져왔다. 우리의 가장 신뢰할 수 있는 많은 기독교인들이 포함된 일반 노동자 계층뿐만 아니라, 교사들과 통역자들도 요구되었다. 그리고 그들에게 이러한 권유를 하는 것은 가난한 가운데 살고 있는 사람들이 하와이를 젖과 꿀이 흐르는 땅으로 믿는 결과를 가져왔으며, 얼마 동안 우리의 가장 잘 훈련된 사역자들을 모두 잃게 된 듯하였다. 유일한 위로는 주님의 영이 그들과 함께하여 이들 농장에서 영혼을 구원하는 데 그들을 사용할 것이라는 생각이었다. 77

이 보고는 한인들의 하와이 이주가 한국 내의 교회사업에서 중요한 역할을 할 '잘 훈련된 사역자들'의 대거 유출을 낳았다는 점에 심각한 우려를 표명하고 있다. 존스는 이러한 비판에 대하여 자신을 변호해야 할 입장에 서 있었다. 따라서 그가 〈코리아리뷰〉에 발표한 보고서 형식의 두 편의 글은 이러한 목적에서 작성되었던 것으로 볼 수 있다.

하와이 이주 문제를 대하는 존스의 논점은 교회가 아니라 한국과 한국인의 입장에서 바라보아야 한다는 것이었다. 앞서 본 7개 조가 그런 항변의 뜻을 담고 있었다. 그 조목들은 사실 냉정한 객관적인

---

77 Annual Report of Women's Foreign Missionary Society of the M. E. C. 1903~1904, 158쪽; 한규무, "현순, 《포와유람기》", 156~157쪽에서 재인용.

평가라기보다는 상찬에 가까운 것이었다. 물론 거기에는 우리가 새겨 보아야 할 대목들도 있다. 이를테면 한국에서 출신 지역과 신분을 달리했던 사람들이 한 캠프에서 공동생활을 하면서 평등이라는 것이 무엇인지를 실감할 수 있었을 것이다. 시간과 노동의 가치를 대하는 태도도 달라졌을 것이다. 미국 사회의 시스템, 즉 제도와 조직 그리고 규율이 무엇인지에 대해서도 배우게 되었을 것이다. 이러한 것들은 곧 근대적인 국민국가와 산업사회로의 이행 단계에서 몸으로 익혀야만 하는 가치이자 덕목이었다.

2) 한인공동체의 특징

(1) 신앙공동체의 형성

대한제국기 하와이로 건너간 약 7,400명의 한인들은 집단농장에서의 가혹한 노동환경과 조건, 언어장벽과 문화 갈등, 인종차별 등으로 자칫 고립될 수 있었다. 그들은 다인종, 다민족 사회에서 유색인종인 데다 소수민족이었다. 대략 7만 명의 일본인과 비교할 때 한인들은 10분의 1에 불과했다. 한인 이주민들은 본국 정부로부터 어떤 도움이나 보호도 받지 못했다. 이러한 상황에서 한인들이 어떻게 살아남을 수 있겠는가 하는 고민이 절로 생겨날 수밖에 없었다. 현순은 이 문제에 대한 해결책을 찾았다. 그것은 곧 기독교화의 길이었다. 한인들은 오직 교회를 중심으로 뭉칠 때 하와이를 지배하는 미국인들과 소통할 수 있다고 본 것이다.

《포와유람기》의 제 1장 제 4절 〈한인의 기독교와 교육의 발전〉에 나오는 한 대목을 보자.

> 포와도에 거유하는 한인이 기독교로 고상한 도덕성을 포유한 미인美人들의 묘상妙想을 인출하는 것은 일・청 양국인이 본방에서 숭배하던 관제묘關帝廟나 불당신사佛堂神社 등을 축설하고 우상을 신배하나 오직 우리 한인은 이러한 미신의 종교가 무하고 주일이면 처처에서 찬미가를 고창하며 만유주상제萬有主上帝께 예배하여 안식일을 성결하게 지킴이니 이는 미인美人이 자기 선조 청정교도淸淨敎徒들이 영국에서 출발하여 북미 필이마우스우록Plymouth Rock에 도박到泊하여 생활하던 정형을 갱更히 기억케 함일러라78

그러니까 하와이로 이주한 한인들이 일본이나 청국에서 온 이주민들처럼 '우상'을 숭배하지 않고 기독교를 믿으니 미국인들의 '묘상'을 끌어낼 수 있었다는 것이다. 여기서 묘상이라 함은 하와이로 온 한인들의 처지를 미국의 '선조'인 청교도들이 영국의 속박에서 벗어나 신대륙에 왔던 것과 같이 생각하여 동정하게 되었다는 것이다.

현순은 하와이에서 전도사로 활동하면서 그러한 사례들을 직접 볼 수 있었다. 이를테면 오아후섬 에와Ewa 농장에서 일하던 한인들이 교당을 건축하기로 하고 3백 달러를 모은 후 농장주에게 연조를

78 《포와유람기》, 8쪽.

요청했다. 그랬더니 농주가 크게 기뻐하며 말하기를, "너희 한인은 비록 노동자일지라도 종교의 사상이 견고하니 우리들이 미치지 못할 바이오 심히 찬하讚賀할 일이라"며 1천 달러를 희사하여 '굉대宏大한' 회당을 만들어 주었다고 했다.79 이리하여 한인들이 집단으로 일하는 농장마다 교회 또는 전도소가 들어섰다. 농장주들은 한인들의 기독교화가 이들의 현지 정착과 생산성 향상에 도움을 줄 것으로 생각했다.

1903년 11월 호놀룰루에서는 한인감리교선교회Korean Methodist Mission가 조직되었다. 이 선교회는 1905년 4월에 정식 교회로 인준을 받았다. 이 무렵 하와이제도 중 3개의 섬, 즉 카우아이, 오아후, 마우이에 14개의 한인교회가 만들어지고 400명의 교인이 등록했다. 1905년도 하와이 내 인종별 감리교인과 주일 평균 출석통계를 보면, 백인 64명, 일본인 276명인데 비해 한국인은 605명으로 전체의 64퍼센트를 차지했다.80 하와이에 도착한 시기와 거주 인구의 비율로 보면 한국인 신자의 숫자는 경이로운 것이었다. 감리사 와드만John W. Wadman은 1905년도 연회보고서에서 이렇게 말했다.

"하나님의 놀라운 역사가 한인교회와 같이하신 것에 대하여 일일이 보고할 시간이 없습니다. 하와이의 한인 6천~7천 명이 각 섬에

79 《포와유람기》, 9쪽.

80 이덕희(2003), "하와이 한인들이 하와이 감리교회에 끼친 영향 : 1903~1952", 〈한국사론〉 39, 국사편찬위원회, 87~88쪽.

흩어져 있는데, 그중 1천~2천 명이 감리교인이거나 교인 후보자들입니다. 통틀어 30여 개의 전도소를 설립하였고 10명의 정식 목회자와 4명의 교사를 채용했습니다."[81]

현순도 그 10명의 목회자 가운데 한 사람이었다. 여기에는 아직 목사 안수를 받지 못한 전도사도 포함되었다. 현순은 1905년 1월 카후쿠 농장에서 호놀룰루로 거처를 옮겨 한인감리교회에서 일하기 시작했다. 그의 가족은 월세 12달러의 집을 빌려 문병호 부부와 두 딸, 그리고 송헌주와 함께 생활했다. 송헌주는 현순과 함께 한성영어학교를 다녔었다. 하와이에서 선교활동을 벌인 사람들 중에는 배재학당과 영어학교 출신들이 많았다.

현순은 감리사 와드만의 지휘를 받는 순회 설교사로서 오아후섬 내의 카후쿠와 모쿨레이아Mokuleia에 예배당을 세웠다. 그의 아내는 호놀룰루에서 매월 25달러로 생계를 유지하느라고 카후쿠에서 모은 돈 200달러를 소비했다며 불평했다. 현순은 그와 개인적으로 친했던 다른 감리교회의 목사(캠프 박사)로부터 주택과 40달러의 월급 제의를 받았다. 현순은 와드만에게 사직 의사를 밝혔다. 다음 날 와드만은 울면서 현순에게 호소했다.

"〔하와이에는〕 8천의 한인이 있으나 후견하는 영사도 없고 유능한 교사도 없다. 당신은 한인들을 위하여 우리한테 남아 있지 않겠는가?" 이에 감동한 현순은 "네, 저도 당신과 같이 동포를 위하여 남겠

---

81 위의 논문, 88쪽.

다"라고 대답했다.[82]

1906년에 들어갈 즈음에 현순은 하와이제도 북단에 위치한 카우아이섬에 파견되었다. 그는 이곳의 농장주들인 라이스Rice 일가, 윌콕스George Wilcox, 아이젠버그Hans Isenberg를 만났다. 이들 중 라이스와 윌콕스 가문은 미국인 선교사의 후예로서 하와이 농장주협회의 유력한 회원들이며 이른바 '빅 화이브' 가문과도 연결을 맺고 있었다.[83] 아이젠버그가 "당신의 직업은 무엇인가?"라고 묻자 현순은 설교사라고 대답했다. 아이젠버그가 말했다. "한인들은 게으른 사람들이다. 그들은 매질을 해야 한다." 현순은 "매의 끝에는 혐오가 있고, 하느님의 말씀 끝에는 사랑이 있다"라고 응수했다. 아이젠버그가 말했다. "좋다. 당신은 여기에 와서 우리와 같이 있습시다. 주택과 출장비를 도와주겠소."[84]

현순은 당시 카우아이에 2천 명의 동포가 있었다고 했다. 한인 전도사는 두 명이었다. 현순은 섬의 동부를, 이경직은 서부를 각각 맡았다. 동포들이 섬 둘레의 여러 농장에 흩어져 있었기 때문에 이들을 찾아다니려면 시간과 돈이 필요했다. 현순은 아이젠버그와 윌콕스로부터 각각 매월 10달러의 보조를 받았다. 현순은 말을 샀고, 라이스는 마차를 제공했다.

---

82 《현순자사》, 278쪽.
83 Carol A. MacLennan, 앞의 책, 45쪽.
84 《현순자사》, 278~279쪽.

아이젠버그의 도움으로 카파이아Kapaia 계곡을 내려다보는 언덕에 아름다운 한인교회가 건립되었다.85 이때의 인연으로 현순은 1926년에 다시 카우아이로 돌아와 1940년까지 목회활동을 펼치게 된다. '정원의 섬The Garden Island'으로 불리는 카우아이는 식민지 시대에 현순과 그의 가족들에게 따뜻한 안식처가 되어 주었다.

이처럼 교회를 중심으로 학교가 들어서고 자치단체들이 조직되면서 하와이 각처에 한인공동체가 형성되었다. 그들은 당초 하와이에서 돈을 벌어 귀국하려고 했으나 러일전쟁 후 대한제국이 멸망의 길에 들어서자 그 꿈을 포기했다. 《포와유람기》에 따르면, 하와이로 건너왔던 8천여 동포 중 귀국한 자가 5~6백 명에 미치지 못하고 미국 본토로 건너간 자는 2천 5백 명이니 현금 하와이에 거유하는 동포가 최소 5천 명 정도라고 했다.86 그들은 하와이를 '제 2의 향리鄕里'로 받아들였다.87 이리하여 태평양 한가운데 한인사회의 터전이 만들어졌다.

참고로, 김원용의 《재미한인50년사》에서는 하와이와 미주에서 한인교회가 갖는 역할에 대하여 이렇게 기술했다. "재미한인의 교회사업은 이민 이래에 곧 시작되었고 공헌이 많았던 사업이다. 예수교도가 예수교국에 와서 그 나라 사람들과 신앙을 같이한 것이 교인

---

85 《현순자사》, 279쪽.

86 《포와유람기》, 7쪽.

87 《포와유람기》, 3~4쪽.

의 당연한 일이었고 정치적 견해로 보아도 주객 간의 신념이 같아서 믿는 마음과 동정이 많았던 것이다."[88]

김원용은 미주(하와이 포함)에 초기 이민으로 온 동포 중에 기독교인이 대략 400여 명이었고, 그중에 본국에서 전도사로 일하던 사람이 30여 명이 되었다고 했다.[89] 현순의 경우 인천 내리교회에 다니기는 했으나 전도사는 아니었다. 하와이 이주체험이 그의 인생과 삶의 목표를 바꾸어 놓았다.

(2) 민족공동체로서의 자각

나라의 경계를 넘어서면 문득 '조국'이 그리워진다. 안에서는 보이지도 않고 느낄 수도 없었던 그 무엇이 가슴 벅차게 다가온다. 그것은 환희일 수도 있고 탄식일 수도 있다. 망망대해의 태평양을 건너 하와이에 도착한 현순과 그의 일행(총 64명)이 카후쿠 농장에 들어왔을 때, 그들을 기다리던 것은 '열악한 막사'와 '혹독한 노동'이었다. 이에 크게 낙심한 동포에게 현순은 이렇게 말했다.

> 우리는 명예로운 국민이고 "태평양의 낙원"에 왔다고 격려했다. 그러니 다행으로 생각하고 농장에서 열심히 일하자고 했다.[90]

---

88 김원용(1959), 《재미한인50년사》, 필사본, Reedley, Calif. U.S.A., 40쪽.
89 위와 같음.
90 《현순자사》, 275쪽.

현순이 과연 이때에 '명예로운 국민'이라는 말을 썼는지는 의문이다. 조선왕조(나중에는 대한제국)에 대한 현순의 기억은 차별과 배제, 혼란과 위기의 연속이었다. 역관 집안에서 태어난 그는 임오군란과 갑신정변, 일본군의 경복궁 점령, 을미사변과 아관파천, 독립협회와 만민공동회 등 서울 한복판에서 벌어지던 정치적 사회적인 격동과 혼돈 상황을 직접 목격하며 성장했다. 그의 아버지는 '정치운동'에 뛰어들었다가 가산을 탕진하고 목숨까지 잃을 뻔했다.

현순 자신은 일본에서 중등학교를 졸업한 후 대학에 가고 싶었지만 가정 사정으로 귀국해야만 했다. 그리고는 이민회사에 일자리를 얻고 출산을 앞둔 아내와 함께 태평양을 건너는 배에 몸을 실었다. 그는 서울을 떠날 때 친구들에게 러시아와 일본 간에 전쟁이 벌어져서 한국은 '비참'하게 될 것이고 말했다.

현순은 조국을 등지고 하와이로 왔다. 그런데 카후쿠 농장에 발을 들여놓은 순간, 그와 동료들은 '한국인 캠프Korean camp'에서 함께 살아가야 했다. 농장을 관리하는 지배인과 현장 감독들은 노동자 개개인의 품성과 행동을 인종적, 민족적인 것과 연관 지어 생각했다. 현순은 동료들에게 "우리는 〔한국의〕 명예로운 국민이다"라는 말로써 그들을 달래고 농장 일에 빨리 적응할 수 있도록 독려했다. 그것이 한국인 인솔자이자 통역인이었던 현순의 책무였다. 한국인 캠프 옆에는 일본인 캠프 또는 중국인 캠프가 있었다. 한국인은 늘 그들과 비교 대상이었다. 현순은 자치 조직과 기독교 신앙으로써 캠프 내의 동료들을 결속하는 한편, 그의 '조국'인 한국이 잘 될 수 있도록 하는 일을 찾고자 했다.

이렇게 하여 나온 것이 신민회新民會라는 단체였다. 이 단체는 해외 한인들이 만든 최초의 정치적 성격의 단체이자 독립운동 조직이었다는 평가를 받고 있지만,[91] 아직까지도 그 실체는 제대로 드러나지 않고 있다. 여기에는 그럴 만한 이유가 있었다. 우리는 현순의 기록에서 그 실마리를 찾을 수 있다. 먼저 《포와유람기》를 보면, 신민회에 대하여 다음과 같이 설명하고 있다. 좀 길지만 신민회에 관한 한 이 자료가 현재로서는 가장 믿을 만하기에 그 전후 사정을 알기 위해 인용한다.

> 아我 한인이 국세國勢가 타락함으로 금일 비경悲境에 함陷한 원인이 비일비재非一非再이나 고질痼疾로 신의선약神醫仙藥의 시술 방법으로도 치료키 난難한 것은 난합이산증難合易散症이니 포와에 우접寓接하는 한인들이 회會를 조직하기는 도저히 상상할 수 없더니, 1903년 추秋에 호놀룰루 항에서 홍승하洪承河 안정수安鼎洙 윤병구尹炳求 등이 발기하여 일회一會를 조직하여 명칭을 신민회라 하고 목적은 포와에 우접하는 동포

91 이은선의 논문에서는 신민회에 대하여 이렇게 평가한다; "이들이〔하와이 한인〕 만든 최초의 독립운동 조직이 신민회인데, 이 신민회는 1907년 1월에 샌프란시스코에서 안창호를 중심으로 대한신민회의 발기와 국내 신민회 조직에 영향을 주었고, 1909년에 하와이와 미주의 통합 독립운동조직으로 탄생한 대한인국민회의 기원이었다("하와이 최초의 독립운동 단체 신민회의 조직과 영향", 〈신학연구〉 63, 한신대학교 한신신학연구소, 2013, 186쪽)."

의 지식을 개도開導하기 위하여 교육을 시施하며 공동의 이익을 득得키 위하여 상업을 무務하기로 약정하여 회무會務가 점점 취서就緖되매 일시의 세력을 득하여 군도에 지회支會를 설립하고 호항(호놀룰루)에는 중앙회를 치置하니 회황會況이 흥진興進하여 장래의 대망大望이 유有할 듯하더니, 회중 임원의 처사부정處事不正함과 회원들이 호상 시의猜疑하여 회를 유지할 방도가 무無함으로 그 익년 1904년 춘春에 자自 중앙회로 각처 지회까지 와해하고 … .92

이 글에서 현순은 몇 가지 중요한 이야기를 하고 있다. ① 신민회의 결성 배경은 '국세 타락'에 있었다. ② 결성 시기는 1903년 가을이다. ③ 발기인은 홍승하·안정수·윤병구 등이다. ④ 목적은 하와이 거주 동포들의 교육과 상업 발전에 있었다. ⑤ 조직으로는 호놀룰루에 중앙회, 하와이제도 각처에 지회를 두었다. ⑥ '회황'은 장래의 '대망'을 내다볼 정도로 좋았지만 1904년 봄에 '와해'되었다. ⑦ 그 이유는 임원의 '부정'한 일 처리와 회원들 상호 간 시기와 의심 때문이었다. 신민회에 대한 현순의 이러한 설명은 그가 이 단체에 처음부터 깊숙이 관련되어 있었음을 보여준다.93

한편, 현순은 그의 '자사自史'(영문)에서 신민회에 대하여 이렇게

92 《포와유람기》, 11~12쪽.

93 신민회의 출범 시기와 조직을 둘러싼 학계의 논의에 대해서는 이은선, 앞의 논문, 192~196쪽 참조.

기록했다.

> 1903년 11월, 홍승하의 지도하에 하와이제도의 뛰어난 청년들이 호놀룰루에 모여들었다. 우리는 한국에서의 위태로운 상황the dangerous situation in Korea에 대하여 토론한 후 신민회Sin Min Hoi, the New People's Society를 조직했다. 홍승하가 회장으로 피선되었다. **94**

이 글에서 《포와유람기》와 달라지는 것은, '우리we'라는 표현에서 볼 수 있는 것처럼 현순이 신민회 결성에 주도적으로 참여하고 있었음을 밝히고 있다는 점이다. 그렇다면 현순은 왜 《포와유람기》에서 자기의 이름을 빼놓았던 것일까? 그리고 한국에서의 '위태로운 상황'이란 무엇을 말하는 것이었을까? 이러한 물음에 답하기 위해서는 윤치호의 일기를 참고할 필요가 있다. 그는 하와이 시찰 중에 다음과 같은 기록을 남겼다(1905년 9월 18일 자).

> … 몇 달 전에, 홍Hong이라는 어리석은 이가 식민회殖民會 또는 Emigration Society라는 단체를 만들고는 장난삼아 한국 정부에서 각료를 맡을 사람들의 명단을 작성했던 것 같다. 예를 들면 서재필은 수상이 될 것이며, 나[윤치호]는 외무장관 등 그런 식이었다. 김규섭과 그의 패거리는 이때다 싶어 홍[승하]과 그의 동료들을 음모꾼 또는 역적逆賊

---

94 《현순자사》, 276쪽. 영어 원문과 대조가 필요하다(*My Autobiography*, 114쪽).

이라고 매도했다.95

이 기록은 개인의 일기임에도 불구하고 대단히 조심스럽다. 자칫하면 윤치호도 '역적'으로 몰릴 수 있었다. 그는 '홍'이라는 '어리석은 이a fool'가 '장난삼아in fun' 한번 각료 명단을 만들어 본 것이라고 했다. 과연 그랬을까? 하와이가 비록 미국 땅이라고는 하지만, 이곳에서 누군가 정부 전복의 음모를 꾸몄다면 국내에 있는 그의 가족과 친지들에게 바로 화를 미칠 수 있었다.

윤치호는 '홍'이라는 사람이 누구인지를 알면서도 그의 이름을 밝히지 않았다. '홍'은 현순의 기록에서 신민회의 발기인이자 회장으로 선출되었다는 홍승하(1863~1918)였다. 경기도 영흥 출신으로 어려서 한학을 공부했던 그는, 국운의 쇠퇴함을 보고 일본에 건너가 무관학교를 다녔다. 귀국 후에는 인천 내리교회의 존스 목사를 만나 입교한 뒤 교역자 양성을 위한 신학반에 들어가 과정을 마쳤다. 그 후 남양교회南陽教會에서 시무하다가 목회자 자격으로 하와이에 왔다.96 이런 경력을 지닌 인물이 어떻게 '장난삼아' 정부 각료의 명단

95 《윤치호일기》 6, 151~152쪽. 윤치호는 여기서 '逆賊'이라는 말에 매우 민감한 반응을 보인다. 그는 'traitor' 또는 'Yuk-Juk'이라는 단어가 지난 10년간 사악한 인간들이 애국적인 사람들을 죽이고 이기적인 목적으로 황제의 환심을 얻기 위해 사용해 왔던 것이라면서 이 말을 쓰는 사람들을 저주했다(같은 책, 153~154쪽).

96 홍승하의 생애를 다룬 논문은 아직 없는 것 같다. 《한국민족문화대백과사전》과 같은 사전류와 교회 신문이나 홈페이지 등에서 그의 생애가 소개되고 있을 뿐이다. 그중 잘 정리된 것이 뉴욕 소재 롱아일랜드연합감리교회의 자료실에 올라온 "신대

을 만들 수가 있었겠는가!

대한제국 선포 이후 고종은 자기의 권력을 넘보려는 어떤 사람도 용납하지 않았다. 그는 국내뿐만 아니라 국외, 특히 일본에 망명한 한인 정치가들의 '음모'를 두려워했다. 일본에 유학한 바 있던 홍승하나 현순은 그러한 사실을 잘 알고 있었다. 이 점은 윤치호도 마찬가지였다. 따라서 장난이든 실제든 각료 명단을 만들었다는 것 자체가 대역부도의 죄였다. 현순이 《포와유람기》에서 신민회에 대하여 기술하면서 자기의 이름을 빼놓았던 것도 그런 우려 때문이었다.

윤치호는 현순보다 더욱 조심스러웠다. 위에 인용된 일기를 보면, '新民會'를 '殖民會 또는 Emigration Society'라고 표기해 놓았다. 백성 또는 인민을 새롭게 한다는 뜻을 지닌 '新民'이 마음에 걸렸던 것이다. 하와이에서 '신민회'를 비난하던 사람들은 이 단체의 '정부 전복 음모'를 국내에도 알렸던 것 같다. 고종이 외부협판 윤치호에게 하와이 '시찰'을 명했던 것도 그 때문이라는 소문이 퍼졌다.97

이런 여러 정황을 놓고 볼 때, 신민회는 분명 정치적 목적을 지닌 결사체였다. 그들은 갑신정변과 독립협회의 주역이었던 서재필을 '수상Prime Minister'으로 내세워 정부의 면모를 일신해 보고자 하는 포부를 가졌을 수 있다. 현순이 말한 '대망'이 혹 이런 것은 아니었을

륙의 꿈, 첫 이민선교사 - 홍승하 목사"이다(https://likumc.org/cp/?p=12653).

97 웨인 패터슨 저, 정대화 역(2003), 《하와이 한인 이민 1세: 그들의 삶의 애환과 승리(1903~1973)》, 들녘, 94~95쪽. 패터슨은 신민회의 해체 원인으로 조선왕족 몰락의 큰 원인이기도 했던 '파벌주의'를 들고 있다(같은 책, 92~93쪽).

까? 청조 말기 중국혁명의 기치를 내걸었던 쑨원孫文(1866~1925)이 그 모체가 되는 흥중회興中會(1894)를 호놀룰루에서 만들었다는 사실에도 우리는 주목할 필요가 있다.

《포와유람기》의 마지막 절인 〈청국인의 이주 및 현시 정황〉에서는 하와이에 '최선두最先頭'로 이주한 청국인들의 현지 적응과 번성에 대하여 짧게 설명하면서 그들이 만든 단체로 '보황회保皇會'와 '혁명당'이 있다고 말했다.98 여기에 나오는 혁명당은 쑨원이 일본에서 만든 중국동맹회(1905)를 가리킨다.99 보황회이건 혁명당이건 당시 중국의 반정부 조직들은 동남아시아와 하와이, 미주 등 해외에 널리 퍼져 있던 화교의 인적, 물적 지원에 크게 의존하고 있었다.100 신민회의 결성에 앞장섰던 홍승하나 현순 등은 그러한 상황을 나름대로 참작했을 것이다.

현순이 대한제국 정부에 대하여 공개적으로 비판의 목소리를 낸

98 《포와유람기》, 57~58쪽.

99 〈대한매일신보〉 1910년 5월 25일 자에는 "孫逸仙又現"이라는 제목하에 이런 기사가 실리기도 했다; "布哇 來信을 據한즉 淸國 革命黨 領袖 孫文(逸仙)이 同地에 來到하야 淸國 政府를 顚覆하고 共和政府를 建設하기를 唱道하는데 多數 淸國人이 此에 附和하며 其 機關新聞(自由報)에는 頻頻히 激烈한 言論을 記載하야 形勢가 不穩을 極하였으므로 向日 淸國 濤貝勒이 同地에 寄港할 時에 警戒를 嚴密히 하엿다더라."

100 〈대한매일신보〉, 1908년 11월 24일 자 "淸國革命黨實情"을 보면 이런 기사가 나온다; "〔立憲會〕 會員은 殆히 學識이 有한 商人實業家로 廣東을 中心으로 하고 南洋, 濠洲, 美國 等地에 散在하여 南洋에 在한 會員數도 百萬에 達하고 北米及布哇의 在한 淸國 富豪는 太半이나 此會에 入한지라."

것은 '을사보호조약'이 체결된 직후였다. 그가 서울을 떠나면서 친지들에게 러일 간 전쟁이 벌어지면 한국은 비참한 상황에 처하게 될 것이라는 우려가 현실이 되면서부터였다. 신민회를 만들 때 한국의 '위태로운 상황'에 대하여 토론했다는 것이 이런 문제였을 것이다. 1903년 가을이면 러일전쟁 발발을 눈앞에 둔 상황이었다. 1902년 1월에 영일동맹이 체결되었을 때 이 동맹이 러시아를 겨냥했다는 것은 누구나 알 수 있었다. 그런데도 고종과 정부 대신들은 실효성 있는 어떤 대책도 내놓지 못하고 있다가 일본의 '보호'를 받는 나라로 전락하고 말았다. 국내는 물론이고 해외 한인들도 분노했다.

1906년 1월 8일과 2월 13일 자 〈공립신보〉에는 현순의 기고문이 실렸다. 이 신문은 샌프란시스코의 공립협회共立協會(초대회장 안창호)에서 발간하는 것이었다. 신민회가 해체된 후 하와이에는 한인들의 의사를 대변할 만한 마땅한 단체와 신문이 없었다. 현순은 〈공립신보〉의 나라 사랑하는 열성과 동포의 '몽매'함을 깨우치는 성의에 감사하다는 말을 전한 후 이렇게 말했다.

> 대저 아세아 대륙에 반도로 된 대한은 지구상 그림 가운데 이름을 긁어버리게 되었으니 저 삼천리 화려한 강산에 경개景槪도 절승하다만 오늘 너의 주인은 누구이뇨 초목이 다 슬퍼함을 마지않는구나. 불상타 2천만 동포여 장대한 골격이 비상하다만 오늘 너의 집은 뉘거시뇨 광대한 천지에 발부칠 곳이 없게 되었으니 금석金石도 기가 막혀하도다. 그런즉 강토와 인민은 가련하거니와 정부의 대관大官된 자들은 고대광실 좋

은 집에 금의옥식錦衣玉食 쌓아놓고 노비도 많겠지만 무엇이 부족하여 기군망상欺君罔上 하다가 저의 부모와 선묘先墓까지 팔아먹었으니 또 무엇을 팔아먹겠는가. 저들 이름은 천고에 역적이오 저들 자손은 타인의 노예라. 101

현순은 일본의 강압에 의하여 체결된 '보호'조약으로 대한제국이 사실상 망했다고 보고, 이 조약에 서명한 '대관'들을 향하여 격렬한 분노를 표출하고 있다. '역적'이란 말은 사실 신민회의 회원이 아니라 '을사오적'에게 합당한 표현이었다.

현순은 그 기고문에서 고종의 책임을 직접 거론하지는 않았다. 그러나 비판의 표적은 고종으로 향할 수밖에 없었다. 그는 러시아에게 망한 파란波蘭(폴란드)의 예를 들면서 "오늘날 우리 한국도 한인이 스스로 망케 함이오"라고 탄식했다. 이어서 미국의 독립사적을 들며, "장하도다 미국 사람이여, 자유의 굳센 마음으로 독립의 히상〔이상〕이 되어 영국 임금의 불법을 벗어나 오늘날 이와같이 복락을 누리니 사모할 바 아니리오"라고 했다. 여기서 영국 '임금'의 불법을 거론한 것에 주의를 기울일 필요가 있다. 현순은 동포가 다 죽고 강산을 다 빼앗겨서 '일리一里'가 남는다 해도 지구상에서 '대한독립' 네 글자가 없어지지 않게 모두 한 마음이 되자고 호소했다. 102

101 〈공립신보〉(1906. 1. 8.), "布哇傳道士 현순 씨의 寄書".
102 〈공립신보〉(1906. 2. 13.), "寄書"(제 4호 련쇽, 현순 씨의 서).

이 무렵 미주 한인사회에서는 '충군애국忠君愛國'이 아니라 '충국애국忠國愛國'하자는 주장들이 나오고 있었다. 여기에는 한 나라의 주권을 다른 나라에게 '양도'하는 임금을 더 이상 섬길 수 없다는 뜻이 담겨 있었다. 전제 왕정에 대한 비판이 본격적으로 나오기 시작했다. 이 일은 정치적 자유가 보장된 미국 땅이었기에 가능했다. 현순 또한 '대한독립'의 주체를 군주나 양반지배층이 아닌 일반 백성에게로 옮기고 있었다. 다만, 서울에 있는 가족의 안위와 자신의 귀국을 염두에 두고 있었기에 그가 생각하는 바를 분명하게 드러내지 못했을 뿐이다. 바야흐로 국망의 위기 속에서 '신민臣民'이 아닌 '신민新民', 즉 새로운 국가 건설의 주역이 될 국민이 태동하고 있었다. 그들은 복벽復辟이 아니라 공화共和로 눈을 돌리고 있었다.

5. 태평양시대의 예견과 하와이의 지정학

개항 이후 조선인이 세계 지리에 눈을 뜨면서 익숙해진 바다 이름 중 하나는 태평양이었다. 서양 오랑캐(미국)가 한바탕 난리를 일으켰던 '신미양요'(1871)와 조미수호통상조약(1882) 때문이다. 그 사이 일본에 건너갔던 김홍집의 수신사 기록(1880) 중에는 이런 이야기가 나온다.

> 하늘과 땅이 맞닿고 사방이 탁 트여 바람이 자고 파도가 잔잔할 즈음 갑자기 〔배가〕 몹시 울리고 흔들려 바로 설 수가 없는데, 이 바다를 일컬어 태평양이라고 한다天水相接, 四望無際, 風定浪息之時, 尙震盪靡定, 卽所謂太平洋也.**103**

김홍집은 고베에서 요코하마로 배를 타고 가는 중 내해內海를 빠져나가면서 망망대해의 '태평양'을 바라보았다. 그는 개항을 전후하여 중국 또는 일본에서 유입된 세계지도를 보고 태평양이라는 바다에 대하여 나름대로 알고 있었던 듯하다. 그는 일본에서 돌아올 때 《조선책략》을 들고 왔는바, 이 책을 통하여 조선의 지배층이 '태평양' 건너편 미국이라는 나라의 존재에 대하여 주목하고 그들과 통상조

103 국사편찬위원회(1971), 《修信使記錄》, 149쪽.

약 체결로까지 나아가게 되었던 것은 이미 잘 알려진 사실이다.

후에 미국과 유럽으로 파견된 조선사절단들은 태평양을 지나면서 중간 기착지인 하와이라는 섬에 대하여 알게 되었다. 이를테면 워싱턴 D. C.에 조선공사관을 개설하기 위하여 파견된 박정양 일행은 태평양을 건너면서 〈해상일기초海上日記草〉(음, 1887. 10. 20. ~ 11. 15.)라는 최초의 항해기록을 남겼다.104 부미전권대신 박정양과 참찬관 이완용이 함께 작성하여 고종에게 보고한 형식을 취한 이 일기에는 '삼유사도三維斯島'라는 지명이 나온다. '쿡 선장'이 하와이제도를 처음 보고 붙였다는 'Sandwich Island'의 음역이었다.105 박정양 일행은 이때 포와국布哇國 '호를누항Honolulu'에 정박하지만 한밤중이라 내려서 구경하지는 못했다. 그들이 태평양을 건너는 데에는 꼬박 19일이 걸렸다. 〈해상일기초〉에는 이렇게 기록된다.

"혹 바람, 혹 비, 혹 맑음. 계속 배는 나아갔다. 하늘과 물이 맞닿아 사방을 둘러봐도 한 점 산색山色이 없다. 배의 흔들림이 어제보다 심하다."106

비록 뱃멀미는 있었을지언정 이때의 항해는 안전했다. 불과 한 세

---

104 1책 7장 분량의 〈해상일기초〉(필사본)는 서울대학교 규장각한국학연구원에 소장되어 있다(奎 7722). 그 영인본이 《박정양전집》 6권(아세아문화사, 1995)에 수록되었다.

105 1778년 하와이를 처음 '발견'한 제임스 쿡이 자신의 항해를 후원했던 'Sandwich' 백작 가문의 4세인 존 몬터규(John Montagu)를 기리기 위하여 붙였다. 그 음역은 三維斯, 三羅斯, 三德梔支 등으로 나온다.

106 《박정양전집》 6권, 310~311쪽.

기 전만 해도 태평양을 횡단한다는 것은 목숨을 건 모험이었다.

개항 이후 조선인·한국인의 태평양에 대한 전반적인 관심의 추이를 살피는 데에는 국립중앙도서관의 '대한민국 신문아카이브'가 대단히 유용하다. 이 온라인 검색 시스템에 '태평양'이라는 단어를 넣게 되면 개항기 국내 신문에 실렸던 태평양 '관련' 기사들을 손쉽게 추려낼 수 있다. 여기서 '관련'이라 할 때 두 가지 사례가 있을 수 있다. 하나는 기사 제목에 태평양이 들어가는 경우이고, 다른 하나는 기사 본문에만 태평양이라는 단어가 들어가는 경우이다. 좀 더 깊이 있게 분석하기 위해서는 이를 구분해야 하지만, 여기서는 전체적인 추이를 보여주기 위한 것이기에 따로 나누지 않았다. 비고란에는 같은 시기 '인도양'과 '대서양' 관련 기사 건수를 넣었다. 이는 '태평양'과의 빈도수를 비교해 보기 위한 것이다

〈표 3-2〉에서는 대략 10년 주기, 그러니까 1880년대 중반 정부(박문관)에서 발행한 〈한성순보〉와 〈한성주보〉, 1890년대 후반 민간신문 시대를 연 〈독립신문〉, 그리고 1900년대 후반 항일투쟁의 선봉에 섰던 〈대한매일신보〉를 검토 대상으로 삼았다. 이들 신문에 실린 태평양 관련 기사의 건수를 보면, 러일전쟁 후 그 숫자가 급증하는 것을 볼 수 있다. 신문의 발행주기와 검색 기간을 고려하더라도 대략 두 배 이상 늘어난다. 기사의 내용 면에서도 확연히 달라진다. 〈한성순보〉와 〈한성주보〉의 발행 시기에는 주로 지리적 측면에서 태평양이 다루어졌다. 비고란을 보면 알 수 있듯이 태평양이 언급될 때에는 인도양과 대서양이 함께 나오는 경우가 많은데, 이는

〈표 3-2〉 개항기 국내 신문의 '태평양' 관련 기사 건수[107]

신문명	검색 기간	기사 건수	비고 (인도양 / 대서양 건수)
한성순보	1883.10.31.~1884.10.9.	27	12/35
한성주보	1886.1.25.~1886.10.11.	15	3/12
독립신문	1896.4.7.~1899.12.4.	36	2/7
대한매일신보	1904.8.4.~1910.8.28.	240	3/41

세계지리에 대한 계몽의 필요성 때문이었다. 개항 후 아직 10년이 되지 않았던 사정을 반영한다.

그런데 〈대한매일신보〉의 발행 시기에 오면, 태평양이 인도양이나 대서양과는 비교할 수 없을 정도로 건수가 많아졌음을 볼 수 있다. 그것은 다름 아닌 태평양의 패권을 둘러싼 열강의 각축, 특히 미국과 일본의 경쟁이 본격화되면서 미일美日충돌설이 공공연히 유포되고 있던 사정에 기인한다. 〈대한매일신보〉는 그러한 외신을 집중적으로 보도하면서 은근히 미국에 대한 한국인의 기대를 부추기기도 했다. 그것은 미일 충돌이 일어나면 러일전쟁 후 국권 상실의 위기에 몰린 한국에게 어떤 기회가 올 수 있지 아닐까 하는 막연한 기대감이었다. 자력에 의한 국권 회복이 불가능해진 상황에서 발생

107 여기서 검색 기간이란 〈대한민국 신문아카이브〉에서 검색이 가능한 기간을 말한다. 따라서 발행 기간과 다르다. 예컨대 〈한성순보〉의 경우, 1883년 10월 31일에 창간호가 나온 후 1884년 12월 4일 갑신정변이 일어나기 전까지 40호가 발행되었을 것으로 추정되나 현재 남아 있는 것은 제36호(1884년 10월 9일)까지이다. 따라서 아카이브에서도 제1호부터 36호까지만 검색이 가능하다.

할 수 있는 그런 현상이었다.[108]

한편, 태평양에 대한 한국인의 관심은 하와이의 지정학적 가치에 대한 인식으로 연결된다. 양자는 상호 불가분의 관계를 맺는 것이어서 태평양 하면 하와이, 하와이 하면 태평양이 연상되는 식이었다. 특히 미국의 하와이 '합병'(1898)은 태평양에서 이 섬이 갖는 전략적인 중요성을 일깨워 주었다. 〈독립신문〉에 실렸던 다음의 두 기사를 보자.

> 미국 신문에 말하되, 미국과 일본 사이에 하와이 일 까닭에 시비되는 것은 일본이 아무쪼록 하와이 독립이 성하게 있어야 태평양 안에 권리가 나눠지 아니할지라. 그런 고로 일본이 언제까지든지 시비는 하려니와 싸움은 아니 하리라고 하였다더라(1897년 8월 10일 자, "전보")

> 런던 7월 27일 발, 미국이 포와국 경성 호놀룰루를 포대로 방비하여 태평양에 엄중한 군지軍地를 만든다 한다더라(1898년 8월 3일 자, "미국 군비")

첫 번째 기사는 미국이 '하와이공화국'과 합병조약을 체결하는 데 대한 일본의 반발이 전쟁으로까지 이어지지는 아니하리라는 전망을

---

108 고정휴(2019), "태평양의 발견 : 그 바다를 둘러싼 미·일간 패권 경쟁과 한국 언론의 반응, 1905~1910", 〈역사연구〉 37 참조.

담고 있다. 두 번째 기사는 하와이 합병을 마무리한 미국이 호놀룰루에 군사기지를 건설한다는 보도였다.

미국이 하와이를 그들의 영토로 편입한 데에는 여러 가지 이유가 있었지만, 그중에는 청일전쟁 후 동아시아와 서태평양 방면으로의 일본의 팽창에 대한 견제 심리가 작동하고 있었다. 한편으론 하와이에서 일본인 이민자의 비중이 크게 높아지면서 이곳에 대한 일본의 영향력이 커지는 것을 예방하려는 의도도 미국은 갖고 있었다.

이런 가운데 1903년부터 1905년 사이에 7천 명이 넘는 한국인이 하와이로 들어왔다. 태평양이 한국인의 삶의 터전이 되었다. 그들 중 일부는 미국 본토로 진출했다. 카리브해에 접한 멕시코의 유카탄 반도에도 1천 명의 한인들이 건너가 있었다. 이제 첫걸음을 뗀 서반구의 한인공동체 건설은 한국인이 세계를 바라보는 인식의 지평을 크게 넓혀 놓았다. 불과 30년 전만 해도 한국은 외부 세계로부터 고립되어 있었다. 오직 육로로 중국과 연결되어 있을 뿐이었다. 이마저도 1년에 몇 차례의 사절단 왕래에 그쳤다. 그런데 어느 한순간에 바닷길이 열리더니 이제는 누구나 태평양 건너편의 새로운 세계에서 새로운 삶을 개척할 수 있다는 희망을 가질 수 있게 되었다.

이리하여 최남선은 태평양을 '우리의 운동장'이라고 했고, 육정수는 그의 소설에서 한양에서 평양이나 원산으로 내려가거나 하와이로 건너가거나 그것은 오직 '도로 원근'의 차이일 뿐이라고 말했다.**109** 성벽처럼 견고했던 국가의 경계가 허물어지고 미지의 세계에 대한 두려움은 호기심과 동경으로 바뀌어 갔다. 1910년이 되면 홀로 태평양을 건너는 '사진신부'까지 생겨났다. 그들은 자기에게 주어진 삶을 거부하고 위험이 따르는, 그러나 시도해 볼 만한 새로운 삶을 꿈꾸었다. 그들에게 태평양은 신세계로 나아가는 무지개다리였다.

바야흐로 '태평양시대'가 열렸다. 일본에서는 이 말이 1890년대에 나왔다. 한국에서는 현순이 처음으로 그 말을 꺼낸 듯싶다. 그는 《포와유람기》의 11절 〈포와의 상업〉에서 '태평양시대'라는 말을 썼다. 물론 이것은 그가 만들어낸 말이 아니다. 앞서 보았던 《신포와》에서 따온 것이다. 현순은 이 책을 보고 베끼면서 그 말이 갖는 시대적 의미를 충분히 깨달았다.

그렇다면 일본에서 처음 나온 태평양시대라는 말은 어떤 배경과 맥락에서 나왔던 것일까? 이 문제를 현순이 《신포와》에서 우리말로 옮겨 적은 〈포와의 상업〉을 통하여 살펴보기로 하자. 이 절은 오늘날 우리에게 익숙한, 그러나 당대에는 새로울 수 있는 이야기로 시작된다.

> 20세기에 이르러 각국 운명의 소장消長은 그 나라 상업의 성쇠 여하에 관함이 파대頗大하니 이를 역사상에 소재所載로 살피건대 고시古時 상업

---

109 육정수(1908), 《송뢰금(松籟琴)》 상권, 박문서관, 11쪽. 이 작가와 소설에 대해서는 임기현(2014), "육정수의 초기 단편서사 연구", 〈중원문화연구〉 22와 김형규(2011), "일제 식민화 초기 서사에 나타난 해외이주 형상의 의미", 〈현대소설연구〉 46 참조.

의 최성最盛한 곳은 소아세아 지방의 연안과 애급 등이오. 동방의 문화가 서점西漸하매 호시互市 무역의 소점燒點은 희랍, 라마羅馬 즉 지중해 해안으로 옮기고 또 대서양 연안의 서반아西班牙, 포도아葡萄牙에 천전遷轉하니 …

그러니까 교역에 기초한 세계 문명이 소아시아와 이집트에서 발생하고, 이것이 그리스와 로마로 전파되어 지중해 문명을 이루었으며, 15세기 이후에는 대서양 연안의 스페인과 포르투갈로 옮겨 갔다는 것이다. 이어서 네덜란드와 영국, 그리고 마지막에는 미국이 등장한다.

… 금今에 상선업의 중심점은 극서極西로부터 극동極東에 이르니 즉 대서양시대가 종終하고 태평양시대가 전轉함이라 … 부강이 천하에 무비無比한 미국은 영국에 대신하여 세계 상선업의 중심을 이루며 그 중심점 순환의 이수理數는 점차 미국 동해안의 지地를 떠나서 서해안으로 옮기니라

세계가 둥글듯이 상업과 해운업의 중심점도 '극서'로부터 '극동'으로 이동하고 있다는 것이다. 이리하여 지중해시대가 대서양시대로, 대서양시대가 태평양시대로 옮겨간다. 미국 내에서도 대서양을 바라보는 동부에서 태평양 연안의 서부로 이동한다. 여기에서 중요한 역할을 하는 것이 북미대륙을 가로지르는 '대철로'이다. 대서양과

태평양을 바로 연결시킬 니카라과운하(나중에 파나마운하로 바뀜)도 예정되어 있다. 한편, 서쪽에서는 유라시아 대륙을 횡단하는 시베리아철도가 놓이고 있다. 이리하여 태평양이 세계의 중심 무대로 부상하면서 '태평양시대'가 열리게 된다.

아시아에서는 일본이 미국의 패권에 대항하는 세력으로 성장하지만, 《포와유람기》에서는 이 부분에 대한 언급을 빼놓았다. 시국의 민감성과 일본에 대한 민족적 감정을 고려했던 것으로 보인다.

그 대신에 현순은 태평양시대에 하와이가 갖는 지정학적 중요성에 집중하여 이야기를 풀어 간다. "가령 포와로 중심을 작作하고 태평양에 일대 원을 그릴진대, 그 반경의 길이는 2천 2백 리哩가 될지니 단향산檀香山(호놀룰루)으로부터 상항桑港(샌프란시스코)에 도달하는 거리와 같고, 이 반경을 두른 곳을 살피면 호주와 뉴질랜드를 지나 멀리 필리핀을 스쳐 지나고 서로는 아시아의 동쪽 끝을 바라보고 일전一轉하여 캘리포니아 제주諸州에 접하나니" 장차 하와이는 문명부강한 미국의 지휘와 물질적 지원을 받아 태평양상 '십자가두十字街頭의 일대관건一大關鍵'을 이루게 될 것이라고 했다.

이어서 나오는 12절 〈포와의 군비軍備〉를 보면, 미국의 속지인 하와이의 군비는 그 '모국'인 미국의 주의主義와 국력의 소장消長 여하에 달려 있다는 전제를 두고 미국이 부강한 나라가 된 과정과 그들의 대외정책과를 연결시켜 이야기를 풀어 간다. 이를테면 이 나라의 '국조國祖'인 워싱턴 시대에는 수성주의守成主義 중에서 인심을 통일하여 국가의 기초를 닦았고, 먼로 시대에는 신대륙의 맹주임을 자임하되 구대륙의 일에는 간섭하지 않는 평화주의를 내세웠다. 그런데 이후 미국은 수세방어의 주의에서 진취정략의 주의로 바꿔어 쿠바의 독립을 명분으로 스페인을 공격한 후 푸에르토리코와 필리핀 군도를 점령한 데 이어 하와이 군도를 합병하니, 이는 먼로주의에서 식민주의로 점차 빠져들고 있는 것이다.

이제 '세계 패왕'의 자리는 지나支那 대륙을 누가 선점하는 데 달려 있는바, 도도한 부력富力을 지닌 미국이 앞으로 어떻게 나갈지가 초미의 관심사이다. 이때를 당하여 하와이의 전략적 중요성은 더욱 커져서 상전商戰과 병전兵戰의 일대요진一大要鎭이 되었다고 했다. 요컨대 태평양시대를 맞이하여 하와이가 미국이 아시아로 진출하기 위한 전초기지로서의 역할을 다하게 될 것으로 내다보았던 것이다.

이상은 《포와유람기》의 제 11절과 12절의 내용을 요약한 것이다. 그것은 20세기 초 태평양시대의 도래와 함께 하와이가 갖는 지정학적 가치에 대한 간단하지만 대단히 요령 있는 정리였다. 1910년대 이전에 이 이상으로 잘 정리된 저술을 찾아보기는 힘들다. 비록 《포와유람기》의 하와이 개관 부분이 일본인의 저술을 보고 옮긴 것이라고 해도 현순이 아니면 이 책을 만들어내기가 쉽지 않았을 것이다. 《포와유람기》의 저술에는 현순의 일본 유학과 하와이 이주체험이 밑바탕에 깔려 있었다.

개항기 한국인이 세계를 바라보는 데에는 두 개의 창이 있었다. 하나는 일본을 통해서 보는 것이고, 다른 하나는 미국을 통해서 보는 것이다. 최남선이 전자에 속한다면, 서재필과 이승만은 후자에 속한다. 현순의 경우는 독특하다. 그는 일본과 미국의 창을 함께 들여다보았다. 《포와유람기》에서 보여주는 세계가 그러했다. 그는 1900년대 초 하와이 이주체험을 통하여 태평양시대의 도래가 갖는 역사적인 의미를 깨달았다. 이곳 한인공동체 건설에도 기여했다. 1920년대 중엽, 그는 다시 하와이로 돌아가 이곳 한인사회를 바탕으로 독립운동을 전개했다. 《포와유람기》에서 말한 대로 하와이를 '제 2의 고향'으로 삼았다.

4장

이승만의 미국 체험

미일충돌론과 〈태평양잡지〉 발간

1. 태평양을 건너다: 신학문의 길

1) 선상 편지

한국인으로서 태평양 횡단기록을 최초로 남긴 사람은 박정양(1841~1905)이었다. 그는 미국과의 국교 수립 후 워싱턴 D. C. 에 공관을 설치할 목적으로 부미전권대신의 직함을 가지고 태평양을 건넜다. 이때 참찬관 이완용과 함께 남긴 기록이 〈해상일기초海上日記草〉(음, 1887. 10. 20. ~11. 15.) 였다.[1] 이것은 고종에게 보고하기 위한 공식

1 1책 7장 분량의 〈해상일기초〉(필사본)는 서울대학교 규장각한국학연구원에 소장

사행기록 중의 하나였다.

박정양 일행은 19일 동안의 태평양 항해를 끝낸 후 요코하마에서 샌프란시스코까지 가는 3가지 경로를 적어 놓았다. 제 1로는 적북도赤道北(북위) 50도를 따라가는데, 영리英里(mile)로 4,600리이다. 제 2로는 북위 35도를 따라 '물고개水嶺'를 넘는데, 4,700리이다. 제 3로는 북위 20도를 따라서 포와국布哇國에 들렀다 가는데 총 5,595마일이다. 이때는 캐나다의 대륙횡단철도가 완성되고 밴쿠버와 요코하마를 연결하는 항로가 개설되어 있었는데, 박정양이 말한 제 1로는 이 항로를 가리켰다.2

〈해상일기초〉는 사행기록이었던 만큼 그 내용이 간결하지만 재미는 별로 없다. 이런 식이다.

> 혹 바람, 혹 비, 혹 맑음. 계속 배는 나아갔다. 이곳부터 태평양이다. 하늘과 물이 맞닿아 사방을 둘러봐도 한 점 산색山色이 없다. 배의 흔들림이 어제보다 심하다(10월 27일).

> 맑음. 계속 배는 나아갔다. ▪이 대양은 곧 동·서반구가 서로 나뉘는

되어 있다(奎 7722). 《박정양전집》 6권(아세아문화사, 1995)에 영인본이 수록되었다.

2 태평양을 횡단하는 정기항로의 개설과 그 역사적 의미에 대하여는 고정휴(2018), "태평양의 발견: 그 바닷길의 개통과 조선사절단의 세계일주 기록 검토", 〈한국사학보〉 73, 137~143쪽 참조.

곳이다. 그러므로 동구東毬에서 해가 들어가자 서구西毬에서 문득 해가 나온다. 비록 하룻밤을 묵더라도 오히려 똑같은 날이라고 한다. 그런 고로 초 2일을 두 번 쓴다(11월 2일).

〈해상일기초〉에는 11월 2일이 두 번 나온다. 날짜변경선date line (경도 180도) 때문이다. 박정양은 같은 배에 탄 서양인으로부터 이에 대한 설명을 듣고는, "어찌 또한 물정에 어둡지 않은가?"라고 한탄했다. 시간이 인위적인 것임을 깨닫게 된 것이다.

19세기 말까지 조선에서 태평양을 건널 수 있는 사람은 박정양과 같은 정부 사절단의 일원이거나 서재필과 같은 정치적 망명객 정도였다. 한국 최초의 미국 유학생이라는 유길준의 경우 '보빙報聘' 사절단의 수행원이었고, 그 후 미국에서 공부를 한 윤치호는 갑신정변 후 해외를 떠도는 망명객과도 같은 신세였다.

일반인이 비교적 자유롭게 태평양을 넘나들게 된 것은 하와이로의 노동이민이 허용되었던 1902년 이후였다. 이때를 전후하여 유학차 태평양을 건너는 사람들이 생겨났다. 이들 중 태평양 횡단기를 쓴 사람은 별로 없다. 윤치호의 개인 일기가 남아 있지만, 이것은 그의 일기의 한 부분이지 횡단기라고 볼 수는 없다.

그런데 이승만은 달랐다. 서울을 떠나는 1904년 11월 4일부터 그는 '여행일지Log Book'를 쓰는 한편, 3 태평양을 건너는 배 위에서 작

---

3 이승만의 여행일지(Log Book)는 그의 다른 일기와 한데 묶여 책으로 나왔다. 대한

성한 편지들을 〈제국신문〉을 통하여 공개했다. 그는 이때 제국신문사의 '사원'이었다.4 이승만은 옥중에서도 이 신문의 논설을 장기간 집필하는 진기록을 남긴 바 있다.5 한글로 된 그의 논설은 쉽고 평이하면서도 자기주장이 뚜렷하여 '하층민'과 부녀자들에게 인기가 많았다고 한다. 이승만의 글쓰기의 특징은 '선상 편지'에도 잘 드러난다. 그의 첫 번째 편지는 일본 고베에서 쓴 것이었다. 〈제국신문〉의 제 1면 논설란에 실린 편지는 이렇게 시작된다.

나는 종적이 도처에 남에게 의심을 잘 받는 몸인 고로 떠날 때에 저저이 작별도 못하고 무심히 왔사오매 두루 죄지은 것 같사외다6

실제로 그러했다. 박영효 일파의 고종폐위 음모사건에 연루되어 투옥되었다가 탈옥죄까지 추가되어 종신형과 태형 100대의 중형을 선고받았던 이승만은, 두 차례의 감형과 특사로 5년 7개월 만에 감옥살이에서 풀려났다. 이때가 1904년 8월 9일이었다. 그리고 인천

민국역사박물관과 연세대의 이승만연구원이 함께 발행한 영문 원본인 *The Diary of Syngman Rhee, 1904~34 & 1944*와 이를 번역한 《국역 이승만 일기》(대한민국역사박물관, 2015)가 동시에 나왔다.

4 〈제국신문〉(1904. 11. 24.), "李氏自日向米".

5 고정휴(1986), "개화기 이승만의 사상형성과 활동, 1875~1904", 〈역사학보〉 109, 50~56쪽.

6 〈제국신문〉(1904. 11. 26.), "미국으로 가는 리승만 씨 편지". 그는 이때부터 자기 이름을 '리승만'이라고 썼던 것 같다. 미국에서 이 이름('Syngman Rhee')을 쓸 생각이었던 모양이다.

에서 오하이오Ohio라는 증기선을 탄 것이 11월 5일이었다. 그 3개월 사이에 이승만은 '상동청년학원'의 교장에 이름을 올리는가 하면 황성기독교청년회와도 관계를 맺고 있었다. 그러던 어느 날 그는 미국으로 훌쩍 떠나 버렸다. 왜 그랬을까? 고종 밀사설을 말하는 사람도 있지만, 나중에 보겠지만 이승만은 고종을 비롯한 대한제국의 지배층을 전혀 믿지 않았고 증오라고 할 만큼 싫어했다. 장기간의 감옥생활로 몸과 마음이 지쳐 있던 이승만은 러일전쟁으로 혼란에 빠져 있는 한국을 하루라도 빨리 벗어나고 싶었을 뿐이다. 미국 유학은 그의 오랜 꿈이자 탈출구였던 셈이다.

이승만이 고베에 도착한 것은 11월 10일이었다. 그리고 11월 17일 태평양을 가로지를 '사이베리아호S. S. Sibiria'에 올랐다. 배를 바꾸어 타는 틈을 타서 그는 고베에서 사람들을 만나고 예배를 보고 또 〈제국신문〉에 편지를 보냈던 것이다. 편지는 이렇게 끝을 맺는다.

> 진실로 공부하고자 하는 이들이 이 돈(지전 200원) 이나 변통하여 가지고 미국에서 천역이라도 하여 얻어먹어 가며라도 학문을 잘 배워 가지고 돌아오면 나라에 그 아니 유조할지라 총명자제들을 많이 권면코자 하는 바이로다[7]

이승만은 당시 한국에 가장 필요한 것이 서양의 신학문을 배우는

---

7 위의 편지.

것이라는 확신에 차 있었다. 그의 두 번째 편지는 '사이베리아호' 선상에서 작성되었다. 하와이에 도착하기 하루 전날이었다. 신문의 제 1면 전부와 2면 상단까지 채운 이 편지에는 기왕의 기행록에서는 볼 수 없는 재미있는 이야기들이 많아 그 내용을 몇 단락으로 나누어 소개하고자 한다.[8]

이승만은 먼저 〈제국신문〉 독자들에게 앞서 고베에서 보낸 자기의 편지를 읽어 보았는지를 묻는 인사를 전한 다음, "주야로 오늘까지 18일〔10일〕 동안을 땅 한 조각 보지 못하다가 오늘 아침에야 해상에 큰 군함만 한 섬 한 덩이를 지척에 지나며 보니 대단히 반갑사외다"라고 운을 뗐다. 그는 세상이 '물천지'라고도 했다.

지지난 날에는 천여 리를 달려왔다면서 이승만은 자기가 탄 배의 성능과 크기에 대하여 설명했다. 배의 길이는 목척木尺으로 572척 4촌인데, 자기 걸음으로 재어 보니 254보였다고 했다. 톤수는 1만 2천 톤이다. 배에서 일하는 사람은 함장 이하 서양 사람이 100명, 청인 200여 명 하여 모두 300여 명이 '사공'이다. 이 배의 크기가 '고려S. S. Korea'라는 배와 같은데,[9] '만추리아S. S. Manchuria'와 '몽골리아S. S. Mongolia'라는 배는 이보다 거의 갑절이나 크다고 한다.[10] 그 속 '범절'

8 〈제국신문〉(1904. 12. 24.), "리승만씨 편지".

9 태평양우선회사(The Pacific Mail SteamshipCompany, PM) 소속인 코리아호(S. S. Korea)는 1902년 8월에 취항했다. 노선은 샌프란시스코-홍콩-마닐라였다. 이 여객선은 크기와 화려함으로 세간의 이목을 끌었다〔*New York Times*(1901. 3. 24.), "Steamship Korea Launched"〕.

은 곧 조그마한 나라 하나와도 같다고 했다.

이어서 선실과 승객에 대한 이야기가 나온다. 상등실에는 '수삼백' 명이 모여 함께 음식 먹고 놀 방을 황홀 찬란하게 차려 놓았고 '풍류방'이 또 하나 있는데 과연 편하고 좋게 만들었다고 감탄했다. 선가는 한 사람당 지전 4백여 원인데, 이번에 40명가량이 승선했다. 중등실은 160원이며 승객이 일인, 청인, 서양인 합하여 30여 명이 된다. 하등실은 넓은 방 셋에 층층이 비계飛階처럼 매고 한 명씩 눕게 하였는데 청인이 거의 오륙십 명, 대한 사람이 29명, 일인이 2백여 명이다. 이들 대부분의 행선지는 하와이이다. 미국 본토로 가는 사람은 일인이 '학도'들을 포함하여 30~40명, 청인이 10여 명, 대한 사람은 2명(이승만, 이중혁)이다.11

이 많은 사람이 좁은 선실에서 함께 지내려니 청인의 냄새는 견딜 수 없고 날씨마저 더워 기운이 '증울'하다. 음식은 청인(선원)이 주는 것이 맞지 않아 혹 지폐 10원씩 주고 양요리 명색을 얻어먹는데 이승만과 이중혁은 간신히 금전 3원을 주고 면보와 차를 얻어 밥 대신 먹으며 지냈다.

"하등 칸이라고난 당초에 사람대접으로 아니 하는 중 하와이로 가는 대한 역부들이라고난 의복도 더욱 추하고 모양도 흉하니 더 창피

10 이것은 톤수를 기준으로 한 것이고 실제 크기는 그렇게 차이가 나지 않는다.

11 이중혁(李重爀)은 한성감옥서 부서장을 지낸 이중진(李重鎭)의 동생이었다. 두 형제는 이승만의 옥중전도에 영향을 받아 기독교로 개종했다. 이승만의 미국행 여비 일부는 이중진이 부담했다고 한다(《국역 이승만 일기》, 13쪽).

하나 내게는 다 와서 말도 일러주고 특별히 대접하되 도처에 분한 마음 어찌 다 억제하리오〔!〕 웃사람들 잘못 만나 이 모양인 줄 매일 연설하고 그 보배로운 상투를 좀 베어버리라 〔하니〕 다 듣는 뜻을 표합니다."

하와이로 일하러 가는 한인 노동자들(27명)이 이승만에게 다가와서 자기들의 억울한 사정을 말하며 울분을 터뜨렸던 모양이다. 이승만은 이들에게 '웃사람'을 잘못 만나 그러한 것이라면서 제발 상투 좀 자르라고 사정했다. 하등 선실 한 쪽에서 대한제국에 대한 성토가 벌어졌다.

그러자 청인 중 '깨인 사람'들이 이승만에게 말을 걸면서 자기 신세를 한탄하고 나라 걱정을 했다. 정부에 있는 '도적놈'들이 돈푼깨나 있는 사람들을 못살게 구니 할 수 없이 집을 두고 밖으로 떠돌다 다닌다는 것이다. 그들은 또 이런 '희한한 말'도 했다. "청국 개진당 영수로 유명한 강유위 · 양계초 등이 이리저리 다니며 밖으로 유지자들을 연락하여 상해, 향항香港, 신가파新嘉坡, 일본, 포와도, 미국 등지 각처에 성기를 상통하며 학교도 세우고 신문 월보도 내며 처소도 굉장히 버려 개명의 주의를 전파한다 하는데 양계초는 지금 횡빈橫濱에 있다 하는지라."

이 말을 들은 이승만은, "이 배가 횡빈서 하루를 묵었으니 그때에 알았다면 가서 한번 심방하고 일장설화를 들어 보았을 것을 진작 알지 못하여 이리 한탄하는 중이외다"라고 했다. 그리고는 한국으로 말머리를 돌렸다.

"우리나라에서도 유지한 이들이 밖으로 많이 나와 사방에 흩어져 공부도 하며 세상 형편도 좀 보며 남의 공론도 들으면 식견도 늘겠고 나라가 무엇인지도 알아 애국하는 마음도 자연히 생기며 서로 응하는 힘이 형편을 얼마쯤 받쳐 나갈 도리가 있겠거늘 어찌 이다지 적막하오이까(!)"

서울에만 갇혀 살았던 이승만은 이때 처음으로 세상 밖으로 나왔다. 그리고 태평양을 건너는 1만 2천 톤급의 대형 증기선 안에서 온갖 사람들을 다 만났다. 배에서 가장 좋은 전망을 지닌 호화로운 상등실에서 여유롭게 지내는 '귀족'부터 배 밑에서 컴컴한 바다만 바라보이는 좁은 하등실에서 짐짝 대우받는 '역부'까지, 그들은 다 같은 사람이었지만 현실적인 처지는 상 · 중 · 하로 나뉘어져 있었다. 그것은 인종적, 민족적인 구분과도 대체로 맞아 떨어졌다. '하층'의 사람들은 동양인이고, 그중에서 한국인과 중국인은 '국망'의 상황을 앞두고 울분에 차 있었다. 이승만은 열흘 밤낮을 이들과 함께 지내면서 신세 한탄과 나라 걱정을 들었다. 그는 새로운 세상을 보았다. 이것은 누구에게서 듣거나 책에서 보는 것과는 다른 생생하게 살아 있는 세계였다.

그 세계를 본 이승만은 미국에 도착하기 직전에 쓴 논설(그냥 편지가 아니었다)을 〈제국신문〉에 보냈다. 여기에는 "나라에 폐단을 고칠 일"이라는 제목이 붙여졌다. 두 번에 나뉘어 신문에 실릴 만큼 긴 글이었다.**12** 그 끝에는 '리승만 유교'라고 되어 있다. 보통 유교遺敎라 함은 임금이나 부모가 돌아가실 때 남기는 당부 또는 가르침을 뜻한다. 그렇다면 '이승만 유교'란 무엇인가? 이 말을 이승만이 직접 쓴 것인지 아니면 신문사에서 그렇게 붙인 것인지는 알 수 없지만, 그 안에 담긴 의미는 나라 '밖'에 있는 이승만이 나라 '안'에 있는 사람들에게 당부하는 말 정도가 되지 않을까 싶다.

그런데 이승만은 자기가 쓴 논설에서 과거의 전통과 권위를 송두리째 부정하라는 당부를 하고 있다. 그의 논설은 이렇게 시작된다.

> 우리나라 사람들이 항상 위에 있는 상등인이 학문도 없고 착한 이도 없는 것을 걱정하지마는, 나라마다 아래 평민들이 열리기 전에는 개명한 상등인이 어찌할 수 없는 법인 줄로 생각들 하시오

태평양을 건너는 배 안에서 '아래 평민'이 '상등인'을 비난하는 이야기를 줄곧 들었던 이승만이 내린 결론이었다. 아랫사람이 열리지 않으면 '개명한 상등인' 몇 사람이 어떻게 해볼 도리가 없다는 것이다. 그는 또 독립협회와 만민공동회 시절을 떠올렸을 수도 있다. 그는 이때 보수적인 지배층에 맞선다는 것이 얼마나 어려운 일인지를 몸소 겪었다.

이승만은 논설의 서두에 일반 평민의 각성과 분발을 촉구하면서도 동시에 그들을 변호한다. "근래에 여러 사람이 말하기를 우리나라는 인종이 글러서 당초에 어찌할 수 없다 하나 나는 그렇지 않다

---

12 〈제국신문〉(1904. 12. 29., 12. 30.), "나라에 폐단을 고칠 일".

하오"라고 한 후, 평균적으로 보면 한국의 하등인이 외국의 하등인보다 훨씬 낫다고 했다. 외국의 하등인은 참 말할 수 없이 괴악한 자가 많으나 우리나라 하등인은 양순하고 성실한 성질을 타고났다는 것이다. 문제는 한국의 상등인이다. 이들을 외국의 상등인과 비교하면 천양지판이라고 했다. 이는 무슨 까닭인가? 그것은 한국의 '교육 명색'이라는 것이 잘못되었기 때문이다. 이어지는 글은 다음과 같다.

> 만일 우리나라 교육 같은 것이 당초에 없었다면 차라리 무식하고 완악한 기운은 좀 남았을지나 이렇듯 부패하고 잔악하여 썩고 삭은 인민같이 되지 않았을 듯하외다13

이승만은 한국의 이른바 '교육'이라는 것의 폐단을 다섯 가지로 지적했다. 첫 번째는 태곳적 옛것을 숭상함이오, 두 번째는 허탄함을 숭상함이오, 세 번째는 인심을 결박함이오, 네 번째는 큰 것을 섬기는 주의요, 다섯 번째는 도덕상 주의라 하는 것이라고 했다. 이 모든 것은 곧 유교儒教에 바탕을 둔 전통 교육을 말하는 것이었다. 그 중에 '큰 것을 섬기는 주의'에 대한 비판을 보면 이렇게 되어 있다.

> 천존지비天尊地卑에 건곤乾坤이 정의定矣라 하며 존귀지사비천尊貴之使卑

13 〈제국신문〉(1904. 12. 29.), "나라에 폐단을 고칠 일".

賤 비천지사존귀卑賤之事尊貴가 천지天地의 상경常經이라 하여 모든 이런 비루한 말로 기습氣習을 얼루매, 상놈은 의례히 양반의 종으로 알며, 백성은 의례히 웃사람을 위하여 생긴 것으로 알며, 약한 자는 의례히 강한 자의 밥으로 알며, 소국은 의례히 대국의 노예로 알아 경위와 법을 다 버리고라도 복종하는 것이 도리로 알며, 혹 그렇지 아니하면 곧 변괴라 하나니, 이른바 사기 공부한다는 것이 대국을 존중하는 뜻이라 이는 노예의 생각을 기르는 폐단이오.14

이 글의 앞 문장은 《동몽선습》에 나오는 오륜 중 군신유의君臣有義에 대한 설명인바 번역문은 다음과 같다. "하늘(임금)은 높고 땅(신하)은 낮으니 건곤이 정해져 있다. 높고 귀한 이가 낮고 천한 이를 부리며, 낮고 천한 이가 높고 귀한 이를 섬기니, 이는 천지간에 변하지 않은 도리이다." 성리학이 조선에 뿌리를 내리던 15세기 이후 어린아이들은 천자문을 뗀 후 이 글귀를 암송하고 다녔다.15

스무 살 때까지 과거 공부에 몰두했던 이승만은 자기가 서당에서 배우고 외웠던 것이 군주제와 신분 차별, 그리고 중국과의 사대 관계를 정당화시키는 '노예' 교육이라고 생각했다. 이러한 교육이 인

---

14 〈제국신문〉(1904. 12. 30.), "나라에 폐단을 고칠 일"(전호 연속).

15 이우진에 따르면, 《童蒙先習》은 유학의 핵심내용을 알려주는 입문서이자, 서당의 '동몽' 교육과정에서 《천자문》과 《소학》을 연결하는 중간자로서의 충분한 위상과 가치를 지니고 있었다["조선시대 서당교육과정에서 바라본 《동몽선습》의 의미"(2021), 〈유학연구〉 54, 충남대학교 유학연구소, 41쪽].

심을 결박하여 활발한 기상을 저해하며 미래로 나아가기보다는 과거에 매달리게 한다. 한국의 상등인이 남만 못하게 된 것이 모두 잘못된 교육 때문이다. 이들에게는 더 이상 기대할 것이 없다. 한국의 장래 여망은 상등인이 아니라 평민에게 달렸고 노성老成한 이들이 아니라 청년에게 달려 있다. 이들은 허탄한 학문이 아니라 오직 실용적인 학문을 낱낱이 배워야 한다. 이를 위해서는 "만국청년회YMCA의 주의같이 광탕하며 긴절한 사업"에 눈을 돌려야 한다고 했다.

이승만은 이상의 논설에서 구시대의 구학문을 신시대의 신학문으로 대체해야만 한국이 앞으로 나아갈 수 있다는 주장을 펼치고 있다. 이러한 주장의 밑바탕에는 유교를 기독교로 대체하려는 의도가 깔려 있었다. 청일전쟁으로 화이론에 기초한 중화문명과 중국적인 세계질서가 무너져 내리는 것을 지켜보았던 그는, 서양에서 발원한 기독교 문명과 만국공법적인 세계질서로 눈을 돌렸다. 그는 이제 새로운 세계의 중심으로 떠오르는 미국으로 향하고 있었다. 이 나라는, 그의 표현에 따르면, 인간세계의 '극락국'이었다.[16]

한 가지 일화를 소개한다. 이승만이 태평양을 건넌 후 2개월 지날 즈음, 그의 어린 아들이 태평양을 건넜다. 이 이야기는 박용만(1881~1928)의 선상 편지에 나온다. 그는 말하기를, "나의 사랑하는 형

16 이승만의 옥중저술인 《독립정신》을 보면, "이런 나라〔미국〕는 참 즐겁고 편안하여 곧 인간에 극락국이라 할지라"는 문장이 나온다〔이승만(1910), 《독립정신》, 로스앤젤레스: 대동신서관; 독립기념관 한국독립운동사 편(1999), 영인본, 국학자료원, 71쪽〕.

제 정순만, 리승만 양 군의 아해들"인데 "다 방장 젖꼭지 놓고 어머니 떨어져 나온" 애들이라고 했다.

박용만이 한성감옥에서 인연을 맺은 정순만과 이승만의 아이 둘을 데리고 태평양을 건넜던 것이다. 이때 정순만의 아들(양필)은 12살, 이승만의 아들(봉수 또는 태산)은 6살이었다. 박용만은 객중에 수심도 많고 배 타는 괴로움도 많았지만 이 아이들이 좌우에 있어 항상 웃기도 하고 작난도 함으로 그것으로 위안 삼는다면서 이렇게 말했다.

> 매양 그 아이들을 보면 대저 저희 창자에도 무슨 생각이 있는지는 모르나, 만일 일본 의복으로 일본 사람의 면목을 가진 자 하고는 비록 돈을 주어도 받지 않고 음식을 주어도 먹지 않고 다만 입으로 말하기를 '쯔—팬니쓰 빼민'이라 하니(일본 사람 악한 사람이란 말) 이는 그 의사를 알지 못할 것이라 고로 내 종용히 대하여 물어 보아도 오직 또한 '쯔—팬니쓰 빼민'이라 하며 아직도 그 대답은 듣지 못하였고….[17]

박용만과 두 아이는 이승만이 탔던 '사이베리아호'를 타고 태평양을 건넜다. 이때 '하등' 선실의 승객이 510명인데, 그중 청인이 49명, 일인이 293명, 한인이 177명이었다. 이들은 대부분 하와이 농

17 〈제국신문〉(1905. 5. 9.), "寄書 第三: 여행 중의 보고 들은 것"(속, 박용만). 앞의 편지는 〈제국신문〉의 결락으로 찾을 수 없었다.

장으로 가는 일꾼이었다. 그런데 양필과 봉수 두 아이가 일본인처럼 보이는 사람들에게 "쟈 — 팬니쓰 빼민Japanese bad men"이라면서 그들을 멀리했다는 것이다. 미국으로 가기 전에 아이들이 누군가로부터 영어를 배우면서 그런 말을 익혔던 것이다.18 이는 당시 시대상의 한 단면을 보여준다. '조기 유학'도 마찬가지이다.19

2) 외교적 체험

1904년 12월 6일 오후 3시, 이승만은 샌프란시스코에 상륙했다. 인천에서 출발한 지 한 달 만에 미국 본토에 발을 디딘 것이다. 그는 한인 동포들이 살고 있는 샌프란시스코와 로스앤젤레스를 둘러보며 지인들을 만난 후 대륙횡단 열차를 탔다. 최종 목적지인 워싱턴 D.C.에 도착한 것은 12월 31일 저녁이었다. 해를 넘긴 첫날에는 예배를 보고 한국공관을 방문했다.

그는 이후 1910년 9월 3일 뉴욕항을 출발하여 귀국 길에 오르기까지 6년 동안을 미국에서 지냈다. 상상이 아닌 현실 세계의 미국은 이승만에게 어떻게 다가갔을까? 그가 직접 보고 겪은 미국은 과연

---

18 박용만은 하와이에서 정순만의 아들을 '동지'에게 맡기고, 이승만의 아들(태산)만 데리고 샌프란시스코로 들어왔다. 이때가 1905년 2월 19일이었다〔안형주(2007), 《박용만과 한인소년병학교》, 지식산업사, 24쪽〕.

19 유한양행의 창업자인 유일한(1895~1971)도 만 9살에 박용만의 숙부인 박장현을 따라 미국으로 건너갔다〔조성기(2005), 《유일한 평전》, 작은씨앗, 57쪽〕.

어떤 나라였을까? 이 문제에 대해서는 외교적 체험, 학문적 체험, 그리고 사회적 체험 셋으로 나누어 살펴보고자 한다.

이승만의 미국 체험은 처음부터 매우 특이한 것이었다. '극동'에서 온 무명의 청년이었던 그는 당대 미국을 대표하는 정치가이자 외교가였던 존 헤이John Hay 국무장관과 시어도어 루스벨트 대통령을 차례로 만났다. 이는 세계 외교사에서도 좀처럼 찾아보기 어려운 사례였다. 어떻게 그런 일이 가능했을까? 이 과정에 대해서는 몇 편의 논문이 나와 있다.20 따라서 여기에서는 몇 가지 논점만을 짚고 넘어가고자 한다.

먼저 이승만이 미국으로 건너가게 된 배경과 목적에 대한 것을 확실히 해둘 필요가 있다. 1904년 8월 9일 고종의 특별사면으로 석방된 이승만은, 그해 11월 4일에 미국을 향해 서울을 떠났다. 출옥한 지 3개월 만의 일이었다. 그의 트렁크 속에는 선교사들이 써준 19통의 편지(추천서)와 고종의 측근인 민영환(시종무관장)과 한규설(의정부 찬정)이 전 주한 미국공사이자 하원의원인 딘스모어Hugh A. Dinsmore에게 보내는 서신이 들어 있었다. 전자의 편지들은 이승만의 도미 목적이 미국 유학에 있었음을 말해준다. 후자의 서신은 이승만의 '밀사설'을 뒷받침하면서 그가 마치 고종이나 대한제국을 대표하는 밀사였던 것처럼 과장되기도 했다.

---

20 이에 대하여는 정병준(2012), "1905년 윤병구·이승만의 시오도어 루즈벨트 면담 외교의 추진과정과 그 의미", 〈한국사연구〉 157, '머리말'과 각주의 논문 목록 참조.

그런데 1904년 이승만의 도미 목적은 어디까지나 유학에 있었다. 민영환과 한규설은 이승만이 미국으로 떠나는 것을 알고 그를 통하여 미국 정부 또는 의회와의 접촉 창구를 열어 보려고 했을 뿐이다. 이것은 어디까지나 개인적인 차원이었다. 공적인 창구로는 주한 미국공사관이 있었다.

이승만에게 주어진 '외교' 임무는 딘스모어의 주선으로 이루어진 국무장관 헤이와의 만남으로 끝이 났다. 1905년 2월 20일에 이루어진 반 시간 남짓한 면담에서 헤이는 한국에서의 선교 문제에 대하여 관심을 보였다. 이승만은 면담이 끝날 무렵 헤이에게 이런 말을 했다. "우리 한국 사람들이 장관께 부탁하고 싶은 말이 있는데, 즉 당신께서 중국을 위해서 하신 것같이 한국을 위해서도 하여 주십사 하는 것입니다." 이는 헤이가 중국에 대한 '문호개방' 정책을 선언하여 중국의 주권과 영토 보장을 촉구했던 것처럼 한국에 대해서도 그렇게 해달라는 것이었다.

헤이는 이때 이렇게 말했다고 한다. "나는 미국 정부를 대표해서나 개인의 자격으로 언제든지 기회가 생길 때마다 우리의 조약에 의한 의무를 수행하기 위해 모든 힘을 다할 것입니다."[21]

이승만은 헤이와의 면담 결과에 대해 대단히 만족했다. 그리고 민영환과 한규설에게 상세한 보고서를 보냈다. 이로써 그의 '외교'

---

21 이정식 저, 권기봉 역(2002), 《초대 대통령 이승만의 청년시절》, 동아일보사, 290~291쪽.

임무는 끝이 났다. 존 헤이는 1905년 7월 1일에 세상을 떠났다.

이로부터 한 달 후 이승만은 시어도어 루스벨트 대통령과 면담할 기회를 얻었다. 그 발단은 하와이에서 시작되었다. 루스벨트의 특사로 일본에 가던 육군 장관 태프트William H. Taft가 하와이에 들렀을 때, 이곳 한인사회에서 전도사로 활동 중이던 윤병구가 태프트로부터 루스벨트에게 보내는 '소개장'을 받아냈다. 태프트는 그 후 도쿄로 가서 한국과 필리핀을 맞바꾸는 '태프트-가쓰라 밀약'을 체결했다. 루스벨트는 이 밀약에 대하여 보고받은 후 곧바로 승인했다. 이때가 1905년 7월 31일이었다.

그런데 공교롭게도 이때 윤병구는 태프트의 '소개장'을 지참하고 워싱턴 D. C.에 당도했다. 그리고 4일 후 이승만과 더불어 루스벨트 대통령을 만났다. 장소는 뉴욕에서 북동쪽으로 25마일 떨어진 사가모어 힐Sagamore Hill이었다. 이곳에는 루스벨트의 여름별장이 있었다. 러일 강화협상을 앞둔 시점이라 세계의 이목이 여기로 쏠리고 있었다. 각국에서 온 취재진은 동양에서 온 무명의 두 청년에게도 관심을 보였다. 루스벨트는 취재진의 예상을 깨고 윤병구와 이승만을 만나주었다. 태프트의 '소개장' 때문인데, 그것은 밀봉되어 있어서 윤·이 두 사람도 안의 내용을 보지 못했다. 어떻든 루스벨트와의 면담이 성사되었다. 이때의 상황을 이승만은 민영환에게 보내는 편지에서 다음과 같이 묘사했다.

이윽고 하인이 와서 다른 방으로 인도하여 가니 이는 먼저 온 손님들이 기다리다가 차례로 먼저 돌아갔으매 부엌 있는 방이라. 적은 듯하여 〔대〕통령이 구석방에서 밖으로 향하여 밖에서 기다리는 〔러시아〕 사신 들더러 잠깐 기다리라고 친히 이르고 빨리 걸어 우리 있는 방으로 들어 오며 손을 내밀고 와서 흔들며 하는 말이, "Gentlemen, I am pleased to receive you"(손님을 뵈옵기 반가워 합네다 하는 말).

이 말을 마치며 옆에 곧 앉으니 어찌 총망悤忙히 구는지 말할 겨를이 별로 없는지라. 우리가 머리 숙이고 읍하니 무릎 앞에 교위를 놓고 앉으라 하는지라. 셋이 마주 앉아 윤〔병구〕이 말하기를, 우리는 하와이 우리 인민의 글을 가지고 바치려 왔노라 하고 내어준즉 곧 받아 들고 보는 동안에 우리는 가만히 앉았더니 다 보고 〔하는〕 말이 "Gentlemen, I want you to understand"(손님들이 내 형편을 알아듣기 바라오 함이라).

내가 일아日俄를 청하여 평화 의론하기만 권함이오 다른 간예는 못하겠는데, 이 일이 대단 중대하여 내가 사사로이 받을 수 없고 사실인즉 내가 다 보았으며 손님을 다 맞았은즉 나의 권리가 방한防限 있는 줄을 알기 바라노라 하는지라.22

마치 당시의 상황을 보는 듯 생생하다. 루스벨트는 러시아 사절단의 접견을 잠시 미루고 윤병구와 이승만을 만났다. 그 막간의 '총망'한 시간에 두 청년은 '하와이 우리 인민'을 대표하여 작성한 〈청

22 유영익 · 송병기 · 이명래 · 오영섭(2009), 《李承晩 東文 書翰集: 淨書 · 飜譯 · 校註本》 상, 연세대학교출판부, 32쪽.

원서〉를 제출했다. 그 핵심은 러일 강화협상을 중재하는 미국이 한국의 독립 보전을 위한 거중 조정에 나서 줄 것을 요청하는 것이었다. 루스벨트는 이런 내용의 〈청원서〉를 한번 훑어보고는 자기가 해줄 수 있는 일이 별로 없다는 투로 말했다. 그는 두 사람을 만나준 것만으로 자기가 할 일은 다 했다고 생각했다. 그러면서도 루스벨트는 한 가지 단서를 달았다. 문제의 〈청원서〉를 워싱턴에 있는 한국공관을 통하여 미국 정부에 제출하면 한번 고려해 볼 수도 있다는 여지를 남겨 두었던 것이다.

그 후의 일은 미국이 예상한 대로였다. 이미 일본의 통제하에 들어간 한국공관은 〈청원서〉의 접수와 제출을 거부했다. 이승만은 이때 대리공사 김윤정의 '배반'을 통렬히 비판했지만, 그 일은 그가 혼자 결정할 수 있는 일이 아니었다. 설혹 김윤정이 〈청원서〉를 제출했다 해도 미 국무부에서 무시해 버리면 그만이었다. 독립운동기에 이승만은 미국 정부에 숱한 청원서를 보냈지만 이에 대한 답장을 받은 적은 별로 없었다. 설혹 답장을 받았다 해도 그 내용은 '잘 받았다'는 정도였다.

궁금한 것은 루스벨트가 그 바쁜 시간에 왜 윤병구와 이승만을 만나주었을까 하는 점이다. 여기에는 어떤 외교적인 기만 또는 술책이 있었다고 보아야 한다. 첫 번째는 면담 직전에 미국이 일본과 맺은 태프트-가쓰라 '밀약'을 덮고 감추어야 할 필요성이었다. 이 밀약은 1924년에 가서야 외교사학자에 의하여 공개되었다. 두 번째는 면담 직후에 열리게 될 러일 강화협상에서 미국의 중재력을 최대한

끌어올리는 카드로 '한국 문제'를 꺼낼 수 있음을 공개적으로 알리는 것이었다. 이것은 특히 러시아에 대한 일본의 과도한 요구를 제어하는 데 효과가 있을 수 있었다. 일본은 윤병구가 태프트의 '소개장'을 얻은 후부터 그와 이승만의 동향을 예의 주시하고 있었다.23 세 번째는 '힘의 외교'를 구사하던 루스벨트가 약소국의 입장에도 동정적일 수 있음을 보여주려는 것이었다.

윤병구와 이승만은 이처럼 사전에 기획된 외교 무대의 '조연'으로 깜짝 등장함으로써 미국 언론의 한 귀퉁이를 장식했다. 그 내막을 알 수 없던 이승만은 김윤정의 '배반'으로 자기의 성공적인 외교 노력이 물거품이 되었다고 생각했다. "한국 사람들이 그처럼 저열한 상태에 빠져 있는 한 한국에는 구원이 있을 수 없다"는 것이 이때 이승만이 내린 결론이었다.24

그런데 러일전쟁 후 한국의 운명이 승전국에 달려 있다는 것은 당시 '극동' 문제에 관심 갖던 외부 세계에는 이미 다 알려져 있던 사실이었다. 제국주의가 절정에 달했던 시기에 그것은 생존의 법칙과도 같은 것이었다. 이것을 차마 인정할 수 없었던 고종은 황제 자리에서 밀려나는 순간까지 '밀사 외교'에 매달리지만 어떤 성과도 거두지 못했다.

이것에 비교한다면, 겉으로 보기에 이승만의 '외교' 활동은 돋보

---

23 정병준, 앞의 논문, 163~166쪽.

24 이정식 저, 권기봉 역, 앞의 책, 303쪽.

이는 것이었다. 그는 미국의 국무장관과 대통령을 차례로 만났다.[25] 그리고 고종 황제가 아닌 '한국 인민'의 의사를 전달했다. 이승만은 서방 세계에 부패하고 무능한 이미지로 굳어 버린 고종이나 대한제국과 절연한 모습을 보이는 것이 그의 '외교' 활동에 유리하다는 것을 깨닫고 있었다.

그 후 이승만은 자신이 대외적으로 한국 인민의 의사를 대변한다고 생각하고 또 그렇게 처신했다. 이를테면 〈황성신문〉에 실린 한 기고문에서는, 러일전쟁 후의 강화협상에서 정부가 손을 놓고 있는 사이에 '백면서생'인 이승만과 윤병구 두 사람이 하와이와 미주로 이주한 동포와 유학생 등 7천여 명의 인민을 대표하여 활약함으로써 현지 언론과 시민들로부터 "한국 인민의 대표자요 독립주권의 보전자요 애국열성의 의기남자요 청년지사라"는 칭송을 받았다고 했다.[26]

이승만은 그의 옥중저술인 《독립정신》이 미국 로스앤젤레스에서

25 아이러니한 것은 이승만이 1905년 이후부터 '해방'이 될 때까지 미국 정부와의 접촉을 끊임없이 시도하지만, 현직 대통령이나 국무장관과 대면한 적이 한 번도 없었다는 사실이다.

26 〈황성신문〉(1906. 4. 17.), "私嫌으로 國權을 失한 事". 이 기사는 미국 중서부의 콜로라도주 커니(Kearney, 巨尼城)에서 한인들의 정착과 일자리를 주선하고 있던 朴長玹(박용만의 숙부)이 황성신문사 사장 앞으로 보낸 기고문이었다. 여기에서는 "私私嫌疑와 猜忌之心으로 公益과 國事를 不顧하는 者"인 金潤晶(주미한국공사관 대리공사) 때문에 한국의 독립주권을 상실하게 되었다고 비판하는데, 이승만이나 윤병구로부터 전해 들은 이야기를 그대로 옮긴 것으로 보인다.

출판될 때, 루스벨트와의 면담 시 예복을 착용한 그의 사진을 책 후반부에 실었다. 여기에는 "미국에서 담판하던 일아日我강화조약 때에 대한 독립 권리의 손해를 면키 위하여 미국 대통령과 각 정치가를 방문하고 전후 운동하던 외교가 리승만"이라는 설명이 붙었다.27

이 시기 이승만이 스스로 어떻게 평가하고 있었는지를 생생히 보여주는 자료 한 가지를 소개한다. 재미한인단체 중 보수적인 성격이 강했던 대동보국회(회장 문양목)의 간부 5명이 1907년 8월 29일자로 이승만에게 '혈서'를 보내 그들의 지도자가 되어 달라고 간청한 일이 있었다.28 이때 이승만은 완곡한 거절 의사를 밝히면서 이렇게 말했다.

> 십여 년 전에 임금께옵서 내 말을 들어주셨으면 오늘날 일본의 기반羈絆을 면하였을 것이오, 민영환 씨가 나의 말을 들어주었다면 구구히 자기 손으로 자기 목을 찌르는 욕을 면하였겠고, 미주에 있는 우리 동포들이 나의 말을 들어주었다면 오늘날 족족이 패를 갈라서 서로 갈등하는 폐단이 없었을지라.29

고종의 국권 상실이건 민영환의 순국이건 미주 한인사회의 분열

---

27 이승만(1910), 《독립정신》, 252쪽.

28 이 혈서는 《이화장소장 우남이승만문서 동문편》(1998) 12, 연세대 현대한국학연구소, 753~756쪽에 수록되어 있다.

29 〈大同公報〉(1907. 10. 3.), "別報: 李氏謝函".

이건, 이 모두가 '내 말'을 듣지 않았기에 벌어진 일이었다는 것이다. 오직 자기 자신만이 구국의 방도를 알고 있었다는 이야기이다. 이것은 비단 과거에 국한된 것이 아니었다. 앞으로도 마찬가지이다. 자기가 나가는 길이 곧 한국이 나아가야 할 길이 되는 것이다. 이승만은 자기 자신을 구세주와도 같은 존재로 올려놓았다.

3) 학문적 체험

1905년 여름, 러일 강화협상을 앞두고 이승만은 흥분과 환희 그리고 좌절을 맛보았다. 마치 태풍이 휩쓸고 간 것처럼. 그 시간은 무척 짧았지만 강렬한 기억으로 남았다. 그 후 이승만은 오직 학업에만 매달렸다. 한국을 떠날 때 그에 대한 추천서를 써 주었던 선교사들은 2~3년 정도의 기한을 두었다. 미국에서 대학만 졸업하면 이승만이 한국으로 돌아와서 그들의 선교 활동을 도울 것으로 기대했다. 이것은 오산이었다. 이승만은 학부 졸업이 아니라 미국 최고의 대학에서 박사학위 취득을 목표로 했다.

조지워싱턴대학의 졸업을 한 한기 앞둔 1906년 말, 이승만은 하버드대학의 인문대학원 원장 앞으로 한 통의 입학지원서를 냈다. 그 내용인즉, 자기는 다년간 동양 학문을 연마한 인물로서 한국에 돌아가서 할 일이 많고 초조하게 그를 기다리는 사람도 많으니 2년 안에 박사학위를 딸 수 있도록 해 달라는 것이었다.30 이승만은 그 후 하버드대학에서 석사과정을 밟고, 프린스턴대학에서 최종 박사학위를 취득했다. 이때가 1910년 6월이었다. 미국에 온 지 5년 반이 지나는 시점이었다. 세 군데 대학 모두 이승만의 처지와 그가 내세우는 '특수한' 사정을 이해하고 최대한 과정을 단축시켜 준 덕분이었다. 이리하여 이승만은 한국인이 선망하는 신학문의 최고봉에 올랐다. "이 박사"의 탄생이었다. 그것은 마치 마법의 주문처럼 이승만의 권위를 높여주었다.

그렇다면 이승만은 미국에서 어떤 공부를 했던 것일까? 그의 학업 성취도와 박사학위 논문의 수준은 어떠했을까? 학위 취득이 그의 삶에는 어떤 영향을 미쳤을까? 이런 의문들이 자연스럽게 나온다. 먼저 다음의 표를 보면서 생각해보기로 하자.

〈표 4-1〉을 보면 알 수 있듯이, 이승만의 학부 성적은 썩 좋은 것이 아니었다. 당시 조지워싱턴대학의 학점 체계를 보면, A는 96~100점, B는 90~95점, C는 80~89점, D는 70~79점, E는 낙제점, F는 시험을 보지 않은 결시였다. 그런데 이승만은 입학 첫해에 6과목을 수강했는데, 영어 한 과목이 결시(F)이고 경제학과 철학에서는 낙제점(E)이 나왔다.

이처럼 성적이 좋지 않았던 데에는 몇 가지 이유가 있었다. 이를테면 미국 대학에의 적응기였다는 것, 대학 과정을 수학할 만큼의 어학(영어) 준비가 안 되어 있었다는 것, 경제학과 같이 처음 접하게 된 과목이 있었다는 것 등이다. 당시 동양에서 온 유학생들이라

---

30 유영익(1996), 《이승만의 삶과 꿈: 대통령이 되기까지》, 중앙일보사, 54쪽.

〈표 4-1〉 미국 유학기 이승만의 수학 과정과 이수 과목(1905.2~1910.6)[31]

과정	대학	기간	이수 과목(학점)
학사	조지워싱턴대학 컬럼비아 문과대학	1905.2~1907.6 (5학기)	영어(5과목, F/C/D/D/B), 경제학(E), 역사학(B/C/A), 철학(E/B), 수학(E/D), 구약언어학(Semitics, B/C),
석사	하버드대학 대학원 역사학·정치학 및 경제학과	1907.9~1908.6 (2학기)	역사학(4과목, B/B/B/C), 정치학(B/B), 경제학(D) *1909년 여름학기: 미국사(B)
박사	프린스턴대학 대학원 역사학·정치학 및 경제학과	1908.9~1910.6 (4학기)	국제법과 외교론(3과목, B/B/B), 미국헌법사(B/B). 철학사(B/B), 미국사(B)

면 일반적으로 겪어야 하는 그런 통과의례 외에, 이승만에게는 또 다른 문제들이 있었다. 앞서 본 '외교' 활동과 다음에 보게 될 외부 강연 활동에 적지 않은 시간과 정력을 쏟아야 했다. 미국인 가정에 맡겨졌던 그의 외아들(태산)이 디프테리아에 걸려 사망한 것도 상당한 심리적 부담으로 작용했다. 이 모든 것을 고려하면 이승만은 놀라울 정도의 의지와 집중력으로 학업에 임했다고 볼 수 있다.

조지워싱턴대학에 입학한 후 정신없이 첫해를 보낸 이승만은 이듬해부터 차츰 안정을 되찾았다. 성적도 조금씩 나아졌다. '특대생'으로 입학한 지 2년 4개월 만에 이승만은 학부 과정을 마치고, 1907년 6월 5일에 치러진 졸업식 무대에 오를 수 있었다. 《워싱턴포스트》는 이때의 광경을 다음과 같이 전했다.

---

31 유영익(1996), 위의 책, 46~61쪽; 김학준(2000), 《한말의 서양정치학 수용 연구: 유길준·안국선·이승만을 중심으로》, 서울대학교출판부, 180쪽; 손세일(2008), 《이승만과 김구, 1875~1919》 1부 3권, 나남, 18~21, 44~55쪽.

> 졸업장이 수여될 때에 이 한국 젊은이만큼 더 뜨거운 박수를 받은 사람은 없었다. … 최근 앓은 병 때문에 건강 악화의 위험을 안고 있는 그는 졸업을 못 할지도 모른다는 불안감에 시달렸다. **32**

학부 졸업 후 이승만은 하버드 문리과대학 대학원의 역사학, 정치학 및 경제학과Department of History, Politics, and Economics에 입학했다. 1년의 석사과정 동안 역사학 분야의 4과목, 정치학 분야의 2과목, 경제학 분야의 1과목을 들었다. 그런데 경제학에서 받은 D학점 때문에 학위를 받지 못했다. 1909년 여름학기에 경제학 대체 과목으로 미국사를 수강하여 B학점을 받고 나서야 석사학위를 취득할 수 있었다.

이승만은 하버드대학에서 단기간에 박사학위를 따는 것이 어려워지자 방향을 바꾸어 프린스턴대학으로 진학했다. 이곳의 입학 조건과 환경은 하버드보다 훨씬 우호적이었다. 무엇보다도 2년 안에 박사학위를 취득할 수 있도록 해주었다. 기숙사도 무료로 제공했다. 윌슨Woodrow Wilson 대학 총장, 웨스트Andrew F. West 대학원장, 엘리엇Edward G. Elliot 지도교수 모두 이승만을 아끼고 배려했다. 학업 성적도 비교적 양호(전 과목, B)했다. 그토록 바라던 박사학위 논문도 끝냈다. 주제는 "미국의 영향을 받은 중립Neutrality as Influenced by the

---

32 로버트 올리버 저, 황정일 역(2002), 《신화에 가린 인물》, 건국대학교출판부, 116쪽.

United States"이었다. 1910년 7월 18일에 거행된 졸업식장에서 이승만은 윌슨 총장으로부터 박사학위Ph. D.를 수여 받았다.

미국 유학기 이승만의 수학 과정을 꼼꼼히 살폈던 유영익은 다음과 같은 결론을 내린 바 있다. "이승만은 서양사(특히 미국사), 정치학, 외교학, 철학사 등 폭넓은 인문학과 사회과학의 바탕 위에 국제법을 연구한 한국 역사상 최초의 국제정치학자였다. 말하자면 그는, 19세기 중엽 이후 일본과 서양 제국주의 국가들로부터 외교적 수모를 거듭 받아 온 우리 민족이 처음으로 배출한 미국통의 만국공법(국제법) 전문가였다."33

한편, 이승만의 박사학위 논문을 검토한 정인섭은 그 결과를 이렇게 요약했다. "그의 논문은 중립법의 발전을 미국의 시각과 입장에서 정리하고 있다. 19세기까지 중요 전쟁은 유럽대륙에서 주로 발생했다. 대서양 건너의 미국은 중립을 유지하며 양 교전국과 모두 교역을 지속해 경제적인 이익을 도모하려 했다. 이러한 이유로 미국은 19세기 말까지 중립교역의 자유를 가장 열렬히 주장했으며, 중립법 발전에 가장 큰 영향을 미친 국가가 되었다. 그의 논문은 이러한 미국의 역할을 연대기 순으로 정리하고 있다." 이어서 다음과 같은 평가를 내린다. "다만 이 책자(1912년에 출간된 박사학위 논문)가 학술적으로 뛰어난 성취였다고는 평가하기 어렵다. 분석적이라기보다는 서술적인 내용이 대부분이다. 짧은 미국 수학 생활에도 불구하고 그에

33 유영익(2019), 《이승만의 생애과 건국 비전》, 청미디어, 47~48쪽.

게 깊이 있는 법학적 분석을 기대하기는 어려웠을 것이다."[34]

이승만은 처음부터 학자가 될 생각이 없었다. 몰락 양반의 집에서 태어난 그는 일찍부터 과거科擧를 통한 입신양명을 꿈꾸었고, 과거제도가 폐지된 후에는 배재학당에서 신학문을 배워 언론 및 정치활동에 뛰어들었다. 이후 고종 폐위 음모에 연루되어 종신형을 받았다가 특사로 풀려나자 곧바로 미국 유학길에 올랐다. 이승만을 후원했던 외국인 선교사들은 그가 미국에서 대학을 마치고 귀국하여 그들의 선교사업에 합류하기를 바랐다. 그런데 이승만이 대학에서 한 공부는 서양 역사와 정치외교학 분야이며, 그의 박사학위 주제는 미국 주도의 '해상중립' 문제였다. 미국에 오자마자 그가 경험했던 것도 미 국무부와 대통령을 상대로 한 외교 활동이었다. 언론과 정치 그리고 외교가 그의 초미의 관심사였다. 그는 자신만이 국권 상실의 위기에 처한 한국을 다시 일으켜 세울 수 있다는 확신과 사명감을 지니고 있었다.

그런데 러일전쟁 후 한국이 자력으로 국권을 유지한다는 것은 불가능한 상황이었다. 이승만은 서구 열강, 특히 미국 정부와 미국인을 상대로 한 외교 및 선전 활동이 급선무라고 생각했다. 이를 위해서는 그들이 업신여길 수 없는 무언가가 요구되었다. 미국 최고의 대학에서 박사학위를 따고자 한 이승만의 열망은 그러한 요구를 충

34 정인섭(2020), "이승만의 박사논문: '미국의 영향을 받은 중립'", 〈서울국제법연구〉 27-2, 115쪽.

족시키기 위한 것이었다. 이리하여 "이 박사"는 신학문에 목마른 한국의 추종자들을 불러 모았고, "Dr. Syngman Rhee"는 대외적으로 한국을 대표하는 그의 자격을 손색이 없도록 만들었다. 1910년 6월 이후 "박사Dr."라는 직함이 빠진 자연인 이승만은 존재하지 않았다. 이 수식어는 그가 정치적, 사회적으로 누릴 수 있는 모든 권위의 원천이었다.

4) 사회적 체험

유학기 이승만의 미국 생활은 주로 대학 캠퍼스에서 이루어졌지만, 한편으로 그는 사회와의 접촉을 피할 수 없었다. '선교' 명목으로 주어지는 장학금으로 학비는 조달되었지만, 생활비만은 자기가 직접 벌어야 했기 때문이다. 이승만이 한성감옥에 갇혔을 때 남긴 메모 중에는 눈길을 끄는 것이 하나 있다.

"생계비 벌기 위한 〔유〕학생 일거리Works of Students for Earning Livelihood"라는 제목의 메모이다. 여기에는 나무 톱질하기, 석탄 운반, 잔디 깎기, 식당 웨이터, 급사 등 21개의 일거리가 나열되는데, 끝에 가면 강의하기Lecturing와 가르치기Teaching가 나온다.**35** 이 두 가지는 대학 조교를 상정한 듯하다. 이승만은 당장 내일이 어떻게 될지

---

35 유영익(2002), 《젊은 날의 이승만: 한성감옥생활(1899~1904)과 옥중잡기 연구》, 연세대학교출판부, 496쪽.

알 수 없는 감옥 안에서 고학으로 미국에서 공부할 꿈을 키우고 있었다. 아마도 그의 보호자였던 선교사들이 그런 희망을 심어주며 격려했을 것이다.

그런데 미국에 온 후 이승만의 생활비는 그가 예상치 못했던 교회와 선교 단체의 네트워크를 통한 강연 활동에서 나왔다. 이 문제를 검토한 논문에 따르면, 1905년 1월부터 1910년 7월까지 자료로 확인된 이승만의 강연 횟수는 총 200회에 달했다. 한 달에 적게는 한 번, 많을 땐 2~3일에 한 번꼴인 13번이나 되었다.[36] 대단한 일이었다. 19세기 말부터 미국에서는 해외 선교 열기가 뜨거워지고 있었기에 이승만에게 그런 기회가 주어졌다. 그가 5년 7개월 동안 강연을 통해 받은 사례비는 계산에 잡히는 것만으로도 677달러에 달했다. 월평균 10달러 정도였다.[37] 당시 하와이 한인 노동자들의 한 달 임금이 18달러였으니, 이승만이 받은 금액은 결코 작은 것이 아니었다.

이승만을 개인적으로 후원하는 사람들도 있었다. 이를테면 조지워싱턴대학을 다니던 시기, 이승만은 부유한 감리교 신자였던 보이드 여사Mrs. Boyd의 배려로 그녀의 여름별장을 사용할 수 있었다. 프린스턴대학 시절에는 총장인 윌슨Woodrow Wilson의 초대를 받아 그의 가족들과 친하게 지내곤 했다. 이승만은 생활비를 벌기 위해 잔디

36 한서영·김명섭(2019), "미국 유학 시기 이승만 강연활동의 양상과 함의", 〈국제정치논총〉 59-2, 367쪽.

37 위의 논문, 376쪽.

깎기라든가 식당 웨이터와 같은 육체노동을 한 적이 없다. 그는 '선택'받은 사람이었다.

그런데 이승만의 강연 활동은 그가 하고 싶은 이야기를 하는 것이 아니라 미국인들이 듣고 싶어 하는 이야기를 하는 자리였다. 특히 소규모의 모임에서는 그러했다. 따라서 어떤 주제이든 미국인의 입장에서 문제를 바라보아야 했다. 일반 미국인들이 한국에 대하여 갖는 관심은 두 가지였다. 하나는 그들의 '이국적인 취향'을 자극할 수 있는 문화적인 것이고, 다른 하나는 선교적인 것이었다. 이승만의 강연은 대부분 교회 모임이라든가 선교대회와 같은 장소에서 이루어졌던 만큼 후자의 관심이 지배적이었다. 한국의 정치적 상황이라든가 일본과의 관계와 같은 '불편한' 이야기는 피해야 했다. 그는 강연에서 주로 말하기를, 자기 자신이 감옥에서 생사의 고비를 넘기며 하나님의 사람이 되었듯이, 한국 또한 앞으로 하나님의 선택을 받는 민족이 될 것이라고 했다. 이렇게 함으로써 청중의 동정과 환호를 끌어냈다. **38**

그러한 사례를 하나 들어 보기로 하자. 1908년 3월 10일부터 12일까지 3일간 미국 피츠버그에서는 미국 및 캐나다 청년선교운동 주최로 제 1차 국제선교대회가 열리는데, 3천 명이 넘는 사람들이 모여들었다. 이때 하버드대학에 다니던 이승만은 '한국 대표' 자격으

---

38 이승만은 '동정'(sympathy)이라는 말을 참 많이 사용한다. 그는 이 말에 '연대'라는 의미를 담고 싶었던 것 같다.

로 연설하게 되었다. 주제는 '한국의 굴욕, 기독교의 부름Korea's Humiliation, Christianity's Call'이었다. 이승만은 "최근 한국이 어려움을 겪고 있지만 놀라운 부흥의 영靈이, 위대한 능력이 나라 전체를 휩쓸고 있다"면서 이렇게 말했다.

> 오늘날 10만 명이 넘는 〔한국의〕 토착 기독교인들이 오는 20년 안에 그들의 작고 아름다운 나라가 완전한 기독교 국가a perfect Christian nation가 될 수 있도록 해달라고 간절히 그리고 지속적으로 기도드리고 있습니다! 나도 그렇게 개종한 토착교인의 한 사람으로서 하나님이 우리 기도를 들어주실 것이라는 확신을 갖고 있습니다. 이런 형편에 처한 나라에 필요한 것이 무엇인지, 그리고 어떤 식으로 도울 수 있을지 심사숙고해 주시기 바랍니다.[39]

---

39 이 연설은 국내에서 발행되는 선교 잡지에 제목이 바뀌어 소개되었다. E. Sung Man(Jun. 1908), "Appeals of Native Christians", *The Korea Mission Field*, 96쪽. 이 자료의 원출처는 *The Church and Missionary Education: Addresses Delivered at the First International Convention under the Direction of the Young People's Missionary Movement of the United States and Canada, Pittsburgh, Pennsylvania, March 10-12, 1908*(New York: Young People's Missionary Movement of the United States and Canada, 1908), 107~109쪽. 그 전문과 번역문에 대하여는 웹사이트 '옥성득 교수의 한국 기독교 역사' 중 "1908 이승만의 연설에 나타난 한국 부흥운동 평가와 기독교 국가론"(https://koreanchristianity.tistory.com/342) 참조. 이덕주·장규식(2009), "이승만의 기독교 신앙과 국가건설론-기독교 개종 후 종교활동을 중심으로(1899~1913)", 〈한국기독교와 역사〉 30에서도 이승만의 피츠버그 연설이 소개되고 있다.

이승만은 이 무렵 한국에서 대대적으로 전개되던 '백만구령운동'의 소식을 들었던 듯하다. 그는 자신 있게 한국이 '완전한 기독교 국가'가 될 것임을 공언하고 하고 있다. 이승만이 이런 표현을 처음 썼는지, 아니면 외국인 선교사 또는 선교 단체의 이야기 중에 나왔던 것을 그대로 옮겼는지는 아직 확실치 않다.

분명한 것은 미국에서 '한국의 기독교화'라는 표어가 등장하고 있다는 점이다. 아시아 선교의 표적이었던 중국이나 일본에서 기독교세가 부진하거나 위축되고 있던 상황을 고려하면 한국의 소식은 '동양' 선교에 관심을 기울이던 미국인들에게 고무적인 현상이었다. 강연의 횟수가 많아질수록 이승만은 미국인의 '동정'을 얻기 위해 무슨 이야기를 어떻게 해야 하는지에 대하여 잘 알게 되었다.

미국에서 이승만의 생활은 긴장의 연속이었다. 그는 만 30세의 나이에 조지워싱턴대학에 들어갔다. 동료 학생들보다 열 살 정도 위였다. 학업만으로도 벅찬데 이승만은 수시로 외부 강연에 나가야 했다. 자의식이 강했던 그는 동료들의 도움을 요청하기가 쉽지 않았다. 그의 학업 성적이 좋지 않았던 데에는 이런 요인도 작용하고 있었다. 그나마 캠퍼스 생활은 나았다. 교수와 학생들만을 상대하면 그만이었다. 그런데 캠퍼스 밖으로 나서면 이승만은 문득 '이방인'이 되어 버렸다. 모든 사람의 시선이 그에게 쏠렸다. 이럴 때면 그는 한껏 고개를 뒤로 젖히고 위엄 있는 태도를 보이려고 했다. 동양의 귀공자, 때론 왕족으로 행세하기도 했다. **40**

10년 전, 그러니까 독립협회–만민공동회 시절 과격하고 선동적인 모습으로 '열혈청년'이라는 평판을 받았던 이승만이 어느덧 서양식 복장과 매너를 갖춘 점잖은 '신사gentleman'로 바뀌었다. 이후 그는 좀처럼 속내를 드러내지 않았다. 아니 드러낼 수가 없었다. 주위의 시선을 의식할수록 그는 자기의 본모습을 감추어야만 했다.41 그는 언제나 미국과 미국인을 찬양했다. 인종이 다르고, 언어가 다르고, 문화와 풍습이 다른 서양 '문명국'에서 살아가야 하는 동양의 '이방인'에게 그것은 운명과도 같은 것이었다.

---

40 로버트 올리버 저, 황정일 역, 앞의 책, 116~117쪽.

41 로버트 올리버는 이승만의 그러한 모습을 이렇게 표현했다; "As a consequence, he had little choice except to live behind a veil." Robert T. Oliver(1955), *Syngman Rhee: The Man Behind the Myth*, New York: Dodd, Mead and Company, 103쪽.

2. "논論미일협상"과 미일전쟁설

이승만은 프린스턴대학 시절 샌프란시스코 한인사회에서 발행하고 있던 〈공립신보〉에 "논미일협상論美日協商"이라는 논설을 기고했다. 한글로 된 부제는 "미국과 일본이 새로 협상한 것을 의론함"이었다. 1908년 12월 6일 자 제 1면에 실렸던 이 논설은 2천 자가 넘는 장문이었다. 이승만이 유학차 미국에 체류한 지 만 3년이 다 되어 가던 때였다. 망국을 전후하여 이승만이 쓴 글들 가운데 가장 주목할 만한 논설이었다. 그의 평생의 '친미' 외교노선이 어떠한 국제정세 인식에 기초하여 정립되고 있는지를 잘 보여준다.

그런데 이 논설에 주목한 논문이나 저술을 아직 본 적이 없다. 제대로 된 분석을 위해 논설의 전문을 몇 단락으로 나누어 살펴보고자 한다. 첫 대목은 이렇게 시작된다.

> 이번에 미일 양국이 다섯 조건을 협상한 데 대하여 세계 정객의 다소간 의론이 없지 아니한바 혹은 이 협약으로 인연하여 미일전쟁설이 영영히 막혔다고도 하며 혹은 이 협상이 미일전쟁을 몇 해 동안 물렸다고도 하니 그 의견이 다 우리의 보는 바와 대강 같지 아니하도다

여기에서 미일협상이라고 한 것은 미 국무장관 엘리후 루트Elihu Root와 주미 일본대사 다카히라 고고로高平小五郎 사이에 〈공문〉 교환

에 의하여 이루어졌던 합의를 가리킨다. 이른바 루트–다카히라 협정Root-Takahira Agreement (1908. 11. 30.) 이었다. 이승만이 번역하여 소개한 5개 조 전문은 다음과 같다.

제 1조 미일 양국 정부는 태평양에서 그 상업을 자유로 하며 또한 평화로 하여 장려할 일

제 2조 미일 양국 정부는 호말毫末이라도 침략적 주의를 두지 말고 태평양에 재하여 현금 상태를 유지하며 청국에 재하여 상공업의 기회 균점을 보호하여 대할 일

제 3조 미일 양국은 태평양에서 피차의 영토를 공경할 일

제 4조 미일 양국은 할 수 있는 대로 평화적 수단을 다하여 청국의 독립 보전과 청국에 있는 미국 인민의 상공업 기회 균점주의를 옹호하기로써 각국 상민의 공동 이익을 보호케 할 일

제 5조 일조에 불행한 일이 있어 이상 조건에 말한바 태평양 현상이나 혹 청국에서 기회 균점 방침을 위태하게 될 염려가 있을 것 같이 되면 미일 양국 정부는 필요한 수단 방법에 관한 협정을 행할 목적으로써 피차간에 협상을 옚이 가함.

그 표현이나 문투로 보아 이승만이 영문으로 된 협정문을 보고 번역한 것으로 보인다. 일본 측 문헌에 나오는 각 조항의 골자를 보면, ① 태평양에서 상업상의 자유와 평화 증진, ② 태평양상의 현상 유지 및 청국에서의 상공업 기회균등주의 옹호, ③ 태평양에서의 상

호 영토 존중에 대한 강고한 결의, ④ 일체의 평화 수단에 의한 청국의 독립과 영토보전 및 열국의 상공업상 기회균등주의 지지, ⑤ 앞서 말한 현상 유지 및 기회균등주의가 침박侵迫받는 상황이 발생할 때 그에 대한 대응 조처를 위한 의견 교환 등이었다.42

이런 문안으로만 보면 미국의 외교적 승리였다고 말할 수 있다. 왜냐하면 미서전쟁(1898) 후 미국이 태평양상에서 획득한 영토(필리핀과 괌) 보전에 대한 확약과 더불어 청국에 대한 문호개방주의가 관철되었기 때문이다. 러일전쟁 후 일본이 아시아와 태평양 방면으로 팽창의 조짐을 보이자 미국의 시어도어 루스벨트 대통령은 사상 최대 규모의 대백색함대Great White Fleet를 편성하여 태평양으로 진입시킴으로써 일본에 무력시위를 벌인 바 있었다. 루트-다카히라 협정은 그 함대가 일본 요코하마에 도착한 직후에 체결되었다. 일본 정부와 민간단체는 이때 미국 함대의 입항을 대대적으로 환영함으로써 미국과의 친선 의지를 보이기도 했다. 루스벨트의 무력시위에 의한 '위협외교'가 성과를 거둔 것이다.43 일본은 러일전쟁에서 소진된 국력이 회복될 때까지는 미국과의 불화와 충돌을 원하지 않았다.

이승만이 이러한 배경과 과정을 어느 정도까지 이해했는지는 알

---

42 일본 측 원문은 外務省編(2007), 《日本外交年表竝主要文書》 上, 東京: 原書房, 312~313쪽에 수록되어 있다.

43 Henry J. Hendrix 저, 조학제 역(2010), 《시어도어 루스벨트의 해군 외교: 미 해군과 미국 세기의 탄생》, 한국해양전략연구소의 〈서언〉과 제7장 〈대백색함대와 미국의 세기 탄생〉 참조.

수 없지만, 그 나름으로 러일전쟁 후 미일 관계의 추이를 주의 깊게 살피고 있었던 것만은 분명해 보인다. 그가 참고할 수 있는 주된 자료는 미국에서 발행되는 신문과 잡지였을 것이다. 이때 그는 프린스턴대학에서 국제관계를 공부하고 있었다.

러일전쟁 후 미일 두 나라는 이전의 밀착 관계에서 경쟁 관계로 바뀌고 있었기에 미국뿐만 아니라 세계의 관심거리였다. 특히 서부 캘리포니아에서는 일본인 이민자 급증 문제를 빌미 삼아 배일 운동이 벌어지고 있었다. 경제 불황기 백인 하층 계급과 노동자들의 표를 의식한 지역 정치가와 황색 저널리즘은 공공연히 미일전쟁의 가능성을 언급하기도 했다. **44**

미국에서 배일 운동이 가장 활발하게 전개되던 곳은 태평양의 관문인 샌프란시스코였다. 그런데 이곳에는 이제 막 한인사회가 형성되고 있었다. 이때 그들의 의사를 대변했던 것이 공립협회와 〈공립신보〉였다. 대부분 노동으로 생계를 유지하던 한인들 또한 태평양 연안 지역에서 벌어지는 배일 운동으로부터 자유로울 수 없었다. 그들은 한편으론 불안하면서도, 다른 한편으로는 미일 충돌의 가능성에 기대를 걸고 있었다. 개인의 생존과 안위 못지않게 한국의 국권 회복에도 관심을 갖고 있었기 때문이다. 어떻든 망국의 상황만은 피할 수 있기를 바랐다.

---

44 고정휴(2019), "태평양의 발견: 그 바다를 둘러싼 미·일간 패권 경쟁과 한국 언론의 반응, 1905~1910", 〈역사연구〉 37, 179~180쪽.

이승만도 이러한 사정을 알기에 〈공립신보〉에 기고문을 보내 동포들의 이해를 돕고자 했던 것이다. 그다음의 이야기를 들어 보자.

> 첫째, 〔미일〕 전쟁 논란이 없어진다 함은 대범한 평화주의에서 나온 말이라 국제상 큰 형세에 관계한 문제를 능히 한 장 외교 문자로 일조에 번복할진대 세계에 전쟁 없이 하기가 어찌 어렵다 하리오 미일 간의 관계를 정돈시킬 것은 붓이 아니오 칼인 줄로 믿는 바이며
>
> 둘째, 전쟁을 〔몇 해 동안〕 미루었다는 의론으로 말할진대 오늘 형편에 근사할 듯하나 우리도 당초부터 이 전쟁이 하루 이틀에 시작될 것으로는 알지 않는 바라 급히 시작될 것이 천추하였다 함은 또한 밝은 의론이라 이르기 어렵도다
>
> 우리의 소견으로 말할진대 이 협상이 양국의 시비를 막은 것도 아니오, 미룬 것도 아니오, 시비를 준비하는 시작이라 하노라

이승만은 이 글에서 나름의 어떤 확신을 전하고자 한다. 먼저 루트-다카히라 협정으로 미일전쟁설이 종식되었다는 주장이 잘못된 것이라는 점을 지적하고 있다. '한 장'의 외교문서로 전쟁을 끝낼 수 있다면 그동안 왜 수많은 전쟁이 있었겠느냐는 반론도 제기한다. 그러면서 현재의 미일 간 갈등과 대립을 끝낼 수 있는 것은 '붓'이 아니라 '칼'이라고 했다. 미일 충돌의 불가피성을 내세운 것이다. 당대의 서방 언론에서도 이런 이야기들은 나오고 있었다. **45**

한편으로 이승만은 루트-다카히라 협정으로 인하여 미일전쟁의

시기가 '몇 해' 늦추어졌다는 주장 또한 잘못되었다고 본다. 러일전쟁 후 미일 관계가 다소 긴장되기는 했지만, 그렇다고 곧바로 전쟁으로 치달을 상황은 아니었다는 것이다. 이승만은 '우리의 소견'이라고 하여, 이번 협정이 미일 양국 간의 시비를 막은 것도, 미룬 것도 아닌 '시비를 준비하는 시작'이라고 말한다. 이번 협정문의 해석과 실제 적용을 놓고 미일 양국 간 시비가 벌어질 것이고, 따라서 그 협정은 언제든 깨질 수 있다고 본 것이다. 미일전쟁의 발발 시점과 관련해서도 이승만은 당장이나 몇 해가 아닌 좀 더 멀리 내다보았다. 이 문제는 태평양에서 양국 간 힘의 균형이 어떻게 변하느냐에 달려 있었다. 다음의 이야기를 들어 보자.

> 대저 이 20세기는 태평양시대라 유럽에 열국이 강성할 때에는 지중해가 세계의 정치 중심이 되었고 미국이 중간에 일어나매 대서양이 충요지가 되더니, 즉금은 졸지에 동양의 한 나라가 강성하여지매 그 형세가 자연 태평양으로 옮겨가서 장차 큰 정계 상회대가 되리니 세계 정치

45 그 구체적인 상황에 대하여는 秦郁彦(1969), "日露戦争後における日米および日露危機(3)", 〈アジア研究〉 15-4, アジア政経學會, 제 3장 '第一次日米危機(1906~1908)' 참조. 이 논문에서는 서방 언론이 '전쟁 공포'(war scare)를 부추겼다고 본다. Carey McWilliams, *Prejudice: Japanese-Americans Symbol of Racial Intolerance*(Boston: Little, Brown and company, 1944)의 제 2장 제목은 "The California-Japanese War(1900~1941)"였다. 미국에서 배일운동의 진원지이자 중심지였던 캘리포니아와 일본 간에는 20세기 초부터 '선전포고 없는 전쟁'(undeclared war) 상태가 벌어지고 있었다는 것이다.

의 큰 형세가 비컨대 물이 낮은 데로 흐름과 같아서 매양 약한 곳으로 쏠려가다가 그 약한 곳이 또한 남과 같이 강하게 된 후에야 비로소 평균한 정도를 회복하여 평화를 유지할 이로다

이승만은 앞서 본 현순과 마찬가지로 20세기를 '태평양시대'로 이름 붙이고 있다. 이 바다의 동편과 서편에서 미국과 일본이 각각 부상한 데 따른 것이다. 두 나라가 힘의 균형을 맞추면 태평양은 평화로운 곳이 될 수 있지만, 그 균형이 깨지면 전쟁터가 될 수도 있다. 지금은 일본의 힘이 약하여 미국과의 협상에 응했지만, 앞으로의 일이 어떻게 진행될지는 알 수 없다. 평화란 세력 균형에서 오지만, 그 균형이 깨지면 전쟁이 벌어지게 마련이다. 이어지는 문단은 다음과 같다.

태평양 동서 양편에 두 나라가 새로 일어나매 각각 자기의 세력을 확장하여 주인 없는 양 해상에 주장이 되고자 함이 실로 자연한 생각이라, 미국이 필리핀에 해군 근거지를 설시함과 만주 개방 문제가 다 서편 세력을 동편에 확장하고자 하는 표적이오 캘리포니아에 일인이 해구 잡는 권리와 하와이 등지에 일본 이민 문제와 상항(샌프란시스코)에 일인 학생 권한이 다 동편 세력을 서편 언덕에 세우고자 함이라, 이는 한두 사람의 정책이 아니오 양국 인심의 자연히 생기는 형세인즉 이 충돌은 양국 정부의 세력으로도 막을 수 없으리라 하노라

이 글에서 이승만은 태평양의 동편과 서편을 바꾸어 말하고 있다. 미국을 서양으로 보기 때문에 '서편' 세력을 '동편'으로 확장하고자 한다고 말한다. 이에 맞서 일본은 '동편' 세력을 '서편' 언덕에 세우고자 한다. 서로 상대편 쪽으로 세력을 뻗치고자 하니 양국 간 충돌은 피할 수 없다. 정부가 나선다 해도 두 나라 '인심'의 흐름을 막을 수는 없다. 그만큼 국민적인 여론과 감정이 악화되어 있다고 본다. 특히 이민 문제에서 그러했다.

이승만은 이어서 루트-다카히라 협정이 갖는 문제점을 조목조목 지적한다. "이 협상의 제 1, 제 3 두 조건에 양국은 평균한 상업 권리와 영토 권리를 서로 공경한다 하였으니 이는 곧 태평양을 양국이 함께 차지하자 함과 같은지라, 공空한 물건에 주인이 둘이면 화평한 결과는 얻기 어려울 것이오 하물며 양국의 서로 믿는 마음이 든든할진대 어찌 이렇듯 약조하기에 미치리오 이 글이 장차 시비의 흔단이 될 것이 분명히 드러났다."

또한 양국 협정의 "제 2, 제 4 두 조건에 청국 독립과 영토 완전을 유지하며 각국의 상업상 평등 권리를 보전한다 하였으니 양국이 진실로 실심 종사할진대, 이것도 또한 연문衍文되는 말이라 8년 전에 미국 외부대신 헤이 씨의 만주 개방 문제〔에〕 다 포함한 말이오, 각국이 다 낙종樂從한 중에 일본이 독獨히 이 정책을 존중한다 하였으니 양국 간에 피차 흠결이 없을진대 어찌 이 글이 있겠으며 만일 흠결이 있을진대 이 글이 그 흔단을 없이 함이 아니오 도리어 더 만들어 놓은 것"이라고 했다.

요컨대 미국과 일본 두 나라가 서로를 불신하기에 '협약'을 체결하기는 했지만, 이 때문에 시비는 더욱 커질 수 있다고 본 것이다.

협약의 마지막 제 5조에서는, "이상의 말한 바를 실시하기 위하여 필요한 조처를 행할 때에는 양국 정부가 서로 먼저 의론하여 결정한다 하였으니 이것이 곧 두 정부를 결박하여 자유행동을 못하게 함이라 후일 시비가 이에서 많이 생기리라 하노라"고 했다. 이승만은 이 대목에서 청일전쟁과 러일전쟁을 상기시킨다.

> 일본이 갑오년 전쟁을 차릴 때에 10년 전 기하여 이홍장과 천진조약을 정하고 피차에 조선 일에 대하여 먼저 서로 의론하여 행한다 한 후에 등한한 기틀을 타서 청병淸兵의 뒤를 따라 일인日人이 한국에 상륙하였으며 러일전쟁에 러일 담판이 먼저 시작되었으며 그 외에 무수한 전쟁이 그 시작을 항상 외교로 여러 가지가 되었나니, 오늘날 미일 협상이 그 사의를 비록 평화를 주장한다 하였으나 그 이허裏許인즉 전연히 평화로 정돈되기를 바라기 어렵다 하노라.

한반도에서의 주도권을 놓고 다투던 청국과 일본이 갑신정변 후 천진조약(1885)에 의하여 일시 소강상태에 들어가지만 결국 전쟁으로 결판이 났던 것처럼, 또 러일전쟁이 두 나라의 '담판'에서 시작되었듯이, 태평양의 패권을 놓고 다투고 있는 미국과 일본 역시 전쟁으로 문제를 해결할 수밖에 없다는 논리이다. 무릇 모든 전쟁은 평화를 명분으로 내세운 '외교'에서 시작되는바, 이때 물밑에서는 전쟁 준비가 이루어지고 있다는 것이 이승만의 주장이었다. 그는 청일전쟁과 러일전쟁을 직접 겪으면서 말과 행동이 전혀 다른 '외교'의 이면을 들여다볼 수 있었다.

실제로 그러했다. 이승만은 그 내막을 알 수 없었지만, 루트-다카히라 협정이 체결될 당시 미국과 일본은 서로를 가상적으로 상정한 군사작전 계획을 세우고 있었다. 미국 대통령의 군사 자문기관인 육·해군 합동위원회에서는 러일전쟁 후 오렌지전쟁계획War Plan Orange을 수립했다. 여기서 오렌지라 함은 일본을 가리키는 익명의 색깔 코드였다. 미국의 코드는 블루blue였다. 다분히 공세적 성격을 띠었던 이 전쟁계획은 극비리에 추진되었기 때문에 대외적으로 전혀 알려지지 않았지만, 역사상 가장 큰 성공을 거둔 전쟁계획 중 하나로 평가받고 있다. 46

일본은 1907년 4월에 국방 문제에 대한 개략적이고 장기적인 방향을 설정한 '국방방침'을 제정했다. 이 방침은 3가지 문건인 〈제국국방방침〉, 〈국방에 필요한 병력〉, 〈제국군의 용병강령〉으로 이루어졌다. 이들 문건은 당시 육군 수뇌부가 발의한 후 참모총장과 해군 군령부장이 상호 협의하여 작성하고 내각총리대신의 열람을 거쳐 천황이 최종 재가하는 절차를 거친 '극비' 문서였다. 47 그중 〈제

46 Edward S. Miller(1991), *War Plan Orange: The U. S. Strategy to Defeat Japan, 1897~1945*, Annapolis, Md.: Naval Institute Press, "Introduction"; 에드워드 S. 밀러 저, 김현승 역(2015), 《오렌지전쟁계획: 태평양전쟁을 승리로 이끈 미국의 전략, 1897~1945》, 연경문화사, 13~14쪽.

국국방방침〉의 제 4항을 보면 미국에 대한 언급이 나온다.

미국은 우리의 우방으로서 이를 보유保維해야 하지만, 지리와 경제·인종 및 종교 등의 관계로부터 관찰하면 타일他日 극심한 충돌을 일으키지 않는다는 보장이 없다.[48]

하나의 문장이지만, 그 안에 함축된 의미는 컸다. 미일 간 예상되는 '극심한 충돌'의 이유로 지리, 경제, 인종, 종교의 문제가 거론되고 있기 때문이다. 여기에서 지리라고 함은 태평양을 사이에 둔 미일 양국의 대치 상황을 가리키며, 경제는 미국의 문호개방정책의 표적이 되던 중국과 만주 시장의 개방 문제와 연관된다. 인종과 종교에서는 백인종 대 황인종, 기독교 대 비기독교라는 이항 대립의 의미를 내포하고 있다. 따라서 미일 두 나라의 충돌은 피할 수 없는 운명처럼 된다. 러일전쟁 후 서방 언론에서 미일전쟁의 필연성을 거론

---

47 이들 문서가 작성된 배경과 그 과정 및 내용에 대하여는 일본 방위성의 방위연구소 戰史部에서 발간하는 〈戰史硏究年報〉 제 3호(2000년 3월)에 게재된 中尾祐次의 (史料紹介) "帝國國防方針, 國防ニ要スル兵力及帝國軍用兵綱領策定顚末" 참조. 여기에서 소개된 '제국국방방침'은 防衛廳防衛硏修所戰史室(1975), (戰史叢書)《大本營海軍部·聯合艦隊》제 1권, 東京: 朝雲新聞社, 112~120쪽에 수록된 바 있다.

48 위의 "帝國國防方針, 國防ニ要スル兵力及帝國軍用兵綱領策定顚末", 14쪽. 이 문서는 다음의 아카이브 사이트에서 볼 수 있다(https://www.jacar.archives.go.jp/das/image/C14061024500).

할 때마다 일본 정부는 극구 부인했지만, 내부적으로는 그러한 상황에 대비하고 있었던 것이다.

이승만이 "논미일협상"에서 제기한 미일전쟁설은 당시의 시점에서 본다면 어떤 확정적인 근거가 없던 '설說'에 지나지 않았다. 이후 이승만은 미일 관계가 긴장될 때마다 그 '설'의 현실적인 가능성을 점검함으로써 실제적인 논거들을 더해 나갔다. 이를테면 제1차 세계대전 후 아시아·태평양지역의 문제를 포괄적으로 논의했던 워싱턴회의(1921. 11~1922. 2)라든가 미국 의회에서 '배일排日이민법'(1924)이 통과될 때, 그리고 '만주사변'(1931)이 일어났을 때가 그러했다. 이승만이 미일전쟁의 발발에 대하여 확신을 갖게 된 것은 워싱턴 D. C.에서 《일본내막기Japan Inside Out》를 집필할 즈음인 1940년경이었다.[49] 이듬해 12월 7일에는 미일전쟁이 터졌다. 이승만의 "논미일협상"이 〈공립신보〉에 게재된 지 33년 만이었다. 처음에는 자기 확신에 기초한 예언과 같았던 것이 어느덧 예측이 되고, 예측은 이제 현실이 되었다.

49 고정휴(2011), "이승만의 《일본내막기》 집필 배경과 내용 분석", 송복 편, 《저서를 통해 본 이승만의 정치사상과 현실 인식》, 연세대학교출판부 참조.

3. 망국 · 망명과 〈태평양잡지〉 발행

1) 망국과 하와이 정착

청년기 이승만에게는 두 번의 고비가 있었다. 첫 번째는 스무 살 되는 해에 벌어진 청일전쟁이다. 그는 이때 구학문을 버리고 신학문의 길에 들어섰다. 두 번째는 청년에서 장년으로 넘어가던 시기, 그러니까 서른다섯 되는 해에 닥친 대한제국의 소멸이다. 공교롭게도 이 사태는 이승만이 프린스턴대학에서 박사학위를 받은 직후에 벌어졌다. 그가 애써 배운 정치학이라든가 국제법이 아무런 쓸모가 없어졌다. 돌아가야 할 나라의 형체가 없어져 버린 상황, 이승만은 다시 선택의 기로에 섰다. 그래도 조국으로 돌아갈 것인가, 아니면 미국에 남을 것인가? 이승만은 전자를 택했다.

귀국 후 그는 '한국의 갱생'을 위해 교육과 전교에 온 힘을 쏟았다. 서양 선교사들처럼 정치와 종교를 분리함으로써 자기 나름의 활동 공간을 확보하려고 했다. 속마음을 감추고 조심스럽게 활동했다.

미국에서와 마찬가지로 한국에 돌아와서도 이승만은 '이방인'이 되어 있었다. 조선총독부는 그들의 지배 아래 있는 한반도에서 서양 선교사와 그들을 따르는 개신교 무리를 용납할 수 없었다. 이리하여 터진 것이 '데라우치총독모살미수사건'(일명 105인사건) 이었다. 이승만은 직감적으로 신변의 위협을 느꼈다. 그는 국제적인 조직인

YMCA의 도움을 받아 미국으로 몸을 피했다. 그리고 한동안 사태를 지켜보다가 하와이에 정착하기로 마음을 굳혔다. 이때가 1913년 2월이었다. 미국에서의 망명 생활은 이렇게 시작되었다.

망국에서 망명에 이르는 2년 반 동안 이승만은 몇 가지 중요한 경험을 했다. 첫 번째는 지구 일주의 '완성'이다. 1904년 도미할 때, 이승만은 태평양 항로를 이용했다. 그의 여정을 보면, 11월 4일 서울에서 출발한 후 일본의 고베와 요코하마에서 잠시 머물렀다. 그 후 하와이를 거쳐 샌프란시스코에 상륙한 데 이어 미주 대륙을 횡단했다. 최종 목적지인 워싱턴 D. C. 에 도착한 때는 그해 12월 31일이었다. 잠깐이나마 중간 경로의 도시를 둘러보면서 두 달에 걸쳐 지구의 반 바퀴를 돌았다. 나머지 반 바퀴는 1910년에 귀국할 때 돌았다. 이승만은 그해 9월 3일에 뉴욕항을 출발, 대서양을 건너 리버풀에 상륙했다. 이후 런던, 파리, 베를린, 모스크바를 잠시 둘러본 후 유라시아대륙을 횡단하는 시베리아철도에 올랐다. 만주를 거쳐 서울 남대문역에 도착하니 10월 10일 밤늦은 시각이었다.[50] 가을의 쓸쓸함이 느껴지는 때였다. 산천은 크게 변한 것이 없지만, 그 안에 사는 사람들은 생기를 잃고 있었다.

두 번째는 한국의 재발견이다. 안에서 보는 것과 밖에서 보는 것은 다르다. 세계의 이곳저곳을 둘러보면서도 이승만이 떨쳐 버리지 못하는 것이 하나 있었다. 어떻게 하면 한국을 다시 일으켜 세울 것

---

50 유영익(1996), 《이승만의 삶과 꿈》, 랜덤하우스코리아, 76쪽.

인가 하는 문제였다. 귀국 후 이승만은 황성기독교청년회의 한국인 총무와 학감으로 일하면서 전국을 돌아다녔다. 이를테면 이런 식이었다. “기차를 타고 1,418마일, 배를 타고 550마일, 말 또는 나귀를 타고 265마일, 우마차를 타고 50마일, 걸어서 7마일, 가마 또는 인력거를 타고 2마일.” 1911년 5~6월에만 총 2,300마일(3,700km)을 돌아다니면서 13개 선교구역을 방문하고, 33번 집회를 열어 7,535명의 학생을 만났다. 남쪽으로는 광주, 전주, 군산에 내려갔고, 북쪽으로는 평양, 선천까지 올라갔다. 그는 가는 곳마다 학생 YMCA를 조직했다. **51**

미국에 가기 전에 이승만이 본 한국은 서울과 고향 평산이 전부였다. 그런데 미국에서 돌아온 후 그는 한반도 곳곳을 돌아보며 사람들이 어떻게 살고 있는지, 그들이 무슨 생각을 하는지, 그들의 바람은 무엇인지에 대하여 보고 듣고 깨닫게 되었다. 그야말로 한국의 재발견이었다. 이승만의 국내 체류는 17개월 만에 끝났다. 1912년 3월 미국으로 떠난 그가 다시 서울로 돌아온 때는 1945년 10월이었다. 그동안 한국에 대한 이승만이 기억은 1912년에 멈추어 있었다. 해방 후 이승만의 국내 정세에 대한 인식과 정치 행태를 살필 때, 우리는 망명의 공백기(33년)가 지녔을 의미 또한 곰곰이 따져 보아야 한다.

세 번째로는 일본 제국주의의 ‘속살’을 들여다볼 수 있었다. 일본

---

51 위의 책, 86쪽.

은 한국을 '보호국'으로 삼을 때부터, 서양 열강이 그러했던 것처럼, 이른바 문명화의 사명을 외쳤다. 이러한 일본의 선전은 서방 세계에 먹혀들었다. 문명개화를 지상의 과제로 여겼던 국내의 지식인들도 일본에 기대를 걸었다. 메이지 시대 일본의 근대화가 성공적이었기에 한국 또한 그렇게 될 수 있기를 희망했다. 이승만도 한때 일본을 믿었다. 그런데 귀국 후 일본의 식민지로 편입된 한국의 상황을 지켜보면서 그런 기대를 접었다.

밖에서 보는 것과 안에서 보는 일본제국의 모습은 너무도 달랐다. 조선총독부는 한국인들이 성장할 수 있는 공간과 기회를 차단하는 데 조금도 주저함이 없었다. 이른바 무단통치의 공포는 한국인들을 절망 속으로 밀어 넣었다. 자발적으로 귀국의 길을 택했던 이승만은 다시 미국으로 떠나야만 했다.

네 번째로는 기독교(개신교)가 갖는 국제적 위력power을 실감할 수 있었다. 이승만은 하와이에 정착하자마자 '105인사건'을 다룬 《한국교회핍박》이라는 소책자를 펴냈다. 그는 이 책에서 '105인사건'에 대한 서양인들의 우려와 관심을 집중적으로 조명하면서 이렇게 말했다.

"오늘날 구미 각국의 모든 자유와 행복을 주고 있는 기독교 문명은 모두 핍박 중에서 기초가 잡힌 것이다. 그런 까닭에 인종과 나라를 구별하지 않고 예수를 위해 핍박받는 자들을 온 세상 기독교인들이 알게 되면 모두 동정을 표하는 것이다. 이것은 예수를 사랑하는 마음에서 예수를 위하여 핍박받는 사람들을 사랑하는 것이다."52

이어서 이승만은 한국교회의 '흥왕'에 대하여 설명하기를, 외국에 문호를 개방한 지 30년 만에 기독교인이 26만 명이나 되며, 외국선교사가 대략 300여 명이고, 예배당이 500처, 교회학교가 962개소, 의학교가 1곳, 간호학교가 1곳, 병원이 13곳, 진료소가 18개소, 고아원 1곳, 맹아학교가 1곳, 나병원이 1곳, 인쇄소가 1곳이며, 한국교회에 속한 재산은 미국 돈으로 100만 달러이고, 매년 교회에서 사용하는 경비는 약 25만 달러가 된다고 했다. 한국교회의 놀라운 성장에 대하여 세계 교역자들은 말하기를, "하나님이 한국 백성을 이스라엘 백성처럼 특별히 택해서, 동양 처음으로 기독교 나라를 만들어서 아시아주에 기독교 문명을 발전시킬 사명을 맡기시려는 것"이라고 했다.53

이승만은 '105인사건'에 대한 서방(특히 미국) 교회와 언론의 관심을 지켜보면서 기독교야말로 한국이 세계와 소통할 수 있는 유일한, 그리고 유력한 창구라는 확신을 굳혔다. 러일전쟁 후 한국이 일본의 식민지로 편입되는 동안 서방 언론은 한국에 관심조차 두지 않았다. 아니 오히려 일본의 편을 들었다. 일본의 침략에 맞선 한국인의 의병항쟁이나 의열투쟁에 대하여는 그 동기와 목적을 따져 묻지 않고 오직 폭력성만을 부각시켜 비난했다. 그런데 일본의 침략과 지배에 대하여 소극적이거나 순응적인 태도를 보여 온 한국 기독교에 대해

---

52 이승만(1913), 《한국교회핍박》, 호놀룰루: 신한국보사, 27쪽.
53 위의 책, 29쪽.

서는 아낌없는 찬사와 지지를 보내고 있다. 그 이유는 단 하나, 기독교를 서양만의 종교가 아니라 세계의 종교로 만들려는 것이었다. 이러한 의도를 간파한 이승만은 서양인들을 향하여 다음과 같이 호소했다.

> 한국은 아시아에서 최초의 기독교 국가가 될 것이다. 이것은 아시아의 기독교화를 위한 초석이 될 수 있다. 따라서 한국인의 자유와 독립에도 관심을 가져달라. 54

한편으로 이승만은 국내외 동포에게 이렇게 당부했다.

> 한국인들이 불평한 마음에서 우러나오는 혈기지용血氣之勇을 억누르고 형편과 사정을 살펴 기회를 기다리면서 내로는 교육과 교화에 힘쓰고 외로는 서양인에게 우리의 뜻을 널리 알려 동정을 얻게 되면 순풍에 돛단 것같이 우리의 목적지 도달할 수 있다. 55

---

54 이러한 메시지가 공식화된 것은 3·1운동 소식이 미국에 알려진 직후부터였다. 1919년 4월 8일 자 〈신한민보〉의 전보란에는 이런 기사가 실린다. "워싱턴 4월 7일(연합통신으로), 현금 만주에서 조직된 한국 임시정부 내각의 국무경으로 선택된 리승만 박사는 오늘 연합통신원을 대하여 말하기를 이번 독립운동에 인도자들의 주의는 한국으로 동양의 처음 되는 예수교국를 건설하겠노라 하더라." 이해 4월 중순 필라델피아에서 개최된 '제 1차 한인회의'(The First Korean Congress)에서는 한국이 미국과 같이 기독교와 민주주의에 기초한 국가를 건설할 것이라고 선언했다〔고정휴(2004), 《이승만과 한국독립운동》, 연세대학교출판부, 325~333쪽〕.

55 이승만, 《한국교회핍박》, 15~16쪽 요지 정리.

평이하지만, 이 글에는 이승만의 독립노선이 압축적으로 표현되어 있다. 먼저 혈기지용이라 함은 일본의 한국병합을 전후하여 국내외에서 벌어진 의병항쟁과 의열투쟁의 '무모성'을 지적하는 것이다. 다음으로 교육과 교화라 함은 기독교에 바탕을 둔 학교 교육과 교회의 확장을 염두에 둔 것이다. 형편과 사정을 살펴 기회를 기다린다 함은 아시아·태평양지역의 패권을 놓고 미일 간 충돌이 일어나는 것을 뜻했다. 이렇게 되면 한국은 서양인의 '동정'을 얻어 독립의 길로 나아갈 수 있다. 이른바 실력양성론과 외교독립론의 배합인 셈인데, 이를 위한 당면과제는 한국의 기독교화였다.

이승만의 이러한 생각은 일본의 조선 병합 직후 귀국길에 오르면서 그가 재미동포에게 남겼던 메시지에도 잘 나타난다.

> 미주에 와서 6년 세월을 보내고 〔1910년〕 9월 3일에 뉴욕서 떠나 유럽으로 지나 본국으로 돌아가는 리승만은 두어 마디 고별하는 말씀을 재미동포 제군에게 드리고자 하노니, 나라를 위하여 걱정하실 때에 목하 형편에 낙심하지 말고 더욱 기운을 장하게 하여 각각 자기의 마땅히 행할 일은 힘자라는 데까지 행하시며 전국 인민의 부패한 것을 한탄하실 때에 자기 마음 안에 있는 병근을 먼저 고치며 각각 서로 사랑하여 예수의 부생 부활하는 큰 도로써 죽은 나라를 다시 살려내는 좋은 약으로 여기시기를 간절히 부탁하나이다.56

56 〈신한민보〉(1910. 9. 28.), "리박사 귀국".

이 메시지는 이승만이 '망국'이라는 비상한 상황을 어떻게 받아들이고 있었는지를 잘 보여준다. '전국 인민의 부패'라는 표현에서 볼 수 있는 것처럼 이승만은 망국의 근본 원인을 내부적인 요인에서 찾았다. 따라서 지금 당장에 우리가 해야 할 일은 그 '병근'을 도려내는 것이다. 이를 위해서는 국민 각자가 '예수의 부생 부활하는 큰 도'를 받아들여 새로 거듭나야 한다. 그 이외에 다른 방도가 없다. 이러한 생각에서 이승만은 귀국의 길을 택했고, 이후 전국을 돌며 기독교 전도에 심혈을 기울였지만, 일제의 무단통치는 이런 공간마저 허락하지 않았다.

이제 우리가 살펴야 할 것은 이승만이 왜 하와이를 그의 망명지로 선택했는가 하는 문제이다. 먼저 주목할 것은 하와이제도가 갖는 지정학적 중요성이다. 19세기 말 미국의 영토로 편입된 하와이는 태평양에 대한 미국의 제해권을 보장하는 교두보인 동시에 동아시아로 진출하기 위한 전초기지였다. 20세기를 태평양의 시대로 보고 미일 충돌을 예견했던 이승만에게 하와이는 그 충돌의 '접점'이라는 공간적 의미를 지녔다. '거리의 횡포'라는 이야기가 나올 정도로 광활한 태평양에서 전쟁이 벌어질 때를 상상하면 그 바다 한가운데 떠 있는 섬들이 지니는 전략적 중요성을 누구든 쉽게 이해할 수 있었다.

그런데 다행스럽게도 그 섬들에 한국인 노동자들이 들어와서 하나의 공동체를 형성했다. 이승만이 정착할 무렵에는 대략 5천 명의 한인이 살고 있었다. 그리고 3~4천 명의 한인이 미주 대륙(주로 미국 서부와 멕시코 유카탄반도)에 퍼져 있었다. 이승만은 유학 시절에 미국 본토의 한인 거점이었던 샌프란시스코와 헤이스팅스Hastings를 둘러본 바 있다. 샌프란시스코에는 친목회－공립협회－국민회－대한인국민회로 이어지는 안창호 계열의 사람들이 자리 잡고 있었다. 헤이스팅스에는 박용만의 한인소년병학교가 개설되어 있었다. 두 도시에 거주하는 한인은 수십에서 수백 명에 지나지 않았다. 이렇게 본다면, 하와이는 이승만이 적정 규모의 한인을 상대로 교육과 교화 사업을 시범적으로 실시해 보기에 적당한 장소였다고 말할 수 있다. 이곳에는 아직 안창호나 박용만과 같은 뚜렷한 지도자가 나오지 않고 있다는 것도 이승만에게 좋은 조건이었다.

하와이가 갖는 또 하나의 매력은 다양한 인종과 민족이 이곳에서 한데 어울려 살아가고 있다는 점이다. 미국인 선교사들의 후예인 몇 개 가문이 하와이의 정치와 경제의 실권을 장악하고, 그 밑에는 '토인'과 더불어 유럽과 아시아에서 유입된 노동자들이 있었다. 백인 상층부를 제외하면 그들의 생활 정도나 교육 수준에 큰 차이가 없었다. '태평양의 낙원'이라는 자연조건도 주민들 간의 긴장을 완화시켜 주었다. 거의 전적으로 사탕수수 산업에 의존하던 하와이에서는 농업 생산성을 높이기 위해서도 인종 간 화합을 도모할 필요가 있었다. 미국 서부에서와 같은 노골적인 인종 차별과 배제는 하와이에서 보기 어려웠다.

아열대지방의 목가적인 하와이 사회에 이승만의 '출현'은 하나의 뉴스거리가 되기에 충분했다. 하와이에서 발행되던 양대 유력지 가운데 하나인 〈호놀룰루 스타 불러틴*Honolulu Star Bulletin*〉에는 이런 기사가 실리기도 했다.

> 이승만 박사는 세계에서 가장 뛰어난 한국인이다. 그는 7년 동안 감옥에서 복역했고, 2년 동안 한국 YMCA의 총무로 활동했다. 이런 그가 〔주일〕 오전 예배 시간에 그의 경험에 대한 흥미 있는 이야기를 할 것이다. 많은 참석자들이 이승만 씨를 환영할 것이 기대된다.57

이승만이 호놀룰루에 도착한 지 5일 만에 나온 기사였다. 그는 오자마자 하와이에서 가장 영향력 있는 중앙연합교회로부터 강연 초청을 받았다. 백인 사회에서도 이승만의 이채로운 경험과 학력에 관심을 보였던 것이다. 그는 이제 하와이에서 주목받는 사람이 되었다.

2) 〈태평양잡지〉의 발행

〈태평양잡지*The Korean Pacific Magazine*〉는 이승만이 1913년 9월 1일에 창간한 월간지이다. 이 잡지는 창간호가 남아 있지 않아 그가 어떤 동기와 목적으로 잡지 발행에 착수했는지를 알 수 없다. 현재 우리가 볼 수 있는 것은 제 3호(1913. 11) 부터이다. 이 잡지는 1930년 12월

---

57 *Honolulu Star Bulletin*(1913. 2. 8.), "Dr. Rhee is Great Leader of Koreans". 손세일(2008), 《이승만과 김구, 1875~1919: 양반도 깨어라, 상놈도 깨어라》 1부 3권, 나남, 148쪽에서 재인용.

에 〈태평양주보〉로 바뀔 때까지 나오지만, 중간중간에 끊기면서 총 간행 호수는 60호 내외에 그쳤던 것으로 보고 있다. 이 가운데 현존하는 것은 23개 호이다. 1910년대에는 6개 호(1913년 11월, 1914년 1·2·3·4·6월)만이 남아 있다.58

이처럼 호수는 적지만, 시기적으로는 중요한 의미가 있었다. 대한제국이 식민지로 전락한 암울한 상황에서 제 1차 세계대전의 발발이라는 시대적 전환을 앞두고 있었기 때문이다. 이때는 세계사적으로 태풍 전야의 긴장감과 불안감이 함께하던 시기였다. 특히 전쟁의 진원지인 유럽이 그러했다.

이승만은 이러한 시기에 하와이에서 〈태평양잡지〉를 내기 시작했다. 망명객이었던 그는 이때 무슨 생각을 했던 것일까? 도대체 어떤 의도와 목적으로 그 잡지를 냈던 것일까? 그는 당시 국내외 정세를 어떻게 바라보고 있었을까? 그는 과연 한국의 독립에 대한 비전과 방책을 갖고 있었을까? 만약 있었다면 그것은 또 어떤 것이었을까? 그가 발행한 잡지는 당대 하와이 한인사회와 국내외 민족운동진영에 어떤 영향력을 미쳤을까? 아니 어떤 영향력을 미칠 수 있기를 바랐을까? 이러한 문제들에 대한 이승만 개인의 주관적인 생각과 객관적인 평가는 다를 수 있다.

위에서 제기한 문제들을 풀어 보고자 할 때, 우리는 〈태평양잡지〉 발행 초기에 실렸던 기사들에 주목할 필요가 있다. 〈표 4-2〉는 이

---

58 〈태평양잡지〉 1(국가보훈처, 2013)에 실린 최기영의 "해제" 참조.

〈표 4-2〉〈태평양잡지〉의 발행 초기(1913~1914) 기사 분류[59]

호수 (연.월)	면수 (본문)	한국관계 기사		타국 정세 및 국제관계 기사		기타 (논설)
		국내	국외 (하와이)	아시아-태평양 지역	유럽	
1-3 (1913.11)	95	0	7(6)	8	0	10(2)
1-5 (1914.1)	88	2	3(3)	10	0	5(3)
1-6 (1914.2)	92	1	3(3)	5	1	6(3)
1-7 (1914.3)	92	4	4(4)	6	1	7(3)
1-8 (1914.4)	92	2	1	8	2	9(4)
1-10 (1914.6)	95	0	2(2)	6	5	6(2)
합계		9	20(18)	43	9	43(17)

시기에 어떤 기사들이 실리고 있었는지를 보여준다. 먼저 한국관계 기사를 보면 국내보다는 국외, 그중에서도 하와이 한인사회에 집중되어 있다. 타국 정세 및 국제관계 기사에서는 아시아-태평양지역에 편중된다. 여기에는 미주 대륙까지 포함되어 있다. 유럽에 대한 기사는 거의 나오지 않다가 제 1차 세계대전의 발발을 한 달 앞둔 시점에서야 5건이 한꺼번에 실린다. 유럽 열강의 식민지 쟁탈전이 벌어졌던 아프리카에 대한 기사는 한 건도 나오지 않는다. 기타 항목에는 논설, 수필, 편지, 번역 연재물(Hendrik Hamel 일기), 태평양잡지사 사고 등이 포함된다.

일반적으로 〈태평양잡지〉는 종합잡지로 알려졌지만, 발행 초기로 좁혀 본다면 하와이 한인사회의 동정과 국제정세의 변화를 다룬

59 〈태평양잡지〉 1(국가보훈처, 2013), 35~590쪽.

시사잡지의 성격이 강했던 것으로 볼 수 있다.[60]

1914년 6월호의 경우, 표지에서부터 48쪽까지가 결락되어 있다. 다행히 잡지 맨 끝에 나오는 영문 목차가 남아 있어 결락 부분은 기사 제목만을 보고 분류했다. 자료집 1권 앞에 수록된 총 목차 중 1914년 6월호 목차는 그 본문 및 영문 목차를 제대로 확인하지 않고 나열한 탓에 기사 제목과 분류상의 오류가 발생했다. 예컨대 "하와이섬 여행기"의 경우, 이 기사 안에 정치상 형편, 재정상 형편, 덕의상 형편, 노동 정형, 종교상 형편 등의 소제목이 나온다. 그런데 이 소제목들을 하나의 독립된 기사처럼 목차에 올려놓았다. 해외 관련 기사들에도 이런 오류가 나온다. 위의 통계표에 나오는 해당 건수는 그런 잘못을 바로잡은 것이다.

〈태평양잡지〉의 발행 초기 기사 중 국제관계와 하와이 관계 기사들에 대하여는 각각 장을 달리하여 분석하기 때문에 여기서는 기타 항목에 들어간 논설 중 몇 개만 골라 소개하고자 한다. 참고로 초기 기사들은 기고문 몇 건과 번역물을 제외하고는 태평양잡지사의 '사장 겸 주필'이었던 이승만이 혼자 집필했던 것으로 본다.[61] 특히 논

---

60 발행 초기가 아닌 전체 시기로 확대하면 잡지의 구성과 내용 그리고 성격이 달라진다. 이에 대해서는 오영섭(2012), "1910~1920년대 〈태평양잡지〉에 나타난 이승만의 정치사상", 〈한국민족운동사연구〉 70, 제 2장 '태평양잡지의 발간 시기별 개략적 내용과 특성' 참조.

61 〈태평양잡지〉 1-3(1913. 11)에 실린 "태평양잡지사 광고"를 보면, 사장 겸 주필 이승만, 간사원 안현경, 인쇄인 문순익으로 나와 있다(95쪽).

설의 경우는 그러하다.

먼저 제3호(1913. 11)의 권두 논설 “국문은 조선의 대복”을 보면 7쪽에 달하는 장문인데, 여기에서는 잡지를 순 한글로 내게 된 이유에 대하여 설명하면서 이렇게 말한다.

> 보통 평민을 개명시키는 것이 우리의 제일 힘쓰는 바이니 이것이 국문 숭상하는 큰 본의라, 국한문 섞어 쓴 글을 볼 사람은 수효가 적으며 순 한문만 볼 사람은 더욱 적은 중 한문자漢文字라도 볼 줄 아는 사람은 청인의 서책이나 일어 섞은 책이라도 얻어 볼 수 있지만은, 보통 평민은 국문 아니면 볼 글이 도무지 없은즉 무슨 글로 학문을 얻어 보리오
>
> 혹은 말하기를 중등 이상 학문 가진 사람이 수효는 적으나 실로 그 사람들이 학문을 받는 것이 유력하다 하니 이는 지금 세상에 공화주의와는 아주 틀리는 사상이라 우리는 저 보통 평민 중 가장 다수한 인민을 가르쳐서 저 사람들이 다 보통 학문을 가져서 개명 정도에 이른 후에야 고등 학식 가진 인도자들이 실로 쓸 곳이 있을 것이오 또한 나라가 실로 개명한 대우를 받으리라 하나니 … **62**

〈태평양잡지〉는 이처럼 한글로만 된 서책을 볼 수 있던 ‘보통 평민’을 대상으로 발간한 잡지였다. 다수 인민이 ‘개명’되어야만 나라

62 위의 책, 7쪽.

의 장래가 열린다고 보았기 때문이다. 이러한 주장은 청일전쟁 후 국내에서 나온 〈독립신문〉의 발행 취지이기도 했다. 이승만은 그런 〈독립신문〉을 본떠서 〈매일신문〉과 〈제국신문〉 발행에 참여하고 《독립정신》이라는 저술을 낸 바 있다. 〈태평양잡지〉는 그 연장 선상에 놓여 있다.

한 가지 달라진 것은 인민 계몽의 목적을 '공화주의'의 실현과 연결시키고 있다는 점이다. 이는 당시 문자 해독률이 낮았던 하와이 한인들을[63] 미국의 정치 제도와 사회에 빨리 적응시켜야 할 필요성에 따른 것이었다고 볼 수 있다. 그래야만 미국에서 한국인들이 '개명한 대우'를 받을 수 있기 때문이다.

이 문제와 관련하여 또 하나 눈여겨볼 논설이 있다. 〈태평양잡지〉 제5호(1914. 1)에 실린 "거듭나는 사람"이다. 그중 한 대목을 소개한다.

> 통히 말할진대 우리나라가 지금에 아주 새 나라가 되지 못하고는 영웅 준걸이라도 어찌할 수 없으며 정치 법률이 도울 수〔도〕 없는지라 새 나라가 되려면 다시 나는 나라가 되어야 할지니 썩은 물건이 중생하기 전에는 새것이 될 수 없는 연고 — 라[64]

---

63 김원용(1959), 《재미한인50년사》, 7쪽에 따르면, 이주 초기 재미한인의 문자 해독률은 65퍼센트 정도였다고 한다.

64 〈태평양잡지〉 1-5(1914. 1), 15쪽.

따라서 나라가 새 나라 되기를 바라는 사람은 먼저 그 백성이 새 백성 되기를 힘써야 하고, 백성이 새 백성 되기를 힘쓰고자 하면 자기가 먼저 새사람이 되어야 하며, 새사람이 되기를 원할진댄 자기의 마음이 먼저 새롭게 되기를 도모해야 할지니, 이것이 곧 중생지도重生之道인 바 그 이치는 예수교에 있다고 했다. 그러면서 이렇게 말한다.

> 이때에 우리나라 사람들이 예수의 참 도로 중생하는 사람들이 되어야 차차 새 풍기를 열어서 우리 백성이 새 백성이 되어 가지고 우리나라를 새 나라로 만들어 우리들의 후생이 다 천국복 같은 자유복을 누리게 만들지라 사람마다 어서 바삐 천국에 들어가는 이치를 배워서 다 각각 다시 나기를 힘씁시다[65]

이승만이 배재학당에 다니던 시절 미국인 선교사로부터 들었음직한 이야기가 여기에 나온다. 기독교(개신교)를 통한 '거듭남'(중생)만이 개인과 백성 그리고 나라를 구할 수 있는 유일한 길이라는 것이다. 이승만이 국내 '옥중전도'에서 외쳤던 전 국민의 기독교화가 하와이에서 재연되고 있음을 볼 수 있다.

한편, 이승만은 한국인이 학식과 종교를 통하여 문명화의 단계에 오르기 전까지는 일본을 적대시하는 것은 삼가야 한다는 점을 주지

---

65 〈태평양잡지〉 1-5(1914. 1), 19쪽.

시키고자 했다. 그는 "본 잡지의 주의"라는 논설에서 이렇게 말한다.

> 대개 우리의 주의는 전쟁에 있지 않고 평화에 있으니 이는 우리가 담약한 마음으로 전쟁을 두려워〔해〕서 이러함이 아니오, 다만 우리가 전쟁 준비를 못하였은즉 남에게 질 줄을 알고서 남과 싸우려 하는 것은 심히 어리석은 일이라 우리가 준비 차릴 동안에 아무쪼록 평화를 유지하는 것이 우리의 주의하는 바 — 며 … **66**

그러면서 말하기를, 미국은 세력이 우리 한인과 비교할 바 아니로되 정부와 백성이 항상 조심하는 태도를 취하여 외교상이나 신문 논설에 '평화주의'를 잃지 않고, 일본인과 심히 충돌하는 때에도 그들을 격분시킬 말을 쓰지 않는다면서, 이것은 미국인의 문명 정도가 높고 그들의 지식이 넓기 때문이라고 했다. 그러니 한인이 일본을 상대로 무엇을 어떻게 해야 하는지에 대하여 심사숙고해야 한다는 것이다.

이승만이 하와이에 정착한 지 6개월 만에 〈태평양잡지〉를 서둘러 냈던 것은 일본의 한국병합을 전후하여 국내외에서 벌어지고 있던 무장투쟁과 의열항쟁을 진정시켜야 할 필요성 때문이었다. 특히 하와이의 경우, 일본인이 전체 주민의 4할 정도를 차지하고 또 이곳의 정치와 경제의 실권을 쥐고 있던 선교사 후예들은 다인종 사회의

---

66 〈태평양잡지〉 1-6(1914. 2), 66쪽.

관용과 통합을 강조하고 있었다. 이는 하와이의 안정과 번영을 이루어 내기 위한 필수조건이었다. 이승만은 누구보다도 이러한 주류사회의 분위기를 잘 파악하고 있었다. 따라서 미일 관계가 결정적으로 악화되기 전에는 최대한 '평화'의 목소리를 높일 필요가 있었다.

한반도가 일본의 강점하에 들어간 지 얼마 되지 않은 상황에서 이승만의 대일 유화적인 태도는 국내는 물론이고 국외 한인사회의 반발을 불러일으킬 수밖에 없었다. 연해주 지역의 거점인 블라디보스토크의 한인사회에서 발행되는 〈권업신문〉에서 먼저 비판의 목소리가 나왔다. 이 신문에는 "태평양잡지의 괴상한 언론"이라는 기사가 실렸는데, 그 내용은 다음과 같았다.

> 하와이에서 이승만 씨가 태평양잡지를 창간하였다는 말을 듣고 구차한 우리 한인사회에 잡지 한 권이라도 생기는 것을 깊이 반가워하며 또 그 잡지는 주의와 언론이 크게 유익한 줄로 믿고 4, 5삭 동안을 기다리되 도무지 소식이 없는 중, 얼마 전에 소왕령으로부터 오는 소문을 들은즉 어떠한 이가 태평양잡지를 보다가 크게 분개하여 발길로 차 던졌다 하기에 듣는 바에 매우 이상하여 그 잡지가 오기만 기다렸더니 4, 5일 전에야 비로소 제4호가 왔기에 바삐 열고 본즉, 과연 괴상한 주의와 그 파측한 언론이 보는 자로 하여금 마음을 현란케 하였는데 그 대개를 들어 보면 한인이 배일排日하는 것이 불가하다 하며 일본 천황폐하 하시는 일이란 말과 일황 가인의 생일날에 하와이 일〔본〕 영사 영룡구길의 청한 잔치에 참예한 일과 여러 가지 괴상한 언론과 파측한 행동

이 많아서 우리 동포의 정신계를 크게 그르칠 염려가 있는 고로 다시 그 잡지의 원문을 대강 들어 여러 동포에게 소개코저 하노라67

이 글은 한반도를 지척에 두고 있는 블라디보스토크의 한인사회가 〈태평양잡지〉의 주의와 논조에 얼마만큼 분개하고 있었는가를 잘 보여준다. 이승만은 그러한 비판에 응대하기를, 〈권업신문〉 주필의 학식이 어떠한 것을 가히 알겠으며 배일排日이 무엇인지 모르는 것을 또한 가히 알겠다고 했다. 그러면서 자신은 '일황 가인'의 생일에 참예한 적도 없고 또 참예하라고 권한 적도 없다고 말했다. 한편으로 '천황폐하'라는 말에 대해서는 내 집 어른과 마찬가지로 남의 집 어른도 어른으로 대접하는 '성현의 예절'을 따른 것이고, 또 적국의 제왕 공후라도 그 명호를 그대로 불러주는 것이 국제에 통행하는 법이라고 했다. 68

〈태평양잡지〉에 실린 "세상시비"에서는 이렇게도 말했다.

"본 잡지에〔서〕 하려는 일은 인심을 선동함이 아니오 정돈시킴이며 감정을 일으키고자 함이 아니오 없이 하고자 함이라." 따라서 "우리는 쓸데없는 공상망담으로 남의 마음을 찌르던지 분심을 격동하는 것이 없이 다만 사실을 대하여 사진 박히듯이 하여다가 세상 형

67 이 기사는 〈태평양잡지〉 1-8(1914. 4)에 실린 "권업신문의 논란"에 나온다(31~32쪽).

68 위의 기사, 33~35쪽.

편을 우리 동포들에게 보여서 남들은 어떻게 하여서 잘 되며 어떻게 하여서 잘못되며 우리의 친구 되는 세상 사람들은 우리의 형편을 어떻게 말하며 우리의 원수 되는 세상 사람들은 우리를 어찌하려는 것을 거울 속 같이 보게 하며 차차 이 일이 진취되어 영어로라도 발행케 되면 우리의 형편과 의견을 세상에 들어내여 보이게 하고자 함이라 이것이 어찌 시비를 일으키고자 함"이겠는가 라고 반문했다.69

그러면서 지금 다수 한인들은 배일사상과 애국심을 분간하지 못하고 두 가지를 혼잡하여 독립전쟁 운운함으로써 위험을 자초하고 있다고 비판했다. 이는 무장투쟁노선을 정면으로 배척한 것이었다.70

이승만은 이처럼 자신의 주의와 노선을 분명하게 드러냄으로써 지지자들을 끌어모으고자 했다. 그 일차적인 목적은 하와이 나아가 해외 한인사회의 한정된 자원을 자신이 원하는 교육과 종교 사업에 누구의 간섭도 받지 않고 투자하는 것이었다. 〈태평양잡지〉가 나오게 된 동기와 목적이 여기에 있었다고 볼 수 있다. 이승만이 잡지 발행과 동시에 하와이와 미주 본토 한인들이 모여 사는 곳에 '지사원'을 두었던 것도 그러한 목적 달성을 위한 포석이었다. 중국 상하이와 일본 도쿄에도 '지사원'이 있었다.71 이승만은 이들을 통해 〈태평

---

69 〈태평양잡지〉 1-8(1914. 4), 26쪽.

70 〈태평양잡지〉 1-8(1914. 4), 29~31쪽.

71 〈태평양잡지〉 1-3(1913. 11), 94쪽에 실린 지사원 명단은 다음과 같다. 하와이(Big Island) : 힐로(박봉순), 호노가와(리만춘), 북고나(김광현), 고할나(차윤

양잡지〉의 판매를 촉진하는 한편 연락책으로도 활용할 수 있었다.

〈태평양잡지〉는 발행 초기에 500부 정도를 배포했던 것으로 추측된다. 처음 계획은 1,500부를 발매하여 태평양잡지사의 재정 자립을 이루는 것이었지만 이 일이 여의치 않았다.72 그만큼 상황이 녹록지 않았다. 1910년대 후반기에 격화된 하와이 한인사회의 갈등은 이곳의 한정된 재원을 어디에 어떻게 쓸 것인가에 대한 의견 충돌에서 비롯되었다.

중), 가피후(서광석)/오아후(Oahu): 와이파후(리정근), 와일누아(정두옥), 호항(류춘관·박원걸·정윤필)/가와이(Kauai): 후라이아(리춘일), 상하나마울라(리영근), 골로아(리종관)/북미: 가주 사크라멘토(김홍균), 상항(량주은), 시카고(박처후)/멕시코: 메리다(김기정)/청국: 상해(리위림)/일본: 동경(최상호). 이들 명단 뒤에는 "이외에 누구든지 잡지 지사원이 되어 돕고자 하시는 이는 속히 본사로 청원하시오"라는 당부의 글이 나온다.

72 이승만은 1914년 2월호 〈태평양잡지〉에 게재한 "본사정형"이라는 글에서, "이것 하나는 장구한 사업을 만들어서 문명 전진하는 데 유조함이 되기를 바라는 바이지만은 〔판매〕 대금으로써 유지할 방침이 없게 되는 경우에는 부득이 다른 사업을 경영할지언정 우리 동포의〔에게〕 다시 기부금이나 연조는 청구하지 않으려 하노라"고 말했다(92쪽).

4. 초기 기사 분석 1: 제국과 식민지 관계 인식

19세기 말, 20세기 초는 제국주의 절정기였다. 세계는 제국과 식민지로 양분되었다. 아시아·태평양 지역에서는 미국과 일본이 마지막으로 제국의 대열에 합류했다. 미국은 노쇠한 제국 스페인과 전쟁을 벌여 카리브해의 쿠바에서부터 태평양의 서편 필리핀에 이르는 해양제국을 건설했다. 파나마운하의 개통(1914)은 대서양과 태평양을 연결함으로써 미국이 세계의 중심국가로 떠오르고 있음을 알렸다. 일본은 아시아의 종주국이었던 중국 및 유라시아 제국 러시아와의 전쟁에서 승리함으로써 동아시아와 서태평양에서 독자적인 지위를 구축했다. 대만과 한반도가 일본의 영토로 편입되고 남만주가 일본의 세력권에 포함되었다. 이리하여 일본은 서구 열강과 어깨를 나란히 하는 제국의 반열에 올랐다.

〈태평양잡지〉가 발행되던 초기(1913~14)의 기사 제목들을 살펴보면 두 개의 범주로 나눌 수 있다. 하나는 세계정세에 관한 것이고, 다른 하나는 하와이 한인사회에 대한 것들이다. 첫 번째 범주에서는 미국과 일본 또는 영국과 같은 제국들과 필리핀이나 한국 또는 인도와 같은 식민지 약소민족의 문제가 함께 다루어진다. 이외에도 중국의 '공화'정부 수립, 멕시코 '풍운'과 미국과의 관계, 영국과 아일랜드의 자치문제, 발칸반도의 터키와 소국들 동향, 파나마운하의 개통 등이 비중 있게 소개된다. 이때는 제 1차 세계대전을 앞둔 시점이었지만 그런 기사들에서는 국제정세의 긴박감이 느껴지지 않는다. 세계적 차원의 식민지 재분할과 지역 패권을 둘러싼 제국주의 열강 간 경쟁과 대립, 이를 배경으로 한 제국과 식민지 약소민족 사이의 모순과 투쟁이 제대로 포착되지 않았기 때문이다.

여기에는 당대의 제국주의와 식민지 문제를 바라보는 이승만의 시각과 인식상의 한계가 작용하고 있었다. 그는 제국과 식민지의 관계를 오직 문명과 야만의 관계로 보는 서구 중심주의적 사고에 빠져 있었다. 그는 또한 백인(앵글로색슨) 본위의 인종주의적 관점에서도 자유롭지 못했다.

1) 제국의 표상: 파나마운하의 건설

"바다에서 바다로from Sea to Sea"

신대륙에 터 잡은 미국은 이른바 서부 개척을 통하여 19세기 중엽 '대륙국가'를 완성한다. 그것은 이전에 볼 수 없던, 대서양에서 태평양에 이르는 광대한 제국이었다. 자기 스스로 팽창주의자임을 자랑스럽게 이야기하던 시어도어 루스벨트는 두 대양을 하나로 합치는 프로젝트를 가동시켰다. 여기에는 제국의 권력과 자본 그리고 기술이 투입되었다. 먼저 콜롬비아로부터 파나마의 분리·독립이 이루어진 다음, 10년에 걸쳐 약 4억 달러의 돈이 들어갔다. 그리고 험악한 환경과 질병을 극복하기 위한 최신의 과학적, 기술적 성과와 인력이 동원되었다. 이리하여 콜럼버스의 아메리카 '발견' 후 400년 동안 꿈꾸어 왔던 물길이 열렸다. 77km의 인공수로인 파나마운하였다. **73**

이승만은 그 소식을 듣고는 바로 〈태평양잡지〉(1913년 11월호)에 "파나마운하"라는 글과 "파나마운하 전체지도"를 실었다. 전체 분량이 15쪽에 이를 정도로 비중이 컸다. 태평양 문제에 꾸준히 관심을 가져 왔던 이승만은 파나마운하의 개통이 갖는 현실적, 역사적인 의미를 충분히 파악하고 있었다. **74**

먼저 지도부터 보자. 세 면에 걸친 파나마운하지도는 험준한 산악 지형을 뚫고 대서양에서 태평양에 이르는 수로가 지명과 함께 표시되어 있다. 그리고 운하 건설의 '기술책임자'였던 조지 괴달스George Washington Goethals의 사진이 들어갔다. 웨스트포인트를 졸업한 현역

---

73 박진빈(2010), "제국과 개혁의 실험장: 미국의 파나마운하 건설", 〈미국사연구〉 32; 박구병(2011), "제국의 초상: 미국의 파나마운하 건설과 파나마의 은폐", 〈국제지역연구〉 20-4 참조. 앞의 논문이 20세기 초 미국의 팽창주의와 혁신주의 그리고 인종주의가 파나마운하 건설에 어떻게 투영되고 있는가를 보여준다면, 뒤의 논문에서는 파나마운하에 대한 미국 학계의 다양한 시각과 평가를 한눈에 볼 수 있게 해준다는 점에서 서로 보완적이다.

74 이 점은 이듬해 1914년 5월 28일 자 〈신한민보〉의 제1면에 실렸던 "파나마운하 준공"이라는 기사와도 비교가 된다. 이 기사에서는 개인적인 의견이나 평가 없이 운하 건설의 내력만을 담담하게 써 내려가고 있다. 파나마운하가 완공된 것은 1914년 8월 15일이었다. 우드로 윌슨 대통령은 이보다 열 달 앞선 1913년 10월 10일에 운하에 대양의 물을 끌어들이기 위한 마지막 발파 작업을 워싱턴 D.C.에서 직접 연출했다. 이승만은 이 장면을 보고 파나마운하에 대한 기사를 썼다. 그가 얼마만큼 이 문제에 관심을 갖고 있었는지를 보여준다.

장교인 괴달스는 건설 업무와 노무 관리를 군대식으로 밀고 나갔다. 루스벨트의 현장 대리인이었던 그에게는 '파나마의 차르'라는 별명이 붙여졌다. 75

한편, 이승만이 쓴 "파나마운하"라는 글은 이렇게 시작된다.

> 거의 4백 년 전에 사람들이 꿈꾸던 일을 거월〔10월〕 10일에 완전히 성취하여 태평양과 대서양 두 물이 합하여 함께 유통하게 되었나니 사람이 이 시대에 처하여 무슨 일이든지 할 수 없다고 버려두고 사람된 능력을 쓰지 아니하는 것은 과연 어리석은 인생이라 하겠도다76

이승만은 파나마운하의 건설에서 인간 능력의 위대함을 보았다. 이 능력을 쓰지 않는 사람은 '어리석은 인생'을 사는 것이며 생존경쟁에서 탈락할 수밖에 없다. 국가도 마찬가지이다. 대한제국이 그러했다.

이승만은 미국이 파나마운하의 개통에 뛰어들게 된 이유에 대하여 다음과 같이 설명했다.

> 1898년에 서반아전쟁이 벌어지매 미국 해군함대가 다 태평양에서 여송과 필리핀에 가까이 있을 때에 홀연히 서반아가 대서양으로 미국을

---

75 박구병, 앞의 논문, 124쪽.

76 〈태평양잡지〉 1-3(1913. 11), 23쪽.

침범하리라는 소문이 발한지라 만일 태평양에 있는 함대를 남미주 끝 희망각Cape Horn으로 돌아서 대서양으로 오게 하려면 허다한 세월을 요구할지니 미국이 대단히 위태할지라, 이러므로 파나마를 파서 남북 미주 중간으로 통하여 내왕하게 하면 심히 편리하겠다는 의론이 생긴지라.**77**

이승만의 이러한 설명은 미국 측의 입장을 잘 반영한다. 1898년에 쿠바의 독립을 명분 삼아 스페인과 전쟁을 벌인 미국은, 태평양과 대서양으로 나뉜 해군함대의 편제와 운영 때문에 곤란을 겪었다. 이를테면 샌프란시스코에 정박 중이던 최신예 순양함 오리건Oregon 호가 아메리카 남단의 케이프 혼을 돌아 쿠바의 산티아고만에서 벌어진 결정적인 전투에 가담하는 데에는 무려 67일이 걸렸다.**78** 이 문제를 해결하는 방안은 운하 건설 이외에 다른 대안이 없었다.

이승만은 파나마운하의 '역사役事'가 시작된 후의 기술적인 논쟁과 어려움에 대하여 설명한 다음, 이 운하의 개통이 갖는 의의에 대하여 이렇게 말했다.

… 뉴욕과 샌프란시스코 사이에 육지로 가지 아니하고 수로로 직행하게 된지라 통상무역과 전시군용에 그 관계가 대단히 큰지라, 이 운하

---

77 〈태평양잡지〉 1-3(1913. 11), 24쪽

78 박구병, 앞의 논문, 116쪽.

연로 각 지방에 상업 발달이 장차 굉대하리니 이러므로 하와이 군도에서 특별히 환영하는 바이라79

여기에 나오는 통상무역과 전시군용은 파나마운하의 개통이 갖는 두 가지 측면을 잘 말해준다. 시어도어 루스벨트와 더불어 '해양제국' 건설에 공을 들였던 알프레드 마한은 강화된 해군력으로 방어되는 운하는 새롭게 부상하는 미국 경제의 상업적 팽창 수단과 군사적 통로일 뿐 아니라 '앵글로색슨 문명의 우월성을 전파'하는 방책이라고도 강조한 바 있었다. 실제로 파나마운하는 앵글로색슨의 미국이 대서양과 태평양을 하나의 바다로 만들어 그들의 경제력과 군사력을 전 세계에 투사하는 통로가 되었다.80 참고로, 아메리카 대륙 남단의 거친 해협을 지나야만 했던 뉴욕-샌프란시스코의 기존 항로(22,500km)는 파나마운하의 개통으로 말미암아 크게 단축(9,600km)되는 동시에 카리브해와 중남미가 미국의 영향력 안으로 들어왔다.

한편, 이승만은 파나마운하의 개통이 갖는 의미를 한국과도 연결시켰다. 그의 이야기를 들어 보자.

우리도 이 일을 더욱 환영하나니 이는 다름 아니라 우리가 이런 좋은

79 〈태평양잡지〉 1-3(1913. 11), 28~29쪽.
80 박구병, 앞의 논문, 115~116쪽.

지형을 얻어서 운하 근처에 있으매 동서양 통섭에 더욱 왕래가 잦을 터이니 이후에 일 있을 때에 여기서 용수하기도 더욱 편리하거니와 우선 멕시코에 거주하는 우리 동포들과 거리가 더욱 가까워진지라[81]

이 이야기는 의미하는 바가 깊다. 먼저 '좋은 지형'이란 하와이를 가리킨다. 이 좋은 곳에 한인공동체가 형성되어 있다. 파나마운하의 개통으로 '동서양 통섭'은 더욱 활발해질 것이고, 이에 따라 하와이의 지정학적 가치 또한 커질 것이다. 그다음에 바로 "이후에 일 있을 때에 용수하기도 더욱 편리하거니와"라는 말이 나온다. 여기서 용수容手라 함은 손을 쓴다는 뜻이다. 파나마운하와 그 '근처'의 하와이를 '이후에 일'이 생기면 써먹을 수 있다는 것이다. 이때의 '일'이란 곧 미일 간 충돌이 발생했을 때를 암시한다. 그때가 되면 미국은 대서양함대를 파나마운하를 통하여 하와이 군항으로 진입시킬 수 있다. 이것이 파나마운하가 갖는 전략적 중요성이었다.

러일전쟁 후 서방 언론에서 미일전쟁설을 제기할 때에 주목했던 것 또한 파나마운하의 개통이었다. 이때가 되면 미국의 대서양함대가 태평양으로 신속하게 이동하여 일본을 제압할 수 있다는 시나리오였다. 이러한 예측은 한국 언론에도 종종 보도되고 있었다.

다음은 1907년 8월 16일 자 〈대한매일신보〉에 실렸던 "일미관계에 대하여 법보法報의 논설 개의槪意"에 나오는 내용이다.

---

81 〈태평양잡지〉 1-3(1913. 11), 29쪽.

지난 7월 7일 법국〔프랑스〕 파리 발전發電에 운云하되 미국 대통령 루스벨트 씨가 함대를 태평양으로 보내라는 명령에 대하여 자미滋味가 있는 줄 인認하며 또 각 신문에 논설하기를 일본이 즉금卽今이나 미국과 대적하여 볼는지 10년만 되면 미국이 함대를 더욱 확장할 터이오 파나마운하의 개통이 필역畢役될 터이니 그때에는 결단코 일본이 미국과 상적相敵할 수 없으리라 하였더라

이러한 기사와 함께, 우리는 이승만이 프린스턴대학에 다닐 때 〈공립신보〉에 기고한 논설에서 미일전쟁은 필연적으로 일어날 수밖에 없다고 주장했던 것을 상기할 필요가 있다. 그렇다면 언제 이 전쟁이 일어날 것인가? 그것은 태평양에서 미국과 일본의 힘의 균형이 깨어질 때이다. 이승만이 파나마운하의 개통에 이례적이라고 할 만큼 상세히 설명하면서 이런저런 의미를 부여했던 것도 그런 기대감의 반영이었다. 이승만은 또 이런 이야기도 한다.

우리는 파나마운하의 개통된 소식을 더욱 환영하며 유지한 동포들은 미리 준비하여 파나마박람회에 한국 물품으로 한번 참여하기를 주선함이 가하다 하나니 이는 세계 각국이 대표되는 자리에 우리도 한 번 참여하고자 함이라 우리가 국가 대표로는 파송할 수 없을지라도 우리 인민의 사사로이 본국 물품이나 벌려놓고 참여하는 것은 마땅히 할 만한 일이니 이것도 몇몇 사람이 합동하여 가지면 심히 용이하리로다.[82]

미국 정부는 역사적인 파나마운하의 개통을 기리기 위하여 샌프란시스코에서 성대한 박람회를 개최할 예정이었다.83 이곳에는 해외동포의 대표기구이자 '무형정부'를 자임했던 대한인국민회 중앙총회가 자리 잡고 있었다. 따라서 샌프란시스코에서 박람회가 열릴 때 '한국 물품'을 한번 출품해 보자는 것이었다. '국가 대표'로는 안 되지만, '우리 인민'이 사사로이 하는 것은 가능하다고도 했다. 이렇게라도 하여 '한국Korea'의 존재를 세상에 알리자는 것이다. 제1차 세계대전 후 이승만과 국내 민족주의자들이 '내외 호응'하는 형태로 '민간 외교'를 펼쳤던 것도 이러한 발상에서 비롯되었다.84 〈태평양잡지〉의 발행 동기와 목적 또한 그때에 대비하자는 것이었다.

2) 미국과 필리핀 관계

〈태평양잡지〉의 제5호(1914. 1)에는 "필리핀독립"이라는 기사가 실렸다. 9쪽 분량으로 소논문과도 같은 것이었다. 이 글에는 당대 미

---

82 〈태평양잡지〉 1-3(1913. 11), 29쪽.

83 이 박람회는 1915년 2월 20일부터 12월 4일까지 열리는데, 그 공식 명칭은 "The Panama-Pacific International Exposition"이었다. 제1차 세계대전이 한창 진행 중임에도 불구하고 '중립'을 선언한 미국은 이 박람회를 그들의 힘과 문명을 과시하는 축제의 장으로 만들고자 했다. 태평양이 바라보이는 광대한 부지(636에이커) 위에 세워진 박람회장에는 축소판 파나마운하를 체험할 수 있는 관람관이 만들어졌다.

84 고정휴, 《이승만과 한국독립운동》 중 제7절 〈이승만과 국내 민족운동세력의 연계〉 참조.

국의 팽창주의를 바라보는 이승만의 태도와 인식이 잘 드러나 있다. 무엇보다도 1914년의 시점에서 필리핀의 '독립' 문제를 언급했다는 것 자체가 흥미로울 수 있다. 도입부의 한 대목을 먼저 살펴보자.

> 당초에 미국이 필리핀을 차지할 때에는 진실로 다른 나라와 같이 필리핀 토지를 욕심냄이 아니오. 다만 서반아의 압제정치 밑에서 문명을 받을 수 없는 것을 통분히 여겨 그 백성들을 자유시켜 주고자 하는 본의에서 나온 것이라.[85]

16세기 스페인 제국의 절정기를 열었던 펠리페 2세Felipe II의 이름을 딴 필리핀은 330년 동안 스페인의 지배를 받다가 19세기 말 미국의 영토로 편입되었다. 필리핀인의 입장에서 볼 때 그것은 식민제국의 교체일 뿐이었다. 미서전쟁 직후 필리핀은 스스로 독립을 선포하고 공화국을 세웠지만, 미국은 이것을 인정하지 않았다. 그 후 필리핀 혁명정부는 미국을 상대로 독립 전쟁을 벌였다. 3년 넘게 이어진 그 전쟁에서 20만 명의 필리핀인들이 희생되었다. 미국도 스페인과의 전쟁에서보다 더 많은 전사자를 냈다.[86] 필리핀인들의 거센 저항을 받았던 미국은 윌슨 대통령의 집권 이후 '자치'를 내세워 식민

85 〈태평양잡지〉 1-5(1914. 1), 63쪽.

86 이때의 상황에 대하여는 박준병(2020), "'미국-필리핀 전쟁 전후(1898~1902)' 미국인의 인식", 〈인문과학연구〉 66, 강원대학교 인문과학연구소 참조.

지의 안정을 도모하는 한편, 미국 내에서의 필리핀 점령과 지배에 대한 비판을 잠재우고자 했다. 여기서 우리가 간과해서 안 되는 것은 '자치'가 곧 독립에 대한 보장은 아니었다는 점이다. 필리핀이 언제 어떤 방식으로 독립할 수 있느냐 하는 것은 전적으로 미국의 판단에 달려 있었다.

이승만은 필리핀인들의 미국에 대한 저항과 이에 대한 대응책으로 미국이 내세운 '자치'의 한계에 대하여는 제대로 말하지 않고 오직 미국의 '선의의 통치'에 대해서만 이야기했다. 이런 식이다.

"그중 〔미국의〕 정치와 외교상 대가들은 덕의상 책임을 생각하여 말하되 재정은 얼마를 허비하던지 미국이 이왕에 필리핀을 잘 되게 하기로 착수하였은즉, 세계에 대하여 덕의상 책임이 있는지라 시종이 여일하게 성취하는 날에는 세상이 다 신기히 여길 터이니 약한 나라로 하여금 영원히 독립할 기회를 주는 것도 좋거니와 남의 약한 나라를 억지로 빼앗아서 영영 속지 속민을 만들어 자유를 얻지 못하게 하는 자들로 하여금 스스로 부끄러움을 깨닫고 속국을 독립시키는 표준을 우리가 드러내는 것이 가하야 하여 지금 미국 안에 전체 의론이 이것에 찬성하며 해육군을 점점 확장하는 것을 또한 이 이상으로 다수히 되는 바이라."**87**

이 글에서 시종 내세우는 '덕의상德義上 책무'란 곧 도덕과 의리의 관점에서 볼 때 미국이 필리핀인들에게 져야 할 책임과 의무라는 뜻

87 〈태평양잡지〉 1-5(1914. 1), 64쪽.

이다. 이 표현은 유럽인들이 그들의 식민 지배를 정당화시키던 언술인 '백인의 책무The White Man's Burden'를 떠올리게 한다. 누군가가 미개한 유색인종들을 문명화시켜야 하는데, 그 달갑지 않은 책무를 유럽의 백인들이 떠맡게 되었다는 것이다.

미국이 스페인과의 전쟁을 통하여 필리핀을 차지하자 대영제국의 식민주의를 적극 옹호했던 러디어드 키플링Rudyard Kipling은 〈백인의 책무: 미국과 필리핀 제도〉(1899년 2월)라는 시를 발표한 바 있다. 이 시는 7연으로 구성되는데 각 연 첫 행이 "백인의 책무를 다하라"로 시작한다. 그중 제 1연만 보면 다음과 같다.

백인의 책무를 다하라
너의 가장 뛰어난 자손들을 보내라
너의 아들들을 묶어 유형지에 보내라
너희가 정복한 사람들의 요구에 봉사하기 위해
안절부절못하는 거친 사람들에게
무거운 갑옷을 입고 시중들기 위해
너의 새로 잡힌 시무룩한 사람들
반은 악마고 반은 어린애**88**

---

88 박경서(2014), "양극단의 정치적 스펙트럼: 백인의 책무와 제국의 위선: 키플링과 오웰의 경우", 〈영미어문학〉 114, 75쪽. 여기에는 원문이 붙어 있다.

키플링은 뒤늦게 제국주의 대열에 끼어든 미국을 향하여 “반은 악마고 반은 어린애Half devil and half child”와 같은 필리핀인들을 ‘개명’시키는 신성한 과업에 나설 것을 촉구했던 것이다.

이승만은 그러한 과업을 미국이 다른 어떤 나라보다도 훌륭하게 수행하고 있다는 점을 부각시켰다. “필리핀 군도는 오래 완고한 서반아 정부 아래서 앞으로 나아가기를 경영하지 못하다가 미국의 관할을 받은 후에 개명 정도를 배워 개명에 나아가기를 힘쓴 지 10여 년에 벌써 독립국이 되기를 경영하여 공론이 자주 일어나매 미국 정부에서도 이 뜻을 찬성하는 이가 많기에 이르렀”다고 했다. 89

미국 하원에서 발의된 존스W. A. Jones법안이 그것인데, 이승만은 그 내용을 다음과 같이 소개한다.

> 1913년 7월 4일부터 시작하여 1921년 7월 4일까지 전후 8년 동안을 한하고 필리핀 백성에게 임시 자치정부를 세워주어 시험하여 보게 하며 만일 무사히 자주할 만하거든 아주 자주 독립을 허락하자 하며 또한 필리핀의 헌정과 필리핀 상의원을 임시로 세워주어 시험하게 하되 미국인과 및 타국 사람의 권리를 보호하게 하며 미국 대통령으로 하여금 영・미・법・아・일・서 각국으로 더불어 약조를 정하여 필리핀을 영세중립국으로 만들자고 한지라. 90

---

89 〈태평양잡지〉 1-5(1914. 1), 3~4쪽.
90 〈태평양잡지〉 1-5(1914. 1), 66~67쪽.

필리핀의 자치를 확대하고 미래의 독립을 약속한 존스법안은 윌슨 행정부의 지원을 받아 1916년 8월 미 의회를 통과했다. 그 후 필리핀인들로 구성된 의회는 '독립사절단'을 미국에 파견하여 그들의 독립을 요구하지만 번번이 거절당했다. 미국의 반대 명분은 필리핀인의 자치 능력이 아직 독립에 이를 만한 단계에는 미치지 못했다는 것이었다. 1927년에는 필리핀 의회가 완전하고 즉각적인 독립을 위한 국민투표 법안을 통과시켰지만 식민지 총독과 미국 대통령이 이것을 무시했다.

대공황이 발생한 이후에야 미국은 다시 10년간의 준비 기간을 거친 후 필리핀을 독립시킨다는 법안을 통과시켰다. 이른바 타이딩스-맥더피법Tydings-McDuffie Act(1934)이었다. 이 법의 제정 배경에는 필리핀인들의 미국 본토로의 유입과 값싼 필리핀산 농산물 수입에 따른 미국 내의 반발이 있었다.[91]

흥미로운 것은 이승만이 필리핀 민족주의자들의 즉각적인 독립 요구에 대하여 부정적인 견해를 드러냈다는 점이다. "대저 필리핀 백성들이 많이 개명하여 자주 권리를 능히 누릴 만치 되었는지 아직까지도 그만치 못되어 서로 편당 싸움이나 하며 사사 이익을 도모하느라고 자상 잔멸하기에 이를는지 우리는 좌단하고 말하기를 원치

---

91 권오신(2000), 《미국의 제국주의: 필리핀인들의 시련과 저항》, 문학과 지성사; "미국 지배하에서 필리핀 입법부(의회)의 성립, 변화, 그리고 그 역할", 〈동국사학〉 64(2018) 참조.

아니하거니와 세상 사람들의 소견으로 말하면 다수히 생각하되 아직 좀 어리다 하는지라."[92]

이승만은 어느 쪽 편을 들지는 않겠다고 하면서도 실제로는 미국 측 입장에 섰다. 그 배경에는 필리핀이 미국으로부터 떨어져 나갈 때 필리핀과 서태평양에서 일본의 영향력 확대에 대한 우려가 있었다고 볼 수 있다. 독립 후 필리핀을 '영세중립국'으로 만든다는 이야기도 이런 우려에서 나온 것이었다. 미국이 태평양에서의 패권을 유지하려고 하는 한 필리핀을 포기한다는 것은 결코 쉬운 일이 아니었다.

이승만은 시종 미국의 입장에서 필리핀과 태평양 문제를 바라보았다. 이러한 그의 시각은 1914년 4월호 〈태평양잡지〉에 게재한 "미국의 평화운동"이라는 기사에도 잘 나타난다. 이 글에서는 먼저 미국의 대외정책을 받치는 두 가지 흐름에 대하여 설명한다. 오늘날 우리가 말하는 국제주의와 고립주의인데, 각각에 대한 설명은 다음과 같다.

"그중에 혹은 미국 내지에 발달하는 것만 풍족히 여기지 않고 미국 국기를 세상에 더욱 빛내며 아세아와 구라파 아프리카 남아메리카 모든 곳에 미국의 공의와 자유사상을 펴서 세계 정치 상업 외교 등에 차차 주장이 되고자 하나니 이는 전전 대통령 〔시어도어〕 루스벨트 씨의 주장하는 바 — 라"고 했다. 그런데 "보통 인심은 이와 달라서 말하기를 우리는 다른 나라들과 강한 이웃이 우리 지방을 침노

92 〈태평양잡지〉 1-5(1914. 1), 66쪽.

할 계제가 없게 되었은즉 공연히 세계의 모든 일에 간섭하여 헛되이 우리의 힘과 재정을 허비하지 말고 우리 집안일이나 잘하여 가는 것이 가하다 하는지라"는 의견도 있다고 했다. 어느 쪽이든 그들은 미국의 군비 팽창에는 한목소리로 반대해 왔다. "미국은 해륙군이 아니라도 다른 나라가 침범할 염려가 없다고 하는 연고"에서였다.93

그런데 최근 미국 내에서는 해군과 육군의 확장에 대하여 시비를 거는 사람이 별로 없다면서 이렇게 말했다. 일본 내 다수의 신문 기자가 '편심'을 가지고 인심을 격동시키고 있는바 "필리핀과 하와이를 점령하며 샌프란시스코와 시애틀과 다른 태평양 해안을 공박하자 하는지라." 이러한 일본의 호전적인 여론 때문에라도 "평화를 유지하자면 〔미국의〕 해륙군을 늘리는 것이 필요하다 하노라 하였더라"고 했다.94 이승만은 "미국의 평화운동"이라는 기사 제목을 달고는 미국의 군비 확장의 필요성을 새삼 일깨워 준 것이다.

한편, 이승만은 미국의 팽창주의가 탐욕적이며 부패하고 타락한 유럽의 제국주의와는 근본적으로 다르다고 생각했다. 이른바 미국 예외주의였다. 신대륙에 터 잡은 미국은 구대륙의 국가들과 차별성을 가지며 특별한 사명을 지니고 탄생한 국가라는 신념이 그 밑바탕에 자리 잡고 있었다.95 이승만은 기독교를 수용하면서부터, 그리

93 〈태평양잡지〉 1-8(1914. 4), 50~51쪽.

94 〈태평양잡지〉 1-8(1914. 4), 51~52쪽.

95 공민석(2021), "미국 예외주의, 미중 패권 경쟁, 그리고 민주주의", 〈기억과 전망〉 45, 456~458쪽.

고 미국 문명의 발상지인 동부에서의 유학 체험을 바탕으로 하여 미국은 하나님의 선택을 받은 나라라는 확신을 갖게 되었다. 따라서 미국적인 제도와 가치의 세계적 확산은 미국 자신을 위해서나 세계를 위해서나 바람직하다고 생각했다. 그러기에 스페인의 '압제정치' 밑에서 신음하던 필리핀인들이 미국의 지배 아래에서 문명화의 길로 나서며 독립에의 밝은 전망을 지닐 수 있게 되었다고 공공연히 주장할 수 있었다. 이승만은 미국의 예외주의가 언제든 일방주의로 나갈 가능성에 대해서는 주의를 기울이지 않았다. 그는 오직 미국인의 시각으로 세계를 바라보았다.

3) 영국과 아일랜드·인도 관계

대영제국과 그의 내부 식민지라고 할 수 있는 아일랜드, 그리고 외부 식민지인 인도와의 관계에 대한 이승만의 관심은 '자치' 문제에 집중된다. 그것은 일본과 식민지 조선과의 관계 설정에 대한 탐색이기도 했다.

여기서 우리는 자치와 관련하여 몇 가지 검토할 문제가 있다. 첫 번째는 무엇이 자치인가 하는 점이다. 이 문제는 자치의 성격과 범위에 관한 것이다. 두 번째는 식민지에서 어떻게 자치가 이루어질 수 있는가 하는 점이다. 제국의 관대함인가 아니면 식민지 인민들의 투쟁에서 비롯되는가의 문제이다. 여기서는 어느 쪽이 먼저인가의 문제가 중요하다. 세 번째는 자치에서 독립에 이르는 길이다. 사실 자치의 궁극적인 목표는 독립에 있었다. 앞서 보았듯이 미국은 1916년에 필리핀에 일부 자치를 허용하면서 독립을 '약속'했지만, 그것이 실현되는 데에는 30년이라는 세월이 걸렸다. 이것도 제 2차 세계대전이 있었기에 가능했다.

한편, 12세기 중엽부터 시작된 잉글랜드의 아일랜드 정복과 지배는 1922년 아일랜드자유국Irish Free State이 성립되기까지 750년 동안 지속되었다. 그리고 이 '입헌' 자유국이 영국으로부터 완전히 분리되어 아일랜드공화국이 선포되는 데에도 27년이 걸렸다. 아일랜드의 자치와 독립 투쟁은 '피와 희생'의 역사였다. 그 대표적인 것이 1798년의 봉기였다. 미국의 독립전쟁과 프랑스혁명의 영향으로 1780~1790년대 아일랜드에는 혁명과 공화주의 담론이 지배했다. 1798년 5월 더블린에서 시작된 봉기는 여름이 끝날 무렵 양측의 사망자 수만 3만 명을 넘어섰다. 당대에는 그 숫자가 10만 명으로 추산되기도 했다. 그 봉기는 실패로 끝났지만 아일랜드인에게 '피의 희생'이라는 신화와 순교의 전통을 세워 놓았다.

그 후 1880년대와 1890년대에 아일랜드 자치법안이 영국 정치를 뒤흔들어 놓았지만 끝내 무산되었다. 1910년대에 다시 아일랜드 자치문제가 정치적 쟁점으로 부상하면서 아일랜드와 영국, 그리고 아일랜드 내부의 구교도와 신교도 사이의 내전 위기로까지 치달았다. 이러한 상황에서 아일랜드공화국이 선포되었지만, 영국군의 진압으로 수백 명이 죽고 수천 명이 부상당하는 사태가 벌어졌다. 이것이 1916년의 부활절 봉기였다. 이제 아일랜드인들은 '자치'가 아니라 '독립'을 그들의 투쟁 목표로 삼게 되었다. 그들은 거듭되는 실패 속에서도 부활의 영광을 찾고자 했다.96

아일랜드인들의 투쟁은 미국 내에서도 커다란 관심사였다. 19세기 중엽에 발생한 대기근으로 말미암아 미국으로 건너간 수백만 명의 아일랜드인과 그들의 후손이 조국에 대한 열성적인 지지와 지원 때문이었다. 하와이에 있던 이승만은 1910년대에 발생한 아일랜드 사태 못지않게 이에 대한 미국 내의 여론 동향에 관심을 갖고 지켜보았다. 그리고 〈태평양잡지〉에 아일랜드에 관한 두 건의 기사를 실었다. 1913년 11월호의 "내치 자주"와 1914년 4월호의 "아이얼랜드 자치운동"이다. 이들 기사에서는 영국과 아일랜드의 관계를 역사적으로 조감하는 가운데 '자치' 문제를 다루었다. 먼저 자치의 개념에 대한 설명부터 보자.

> 영어로 홈 으룰Home Rule이란 하는 말은 내 집안일을 내가 자유로 다스려서 남의 간섭을 받지 아니한다는 뜻이니 번역하면 내치자유권이라97

여기서 '내치內治자유권'이라는 말을 쓴 것은 '외치'는 식민지 모국의 영향을 받는다는 것을 암시한다. 이어서 말하기를, "일본이 연전에 조선을 합병할 때에 세상에 광포한 말이 우리가 조선을 합병하는

96 박지향(2002), 《슬픈 아일랜드》, 새물결출판사, 44~54쪽.

97 〈태평양잡지〉 1-3(1913. 11), 10쪽.

것은 미국이 필리핀을 관할함과 영국이 아일랜드를 관할함과 같이 한다 하였나니 이는 잠시 남의 역사를 빌려다가 자기들에게 유익하도록 인증하고자 함이라, 우리는 다 소상히 보아서 알아야 이 중에서 스스로 배[우]는 것이 생겨서 우리도 어찌하는 것이 좋을는지 앞길을 예비할지라"고 했다.

일본의 조선 병합 후 불과 4년이 지난 시점에서, 그리고 조선총독부의 무단통치가 한창 진행되던 때에 이승만이 이처럼 '자치' 문제를 꺼냈던 데에는 무언가 의도하는 바가 있었다. 다음의 이야기를 들어보자.

> 지금 세상에서 약한 나라가 강한 나라와 권리를 다툴 때에 전쟁과 주먹의 힘도 길러야 하려니와 학문으로 사람의 지식을 발달하여 세상 사람들에게 대하여 저의 원굴함과 남의 무리함을 설명할 줄 알아서 세상에 공론을 얻어가지고 기회를 타서 일하는 것이 더욱 긴급한지라, 지금 한인의 학식이 자치 권리를 주장할 만치 되어 가지고 자치운동을 행하여 세상의 공론을 돌려놓을진대 일본 주권자들이 병력으로 세상 이목을 영영 가릴 수 없을지라, 이렇게 만들어 놓으면 일본 주권자들이 저의 이해를 비교하여 우리 한인의 자치운동을 도와서 일하기를 영국 총상이 아일랜드의 자치 당파를 위하여 일한 것같이 하지 말라는 데가 없을지라.[98]

---

98 〈태평양잡지〉 1-3(1913. 11), 14쪽. 이 글에서 '영국 총상'이란 19세기 후반 네 차

이승만은 여기서 자치의 첫걸음으로 '학식'을 들고 있는데, 그것은 '개명開明'의 정도를 말한다. 즉 식민지 인민이 깨어야만 자치에 대한 권리를 주장할 수 있다는 것이다. 다음으로 중요한 것은 '세상의 공론'이다. 이것은 세계 여러 나라, 특히 미국과 같은 문명국의 동정과 지지를 얻을 수 있어야 한다는 것이다. 그래야만 '병력'으로 세상의 이목을 가리려는 일본에 압력을 넣어 정부의 태도와 국민의 여론을 바꾸어 놓을 수 있다고 보았다. 이승만은 그런 가능성을 영국과 아일랜드의 관계에서 찾고자 했다. 그는 이렇게 말한다.

"〔아일랜드〕 내치당파 사람들이 각국에 퍼져서 정치운동으로 공회를 자주 여는데, 미국에 그 운동이 가장 유력하여 이 나라 안에서 재정과 공담으로 돕고자 하는 사람이 심히 많은지라."**99**

이승만은 아일랜드의 자치운동이 외국에서 널리 '동정'을 얻고 있음에도 불구하고 완전한 성공에 이르지 못한 데에는 아일랜드 내부의 분열에 있다고 보았다. 그것은 다름 아닌 구교와 신교와의 종교적인 갈등이었다.**100** 그런데 그 갈등과 분열은 영국이 아일랜드에 대한 영구적인 지배를 위하여 이 섬의 북방 얼스터Ulster에 개신교 신

례에 걸쳐 총리를 맡았던 글래드스턴(William Ewart Gladstone, 1809~1898)을 가리킨다. 이승만은 글래드스턴과 그의 자유당이 처음에는 아일랜드의 자치운동에 극력 반대하다가 태도를 바꾸어 힘써 도우려 했다고 말한다(〈태평양잡지〉 1-8, 42쪽).

99 〈태평양잡지〉 1-3(1913. 11), 14~15쪽.

100 〈태평양잡지〉 1-8(1914. 4), 42~44쪽.

자들을 다수 이주시켰던 데에서 비롯되었다.

얼스터의 주민들은 영국에서 진행된 산업혁명의 혜택도 가장 많이 받았다. 아일랜드의 다른 지역이 농업과 목축업으로 생계를 꾸려갔던 것과는 대조적이었다. 따라서 얼스터의 주민들은 아일랜드의 분리 독립은 물론이고 아일랜드의 독립적인 의회 구성에도 반대했다. 그들의 반대는 내전을 거쳐 아일랜드의 분할로 이어졌다. 이승만은 이것을 단순히 종교적인 문제로 설명했으나 그 유래를 따져 올라가면 아일랜드에 대한 영국의 분할지배에서 비롯되었다고 보아야 할 것이다.

이미 잘 알려져 있듯이, 제국과 식민지 관계에서 분할통치의 전형성을 보여준 것은 영국의 인도 점령과 지배에서였다. 하나의 대륙 안에 공존했던 다양한 인종과 언어, 종교, 카스트 등이 분할통치의 도구로 활용되었다. 방대한 인구와 영토를 지닌 원거리 식민지인 인도를 소수 인력으로 지배해야 하는 영국은 분할통치와 더불어 간접통치 방식도 채택했다. 1947년에 독립할 당시 인도에는 영국이 직접 통치하지 않는 왕국들이 565개나 존재했다. 인도 전체 영토의 약 40퍼센트, 그리고 총인구의 약 30퍼센트를 차지하는 인도 왕국들princely states은 영국 통치의 중요한 버팀목이었다. 인도의 봉건적 지배자들이 간접통치의 수단으로 이용되었다.**101**

한편으로 영국은 인도 지배의 명분으로 문명화의 사명을 내걸었

101 이옥순(2007), 《인도현대사: 동인도회사에서 IT까지》, 창비, 41쪽.

다. 20세기 초에 인도를 통치하던 커즌George Nathaniel Curzon 총독은 영국이 기록한 인도의 근대는 '역사에서 가장 이타적인 페이지'라고 말했다. '수억의 야만인'에게 항구적인 이익이 될 수 있는 근대와 문명을 전파해 주었다는 것이다. 이런 논리에 따르면, 영국이 오기 전의 인도는 전제적이며 야만적이고 억압을 받는 수동적 존재였다는 신화를 낳게 된다.[102]

전형적인 제국주의자였던 커즌은 인도 총독이 되기 전에 두 차례 동아시아를 방문한 바 있었다. 이때 그는 조선에 대하여 다음과 같은 기록을 남겼다.

> 청일전쟁 전까지 조선의 정치형태는 테헤란에서 서울에 이르는 전근대적인 동양 국가들의 공통점인 아시아적 특성을 지니고 있었다. 왕은 궁궐과 궁녀의 신비로움 속에서 내시의 무리, 조정대신들, 관리들 그리고 가신들에게 둘러싸여 있었다. 들끓는 정치 음모의 분위기 속에서 왕의 실체는 없는 것과 마찬가지였다. 관리자들과 관직을 추구하는 무리들은 자신들만의 계급을 형성하였다. 그들은 수치심조차 없이 백성의 고혈을 빠는 진드기 그 자체였다.[103]

---

102 위의 책, 5쪽.

103 G. N. Curzon(1894), *Problems of the Far East: Japan, Korea, China*, London and New York: Longmans, Green; 조지 커즌 저, 라종일 역(1996), 《100년 전의 여행, 100년 후의 교훈: 100년 전 한 영국 외교관이 본 조선·중국·일본의 모습》, 비봉출판사, 125쪽. 조지 커즌(1859~1925)은 평생 자신의 조국인 대영제국의 열렬한 신봉자로서 자신의 모든 의견을 제국주의적 태도에 기초하여 제시

커즌은 유럽과 구별되는 아시아 국가들이 그들만의 어떤 동질성을 갖고 있는바 그중에 대표적인 것이 무기력한 왕과 그를 둘러싸고 있는 대신과 관료들의 음모와 부패였다고 보았다. 이른바 아시아적 특성이었다. 커즌은 19세기 말 두 차례 방문했던 조선 또한 그런 특성을 지니고 있다고 했다. 아시아에서는 오직 일본만이 예외적인 존재로 보였다.104

그런데 '제국의 품격'을 내세웠던 커즌은 정작 인도 통치에서는 '아시아적 특성'을 지녔던 지배자들과 손을 잡고 있었다. 영국의 식민주의자들은 인도의 문명화를 내세우면서도 정작 인도의 근대화, 문명화를 두려워했다. 그것은 곧 인도에서의 철수를 의미했기 때문이다. 따라서 그들은 근대화의 초석을 놓을 수 있는 과학기술 분야의 인재 육성에는 소극적이거나 부정적이었다. 커즌은 인도의 공과대학이 인도 경제를 활성화시킬 것이라는 주장을 일축했다. 인도의 후진적인 경제는 "일련의 산업체나 공예 강습소로 해결될 수 없는 영구적인 것"이며 그러한 교육기관들이 인도에 "잔물결도 일으키지 못할 것"이라고 말했다.105

그렇다면 영국의 인도 통치에 대한 이승만의 생각은 어떤 것이었을까? 〈태평양잡지〉의 초기 기사 중 인도에 관한 것은 딱 2건이 있

했다는 평가를 받고 있다.

104 김보림(2014), "메이지 초기 영국인이 본 일본과 한국: 조지 커즌, 새비지 랜도어, 이자벨라 비숍을 중심으로", 〈일본근대학연구〉 45, 373쪽.

105 이옥순, 앞의 책, 138~139쪽.

다. 1914년 3월호와 4월호에 실린 "인도인의 혁명운동"이다. 그런데 이 논설의 작성자는 '민셰'로 되어 있다. 이 필자에 대한 설명을 보면, "동양 모처에서 유학하는 우리의 사랑하는 동포 아모씨가 별호를 민셰라 하고 글을 보내였기로 그 대개를 등재하노라"고 되어 있다.[106] 여기에 나오는 '동양 모처'는 일본이다. 그리고 '민셰'는 나중에 많이 알려진 안재홍의 호民世이다. 그는 이때 와세다대학의 정경학부를 다니고 있었다. 그는 1910년을 전후하여 황성기독교청년회 중학부를 다닌 적이 있다. 이때 이승만을 알게 된 인연으로 〈태평양잡지〉에 글을 보냈던 것 같다.

이승만은 그 기고문의 전부가 아닌 '대개大概'만을 두 번에 나누어 잡지에 실었다. 총 11쪽인데, 이보다도 분량이 많았던 원문은 한 편의 학술 논문과도 같았을 것으로 추측된다.

안재홍의 논설은 〈태평양잡지〉 초기에 실렸던 다른 국제관계 기사들과는 달리 제국주의에 대하여 매우 비판적이었다. 이를테면 서두에 '5천 년 고대국'이 멀리 있는 영국의 관할하에 들어가면서 인도인 3억만 명이 '영인의 노예' 대우를 받게 되었다고 했다. 그런데 "연래로 인도 사람들이 학식을 발달하여 유명한 학문가와 연설 정치 도덕가들이 많이 생겨나매 영국 각 대학교에 졸업하고 나선 자도 많고 미국 대학교에서 졸업하고 나서는 자도 많아서 이런 좋은 인도자들이 생겨서 세상 형편과 자기에 처지를 보고 충애지심으로 인도 백성

106 〈태평양잡지〉 1-7(1914. 3), 67쪽.

의 혁명주의를 주창하매 인도 전국이 점점 불온하며 여러 해 동안을 두고 해마다 분쟁이 생기는 바—"이니 그 내력을 대강 말하고자 한다고 했다.107 여기서 '혁명주의'라는 표현이 흥미롭다. 이것은 외세로부터의 독립뿐만 아니라 내부의 변혁을 수반하는 용어로 볼 수 있다. 그래야만 진정한 독립을 이룰 수 있기 때문이다.

안재홍은 본문에서 다섯 가지의 문제를 다루고 있다. ① 경제상 관계, ② 영국의 세계 정책, ③ 혁명운동의 유래, ④ 영국의 진무책, ⑤ 최근의 배영운동이 그것이다. 먼저 경제상 관계에서는 인도가 영국 경제에서 차지하는 비중이 크다는 점을 강조한다. 이를테면 영국과 인도가 합하여 상업상에 수출하는 것이 매년 5억 5천만 원인데, 그중 인도에서 수출하는 것만 따로 떼어내면 4억 50만 원에 달한다고 했다. 다음으로 영국의 세계 정책, 특히 러시아 견제에서 인도의 전략적 위치와 역할이 크기 때문에 영국은 결코 인도를 내어놓을 수 없다고 했다. 혁명운동의 유래에서는 영국의 '자치주의'가 인도인에게 여러 방면으로 '유력한 기회'를 제공했다고 보았다. 그리고 러일전쟁에서 러시아가 패배함으로써 인도인의 독립심이 고취되었다고 했다. 국민적인 뜨거운 혈성으로 진취하면 비록 강한 자이라도 넉넉히 맞서 겨뤄볼 수 있다는 교훈을 얻었다는 것이다.

안재홍은 이러한 나름의 분석 끝에 다음과 같은 결론을 내놓았다. "대개 인도인이 영국의 기반을 받은 지 전후 수백 년이라 시대에 옮

107 〈태평양잡지〉 1-7(1914. 3), 68~69쪽.

겨감은 저희들을 쉬임이 없이 개명한 지경에 보내어 오늘에 와서는 저희들로 하여금 영국은 어찌 인도를 압박하느냐 영국인은 어찌 인도인에게 자유를 주지 않느냐 하는 말을 발하며 이 자유를 얻기 전에는 인도인이 만족할 수 없다 하는지라."

그런데 인도는 영국에 한 '보배 곳간'이라 영국이 무리한 줄은 알면서도 공연히 인도를 내어놓기는 어렵다. 따라서 "인도인은 불가불 최후 수단으로 철혈 수단에 의지하여 피와 해골로 자유를 구하는 외에는 다른 도리가 없을지라." 이렇게 하여 인도가 독립하면 버마도 움직이고 안남도 눈을 떠서 자유를 구하고자 할지니 우리는 종차로 아세아 한 판이 한번 뒤바뀜을 보게 될 것이라고 했다.108 유럽에 대한 아시아의 반란을 예고한 셈이다.

이승만이 이러한 논지의 기고문을 〈태평양잡지〉에 실은 것을 어떻게 보아야 할까? 그는 과연 안재홍의 주장에 동의했던 것일까? 아니면 내심 동의하지 않으면서도 잡지의 개방성을 보이기 위하여, 그러니까 일본 유학생들과 관계를 생각하여 그냥 실어주었던 것일까? 앞서 언급했듯이 이승만은 안재홍의 기고문을 그대로 싣지 않고 '대개', 즉 줄거리만을 추려냈다. 그런 가운데 문장과 표현에도 손을 댔던 것으로 보인다. 그러니까 기고문의 강경한 논조를 다소간 누그러뜨렸을 수 있다. 제국과 식민지의 관계를 억압과 착취가 아니라 '문명화'의 관점에서 바라보려는 것이 이승만의 입장이었기 때문이다.

---

108 〈태평양잡지〉 1-8(1914. 4), 40쪽.

이런 문제와 관련하여 1914년 1월호 〈태평양잡지〉에 실린 권두 논설 중 다음의 대목을 살펴볼 필요가 있다.

> 인도국은 옛 법을 지켜 새 세상과 통하기를 즐겨 아니하며 구습만 고집하여 서로 잔멸하다가 급기 영국에 속한바 — 된 후로 대학교를 세우고 서양 학식을 숭상하여 학문 지식이 서양과 비등하게 되는 인도자가 많이 생기매 스스로 독립운동을 일으켜서 얼마 아니면 영국 관할을 벗어버리고 자주국을 이루게 되었스며 … 109

이 글에서 이승만은 인도의 식민지화 원인을 옛 법이라든가 구습 등 문명의 낙후에 있던 것으로 보고 있다. 그런데 영국의 통치를 받게 된 후로 서양 학문을 배운 인도자들이 등장하면서 비로소 인도의 독립운동이 시작되었다고 본다. 제국과 식민지의 분립이 문명의 격차에서 비롯되었던 만큼 그 간격을 메꿀 때에만 식민지의 독립이 가능하다는 것이 이승만의 지론이었다.

그렇다면 어떻게 그 간격을 좁혀 나갈 것인가? 이에 대하여 이승만은 서양을 배우자라는 구호만 외칠 뿐 그 이상의 어떤 해결책도 제시하지 않는다.

앞서 지적한 대로 영국은 결코 인도의 근대화, 문명화를 원하지 않았다. 그것이 독립의 길로 나아가기 때문이다. 이러한 제국주의

109 〈태평양잡지〉 1-5(1914. 1), "송구영신", 4쪽.

의 속성을 이승만은 간과했거나 아니면 알면서도 그것을 들춰내는 것을 꺼렸다. 피억압 민족의 저항과 투쟁을 그는 본능적으로 경계했다. 실력양성론과 외교론을 배합하는 그의 독립운동 노선과 배치되었기 때문이다.

4) 일본과 대만·조선과의 관계

유럽이 아닌 아시아에서 제국으로 발돋움한 일본을 바라보는 이승만의 인식과 태도는 어떠했을까?

주지하듯이 일본은 유럽 국가들과 달리 원거리가 아닌 근거리에 식민지를 두었다. 이웃한 국가와 지역을 차례로 병합해 나갔다. 서양 열강으로부터 제국주의적 수법을 배운 일본은 그것을 동문동종同文同種이라고 일컫던 곳에 적용했다. 유구와 대만, 한국, 그리고 만주가 그 대상이었다. 일본은 이들 지역과 물질적, 문화적 격차가 크지 않았기에 무력을 앞세울 수밖에 없었다. 청일전쟁을 통하여 대만을 점령하고, 러일전쟁의 결과로 한국을 병합했다.

이러한 일본을 바라보는 이승만의 태도는 떨떠름했다. 아시아와 아시아문화의 변방이었던 그들로부터 과연 무엇을 배울 수 있겠는가! 한 가지 있다면, 그것은 서양의 아시아 침투에 대한 기민한 대응이었다. 1914년 1월호 〈태평양잡지〉의 권두 논설을 보면 이렇게 되어 있다.

지금은 만국 만민이 다투어 전진하는 시대라 뒤로 물러가지 아니하고 앞으로 나아가기를 날로 시로 힘써서 문명 부강에 이르나니, 일본은 40여 년 전에 동양에서도 성명이 없던 나라로 서양문명을 수입하여 주야로 전진하는 중에서 세계에 한 강국을 이루었으며, 청국은 4천여 년 잠자던 완고국으로 외국과 통상한 후 여일히 구습을 지키다가 무한한 설움을 당하는 중에서 스스로 깨어나서 앞으로 나가기를 시작하고 혁명을 실행하여 민주국을 이루기에 이르렀고 …

이른바 서세동점기 일본과 중국의 차이는 단 하나, 서양문명의 수용 속도였다. 얼마만큼 빠르냐에 따라 동양에서 '성명'조차 없던 일본은 세계에 한 '강국'으로 부상했고, 중국은 반식민지 상황에 처했다가 신해혁명을 통하여 헌정상 '민주국'의 모습을 갖추게 되었다. 이렇듯이 국민 전체가 일심으로 서양문명을 배워 진보의 길로 나아가면 그 목적하는 바를 이룰 수 있지만, 그렇지 않고 뒤로 물러서면 "마침내 다만 가진 물건을 잃어버릴 뿐 아니라 저의 육신과 목숨을 보전하지 못하기에 이르나니 이런 사회가 이 세상에 한둘이 아니나 다만 우리의 당한 형편으로만 보아도 가히 알 것"이라고 했다.

이런 가운데 이승만은 메이지 유신을 일으킨 일본 지도자들을 높게 평가했다. 그는 러일전쟁기 수상을 지낸 가쓰라 다로桂太郎(1848~1913)의 사망 소식을 듣고는 〈태평양잡지〉에 그의 이력과 일본 정치 상황을 소개하는 장문의 글을 실었다(총 6쪽). 그중에는 이런 이야기가 나온다.

지나간 몇 해 동안에 일본에 유신 선각자들이 많이 세상을 떠난 것은 일본에 불행이라 이등박문과 목인睦仁 천황폐하와 대외중신大隈重信 등 제씨가 차례로 죽고 계태랑(가쓰라 다로)의 죽은 것이 일본의 제일 위대한 인물 한 시대를 마치는 것이라, 모든 원로대신 중 지금 살아 있는 이들이 다 70세 이상이오 다만 대산암大山巖이 아직도 강장한 사람이나 전수히 군사상에 주의하더라. 110

여기에 나오는 인물들은 메이지 시대의 원로이자 일본의 한국 침략의 주역이기도 했다. 그런 그들에게 '유신 선각자'라든가 '천황폐하'라든가 '일본의 제일 위대한 인물'과 같은 수식어 또는 호칭을 붙였다. 특히 가쓰라 다로의 경우 내각총리대신으로 있으면서 한국의 외교권 박탈과 강제 병합을 추진했던 인물이다. 그는 일본의 대만 점령 후 잠시 총독으로 임명된 바도 있었다. 이승만은 이때의 그의 행적에 대해서도 "1896년부터 〔9〕8년까지 대만 총독으로 있어서 그 어려운 지위를 가지고 지혜롭게 다스린 고로 공로가 많은지라"고 칭찬했다.

청일전쟁 후 대만이 일본의 영토로 넘어가자 대만인들은 대만민주국을 수립하여 무장투쟁에 나서는 바람에 일본군이 이 섬을 점령하

110 〈태평양잡지〉 1-5(1914. 1), "일본 전 총리대신 계태랑", 31~32쪽. 이 글에서 언급된 인물 중 오쿠마 시게노부(大隈重信)는 시기적으로 가장 늦은 1922년에 죽었다. 이승만은 메이지 시대 일본의 정계와 정치가들에 대하여 다소 사정이 어두웠던 것이 아닌가 생각된다.

는 데에만 반년이 걸렸다. 그 후에도 대만인의 무장 항쟁은 끊이지 않았다. 1902년 8월에 이르러서야 대만총독부는 대만 전역을 '평정'하여 중앙집권체제가 확립되었음을 선포했다. 그사이에 살육당한 대만인은 일본 정부의 통계에 잡힌 것만도 3만 2천 명에 달했다.111

가쓰라 다로는 현역 육군 중장으로 제2대 대만 총독에 부임하지만 4개월 만에 그만두었다(1896.6~10). 이후 육군대신을 거쳐 내각총리대신에 올랐다. 위의 기사에서 가쓰라가 2년 동안 대만 총독을 지냈다는 것은 오류이다. 어떻든 그가 대만 통치에 '공로'가 있었다면, 그것은 대만인의 독립 투쟁을 효과적으로 제압한 데 있었다고 보아야 할 것이다.

일본의 조선 강점 후 채 4년이 지나지 않은 때에 이승만이 왜 그런 기사를 〈태평양잡지〉에 실었는지는 여러모로 의문이다. 혹 하와이 내 일본인 사회의 가쓰라 다로에 대한 추모 분위기를 의식했던 것일까? 아니면 평소에 그가 지녔던 메이지 시대 일본의 근대화에 대한 선망과 질시 때문이었을까? 이것도 아니라면 국내외 동포들의 반감을 사기에 충분한 그 기사에 '천황'과 대신들 사진까지 곁들이면서까지 게재한 이유가 도대체 무엇일까? 한 가지 짚이는 데가 있기는 하다. 그 기사 끝에 가면 이런 이야기가 나온다.

---

111 손준식(2002), "일본의 대만 식민지 지배: 통치정책의 변화를 중심으로", 〈아시아문화〉 18, 12쪽.

> 계태랑도 다른 원로대신들과 같이 완고한 사상을 얼마쯤 가진 자이로되, 이등박문의 사상과는 달라서 황실만 높이자는 의견을 찬성하지 않는 고로 제 3차 총리대신 지위를 사면한 후에 즉시 새 정당을 조직하였나니 이는 백성이 정부 일에 간섭하는 권리를 확장하자는 운동이니 일본 정치가 차차 영국제도와 같아서 정당은 아래 있고 임금은 우에 처한 중간에서 백성의 권리가 완전하게 함이라. 112

그러면서 말하기를, 일본에 민심이 차차 이렇게 변하여 황실을 천신天神같이 숭봉하는 구습이 점점 감삭되며 공화사상이 스스로 뿌리를 내리게 됨은 자연한 형세이니 이를 인력으로 막을 수는 없을 것이라고 했다.

여기에서 이승만이 말하고자 했던 것은 이른바 '다이쇼 데모크라시'였다. 가쓰라가 조직했다는 새 정당은 입헌동지회를 가리키는데, 번벌藩閥 출신이었던 그가 과연 정당정치를 지향했는가에 대해서는 논란이 있을 수 있다. 한 가지 분명한 것은 제 3차 가쓰라 내각(1912. 12~1913. 2)이 헌정옹호와 문벌타파를 기치로 내건 헌정옹호운동에 의하여 두 달 만에 무너졌다는 사실이다. 가쓰라는 이로부터 8개월 후 세상을 떠났다.

이승만의 당대 일본 정치에 대한 이해는 주로 일본과 미국에서 발행되던 영자신문이나 잡지를 통해서였던 것으로 추측되는데, 이때

---

112 〈태평양잡지〉 1-5(1914. 1), 35쪽.

그가 관심 깊게 지켜보았던 것은 일본에도 과연 공화사상이 뿌리를 내릴 수 있는가 하는 점이었다. 만약 이것이 가능하다면, 식민지 조선에 대한 일본의 통치 방식도 미국이 필리핀을 대하는 것처럼 달라질 수 있다. 그러니까 조선에 대한 직접통치에서 '자치'를 허용하는 방향으로 나아갈 수 있다고 보는 것이다. 이렇게만 된다면 독립의 가능성 또한 높아진다. 이승만이 필리핀이나 아일랜드 또는 인도 문제를 다루면서 '자치' 문제에 관심을 가졌던 것도 이 때문이었다. 어떻든 관건은 식민지 모국인 일본의 태도였다.

그렇다면 일본은 과연 변할 수 있는가? 이승만은 〈태평양잡지〉에 게재한 "미국 공화사상"이라는 장문의 논설에서 잠깐 일본에 대하여 언급한다. "다만 일본은 서양정치 제도를 많이 모본하였은즉 동양 3국 중에 공화사상이 가장 많이 발전되었을 듯하나 실상은 일본에 이른바 헌정이라 하는 것이 완전한 공화사상을 발전한 것이 아니오 다만 개량한 전제제도이니 이 제도로 조직된 정부 아래서 사는 백성이 자유로 공화정치와 혁명사상을 배양할 수 없는즉 순전한 미국 공화정체의 사상을 얻어 배우기 실로 용이치 않은지라."[113]

이승만은 메이지 일본이 비록 '헌정'을 내세웠지만 그 본질에서는 천황제에 근거한 절대주의 체제라는 점을 지적하고 있는 것이다. 따라서 이러한 체제하에 사는 일본 백성은 주권을 가진 '국민'이 아니라 천황에 복종하는 '신민臣民'일 수밖에 없다.

---

113 〈태평양잡지〉 1-6(1914. 2), 2쪽.

무엇이 공화주의인가? 이승만은 이렇게 말한다. "모든 백성이 평등한 권리를 가지고 공동히 합하여 다스리는 것을 곧 공화라 하는지라." 따라서 공화정체는 한 사람이 다스리는 군주정체monarchy나 위에 있는 몇몇 사람이 짜고 앉아 다스리는 귀족정체aristocracy와 근본적으로 다르다. 유럽에서는 이러한 소수정체oligarchy를 바꾸기 위하여 '참혹한 혁명 역사'를 거쳤다. 미국의 공화정체는 유럽의 전제 구습을 반대하여 생긴 것이다. 공화주의를 실현하려면 무엇보다도 중요한 것이 '백성의 보통 학식'이다. 지금의 공화정치를 행하는 나라마다 국고금을 다수히 예산하여 대·중·소 각 학교를 설치하는 것도 이 때문이다. "그런즉 우리는 정치상 자유와 공화를 의론하고자 하거든 먼저 학식을 배양하기로 큰 목적을 삼을지어다."[114] 인민이 깨지 못하면 공화주의가 실현될 수 없다는 것이 이승만의 지론이었다.

그렇다면 '전제의 악습'에 물든 동양인이 어떻게 공화주의로 나아갈 수 있겠는가? 이승만은 중국이 신해혁명을 통하여 '중화민국'을 탄생시켰지만, "오늘날 형편으로 볼진대 불과 명사에 지나지 못하고 사실상으로는 무엇이라고 할는지 모르"겠다고 했다.[115] 또 이렇게도 말했다. 중국혁명 후 드러나는 원세개袁世凱를 위시한 보수세력의 반동으로 "공화제도는 다 없어져서 등분과 지위를 물론 하고 평등 시민으로 치는 것은 다 스스로 폐지될 것"이라고 했다.[116]

---

114 〈태평양잡지〉 1-6(1914. 2), 2~3, 11~12쪽.

115 〈태평양잡지〉 1-5(1914. 1), "중화민국 헌법(초건) 대지", 41쪽.

이승만은 서양에서 발생한 공화주의가 동양에 이식되기는 쉽지 않을 것으로 보았다. 수천 년 동안 내려온 전제의 악습을 털어 내기 위해서는 보다 근본적인 정신 개조가 필요하기 때문이다. 이승만은 그 요체가 서양문명의 정수인 기독교의 수용이라고 보았다.

이 대목에서 이승만은 한국과 일본을 비교한다. "일본이 한국을 병합하기에 여러 가지로 다 성취하여 십분 여의하였으되 한 가지에 여의치 못한 것은 종교상 문제라 이것이 일본 사람들의 가장 애쓰는 바이오 한국 유지한 인도자들이 주의하는 바-로다." 이어서 말하기를, "대개 물질은 사람의 신체에 속한 자이오 심령은 사람의 내심에 속한 자인즉 심령은 만물의 주인이오 상전이며 신체와 모든 외물은 심령의 종이오 심부름꾼이라"고 했다.117

그런데 지금의 일본은 물질적인 발전에만 전력하고 있는바, "형체의 개량을 힘쓰며 외면의 광색을 탐하여 공교함과 영민함으로 남의 것을 모본하여 잠시 이목을 빛내며 광채를 도은즉 그 공효가 속하고 형적이 드러나는지라 과연 세상 사람이 보기에 영롱 민첩한 백성이라 하겠도다." 이승만은 그런 모든 것이 '외양外樣'일 뿐이오 '심령상 부패'한 것은 백 년 전과 다를 바 없다고 했다. 따라서 "그 공효가 장구하지 못하고 그 성적이 깊이 박히지 못하여 모래 위에 집 지은 것과 같으매 풍랑이 일어나며 비가 치면 능히 지탱하기 어려울"

116 〈태평양잡지〉 1-5(1914. 1), "청국 북경소문", 30쪽.

117 〈태평양잡지〉 1-6(1914. 2), "한일교회 합동문제", 78~79쪽.

것이라고 했다. 한국은 지금 그런 일본의 지배를 받고 있지만, 그들이 마음대로 하지 못하는 것이 있으니 그것은 바로 '심령의 자유'라고 했다.118

여기에서 이승만은 기독교의 이야기를 꺼낸다. "대개 예수교는 세상 사람의 심령을 기르는 양식이라 이 양식을 많이 저축한 나라는 그 전정이 한량없이 장원하여 모든 물질적 진화가 이로 좇아 일어났나니 영·미·법·덕 등 모든 나라의 왕고往古 역사와 현시 형편을 보면 가히 깨달을지라."

앞서 본대로 일본이 '물질상 진화'를 구하는 동안에 한국은 '심령적 양식'을 구하여 서양 문명부강의 요소 되는 예수교를 받은 고로 지금에 세상 사람들이 말하기를 "한국은 동양에 처음 되는 예수교 나라가 되리라"고 한다. 따라서 한국인이 안으로 교회를 확장하고 밖으로는 서양 예수교 나라들의 동정을 얻기 위하여 노력한다면 장래의 행복을 도모할 수 있다고 보았다.119 이승만이 이런 결론을 내릴 수 있었던 것은 일본이 한국 내의 기독교 세력을 꺾기 위하여 만들어낸 '105인사건'에 대한 서양, 특히 미국 내 기독교 단체의 관심과 지원 때문이었다.

이승만은 대만의 '혁명운동'을 보면서 더욱 그러한 생각을 굳혔다. 한국에서 '105인사건'이 일어날 무렵 대만에서도 몇 건의 항일

118 위의 글, 80쪽.

119 위의 글, 81, 86~87쪽.

운동이 발생했다. 그중에 널리 알려진 것이 대만 북서부 산악지대에서 일어난 '묘율현苗栗縣(먀오리현) 사건'이었다. 이 사건의 중심인물은 나복성羅福星(1886~1914)이었다. 인도네시아 바타비아Batavia(자카르타)의 화교 거주지에서 출생한 그는 신해혁명에 가담한 바 있었다. 그 후 중국 본토의 동맹회라든가 혁명회와 같은 단체와 연계하여 대만에서 무장 항일투쟁을 준비하다가 그 계획이 드러나서 2백여 명이 검거되었다. 나복성은 주범으로 몰려 1914년 3월 초 교수형을 당했다.120

이승만은 이 사건과 관련하여 〈태평양잡지〉에 두 차례 기사를 실었다. 첫 번째의 "대만혁명운동"에서는 "아직 발표된 소문을 듣건대 대만 혁명당이 군기와 사람을 준비하였다가 내지〔중국 본토〕에서 남청 혁명당이 건너올 때에 합동하여 일본 집권자를 내어 쫓고 공화국을 세우고자 하였다는데 이 동모자들이 군기를 도적한 것도 있고 혹 제조한 것도 있어 군사 10만 명 준비할 것을 마련하려고 은밀히 배일사상을 고동하였다 하는지라"고 했다. 그런데 이러한 의론은 대개 각국 신문에서 들은 것이라121 그 내막을 알 수 없거니와 일본이

120 林德政(2005), "일제강점기 대만의 항일투쟁", 《세계식민지해방운동과 한국독립운동》, 독립기념관 한국독립운동사연구소, 177~178쪽.

121 조선총독부 기관지인 〈매일신보〉에도 그 사건에 대한 기사가 실렸었다(1914년 1월 8일 자 "대만음모자 사형"). "東勢角 사건으로 사형의 선고를 受한 13명 중 1명은 도주하였고 기타는 臺北으로 호송하여 〔12월〕 31일에 사형 집행을 종료하였다더라."

한국에서 차리던 것을 볼진대 '105인사건'과 같은 '악독한 음모'일 수 있다면서 이렇게 말했다.

> 한국에는 세상 이목이 있어서 〔그〕 뜻을 행치 못함이오, 대만에서 교회사건으로 간섭이 되지 아니함으로 임의로 조처함이더라.122

그러니까 대만에서 발생한 사건은 '교회사건'이 아니었기 때문에 한국의 '105인사건'처럼 세상에서 공론화되지 못하고 일본의 뜻대로 일이 진행되고 있다는 것이다. "대만인을 조상함"이라는 두 번째 기사에서는 이 문제를 좀 더 부각시킨다.

> 약하고 친구 없는 대만인이 되어 무도한 총소리와 사나운 칼 빛 밑에 저희들의 피가 흐르고 살아 뛰되 그의 부모와 처자는 다만 가슴을 두드리고 상성을 할 뿐이요 통한함이 구곡간장을 녹일지나, 이것을 구원할 자 없고 시비할 자— 없으니 비록 세상이 넓고 인종이 많다 하나 누가 일찍 저희들을 조문하리오.123

아무도 대만인에서 일어난 '사건', 즉 항일운동에 관심을 두지 않고 있다는 것이다. 매우 감상적인 이 기사에서 이승만은 일본의 식

---

122 〈태평양잡지〉 1-5(1914. 1), "대만혁명운동", 58쪽.
123 〈태평양잡지〉 1-6(1914. 2), "대만인을 조상함", 62~63쪽.

민통치를 강력히 비판한다. "무도한 일인아 화가 있을진저 나는 원래 그대들에게 헛된 구설만 함은 아니어니와 그대들도 역시 인류라 이매망량魑魅魍魎이 아니며 사갈蛇蝎이 아니니요 그대들에게는 남양제도의 멜레이〔멜라네시아〕족의 악한 피도 섞였으려니와 오히려 대륙의 문명한 자의 핏줄을 받은 자이라 어찌 이러한 일이 있나뇨." 또 이렇게도 말했다.

> 묻노라 일본인아 대만을 영유한 지 20년에 가까운 오늘날에 이와 같이 대사건이 생겼다 운운하니 그대들의 대만에 대한 20년은 곧 악형 기록지오 죄악의 연표라, 그대들이 대만에 쌓고 쌓은 죄악은 20층이 되었으니 바람이 불면 흔들리고 무너질 것이니 무엇을 괴상히 여길 바—리요.124

식민지 시대 이승만이 쓴 글들에서 이렇게 감상적으로 일본에 대한 비판을 쏟아낸 글을 찾기란 쉽지 않다. 마치 가슴속에 숨겨 두었던 일본에 대한 저주를 토해 내는 듯하다. 앞서 메이지 일본을 세운 '원로'들의 '공적'을 드러냈던 것과는 너무도 대조적이다. 혹 이 기사에 대한 해내외 동포들의 차가운 시선을 의식했던 것은 아닐까 하는 생각마저 든다. 어떻든 일본의 '포악무도'한 식민통치가 야만적인 것으로, 그들이 결코 미국이나 영국과 같은 '문명국'의 반열에 오를

124 위의 글, 64쪽.

수 없다는 점을 각인시키고 있다. 이승만에게 '문명의 표준'은 언제나 미국과 영국이었다. 그는 일본의 식민통치가 가혹할수록 한국인은 앵글로색슨족의 기독교적 양심에 호소하고 그들의 '동정'을 얻는 길 이외에 다른 방법이 없다고 생각했다. 대만의 항일운동에 대한 국제적 무관심을 보면서 그는 더욱 그러한 생각을 굳혔다.

5) 이민과 인종 문제에 대한 인식

19세기 중반에 들어서면 지구적 차원의 인구이동이 시작되었다. 그 대체적인 흐름은 이른바 구대륙에서 신대륙으로의 이동이었다. 유럽인들이 먼저 대서양을 건너기 시작했다. 1820년부터 100년 동안 대략 5,500만 명이 미주로 들어오는데, 그들이 주로 가고자 한 곳은 미국이었다. 이들은 대부분 가족 단위의 자립형 이민이었다. 바야흐로 대륙 간 이민 시대가 열렸다. 아시아에서도 태평양을 건너 신대륙에 발을 들여놓았다. 미국 서부에서 광산 개발과 철도 건설이 본격화되면서 중국인 '쿨리'들이 그 현장에 투입되었다. 이어서 일본인과 한국인들이 들어왔다. 그들은 대부분 가족을 동반하지 않은 단독 이민이었다. 유럽인들이 미국에의 정착을 목표로 했다면, 아시아인들은 고향으로 돌아가고자 했다.

지구적 차원의 인구이동은 인종과 언어, 종교, 문화가 다른 사람들이 서로 마주하면서 한데 얽혀 사는 것을 의미했다. 여기에서 인종적, 민족적인 갈등과 대립이 불거졌다. 세계 각처의 사람들이 몰려들었던 '기회의 땅' 미국의 경우가 특히 그러했다. 태평양에서 미국으로 들어가는 관문인 샌프란시스코는 인종 문제가 일상적인 갈등과 불화, 나아가 충돌의 원인이 되었다. 20세기 초 대지진이 덮쳤던 샌프란시스코가 일본인 아동의 학교분리방침을 발표한 것이 대표적인 예였다. 이 문제는 일본의 국민적 공분을 불러일으키면서 외교 문제로까지 비화되었다. 이에 앞서는 중국인 이민배척법이 만들어진 바 있고, 나중에는 그것이 일본인을 포함한 동양인 전체로 확대되었다. 그 밑바탕에는 19세기 말부터 서구 사회에 퍼졌던 '황화론Yellow Peril'이라는 인종적 편견과 배제가 자리 잡고 있었다.125

이러한 인종주의는 제국주의의 속성이자 그것을 정당화하는 명분이 되기도 했다. 한 가지 사례를 들어 보자. 필리핀이 미국의 식민지로 편입될 때 미국 의회와 여론에서는 찬반양론이 있었다. 이때 인디애나주 출신 공화당 상원의원인 앨버트 베버리지Albert J. Beveridge는 이렇게 말했다.

"필리핀은 영원히 우리 것이다. 그리고 필리핀 너머에는 바로 중국이라는 무제한의 시장이 있다. 우리는 양쪽 모두 포기하지 않을 것이다. 우리는 오리엔트에서 수행해야 할 우리의 사명을 거부하지 않을 것이다." 한편으로 그는 이렇게 말했다. "그들〔필리핀인〕은 자

---

125 박진빈(2006), 제5장 〈'이민 천국'의 이민 제한법〉, 《백색국가 건설사: 미국 혁신주의의 빛과 그림자》, 앨피; 簑原俊洋(2016), 《アメリカの排日運動と日米關係: 〈排日移民法〉はなぜ成立したか》, 東京: 朝日新聞出版 참조.

율적 정부를 이끌 능력이 없다. 어떻게 그들이 할 수 있겠나? 어떤 연금술이 그 피의 오리엔트적 특성을 바꾸고, 미국인의 자율 정부 성향을 말레이 종 혈관 속으로 흐르게 하겠는가? 우리가 앵글로색슨임에도 불구하고 천 년이나 걸렸던 자율적 인간의 경지를 어찌 그들이 눈 깜짝할 사이에 오르겠는가?"[126]

미서전쟁 후 푸에르토리코와 필리핀 사람들은 미국의 통치를 받게 되었지만, 그들은 미국 내에서 완전한 권리와 의무를 인정받지 못하는 '시민권 없는 미국 국적자non-citizen U.S. nationals'로 간주되었다. 미국의 필요에 의하여 수입된 중국인과 일본인 그리고 한국인들은 미국 시민권은 고사하고 국적자도 되지 못했다. 그들은 미국 내에서 누구로부터도 환영받지 못하는 이방인이었다. 오직 차별과 배제의 대상일 뿐이었다. 때론 무참한 폭력에 노출되기도 했다.[127]

1914년 3월호 〈태평양잡지〉에는 "이민문제"라는 기사가 실렸다. 6쪽이 넘는 이 논설은 이승만이 20세 초 미국 사회의 화두가 되고 있던 이민과 인종 문제를 어떻게 바라보고 있었는지를 살필 수 있는 좋은 자료이다. 그 논설은 이렇게 시작된다.

> 옛적에는 나라마다 제 땅을 지키고 서로 왕래를 통치 아니하였으매 이민문제가 도무지 없었거니와 지금은 만국이 문호를 열고 태산 대양에

126 박진빈, 위의 책, 115, 119쪽.

127 브루스 커밍스 저(2011), 〈오래된 캘리포니아인〉, 《(바다에서 바다로) 미국 패권의 역사》, 서해문집, 339~347쪽 참조.

윤선 기차로 조석 내왕하여 함께 섞어 놓고 본즉 사람이 자유로 왕래 이주하여 더욱 넓고 더욱 좋은 곳을 찾아다니나니, 비컨대 고기가 우물과 연못과 시내에서 각각 따로 살다가 방한을 터놓은 후에는 서로 몰려다니며 좋은 곳을 찾아감과 같은지라 누가 막으며 누가 검檢(단속)하리오.128

옛날과 달리 지금 세상에서는 만국이 '문호'를 열었으니 누구든 자신이 원하는 곳에서 살고자 하는 것은 당연한 이치라는 것이다. 이승만은 미국이 그러한 나라였다는 점을 강조한다. "당초에 이민 길을 열기는 서양인들이오 서양인들 중에도 미국인이 가장 더 힘쓴지라 당초 자기들이 구라파에서 땅이 좁고 인구가 많아서 미주 대륙을 찾아 이민으로 와서 미국을 세운 고로 온 세상 사람이 다 자유로 이민하여 좋은 곳을 찾아가서 복을 누리도록 하자는 것이 미국인의 처음 본의라." 그러더니 지금에 와서는 동양 사람들이 미국에 와서 살고자 하나 "서양〔미국〕에서 주야로 문을 닫고 등을 밀어내며 막으려 한즉 어찌 공번된 일이며 어찌 의로운 일이라 하리오"라고 비판한다. 그런데 다음부터 이야기가 달라진다.

그러나 미국인의 사정을 들으면 또한 관계가 없지 아니한지라 외국 이민으로 인연하여 미국의 위태한 관계를 상고하건대,

---

128 〈태평양잡지〉 1-7(1914. 3), "이민문제", 37~38쪽.

그러고는 다음과 같은 4가지 이유를 제시했다. 첫 번째는 경제상 문제이니, 미국에 재정이 많아서 모든 간난艱難한 나라들이 밀려들어 오면 이 좋은 나라가 불구에 한 빈곤한 나라가 될 것이다. 두 번째로 미국은 세계에 제일 자유권이 많은 나라인데, 자유가 무엇인지 모르는 나라의 백성들이 압제와 전제 풍습을 가지고 들어와서 전국에 퍼져 놓으면 이 나라가 자유와 행복의 기초를 유지할 수 없게 될 것이다. 세 번째로 미국은 종교의 자유를 보호하는 나라인데, 다른 나라 백성들이 모든 종교, 이를테면 유대교라든가 아르메니아정교 등을 가지고 들어와서 '종교상 압제'를 행하면 '예수교 풍기'를 보호하기 어려울 것이다. 네 번째로 미국은 인민의 등분과 지체를 구별하지 아니하고 법률 앞에는 일체 동등 평민으로 대접하는 법이거늘 타국 사람들이 이것을 모르고 와서 저희 풍속을 행하면 미국이 능히 '공화평등주의'를 보전하기 어려울 것이다.129

이러한 조목들은 미국의 주인이 인종적으로 백인종, 그중에서도 앵글로색슨족임을 전제로 하고 있다. '청교도Puritan'의 건국 정신을 이어받는 이 족속만이 자유와 평등을 실현하는 공화주의를 실현할 수 있다고 보는 것이다. 이것은 미국 사회의 주류를 이루는 이른바 'WASPWhite Anglo-Saxon Protestant'의 입장을 그대로 옮겨 놓은 것에 지나지 않았다.

다음의 이야기를 들어 보면 〈태평양잡지〉를 주관하던 이승만의

129 위의 글, 39쪽.

인종 문제에 대한 인식과 입장이 어떤 것이었는지 보다 확실해진다.

> 당초에 이민이 미국으로 들어올 때에는 구라파 북방에서 많이 왔나니 영·법·덕 등 나라의 인민이라 이 사람들은 개명 정도가 거의 미국인과 흡사하거니와, 그 후로는 차차 구라파 남방 사람이 더 많이 오니 이는 거의 다 이탈리아 스페인 포르투갈 등 나라의 간난 무식 미개한 백성들이라, 지어 유대인과 아라사 인종이 밀려들어 오는 길이 열린 후에는 더욱 형편이 변하였으며, 급기야 청인 일인이 몰려 들어오기 시작한 후에는 미국의 문명과 자유 기초가 심히 위태할 지경에 이른지라.[130]

이 기사에서는 1820년부터 미국으로 이주해 온 사람들의 통계를 제시한 다음, '작년(1913) 한 해에만 거의 2백만 명'이 들어왔으니 "장차 어디에서 미국인의 사상과 미국인의 풍기를 찾아보겠는가"라고 개탄한다. "하물며 이 사람들은 보통으로 말하면 각국에서 제일 간난하고 무식하며 환산渙散 무리無理한 인민이라 거의 다 적수공권으로 들어와서 덕의상 품행과 종교상 성질과 정치상 습관이 다 미국의 반대하는 것을 행하는 자들이라"고 했다. 이들은 생활수준이 극히 낮아서 아무것이나 배를 채우고 아무 곳에서나 누워 자니 돈을 조금만 주고도 이들을 고용할 수 있어서 백인 노동계에서는 크게 반

---

130 위의 글, 39~40쪽. 미국 내의 인종적, 민족적 '서열'과 관련해서는 박진빈, 앞의 책, 42~48쪽.

발하고 있다고 했다.131

미국 내의 인종 문제가 경제 상황 및 계급 간 갈등에서 촉발되고 증폭되고 있는 현실을 인정하면서도 그것을 모두 이민자들의 탓으로 돌리고 있는 것이다.

그렇다면 미국 내의 동양인 이민에 대한 이승만의 시각과 이해는 어떠했을까? 먼저 '청인', 즉 중국인에 대한 이야기를 들어 보자. "지어 청인하고는 더욱 백인들이 용납하기 싫어하는데 이는 여러 가지 연고가 있는지라." 그 대강을 들어 보면, 각국 이민 중에 청인의 수효가 제일 속히 늘고 있는 것, 청인 수효가 세계 모든 인종보다 제일 많은 것, 청인은 도처에서 저희 풍속을 변치 못하여 백인의 법률을 받지 않으려 하는 것, 청인은 모든 습관이나 영업이나 다 영어 말을 하는 인종들과 같지 않은 것, 청인들은 정부에 바치는 세납을 은밀히 면하려 하는 것, 청인의 거처와 행습이 누추하여 악한 질병을 가지고 다니는 것, 청인은 의무사상이 없어서 공동히 위태한 일이 있어도 사사 생각만 하고 돕지 않는 것, 청인은 죽어서 묻힌 자를 본국으로 가져가느라고 매장지를 항상 손해하는 것, 백인을 다스리는 법률 중 어떤 것은 청인을 다스릴 수 없는 것, 청인들의 사는 곳은 개명한 사람들이 살기 불편한 것, 청인들은 아주 살려고 오는 백성이 아니요 잠시 돈이나 벌어 가지고 돌아가려 하는 자들인 것 등이었다.132

131 〈태평양잡지〉 1-7(1914. 3), "이민문제", 40~41쪽.
132 위의 글, 41쪽.

이상과 같은 11가지의 지적은 19세기 중반 이후 미국으로 들어온 중국인들에 대한 미국인(백인)의 온갖 편견을 다 모아 놓은 것으로 볼 수 있다. 이들 백인의 시각에서 중국인을 바라보았던 이승만은, '청인'이 왜 미국에 들어왔는지, 그들이 미국에서 어떤 일을 하고 있는지에 대해서는 따져볼 생각조차 하지 않았다. 그는 미국에서 중국인 이민배척법이 만들어진 데 대하여 말하기를, "청국 인종에게 이런 욕이 어디 있으며 해가 어디 있으리오 만은 청인들은 하는 수 없이 불공불평한 대접을 참고 받을 따름이오"라고 했다.

한편, 미국 내의 일본인 이민에 대한 이승만의 시각이나 인식 또한 백인 편에 서 있었다. 그는 말하기를, "대개 일인은 서양 개명으로 풍속을 개량하며 사상을 변한 후에 생활 범절이 청인보다 낫다 하나 지어 덕의상 형편으로 말하면 혹 청인만 못할 것이 있을지언정 보통히 별로 낫다 할 것이 없는지라"고 했다.**133** 일본인이 서양식으로 '개명'했다고는 하나, 그렇다고 그들이 중국인보다 특별히 낫다고 볼 것은 없다는 투이다.

왜 이런 판단을 내리는지에 대한 설명은 없다. 그냥 추측해 볼 수 있는 것은 3가지이다. 첫 번째로 백인의 눈으로 볼 때 중국인이나 일본인이나 다 같은 황인종이라는 것이다. 여기에는 유색인종은 백인보다 열등하다는 전제가 깔려 있다. 두 번째로 천황제와 같은 절대군주제에서 탈피하지 못한 일본인은 중국인과 마찬가지로 미국의 '공

---

133 위의 글, 42쪽.

화정체'에 제대로 적응할 수 없다고 보는 것이다. 세 번째로 일본인은 서양문명의 바탕을 이루는 기독교를 이해하지 못한다. 따라서 그들의 '개명'이라는 것은 물질적인 것에 국한되어 있을 뿐이다. 이렇게 본다면 일본인은 중국인과 다를 바 없다는 결론에 다다르게 된다.

그런데 일본인은 "자기들이 몽고 인종이 아니라 하며 세계 상등 문명국과 같은 대우를 받겠다 하여 스스로 미국과 충돌이 생겨서 점점 용납하지 못할 지경에" 이르고 있다. "청인은 수효가 많더라도 정부의 세력이 적은즉 미국에 위태할 것은 없으되 일인은 국권이 장한 중국가사상이 가장 많은 고로 다만 한두 사람이 개인으로 남의 나라에 가서 살면서라도 각각 저의 나라의 장래 영향을 도와서 일하며 저의 나라와 그 나라 사이에 시비가 생길진대 그 나라의 정치상이나 군사상이나 모든 비밀행동까지라도 다 정탐하여다가 저의 나라를 위하여 일하나니 이것이 다 미국인에게는 대단히 위태한 일이라."**134** 이리하여 일본인이 집단적으로 거주하는 캘리포니아에서 배일 운동이 일어났다고 했다.

이승만은 미국 내의 배일운동이 미국인(백인) 때문이 아니라 일본인의 문제라는 쪽으로 결론을 이끌어 갔다. 그러면서 말하기를, "일본 백성들은 저의 정부에서 강경한 태도로 캘리포니아 사건을 저의 마음의 흡족하도록 결처하지 아니하고 은밀히 수욕을 받는다 하여 종종 동경에서 백성들이 일어나서 정부 대관들과 총리대신을 공박하

---

134 〈태평양잡지〉 1-7(1914. 3), 42~43쪽.

며 심지어 소동을 일으켜 순검 병정으로 총과 칼을 가지고 탄압하기에 이른지가 여러 번이라 이 충돌이 장차 어느 지경까지 미칠는지 알 수 없거니와 일미 양국 간에 충돌은 점점 자라는 것이오 평화로 조처되기는 어려운 형세라 동서양 정치가에서 깊이 근심하는 바 —로다"고 했다.135

20세기 초 미국의 태평양 연안에서 일본인 이민 배척운동이 일어났을 때, 한국인은 일본인과 구별이 되지 않는 '황색' 또는 '갈색'의 동양인일 뿐이었다. 1905년 샌프란시스코에서 결성된 일본인·한국인 배척연맹Japanese and Korean Exclusion League이 그러했다.136 그런데 이곳에서 발행되던 〈공립신보〉는 애써 이러한 문제를 외면하고, 오히려 미국 내의 강경한 배일주의자들의 목소리만을 보도했다. 이것은 재미 한인의 생존전략이자 '망국민'의 운명에서 벗어나기 위한 어쩔 수 없는 선택이었다. 그들은 태평양의 패권을 둘러싼 미일 간 대치 상황을 지역·인종·문명의 시각이 아니라 국가·민족의 차원에서 바라보았다.

그런데 이승만의 경우 미국 내의 이민과 동양인 배척운동을 다분히 인종주의적 관점에서 바라보고 있다는 데 문제의 심각성이 있다.

---

135 〈태평양잡지〉 1-7(1914. 3), 43쪽.

136 권은혜는 20세기 전반기 미국의 인종주의자들이 내세웠던 '백색국가론'을 확장하면 '백인 태평양'(White Pacific)이 될 수 있다고 했다("20세기 초 미국 서부의 반일본운동과 아시아인 이민 배제 주장에서 드러나는 초국적 반 아시아 인종주의", 〈서양사론〉 120, 2014, 28쪽).

그는 자기 자신이 황인종이 아니라 마치 백인종, 그중에서도 앵글로색슨족에 속하는 것처럼 미국 내의 복잡다단한 이민문제를 단순화시켜 설명하고 있다. 그의 논리대로라면 미국은 영원히 앵글로색슨족이 통치하는 나라가 되어야 하며, 세계 또한 앵글로색슨족의 지배하에 들어갈 때 문명화의 시기를 앞당길 수 있다는 결론에 이르게 된다. 그는 서양인이 만들어 낸 언설인 '백인의 책무'와 '황화론'을 의심 없이 받아들였다. '백인의 책무'가 서양인의 세계 지배를 정당화하는 논리였다면, '황화론'은 유색인종의 확산을 재앙으로 봤다는 점에서 그 둘은 동전의 양면과도 같은 것이었다.

이승만이 인종 문제를 대하는 태도와 관련하여 참고할 만한 두 사람을 소개하고자 한다. 한 사람은 이승만이 한 번 만난 적이 있던 시어도어 루스벨트이다. 20세기를 '미국의 세기'로 만들고자 했던 루스벨트는 세계사를 '끊임없는 민족 간의 투쟁'으로 바라보았다. 서유럽을 정복한 게르만 민족 가운데 가장 강인하고 우수한 인종이 영국의 거친 풍토를 개척하며 더욱 단련되었고, 그들 가운데에서도 가장 강한 부류가 신대륙으로 건너와 서부에서 모진 시련을 겪으며 더욱 단련된 결과물이 바로 현재의 미국인이라는 것이다. 그렇게 미국인은 세계에서 가장 우수하고 강인한 민족으로 탄생했다고 보았다. 루스벨트는 미국이라는 용광로에 인종적 '불순물'이 섞이는 것을 본능적으로 경계했다. 그에게 백인과 흑인의 결합은 퇴보, 타락, 종의 말살을 의미했다. **137**

미국 내의 인종 문제와 관련하여 언급할 다른 한 사람은 21세기를

'문명의 충돌' 시대로 보았던 새뮤얼 헌팅턴Samuel P. Huntington이다. 그는 미국 내의 다원 문화주의자들을 비판하면서 이렇게 말했다. "서구 문화는 내부의 집단들로부터 도전을 받고 있다. 그 도전의 하나는 바로 동화를 거부하고 자기가 떠나 온 나라의 가치관, 풍습, 문화를 여전히 고수하고 전파하려고 애쓰는 이민자들로부터 받는다." 그는 단언하기를, "건국강령과 서구 문명의 유산을 거부한다는 것은 우리가 알아 온 미국의 종말을 의미하며, 이것은 또한 사실상 서구 문명의 종말을 뜻한다"고 했다.138 헌팅턴은 시어도어 루스벨트와 마찬가지로 미국이 앵글로색슨족의 건국 정신과 문화를 고수해야 한다고 믿었다.

동양 변방의 황인종이자 망국의 국민이었던 이승만이 그러한 사고와 가치관을 그대로 수용하고 또 공개적으로 그러한 입장을 드러냈던 것은 분명 역사적인 아이러니가 아닐 수 없다. 왜 그랬을까? 무엇이 이승만으로 하여금 그런 확신을 갖도록 했을까? 이런 의문에 대한 해답은 결국 배재학당에서부터 맺게 된 그와 미국인 선교사와의 관계에서 찾을 수밖에 없다. 후자의 최대 관심사는 한국을 "동양에서 처음 보는 예수교 국가"로 만드는 것이었다. 이승만은 여기에서 한국의 미래를 보았다. 비록 피부색은 다르더라도 기독교를 통하여 한국의 미국화를 이루는 것만이 한국인이 살길이라고 굳게

137 박진빈, 앞의 책, 118쪽.

138 새뮤얼 헌팅턴 저, 이희재 역(1997), 《문명의 충돌》, 김영사, 418~421쪽.

믿었다. 그 자신이 기독교로의 개종을 통하여 새 삶을 얻었듯이 말이다.

이승만은 인종주의가 갖는 본질을 제대로 보지 못했거나 알면서도 외면했다. 미국에서 망명객으로 살아가야 하는 그에게 인종 문제에 맞선다는 것은 어떤 면에서도 현실적인 선택지가 아니었다. 문제는 그가 자신이 믿는 바를 한인 동포들도 믿도록 만들고자 했다는 점이다. 〈태평양잡지〉에 논란을 불러일으킬 수 있는 "이민문제"라는 글을 실었던 것도 이 때문이었다. 엘리트주의와 선민의식에 빠졌던 그는 누구의 비판이나 비난도 아랑곳하지 않았다.

5. 초기 기사 분석 2: 하와이 한인사회와 남조선론

이승만은 20대 중반 서울 한복판에서 정치와 언론 활동을 펼치면서 말과 글의 중요성을 깨달은 바 있다. 30대에는 태평양을 건너 미국 동부에서 유학 생활을 끝낸 후 대서양과 시베리아를 거쳐 서울로 돌아왔다. 그 후 황성기독교청년회와 관계를 맺고 국내 각지를 돌아다니다가 '105인사건'이 터진 후 망명길에 올라 하와이에 정착했다. 이때가 1913년 2월, 그의 나이 38세였다. 미국 체험과 세계 일주, 국내 전도에 이어서 태평양 한가운데 자리를 잡자마자 그는 동포 방문길에 나섰다. 하와이 여러 섬에 흩어져 있는 한인들이 어떻게 살고 있는지를 살피면서 자기가 해야 할 일을 찾고자 했던 것이다. 1년 후 그는 다시 하와이 순방 길에 나섰다.

이렇게 해서 나온 것이 1914년 6월호 〈태평양잡지〉에 실렸던 "하와이군도"와 "하와이섬 여행기"였다. 전자는 하와이의 간단한 역사와 지리에 관한 것이고, 후자는 자신의 순방에 바탕을 둔 하와이 동포의 실태 보고서와도 같은 것이었다. 전체 21쪽 분량의 두 기사는 현순의 《포와유람기》의 뒤를 잇는 것으로도 볼 수 있다. 이승만은 실제로 그런 생각을 했던 듯하다. 다음은 "하와이군도"의 끝에 나오는 이야기이다.

하와이 이민이 어디서 생긴 것과 풍속과 정치제도의 어떠함과 사회 정도가 어떤 지경에 있는 것은 종차 기회를 따라 계속 하려니와 산천풍토의 관계한 것만 볼지라도 가위 신기한 세상이라 하와이 사는 사람들이 이것을 태평양낙원이라 하나니 우리 고초 중에 든 민족에게 이곳이 한 낙원 되기를 바라노라[139]

여기에서 예고한 후속편이 나왔는지는 알 수 없다. 그 후에 나온 〈태평양잡지〉를 찾을 수 없기 때문이다. '태평양낙원'이라는 표현은 현순의 《포와유람기》의 첫 장 제목이기도 했다. 망국의 고초에 든 한인들에게도 과연 이 섬이 낙원이 될 수 있겠는가 하는 의문 또한 현순이 갖고 있었다. 20세기 초 한인들의 하와이 이주 과정을 지켜보았던 현순이 떠난 후, 이곳에 이승만이 망명객으로 들어왔다. 그 사이에 한인들은 하와이에 뿌리를 내리고 있었다. 이승만은 이들을 기반으로 하여 자신의 새 꿈을 펼쳐야 했다. 그런 소망이 "하와이 군도"에 담긴다.

이상에 말한바 여덟 섬은 사람이 거주하는 섬이니 하와이Hawai'i, 일명 Big Island, 마우이Maui, 가훌라위Kahoolawe, 라나이Lanai, 몰로가이Molokai, 오아후Oahu, 가와이Kauai, 늬이하우Niihau 다 본토인의 이름으로 그저 부르는 것이니 일인들이 조선에 들어가서 모든 지방 이름을 다 저의 음으

139 〈태평양잡지〉 1-10(1914.6), 67쪽.

로 부르는 성질과 같지 아니한 것을 볼지라 이 여덟 섬에 한인 아니 가 있는 곳이 없으니 가위 조선 8도라 섬 도島 자와 길 도道 자가 뜻은 좀 다르나 음은 일반이니 이것을 과연 우리의 남조선이라 이를 만한지라 장차 이 속에서 대조선을 만들어 낼 기초가 잡히기를 바랄지니 하나님이 십 년 전에 이리로 한인을 인도하신 것이 무심한 일이 아니 되기를 기약하겠도다[140]

하와이를 망명지로 선택한 이승만의 꿈, 그것은 한인들이 거주하는 하와이 8도島를 조선 8도道처럼 만들어 장차 이곳에서 '대조선'의 기초가 잡힐 수 있기를 바라는 것이었다. 이리하여 이승만은 하와이 8도를 한반도의 남쪽에 있는 조선, 즉 '남조선'이라는 이름을 붙이고자 했다.

이런 소망을 담아 그린 '하와이군도'라는 지도가 〈태평양잡지〉에 실리기도 했다. 이 지도는 다음과 같은 설명이 붙었다. "이 8도의 상거가 대략 한국 이수로 1,104리니 큰 섬(하와이)이 머리가 되어 동남에서 시작하여 가지고 동북으로 가며 연락하여 징검다리같이 놓인지라 모든 면적을 통계할진대 6,700여 방리니 대략 대한 전국 13분의 1이나 되는지라." 이승만은 하와이 '8도'가 충분히 일을 도모해 볼 만한 크기라고 생각했다.[141]

---

140 〈태평양잡지〉, 1-10(1914.6), 59쪽.
141 〈태평양잡지〉, 1-10(1914.6), 60쪽.

다음으로 "하와이섬 여행기"를 살펴보자. 그 출발은 이렇다. "거〔1914년〕 4월 29일에 호항에서 마우나 기선을 타고 하와이 고할나Kohala를 향하여 떠나니 이는 1년 전에 처음으로 하와이 군도를 유람할 때에 처음으로 지나던 곳이라 〔지난〕 1년 동안을 골몰히 지내다가 만경창파에 배를 타고 나서니 흉금에 쾌락함이 비컨대 롱중조籠中鳥가 운소雲霄에 오른 듯하더라."142

지난 1년 동안 호놀룰루에 갇혀 일만 하다가 모처럼 배를 타고 확 트인 바다에 나서니 마치 새장 속에 갇혔던 새가 구름을 뚫고 하늘로 솟구치는 듯한 해방감을 느낀다는 것이다. 이 때문인지 "하와이 군도"와 "하와이섬 여행기"에는 군데군데 경쾌한 풍경 묘사들이 나온다. 그런 가운데 망명객의 심회가 녹아든다. "저 큰 고기〔고래 두 마리〕도 무슨 시비가 있었던지 수중천지에서 전쟁을 일삼으니 이 세상은 짐승이나 미물이나 일체로 생존경쟁 하는 전장이라 응당 힘세고 재주 있는 자가 이길진저〔!〕"143

그 후 이승만은 하와이섬(빅 아일랜드) 코할라에 도착하여 동포 심방에 나서는데, 16일 동안 18곳을 다니며 25차례의 모임을 가졌다. 이들 모임에 참석한 사람은 모두 1,138명이었다. 외국인을 상대로 한두 차례의 연설에도 150명 정도가 모였다고 한다. 잡지 발행과 한인 학교 운영으로 시간에 쫓기던 이승만은 하와이섬을 반쯤만 돌고

---

142 〈태평양잡지〉 1-10(1914.6), 67~68쪽.

143 〈태평양잡지〉 1-10(1914.6), 69쪽.

호놀룰루로 돌아왔다. 그리고 정리한 글이 "하와이섬 여행기"였다. 여기에는 한인들의 정치상 형편, 재정상 형편, 덕의상 형편, 교육상 형편, 노동 정형, 종교상 형편 등 6개 항목에 대한 설명이 들어간다.

그 가운데 제 1항 정치상 형편부터 보면, 한인사회가 차차 조직되어 잠시 부허浮虛한 기운으로 서로 왈가왈부하던 것은 다소간 없어지고 사람마다 단체적 주의를 가져 국민회 하나라도 공고히 조직되는 것을 보려는 간절한 마음을 지니게 되었다고 했다.

제 2항 재정상 형편에서는 하와이에서 산출되는 사탕에 대한 세금 부과로 하와이 전체가 경제적 어려움을 겪고 있는데, 한인들이 지내는 형편을 보니 "아무리 어렵다 하면서도 할 것은 거의 다 하여 가는 모양이라"고 했다. 따라서 재정 곤란이 단체 사업을 방해하지는 않을 것 같다는 판단을 내렸다.

제 3항 덕의상 형편에서는 작년 이맘때만 해도 술과 아편과 노름으로 인하여 사람의 사색과 의복 · 거처에서 드러나는 것이 실로 이 문명한 시대의 인종이라고 자랑하기가 부끄러웠는데, 이번에 지나며 보니 그동안 정형이 대단히 변하여 참담 초췌하던 얼굴에 생기가 돌고 완패한 기상이 변하여 양순 화평하게 된 사람들이 많아지는 것을 느낄 수 있었다고 했다. 이리하여 오늘 벌어서 오늘 먹고 내일은 모른다고 하던 이들이 차차 앞길을 경영하여 다소간 저축하며 본국에서 여자를 데려오려고 하는 이와 외국 여자와 결혼하여 가정을 꾸리는 이가 차츰 생겨나고 있다.

제 4항 교육상 형편에서는 지난 1년 동안 애써 전진한 것이 한인

사회에 교육 숭상하는 풍기를 열어주고자 함이니, 이는 국민의 원기를 배양하여 개명한 사회로 나아가기 위한 필수적인 과정임을 강조했다. 그 목표인즉 장년 된 이들에게는 신문이나 잡지·서적 등을 틈틈이 배워서 세상 형편의 대강을 알고 자기가 나아가야 할 방향을 스스로 찾아 나갈 수 있도록 하며, 유년과 청년들은 주야 신학문을 숭상하여 이목을 넓히며 사상을 높여서 차차 준비되는 대로 미주 각 대학교에 보내어 좋은 인도자를 만들어내고자 한다는 것이었다.

제5항 노동 정형에서는 한인 전체의 모든 사업이 전혀 노동으로 버는 재정에 달렸는데 각 농장에 일이 없어서 어떤 곳에서는 한 주일 동안 하루 이틀 또는 사나흘씩 일하고 겨우 생계를 이어나갈 정도라고 했다. 따라서 일부 한인들은 땅을 빌려서 커피나 감자 또는 수박 등을 재배하고 있다. 이런 일이 당장에는 이익이 적을지라도 길게 보면 더 큰 이익을 거둘 수 있다고 했다.

흥미로운 것은 한인 청년들이 박용만이 오아후섬에서 경영하는 둔전제 방식의 농장에 큰 관심을 가지고 있었다는 점이다. 그곳에 가면 공동으로 장구한 이익을 도모할 수 있을 뿐 아니라 공부도 배우고 병학兵學 연습도 할 수 있다는 생각에서였다.

제6항 종교상 형편에서는 새 교회가 여러 곳에 만들어져 전에 다니지 않던 사람들이 점차 합동하여 예배 보기와 성경 공부하기를 주의하매 교회가 생기는 대로 국민회 지회가 또한 설시되어 사람의 도리를 하기로 활동하는 자가 날로 일어난다고 했다. 이 때문에 농장주들이 좋은 교인은 좋은 일꾼이 된다는 것을 알아서 한인들이 예배

볼 처소를 만들어 준다면서 이렇게 말했다.

"우리 한인들이 가장 감사할 것이 세계에 어디를 가든지 예수교로써 모든 일의 중앙을 삼아서 북간도와 해삼위, 만주, 상해, 북경 등지와 외양 각처에서 모든 예수 교회로 모든 사업의 근거를 세우며 이것으로 효력을 보고 있는지라 … 차차 교회로 인연하여 우리 민족의 장래 육신과 영혼상 행복을 구할 줄 확실히 믿는지라." 기독교를 믿는 것이야말로 한국이 독립과 문명 부강의 길로 나아가는 '첩경'이라는 것이다.

그 내용상 별로 새로울 것이 없는 듯하지만, 어떻든 위에 소개한 6개 조항은 이승만 자신이 이름 붙인 '남조선', 즉 하와이 8도가 어떻게 '대조선' 건설의 기초가 될 수 있는지를 잘 보여준다. 이러한 이유로 그는 하와이를 자신의 망명지로 선택했다. 문제는 1910년대 하와이 거주 한인이 5천 명 내외로 이곳 전체 주민의 2퍼센트에 지나지 않았으며, 그들 다수의 생활수준 또한 농장에서 일하면서 생계를 이어 나갈 수 있는 정도에 머물러 있었다는 점이다. 제 5항의 노동 정형이 당시의 상황을 잘 말해준다.

그럼에도 불구하고 하와이 한인들은 대한인국민회를 비롯한 각종 단체의 활동비와 더불어 학교 및 교회 유지 비용을 내야만 했다. 전체 재원은 한정되어 있는데 써야 할 곳이 많다면 어디에 먼저 써야 할지를 놓고 분쟁이 생길 수밖에 없다. 이승만은 제 2항 재정상 형편에서 한인들의 경제적 곤란이 단체 사업을 방해할 정도는 아닌 것 같다고 말했지만, 이는 애써 현실을 외면한 것이었다. 사실 그의 하와이 순방 목적은 자신이 벌이고자 하는 학교 및 교회 사업에 대한 지지와 후원을 독려하기 위한 것이었다.

이승만의 그러한 활동은 당시 박용만이 이끌고 있던 대한인국민회와 대조선국민군단의 활동을 위축시킬 수 있었다. 하와이 한인사회의 두 지도자는 긴장 속에서 서로의 사업을 각각 인정하는 듯한 모습을 보였지만, 1915년에 들어서면 국민회의 주도권을 놓고 충돌하게 된다. 이것은 누군가의 양보로 해결할 수 있는 문제가 아니었다. 박용만은 결국 하와이를 떠날 수밖에 없었다.**144** 이승만은 그 후 분열된 한인사회를 치유해야 하는 과제에 직면하는데, 이때 3·1 운동 소식이 국내에서 들려왔다. 한민족의 삶, 그리고 이승만의 생애에 새로운 전기가 만들어졌다.

---

144 방선주(1989), 〈박용만 평전〉, 《재미한인의 독립운동》, 한림대학교 아시아문화연구소, 78~105쪽 참조.

에필로그

신대한의 꿈과 엇갈린 길

한국 근대사에는 네 번의 큰 고비가 있었다. 개항(1876), 망국(1910), 혁명(1919), 그리고 해방(1945)이다. 개항은 한국의 세계자본주의체제로의 편입이라는 점에서 근대의 시발점을 이루었다. 망국은 한국의 자주적인 근대화의 실패를 의미했다. 3·1운동은 세계사적 의의를 지니는 혁명이었다. 대내적으로는 단군조선 이래 면면이 이어져 내려온 군주제의 종말을 고했다는 점에서, 대외적으로는 근대 제국주의의 침략과 지배에 대한 식민지 약소민족의 해방 운동이었다는 점에서 그러하다. 비록 미완의 혁명으로 끝났지만, 3·1운동은 한 나라의 운명은 그 나라 인민의 의사에 달려 있다는 민족자결의 본래적이며 보편적인 의의를 세계에 보여주었다. 한민족의 해방은 일본제국의 패망에서 비롯되었다. 동아시아 변방에 위치하던 일본은 서세동점 시기에 탈아론을 표방하고 부국강병의 길로 들어섰다. 청일전쟁과 러일전쟁을 거쳐 제국의 대열에 합류한 일본은 아시아·태평양지역에 그들만의 제국을 구축하고자 '대동아전쟁'을 일으켰다가 패망했다. 이후 동아시아는 자본주의와 공산주의가 맞부딪치는 냉전의 소용돌이로 빠져들고, 남북으로 나뉜 한반도는 그 최전선에서 마주했다.

최남선은 〈새벽〉이라는 잡지의 창간호(1954. 9)에 기고한 "진실정신"에서 이렇게 말했다. "내 스스로 반세기라는 50년 전을 회상할 때 우리 국가 · 민족 · 사회에 중대한 변화가 하도 많아서 아마도 꿈이 아니었던가 하게 된다. 현재 한국전쟁과 이후를 통하여 국토와 국민은 남북으로 분열된 상태이어서 놀란 혼이 아직 진정되지 못한 것을 느끼고 있다." 그랬다. 개인이건 민족이건 한국의 근대는 내일을 내다보기 어려운 격변의 시대이자 끝 모를 시련기이기도 했다. 이 책을 마무리하면서, 그 역사적인 격동의 시간에 이승만, 현순, 최남선 세 사람이 각각 무슨 생각을 하고 어떻게 살았는가를 더듬어 보고자 한다.

I

1910년의 망국은 예상된 일이었다. 적어도 세 사람에게는 그랬다. 이를테면 하와이에 있던 현순은 5년 전 '을사보호조약'이 체결되었다는 소식을 듣고는, 이로써 대한제국은 멸망했다고 보고 이 조약에 서명한 대신들을 향해 격렬한 분노를 표출한 적이 있다. "저들 이름은 천고에 역적이오 저들 자손은 타인의 노예라." 그는 또 러시아에 망한 폴란드의 예를 들면서, "오늘날 우리 한국도 한인이 스스로 망케 함이오"라고 탄식했다.[145] 1907년 5월에 귀국한 그는 3·1운동이 일어날 때까지 교육과 선교 활동에만 힘을 쏟았다. 정치와 종교를 분리했기에 이 일이 가능했다. 달리 말하면 일본의 식민 지배를 받아들였던 것이다.

이승만도 현순과 다르지 않았다. 망국을 바로 앞둔 시점에 프린스턴대학에서 박사학위를 받았던 그는 미국에 남지 않고 귀국길에 올랐다. 이때 그는 재미동포에게 이런 메시지를 남겼다. "나라를 위하여 걱정하실 때에 목하 형편에 낙심하지 말고 더욱 기운을 장하게 하여 각각 자기의 마땅히 행할 일은 힘자라는 데까지 행하시며 전국 인민의 부패한 것을 한탄하실 때에 자기 마음 안에 있는 병근을 먼저 고치며 각각 서로 사랑하여 예수의 부생 부활하는 큰 도로써 죽은 나라를 다시 살려내는 좋은 약으로 여기시기를 간절히 부탁하나이다."[146] 이러한 생각에서 이승만은 귀국의 길을 택하지만, 이른바 '105인사건'으로 1년 반 만에 미국으로 돌아가야만 했다. 국제적인 조직인 YMCA를 매개로 한 이승만의 교육 및 종교활동을 일제의 무단통치는 불온하다고 보았던 것이다.

최남선은 어떠했을까? 일본의 통감통치 아래 〈소년〉지를 발행하면서 몸과 마음이 병들었던 그는 1909년 11월 하순 돌연 일본으로 건너갔다. 이듬해 1월 말까지 도쿄에 머물렀던 그는, 한일관계의

145 〈공립신보〉(1906. 1. 8.), "布哇 전도사 현순 씨의 寄書".
146 〈신한민보〉(1910. 9. 28.), "리박사 귀국".

변화 속에서 자기가 할 수 있고 해야 할 일을 찾아보고자 했다. 이제 만 20세, 자기가 하는 일에 책임을 져야 하는 성인이 되었다. '일한병합' 후 처음 발행된 〈소년〉(1910년 12월호)에는 "조선광문회광고朝鮮光文會廣告"가 실렸다. '발기인' 명의로 발표된 그 문안은 자못 비장했다. "금今에 고문古文이 일日로 산망散亡하고 족수族粹가 일日로 쇠퇴하여 오천 년 왕성선철往聖先哲의 혁혁한 공렬功烈"이 어둠 속에 묻힐 위기에 처했다면서, 이에 의기남아와 독지篤志 학자들이 한데 모여 "천하만세에 조선토朝鮮土의 진면목과 조선인의 진재지眞才智"를 드러낼 조선광문회를 만들기에 이르렀다고 했다. 나라는 망했어도 민족의 정체성만은 보존해야 하겠다는 뜻을 세상에 알린 것이다. 식민지 시대의 '조선학'이 이렇게 탄생했다.

일본의 조선 병합 직후 세 사람은 서울, 아니 이제는 '경성' 한복판에서 서로 제 갈 길을 가고 있었다. 이승만은 종로의 황성기독교청년회(서울 YMCA) 건물에서 먹고 자면서 바쁘게 지냈다. 그의 공식 직함은 한국인 총무 겸 학감이었다. 현순은 협성신학교를 졸업하고 장로목사 안수를 받았다. 이후 상동교회에서 시무하고 상동청년학원의 원장을 지내면서 '상동그룹'에 합류했다. 최남선은 종로 YMCA에서 두어 블록 떨어진 상리동(황금정, 지금의 을지로)의 이층 가옥에 신문관과 조선광문회를 함께 두었다. 이곳에는 민족의 앞날을 걱정하는 지식인들이 모여들었다. 최남선 연구자들은 이런 모임에서 3·1운동이 준비되었다고 말한다. 그런데 3·1운동은 여러 갈래의 움직임들이 하나로 합쳐져 일어난 운동이었다. 여기에는 천도교와 기독교계의 동향을 빼놓을 수 없다.

이승만과 현순은 청일전쟁 후 신학문의 길에 들어섰고, 독립협회와 만민공동회의 개혁운동에 함께 참여했으며, 기독교로 개종했다. 그 후 현순은 하와이 이주체험을 했고, 이승만은 미국 유학체험을 했다. 이러는 사이에 두 사람은 신대한의 이상적인 모델로 미국을 상정했다. 기독교에 바탕을 둔 공화정부의 수립이 그들의 꿈이 되었다. 두 사람은 태평양을 통하여 아시아로 뻗쳐 나오는 미국의 힘에도 주목했다. 동아시아에서 일본의 팽창을 견제할 수 있는 나라는 미국밖에 없다고 보았기 때문이다.

한편, 러일전쟁 후 도쿄에서 '해국' 일본의 비상을 지켜보았던 최남선은 〈소년〉이라는 잡지 발행을 통하여 한반도의 양편, 즉 태평대양과 태동대륙으로 진출하는 '신대한'의 꿈을 펼쳐 보였다. 이것은 메이지 유신 이래 '신일본'이 내걸었던 기표를 그대로 옮겨 온 것이었다. 문제는 그 꿈을 현실로 만들 수 있는 구체적인 방안과 이를 밀고 나갈 힘(국력)을 갖고 있는지 여부였다. 이 점에서 최남선이 표방한 신대한은 공허했다. 제국 일본을 닮고자 하는 열망만이 그 텅 빈 공간을 채웠다. 일제의 조선 병합 후 그는 신대한의 꿈을 접었다. 이후 단군 신앙에 기대어 '조선학' 정립에 나섰다. 이것은 종교와 학문의 경계에 걸쳐 있었다. 최남선의 국학 연구의 특징과 한계가 여기에 있었다.

II

역사는 인간이 만들어 가는 것이지만 때론 그들이 전혀 예상하지 못했던 방향으로 나아가기도 한다. 1914년 6월 28일, 사라예보Sarajevo에서 울려 퍼진 총성이 세계를 전쟁과 혁명의 소용돌이로 밀어 넣더니, 그 반대편 식민지 조선에서 "만세" 소리와 함께 거리 시위가 벌어졌다. 이 운동은 거족적인 민족운동으로 발전했다. 누구도 예측하지 못했던 일이 발생했다. 〈(독립) 선언서〉 낭독으로 3·1운동을 촉발시킨 '민족대표' 33인도 예상하지 못했다. 경성의 조선총독부는 허둥댔고, 도쿄의 제국 정부는 경악했다. 그들은 3·1운동을 찻잔 속의 태풍으로 만들기 위하여 안간힘을 썼다. 세계는 한 달 만에 조선에서 벌어진 '만세 소동'에 주목했다. 서방 언론은 이 소동이 세계 역사상 전례가 없는 '수동적 저항passive resistance'의 본보기라며 경이로워했다. 중국의 진보적인 지식인들은 "〔한국인이〕 무력이 아니라 민의民意로써 운동을 이끌어 나가 세계혁명사의 신기원을 개척했다"라고 평가했다. 9년 전 무기력하게 일본에게 주권을 넘겼던 대한제국의 모습과는 완전히 달라졌기에 그저 놀랍고 신기할 수밖에 없었다.

왜 이렇게 달라졌을까? 도대체 그사이에 어떤 일이 생겼던 것일까? 우리는 아직도 이 문제에 대하여 제대로 된 설명을 내놓지 못하고 있다. 그때도 마찬가지였다. 먼저 〈(독립) 선언서〉를 기초하는 영예를 안았던, 이리하여 그의 일생에서 최고의 순간을 맞았던 최남선의 이야기부터 들어 보자. 1921년 10월, 서대문형무소에 풀려난 최남선은 이듬해 9월 자신이 창간한 잡지 〈동명東明〉에 "조선민시론朝鮮民是論"이라는 글을 연재했다. 나라가 없기에 '국시國是'가 아닌 '민시'였다. 이때의 '민'은 "나랏일은 내가 다 한다는 계급보다 이른바 지위가 없는 사람들"이자 "세상일은 내가 다 아노라 하는 사회보다 이른바 무지식한 사람"들을 가리킨다. 이른바 민중이었다. 최남선은 한때 그가 계몽의 대상으로 삼았던 민중을 3·1운동의 주체로 내세웠다. 그의 이야기를 들어 보자.

> 가르치는 이 없이 민족적 자각이 골고루 생기고, 이끄는 이 없이 민족적 일치가 저절로 이루어졌습니다. 닥친 것이 어려울수록 그대로 자각과 일치가 줄기차게 일어났습니다. 덮어씌운 것이 흉악할수록 그대로 자각과 일치가 굳세어 누그러지지 않았습니다.
>
> 이때까지 안개 낀 것처럼 불투명했던 것이 실상 오늘날을 위하여 정력을 길러 축적하자고 그리된 것입니다. 오늘날 와서 이만한 탄발력彈發力을 낼 수 있기는 사실상 두고두고 쌓았던 것을 한꺼번에 쏟아 내었다는 사실로 보여주었습니다.**147**

최남선은 또 이렇게 말했다. "진작부터 민중의 이러한 자조와 일치로써 조선이 지탱되었다면 일찍부터 세계적 시험의 민족적 통과를 완전히 성취했을 것입니다." 3·1운동에서 보여준 민중의 생명

147 최남선 저, 류시현 역(2013), 《근대문명문화론》, 경인문화사, 162쪽.

력과 역동성이 좀 더 일찍 발현되었다면 '경술년(1910)의 불벼락'을 맞지 않고 자주적인 근대화를 이루었을 것이라는 아쉬움의 표현이었다.

최남선은 3·1운동을 통해서 민중이 주체가 되는 민족을 비로소 발견할 수 있었다. 이때의 민중은 누가 가르치고 이끌지 않아도 스스로 민족적 자각과 일치를 이루었다. 더는 참을 수 없고, 더는 견딜 수 없는 상황에서 그들은 '자아'에 눈을 뜨고 무서운 형세로써 분기했다. "죽을 것처럼 어려웠던 시련의 마당에서 어렵게 '민족'을 발견하고 — 생명의 맥박이 그 속에 뛰고 활기가 그 가운데 서려 있음을 발견했습니다."148 이러한 발견의 주체는 기실 민중이 아니라 최남선 자신이었다. 그는 이제 민중을 계몽하고 선도하는 자리에 설 수 없었다.

현순에게 3·1운동은 어떻게 다가갔을까? 그는 이 운동의 준비 과정에 '우연히' 끌려들어 갔다. 《현순자사》에 나오는 〈3·1운동과 아我의 사명〉에는 당시의 상황이 비교적 자세하게 기록되어 있다. 그는 1919년 1월 중순 의주(평북) 장로교회의 초청을 받아 부흥회를 인도하고 2월 초 서울로 돌아왔다. 어느 날 그는 종로의 기독교청년회와 기독신보사基督申報社를 방문한 뒤 주필 김필수 목사와 함께 남대문 밖 제중원 약방주임인 이갑성의 사저에 들렀다. 이승훈, 함태영, 안세환, 오기선, 박희도 등이 둘러 앉아 있었다. 이런 모임이

---

148 위의 책, 164쪽.

있는 줄 몰랐던 현순도 그 자리에 끼었다. 이때가 2월 19일 오후 2시경이었다.

그 후 현순은 '조선 민족대표 33인의 위촉'을 받아 중국 상하이로 건너갔다. 이곳에 임시 독립사무소를 차리고 정부 건립에 나섰다. 현순은 훗날 회고하기를, 3·1운동 후 그에게 주어진 최대의 사명은 "외양外洋에 산재한 애국지사와 연락하여 단결한 행동을 취하려고 하여 서西에서 안창호, 동東에서 이동휘, 북北에서 이동녕·이시영 등을 영합하여 임시정부를 조직하고 또는 구미에서 외교를 주로 하는 이승만을 영래迎來하여 독립운동의 대본영을 설치하려는 것"이었다고 했다. 이리하여 대한제국을 대체하는 대한민국이 탄생할 수 있었다. 한국사에서 자주적인 국민국가 건설의 첫발을 내딛게 된 것이다.

3·1운동이 임시정부 수립으로 연결되는 데에는 적지 않은 진통이 있었다. 가장 큰 문제는 우리 역사에서 처음 보는 공화정부의 수반으로 누구를 추대할 것인가였다. 처음에는 천도교의 교주인 손병희의 이름이 올라왔다. 그런데 그는 '독립선언' 후 서대문형무소에 갇혀 있었다. 현실적인 대안으로 국내가 아닌 국외에서 활동 중인 인물들에서 고르기로 했다. 이승만과 이동휘가 떠올랐다. 두 사람은 여러모로 대조적이었다. 출신 배경으로는 기호 양반 대 관북 아전이요, 활동지역으로는 미주 대 노령·만주이며, 독립노선으로는 외교선전 대 무장투쟁이었다. 소비에트 러시아의 출현에 따라 이념적인 대립 구도도 생겨났다. 최종적으로 이승만이 임시대통령의 지

위에 올랐다. 신생 정부의 당면과제가 국제적인 승인 획득과 안정적인 재정 확보라는 점에 비추어 볼 때, 그것은 당대 민족운동가들에게 현실적인 선택으로 받아들여졌다.

이승만은 예기치 않은 순간, 예기치 않은 자리에 올랐다. 그는 국내에서 3·1운동이 일어났다는 소식을 듣고는, "천고千古에 희한한 일이자 하느님의 도우심"이라고 했다. 미주 한인사회도 놀라기는 마찬가지였다. 〈신한민보〉는 1919년 3월 13일에 호외를 내면서, "장쾌하여도 이렇게 장쾌하고 신기하여도 이렇게 신기한 일은 진실로 무엇에 비할 데 없으니 기쁨에 겨운 우리는 눈물로 뿌렸노라"며 감격스러워했다.

사실, 미주지역의 동포들은 우드로 윌슨이 제창한 민족자결주의에 그다지 큰 기대를 걸지 않았다. 전후 파리에서 개최될 강화회의에 대한인국민회가 대표를 파견하기로 결정했던 것도 '기회적 외교'를 한번 시험해 보고자 하는 것에 지나지 않았다. 이승만과 정한경은 미국 정부에 '위임통치' 청원을 내놓기도 했다. 한국인의 자력에 의한 독립은 불가능하다는 생각이 그 밑바탕에 깔려 있었다. 국내에 있던 최남선은 민중의 자각과 단합된 힘에 눈을 떴지만, 미주 한인사회의 지도자와 유학생들은 전통적인 왕조와 양반 관료의 지배 아래 무기력했던 '백성'에 대한 기억만을 갖고 있었다.

III

식민지 조선의 해방은 일본제국의 패망에서 비롯되었다. 1941년 12월 7일, 태평양전쟁이 발발하자 이승만은 곧바로 미 국무부에 편지를 보냈다. "마침내at last 피할 수 없는 충돌이 발생했다. … 한국인은 미국의 대의에 도움이 될 모든 기회를 모색하고 있다."149 그랬다. 이승만은 이 순간을 30년이 넘게 기다렸다. 미일전쟁은 곧 한국의 독립으로 연결될 것이라는 기대 때문이었다. 그런데 미 국무부는 전쟁이 터지자 한국을 연합국의 공동 신탁통치하에 두는 방안을 검토하기 시작했다. 여기에는 복잡한 셈법이 작용하고 있었다. 가장 중요한 고려 사항은 일본의 패전 후 동아시아에서 발생할 힘의 공백을 누가 어떻게 메꿀 것인가였다. 이 문제를 놓고 미국은 연합국 열강, 즉 영국과 중국(국민당 정부) 그리고 소련 모두를 설득할 만한 대안을 내놓아야 했다. 특히 한반도 문제는 미국이 직접 개입하기도 어려웠고, 그렇다고 중국이나 소련 어느 한 나라에 맡길 수도 없었다. 이리하여 나온 해법이 신탁통치였다.

이승만은 1945년 10월 6일 미국을 떠나 귀국길에 올랐다. 33년 만이었다. 그는 재미동포에게 이런 고별사를 남겼다. "1905년 이래

149 Department of State, U. S. (1987), *United States Policy Regarding Korea, 1834~1950*, Chuncheon: Institute of Asian Culture Studies, Hallym University, 56쪽.

우리는 일미충돌 나기만 기다려 왔나니 이 전쟁이 나야만 미국인이 우리의 말을 곧이듣고 우리를 도와서 왜적을 파멸한 후 우리나라를 회복하게 되리라 한 것인데, 1941년 진주만사변 이후로 우리 임정은 승인도 못 얻고 일 푼의 도움도 못 받고 있다가 급기야 왜적이 패망한 후 우리 금수강산은 외국 군사의 점령으로 남북으로 갈라놓았고 우리 임정은 타국에 체류하여 오도 가도 못하고 있으며 외국세력을 의뢰하고 국권을 방해하는 자들이 정계에 편만하여 충역이 혼잡되어 혼돈 상태를 만들어 놓았으니 우리 삼천리강토가 우리의 것인지 3천만 민족이 자유민인지 아직 모르고 있는 중이라."150 억울하고 답답해하는 심정이 묻어난다.

이승만은 태평양전쟁 발발 후 대한민국임시정부를 대표하여 미국정부와 교섭을 벌였지만 어떤 성과도 거두지 못한 채 빈손으로 귀국해야만 했다. 무엇이 문제였을까? 위의 고별사에서 이승만은 '외국세력'에 의뢰하여 국권을 방해하는 자들의 탓으로 돌리고 있는데, 여기서 외국이라고 함은 소련과 중국 공산당을 가리킨다. 이승만은 이때 자신의 뜻에 반하는 모든 이들을 공산주의자로 몰아붙였다. 여기에는 임시정부에 참여하고 있던 김원봉 세력과 이들과 '내통'한 하와이와 미주의 한인 진보주의자들도 포함되었다. 이승만은 오직 미국과 이를 따르는 사람들만이 해방된 조국 건설에 나서야 한다고 생각했다.

150 이승만(1945. 10. 22.), 〈공개편지〉 2-16(총수 39호), "리박사의 고별사".

한편, 최남선은 태평양전쟁에서 일본의 편에 섰다. 그는 말과 행동으로 일본이 주창하는 '대동아공영권'에 공감하고 협력하는 태도를 보였다. 중일전쟁 후 만주로 건너가서 〈만몽일보〉의 고문이 되는가 하면, 이른바 만주국이 그들이 표방한 오족협화와 왕도낙토의 이념을 실현할 지도자 양성 목적으로 설립한 건국대학의 교수로 취임했다. 미일전쟁 중에는 도쿄로 건너가서 조선 학도병 지원 연설에 나서는가 하면, 이런저런 신문과 잡지의 지면을 통하여 '대동아전쟁'을 찬양했다. 이런 식이었다. "오늘날 대동아인으로서 이 성전에 참가함은 대운大運 중에 대운임이 다시 의심 없다. 어떻게든지 참가하고야 마는 최고 명령을 받고 있다. 여기에 논의를 시試다든지 사변을 농弄하려 하는 이가 있다 하면, 천하에 이 이상의 우망愚妄이 다시없을 것이다."151 확신에 찬 단호한 어조이다.

해방 후 최남선은 자신의 친일 행위를 변명하는 〈자열서自列書〉에서 이렇게 말한다. "당시 나의 〔학병〕 권유 논지는 이번 전쟁은 세계

151 "學徒여 聖戰에 나서라: 보람 있게 죽자"라는 제목을 단 이 글은, 1943년 11월 5일 자 〈매일신보〉 제 1면 상단 좌측에 최남선의 얼굴 사진과 함께 실렸다. 이듬해 1일 1일 자 〈매일신보〉에는 "亞細亞의 解放"이라는 기고문이 실렸다. 최남선은 첫머리에서 이렇게 말한다. "이 세기의 역사적 과제가 무엇이겠느냐 하건대 우리는 아세아의 해방이 되리라고 하고 싶다." 여기서 해방이라고 함은 서양의 지배와 착취로부터 벗어나는 것인바, '대동아전쟁'의 세계사적 의의가 여기에 있다고 했다. 이때는 미·영·중 3국 정상이 전후 한국의 독립을 약속한 카이로선언(1943. 12. 1.)을 발표한 후였다. 최남선은 다분히 이 선언을 의식하며 "아세아의 해방"이라는 글을 썼다.

역사의 약속으로 일어난 것이므로 결국에는 전 세계 모든 민족이 여기 참가하는 것이요, 다만 행복한 국민은 순순히 운명으로 생각하여 참가하되 불행한 민족은 운명을 거슬려 참가함이 또한 어찌할 수 없는 일임을 전제로 했다. 우리는 이 기회를 가지고 이상과 정열과 역량을 가진 학생 청년층이 조직, 전투, 사회 중핵체 결성에 대한 능력을 양성하여 임박해 오는 새로운 운명에 대비하자 함에 있었다."[152]

궤변이라 할 만하다. '대동아전쟁'이 일본의 침략전쟁이었다는 것조차 인정하지 않으려고 둘러댄다. 이 사실을 인정하는 순간 자기의 학병 권유 '명분'이 사라지기 때문이었다.

최남선의 친일은 어떤 외압 때문이 아니라 자발적인 것이었다. 10대 중반부터 일본이 전쟁에서 승승장구하는 모습을 보면 '제국'의 꿈을 키워왔던 그는, 대일본제국 안에서 조선의 위치를 찾아보고자 했다. 일본이 설혹 미일전쟁에서 패배한다 해도 조선만은 일본의 세력권 내에 남아 있을 것으로 예상했을 수 있다. 어떻게 일본이 대륙진출의 생명선인 한반도를 포기하겠는가! 일본의 무조건 항복이란 최남선의 상식과 예측 범위를 뛰어넘었다. 그의 〈자열서〉에는 이런 추측을 불러일으킬 만한 대목들이 나온다. 이를테면 "태평양전쟁은 예상보다 일찍 끝났"다든가, "까마득하던 조국의 광복이 뜻밖에 얼른 실현되어"라는 구절이 그것이다.[153] 최남선은 해방을 기쁨보다

152 최남선 저, 류시현 역, 앞의 책, 233쪽.

153 위의 책, 234, 238쪽.

는 두려운 마음으로 맞이했다.

현순은 어떠했을까? 이에 답하기 위해서는 배경적인 설명이 필요하다. 세 인물 중 활동의 폭이 가장 넓었던 사람은 현순이었다. 그는 서울에서 태어나 도쿄에 유학을 갔고 하와이로 이주한 한인 노동자들과 함께 지낸 바 있다. 3·1운동이 일어난 후에는 중국 상하이에서 임시정부를 조직하는 일에 앞장섰고, 워싱턴 D.C.에서 미국정부와 미국인을 상대로 외교 및 선전 활동을 벌였다. 1921년 말에는 소비에트 러시아의 심장 모스크바를 방문하여 레닌과 직접 대면하기도 했다. 그는 이때 레닌의 '신경제' 정책에 깊은 인상을 받았다. 그 후 하와이제도 북단의 카우아이섬에서 목회 활동을 하다가 1940년 2월에 은퇴하여 호놀룰루로 거처를 옮겼다. 얼마 후 그는 하와이 주둔 미군 정보당국자에게 일본의 기습 공격이 있을지도 모른다는 경고를 했다.

태평양전쟁이 터지자 그는 다시 독립운동의 전면에 나섰다. 하와이에서 만들어진 중한민중동맹단에 참가한 후 워싱턴에서 이승만과 경쟁하고 있던 한길수라는 인물을 후원하는가 하면, 중국 관내에서 벌어지고 있던 김원봉의 군사 활동을 지지하고 그가 결성한 조선민족혁명당의 하와이 총지부를 만들기도 했다. 좌우합작에 적극적이었던 현순은 1942년 9월 충칭의 김구에게 보낸 전보에서 이렇게 당부했다. "형에게 충고하오니 김약산 형과 협동하시오. 대표권을 상당히 규정하여 연립정부로 개조하고 중국에서 승인을 얻고 미국에는 그다음에 요구하오. 그렇지 않으면 실패." 연립정부의 구성이 시대적 추세이자 국제적인 승인을 얻는 데 유리하다고 보았던 것이다.

현순은 해방을 전후하여 꽤 많은 글을 남겼다. 이들 중 일부는 언론에 발표되기도 했지만, 대부분은 그의 문서철에만 남아 있다. 이 가운데 호놀룰루의 영자신문에 기고했던 것으로 보이는 한 원고가 눈길을 끈다. 3쪽에 달하는 장문인데, 이렇게 시작된다. "한국은 기로에 서 있다. 많은 한국인은 서로 묻는다. 우리가 해방된 것인가 다시 예속당한 것인가? 우리는 적색 한국Red Korea에서 살고 있는가 아니면 백색 한국White Korea에서 살고 있는가? 한반도 전역에 걸쳐 너무 복잡하게 뒤얽힌 이 문제를 과연 누가 해결할 것인가? 미국 당국은 한국이 민주적인 기반 위에 건설되도록 도울 것인가 혹은 러시아 당국이 그렇게 할 것인가?" 이러한 물음을 던진 현순은 스스로 답하기를, 미·소의 분할 점령과 군정 아래 놓인 한국은 미국식 민주주의와 러시아식 공산주의 중 어느 하나를 선택할 것이 아니라 오직 한국 국민의 생존에 적합한 '한국식 민주주의a Korean democracy'를 만들어 낼 수 있어야 한다고 역설했다. 그래야만 어느 한 편에 서지 않고 자주적인 문제 해결을 도모할 수 있기 때문이다.**154**

현순의 소망은 이루어지지 않았다. 한반도에는 미국과 소련의 영향을 받는 두 개의 정부가 들어서면서 남북 간 언제 전쟁이 터질지 모르는 긴장감이 감돌고 있었다. 현순과 그의 가족은 북한과 소련

---

154 고정휴(2016), 《현순: 3·1운동과 임시정부 수립의 숨은 주역》, 역사공간, 204~207쪽.

쪽으로 기울었다. 미국 정부와 정보당국은 그들을 불온시했다. 현순이 이때 남긴 메모 중에는, "미국에 있는 우리의 처지로 보면 오늘날과 같이 공포심이 많았던 때는 없었다"라는 기록이 나온다. 그 까닭으로 세 가지를 들었다. 첫 번째는 미국과 소련의 충돌이오, 두 번째는 미국의 외국인 위협이오, 세 번째는 남한〔대한민국〕 외교단의 위협이었다. 이승만 정권은 현순과 그의 가족을 용납하지 않았다. 현순은 해방된 조국을 보지 못한 채 로스앤젤레스 인근의 한 양로원에서 쓸쓸히 세상을 떠났다.

한편, 항상 승자의 편에 설 것 같은 이승만은 말년에 독재자로 몰려 조국에서 추방당했다. 그의 곁을 끝까지 지킨 것은 부인(프란체스카)과 몇 명의 친지뿐이었다. 권력의 무상함이란 그런 것이었다. 최남선의 말년도 불행했다. 그는 〈자열서〉에서, "민족의 한 사람으로 반反민족의 지목을 받음은 죽을 때까지 씻기 어려운 큰 치욕이다"라고 했다. 한국전쟁 때에는 큰딸과 큰아들을 잃었다. 최남선은 중풍으로 쓰러졌다. 그는 어릴 때부터 늘 보아왔던 명동성당에서 세상과 작별을 고했다. 세 사람의 삶은 이처럼 비극적인 결말을 맞은 듯하지만, 한말부터 그들이 품었던 신대한에 대한 포부와 열망은 한국의 국민국가 수립 과정에 녹아들었다. 좋든 싫든, 우리는 그들이 남긴 유산 위에 서 있다. 그들이 남긴 과제, 이를테면 친일청산이라든가 독재 그리고 남북 분단과 같은 문제는 반세기를 훌쩍 넘긴 오늘날에도 제대로 해결하지 못한 숙제로 남아 있다.

부록

부록 1. 《신포와》의 구성

부록 2. 《포와유람기》와 《신포와》의
장/절 항목 비교

부록 3. 하와이제도 사탕수수농장의
한인캠프(1905~1908)

부록 4. 하와이제도 사탕수수농장
위치도(1915)

부록 1. 《신포와》(개정증보판, 1902)의 구성

장	제목	절(항목수)	페이지
1	총론	1~4 절	1~16 쪽
2	지리	5~32 절	17~80 쪽
3	역사	33~37 절	81~147 쪽
4	교육	38~43 절	148~165 쪽
5	종교	44~54 절	166~198 쪽
6	위생	55~62 절	199~253 쪽
7	풍속	63~72 절	254~291 쪽
8	이민	73~82 절	292~342 쪽
9	경지(耕地)	83~92 절	343~411 쪽
10	경지의 소요(騷擾)	93~97 절	412~424 쪽
11	토착사업	98~106 절	425~451 쪽
12	일본인의 단체	107~116 절	452~508 쪽
13	일본인의 일치운동	117~123 절	509~543 쪽
14	상업	124~130 절	544~562 쪽
15	물가급(及)임금	131~136절	563~572 쪽
16	법령	137~147절	573~644 쪽
17	신문	148~155절	645~653 쪽
18	도항심득(渡航心得)	156~163절	654~674 쪽
19	흑사병	164~170절	675~694 쪽
20	문원(文苑)	171절	695~698 쪽
부록	재포와(在布哇) 일본인출신록	총 266쪽(광고 38쪽 포함)	

부록 2. 《포와유람기》와 《신포와》의 장/절 항목 비교

《포와유람기》(1909)			《신포와》(개정증보판, 1902)		
장	절	페이지	장	절	페이지
1장 총론	1절 태평양낙원	1~4 쪽	1장 총론	1절 태평양의 낙원	1~4 쪽
	2절 한국이민의 효시	4~6 쪽		—	—
	3절 한인의 생활경황	6~7 쪽		—	—
	4절 한인의 기독교급 (及) 교육의 발전	8~11 쪽		—	—
	5절 한인의 사회급실업	11~13 쪽		—	—
	6절 한인의 신문급잡지	13~14 쪽		—	—
2장 지리	1절 위치급면적	14~15 쪽	2장 지리	1절 위치·면적	17 쪽
	2절 기후	15~16 쪽		7절 기후	21~24 쪽
	3절 동물	16~17 쪽		12절 동물	30~32 쪽
	4절 식물	17~18 쪽		13절 식물	32~34 쪽
	5절 인종급인구	18~19 쪽		14절 인종 15절 인구	34~37 쪽 37~42 쪽
	6절 가옥급식물(食物)	20~21 쪽		17절 가옥급(及)집기 20절 식물	44~46 쪽 48~49 쪽
	7절 언어급문자	21~22 쪽		16장[절] 문자급언어	42~44 쪽
	8절 유희급음악	22~23 쪽		19절 유희·음곡(音曲)	47~48 쪽
	9절 호놀룰루부(府)	23~28 쪽		22절 호노루루부(府)	50~59 쪽
	10절 히로[힐로]시(市)	28~29 쪽		23절 히로[힐로] 시(市)	59~61 쪽
	11절 포와의 상업	29~33 쪽	1장 총론	2절 상업상의 포와	4~10 쪽
	12절 포와의 군비	33~36 쪽		3절 군비상의 포와	11~15 쪽
	13절 니하우도(島)	36 쪽	2장 지리	24절 니이하우도(島)	61 쪽
	14절 가와이 [카우아이]도	36~37 쪽		25절 가우아이도	62~65 쪽
	15절 오아후도	37~38 쪽		26절 오아후도	65~68 쪽
	16절 몰로카이도	38 쪽		27절 모로카이도	69 쪽
	17절 마위[마우이]도	38~39 쪽		28절 마우이도	69~72 쪽
	18절 라나이도	39 쪽		29절 라나이도	72 쪽
	19절 가호라우이 [카호올라웨]도	39~40 쪽		30절 가호오라우이도	72~73 쪽
	20절 하와이도	40~42 쪽		31절 하와이도	73~80 쪽

<table>
<tr><th colspan="3">《포와유람기》(1909)</th><th colspan="3">《신포와》(개정증보판, 1902)</th></tr>
<tr><td rowspan="5">3장 역사</td><td>1절 포와의 발견과 명칭</td><td>42~43 쪽</td><td rowspan="5">3장 역사</td><td>33절 포와의 발견급 명칭</td><td>81~83 쪽</td></tr>
<tr><td>2절 정치</td><td>43~45 쪽</td><td>34절 정치</td><td>83~85 쪽</td></tr>
<tr><td>3절 제 1혁명</td><td>45~47 쪽</td><td>35절 제 1혁명</td><td>85~128 쪽</td></tr>
<tr><td>4절 제 2혁명</td><td>47~48 쪽</td><td>36절 제 2혁명</td><td>128~136 쪽</td></tr>
<tr><td>5절 미포(美布)합병</td><td>48 쪽</td><td>37절 미포합병</td><td>136~147 쪽</td></tr>
<tr><td rowspan="5">4장 경지</td><td>1절 포와제당회사의 효시</td><td>49~51 쪽</td><td rowspan="3">9장 경지</td><td>83절 포와제당회사의 효시</td><td>343~346 쪽</td></tr>
<tr><td>2절 사탕배육법</td><td>51~53 쪽</td><td>85절 감초배육법</td><td>349~359 쪽</td></tr>
<tr><td>3절 경지노동자의 생활 상태</td><td>53~56 쪽</td><td>89절 경지노동자 생존의 상태</td><td>365~385 쪽</td></tr>
<tr><td>4절 일본인의 이주급 현시상태</td><td>56~57 쪽</td><td>—</td><td>—</td><td>—</td></tr>
<tr><td>5절 청국인의 이주급 현시정황</td><td>57~58 쪽</td><td>—</td><td>—</td><td>—</td></tr>
</table>

부록 3. 하와이제도 사탕수수농장의 한인캠프(1905~1908)

섬	농장소재지 (한글, 현순)		한인 노동자수 (하와이사탕수수 경작주협회)	한인 노동자수 (윤치호)
오아후	가후구	Kahuku	80명(12%)	약 40명
	에와	Ewa	288명(13%)	약 500명
	와이파후	Waipahu *Oahu Sugar Company	203명(21%)	—
	와일루아	Waialua	207명(8%)	약 40명
	와이니에	Waianae	0	0
	와이마날누	Waimanalo	0	0
	아이아	?	—	—
	라이아	?	—	—
	히아	?	—	—
카우아이	기아리아 가파	Kealia & Kapaa *MaKee Plantation	136명(15%)	약 200명
	기가하	Kekaha	95명(11%)	약 90명
	길나우야	Kilauea	65명(19%)	약 25명
	하나마울루	Hanamaulu *Lihue plantation	57명(4%)	약 50명
	마나웰이	Makaweli	—	약 390명
	와이미아	Waimea	0	—
	마나	Mana	—	—
	에리에리	Eleele	—	—
	하나뻬비(禾耕地)	Hanapepe	—	—
	아누아누	?	—	—
	—	Koloa	113명(15%)	(군중)
	—	McBryde Sugar Co.	193명(16%)	(군중)

섬	농장소재지 (한글, 현순)		한인 노동자수 (하와이사탕수수 경작주협회)	한인 노동자수 (윤치호)
카우아이	—	Hawaiian Sugar Company	168명(11%)	—
	—	Gay & Robinson's Plantation	22명(22%)	—
마우이	기파훌루	Kipahulu	21명(10%)	—
	하나	Hana	6명(2%)	—
	파이아	Paia	—	약 200명
	와일누구	Wailuku	—	약 60명
	가나파리	Kaanapali (and Lahaina)	—	약 200명
	스프렉켁스웰	Spreckelsville	—	—
	하마구아폭구	Hamakuapoko	—	—
	하모아	Hamoa	—	—
	하이구	Haiku	—	—
	—	Kihei	31명(7%)	약 57명
	—	Hawaiian Commercial & Sugar Co.	236명(10%)	—
	—	Maui Agricultural Co.	93명(6%)	—
	—	Pioneer Mill	66명(5%)	—
하와이	고할나	Kohala	86명(19%)	약 200명
	구가야후	Kukaiau	3명(2%)	약 60명
	올나	Olaa	267명(18%)	338명
	파우하우	Paauhau	40명(8%)	28명
	와이기아	Waiākea	0	4명
	윤니은밀	Union Mill	17명(7%)	약 30명

섬	농장소재지 (한글, 현순)		한인 노동자수 (하와이사탕수수경작주협회)	한인 노동자수 (윤치호)
하와이	하가라우	Hakalau	0	약 100명
	하미구아	Hamakua	39명(9%)	100명 이상
	호노가	Honokaa	59명(9%)	120명
	호노무	Honomu (Sugar Co.)	0	0
	베베게오	Pepeekeo (Sugar Co.)	0	0
	랍파호예	Laupahoehoe	24명(6%)	—
	오가라	Ookala	0	—
	오노메아	Onomea	0	—
	파할나	Pahala	—	—
	—	Pacific Sugar Mill	49명(10%)	150명 이상
	—	Halawa Plantation	8명(8%)	—
	—	Hawaii Mill & Plantation	74명(22%)	—
	—	Hawaiian Agricultural Plantation	51명(12%)	—
	—	Hutchinson Plantation	106명(18%)	—
	—	Puako Plantation	19명(13%)	—
	—	Dr. White's Private Plantation at Niulii	—	약 30명
	—	Hawi Plantation	—	약 35명

부록 4. 하와이제도 사탕수수농장 위치도(1915)

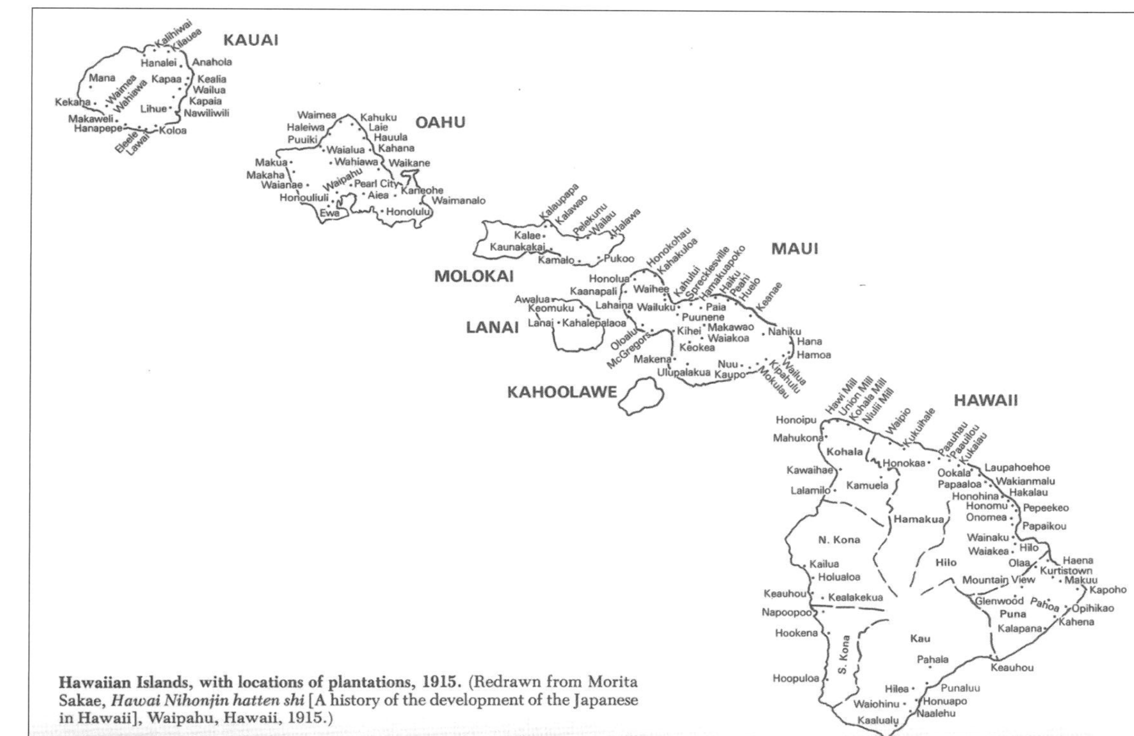

Hawaiian Islands, with locations of plantations, 1915. (Redrawn from Morita Sakae, *Hawai Nihonjin hatten shi* [A history of the development of the Japanese in Hawaii], Waipahu, Hawaii, 1915.)

출처: Wayne Patterson(1988), *The Korean Frontier in America: Immigration to Hawaii, 1896-1910*, p.116.

참고문헌

1. 자료

1) 신문 · 잡지류

〈공립신보〉(미국 샌프란시스코, 1905~1909)
〈대동공보〉(미국 샌프란시스코, 1907~1909)
〈대한매일신보〉(국내, 국한문판, 1904~1910)
〈독립(*Korean Independence*)〉(미국 로스앤젤레스, 1943~1955)
〈독립신문〉(국내, 1896~1899)
〈매일신문〉(국내, 1898~1899)
〈매일신보〉(국내, 1910~1945)
〈반도시론〉(일본 도쿄, 1917~1921)
〈신한민보〉(미국 샌프란시스코, 1909~1974)
〈제국신문〉(국내, 1898~1910)
〈협성회회보〉(국내, 1898)
〈황성신문〉(국내, 1898~1910)

〈공개편지(*Open Letter*)〉(애크론, 오하이오, 1943~1945)
〈대한유학생회학보〉(일본 도쿄, 1906)
〈대한흥학보〉(일본 도쿄, 1909~1910)
〈소년〉(국내, 1908~1911)
〈소년한반도〉(국내, 1906~1907)
〈신학월보〉(국내, 1900~1909)
〈조선문단〉(국내, 1924~1936)

〈청춘〉(국내, 1914～1918)
〈태극학보〉(일본 도쿄, 1906～1908)
〈태평양잡지〉(하와이, 1913～1930)

〈少年世界〉(東京, 博文館, 1895～1933)
〈太陽〉(東京, 博文館, 1895～1928)

The Mid-Pacific Magazine (Honolulu, T. H., 1911～1936)
The Korea Review (Seoul, 1901～1906)
The Pacific Era (Detroit Michigan, 1907～1908)

2) 인물 관계 자료

宗正院(1902), 《璿源續譜》, 太宗子孫錄: 讓寧大君派, 규장각 소장.
이승만(1910), 《독립정신》, 로스앤젤레스: 대동신서관.
______(1913), 《한국교회핍박》, 호놀룰루: 신한국보사.
______(1917), 《청일전기》, 호놀룰루: 태평양잡지사.
우남이승만문서편찬위원회(1998), 《梨花莊所藏 雩南李承晩文書: 東文篇》, 1～18권, 연세대 현대한국학연구소·중앙일보사.
유영익·송병기·이명래·오영섭 공편(2009), 《李承晩 東文書翰集: 淨書·飜譯·校註本》 상·하, 연세대학교출판부.
류석춘·오영섭·데이빗 필즈·한지은 공편(2015), *The Diary of Syngman Rhee, 1904～34 & 1944*, 서울: 대한민국역사박물관.
Syngman Rhee(1912), *Neutrality As Influenced by the United States*, Princeton: Princeton University Press.
______(1941), *Japan Inside Out: The Challenge of Today*, New York: Fleming H. Revell Company.

육당전집편찬위원회(1973), 《육당최남선전집》 1～15권, 고려대학교 아세아문제연구소·현암사.
최남선(1953), "해양과 국민생활: 우리를 구할 자는 오즉 바다", 대한지방행정공제회, 〈지방행정〉 2권 1～4호.

______(1955), "성경은 온 인류의 책", 〈성서한국〉 1권 3호.
______, 류시현 역(2013), 《근대문명문화론》, 경인문화사.
______, 류시현 역(2013), 《사론 · 종교론》, 경인문화사.
______, 오영섭 역(2013), 《조선역사강화》, 경인문화사.
______, 이영화 역(2013), 《조선독립운동사》, 경인문화사.

玄楯(1909), 《布哇遊覽記》, 京城: 玄公廉 發行, 日韓印刷.
미간행자료: 독립기념관 한국독립운동사정보시스템/콘텐츠/독립운동가 자료/현순 문건(1~7) 중 수첩메모장(Day Book-1942), 《石汀集》, 《華盛頓外交實記》 등
David Hyun & Yong Mok Kim eds. (2003), *My Autobiography by the Reverend Soon Hyun 1878~1968*, Seoul: Institute for Modern Korean Studies, Yonsei University Press, The Reverend Soon Hyun Collected Works, Volume 1~21, Korean American Digital Archive, University of Southern California.

3) 기타

국사편찬위원회 한국사데이터베이스: 《관보》 · 《승정원일기》 · 《조선왕조실록》.
국사편찬위원회 편(1971), 《修信使記錄》, 동 위원회.
______(1972), 《대한제국관원이력서》, 동 위원회.
______(1976), 《尹致昊日記》 6, 동 위원회.
______(2015), 《(국역) 윤치호 영문 일기》 4~5, 동 위원회.
박정양(1887), 《海上日記草》 필사본, 서울대학교 규장각한국학연구원 소장(奎 7722); 《박정양전집》 6권(아세아문화사, 1995) 수록.
야마무로 군베이 저, 장형일 역(2022), 《평민의 복음》, 에디아.
우치무라 간조 저, 김유곤 역(2000), 《內村鑑三全集》 2, 크리스챤서적.
육정수(1908), 《송뢰금(松籟琴)》 상권, 박문서관.

稻垣滿次郎(1892), 《東方策結論艸案》 上, 東京: 哲學書院.
內村鑑三(1894), 《地理學考》, 東京: 警醒社書店.
______(1897), 《地人論》 訂正版, 東京: 警醒社書店.

山室軍平(1899), 《平民之福音》, 東京: 救世軍日本本營.
藤井秀五郎(1900), 《新布哇》, 東京: 太平館.
______(1902), 《新布哇》改訂增補, 東京: 文獻社.
______(1938), 《大日本海外移住民史》第一編 布哇, 東京: 海外調查會.
谷信次 編(1903), 《海の大日本史》下卷, 東京: 大學館.
竹越與三郎(1910), 《南國記》, 東京: 二酉社.
坪谷善四郎(1937), 《博文館五十年史》, 東京: 博文館.
______(1942), 《大橋圖書館四十年史》, 東京: 博文館.
東京市市史編纂係 編(1907), 《東京案內》上卷, 東京: 裳華房.
〔日本〕外務省編(2007), 《日本外交年表竝主要文書》上, 東京: 原書房.

梁啓超(1903), 《新大陸遊記》, 沈雲龍 主編, 近代中國史料叢刊 第十輯(1967), 臺北: 文海出版社.

Department of State, U. S. (1987), *United States Policy Regarding Korea, 1834~1950*, Chuncheon: Institute of Asian Culture Studies, Hallym University.
Inagaki Manjiro(1890), *Japan and the Pacific, and a Japanese View of the Eastern Question*, London: T. Fisher Unwin.

"Ewa Plantation Company(1891~1960)", The HSPA Plantation Archives, University of Hawaii at Manoa Library(http://www2.hawaii.edu/~speccoll/p_ewa.html).
"Survey of Kahuku as a Plantation Town, Kahuku ahupua'a, O'ahu"(2023), Local Citing; A Curated History of Territorial Hawai'i(https://www.localciting.com/).

2. 연구논저

1) 단행본

강만길(2003), 《조선민족혁명당과 통일전선》(증보판), 역사비평사.
고미숙(2014), 《계몽의 시대: 근대적 시공간과 민족의 탄생》, 북드라망.
고야스 노부쿠니 저, 이승연 역(2005), 《근대 일본의 오리엔탈리즘: 동아·대동아·동아시아》, 역사비평사.
고정휴(2004), 《이승만과 한국독립운동》, 연세대학교출판부.
______(2016), 《현순: 3 1운동과 임시정부 수립의 숨은 주역》, 역사공간.
______(2021), 《태평양의 발견, 대한민국의 탄생》, 국학자료원.
______(2022), 《태평양의 발견과 근대 조선: 세계와 마주하다》, 나남.
구중회(2006), 《玉樞經 연구: 우리나라 道敎 최고의 경전》, 동문선.
국사편찬위원회 편(2007), 《북미주 한인의 역사》 상, 동 위원회.
______(2009), 《이방인 본 우리》, 두산동아.
국외소재문화재재단 편(2013), 《미국 UCLA 리서치도서관 스페셜 컬렉션 소장 함호용 자료》, 동 재단.
권두연(2016), 《신문관의 출판 기획과 문화운동》, 고려대학교 민족문화연구원.
권보드래 외(2007), 《〈소년〉과 〈청춘〉의 창: 잡지를 통해 본 근대 초기의 일상성》, 이화여자대학교출판부.
권오신(2000), 《미국의 제국주의: 필리핀인들의 시련과 저항》, 문학과지성사.
규장각한국학연구원 편(2011), 《조선 사람의 세계여행》, 글항아리.
김기란(2020), 《극장국가: 대한제국 만들기 프로젝트와 문화적 퍼포먼스》, 현실문화.
김경일·윤휘탁·이동진·임성모(2004), 《동아시아의 민족이산과 도시: 20세기 전반 만주의 조선인》, 역사비평사.
김근수(1988), 《한국잡지개관 및 호별목차집》, 한국학연구소.
김문식(2009), 《조선후기 지식인의 대외인식》, 새문사.
김성준(2019), 《유럽의 대항해시대》, 문현.
______(2021), 《한국항해선박사》(개정증보판), 혜안.
김상근(2004), 《세계지도의 역사와 한반도의 발견》, 살림.
김시덕(2015), 《동아시아, 해양과 대륙이 맞서다》, 메디치미디어.

김욱동(2012), 《한국계 미국 이민 자서전 작가》, 소명출판.
김윤식(1986), 《이광수와 그의 시대》 1~3, 한길사.
김원용(1959), 《재미한인50년사》, 필사본, Reedley, Calif. U.S.A,
______, 손보기 편(2004), 《재미한인 50년사》, 도서출판 혜안.
김학준(2012), 《구한말의 서양정치학 수용 연구: 유길준 안국선 이승만을 중심으로》, 서울대학교출판문화원.
김혜정(2012), 《고지도의 매력과 유혹: 지도를 알아야 세계가 보인다》, 태학사.
나이토 아키라 저, 이용화 역(2019), 《에도의 도쿄》, 논형.
______, 이용화 역(2019), 《메이지의 도쿄》, 논형.
나인호(2019), 《증오하는 인간의 탄생: 인종주의는 역사를 어떻게 해석했는가》, 역사비평사.
노대환(2011), 《문명》, 도서출판 소화.
데이빗 현 저, 김영목 편(2002), 《사진으로 보는 애국지사 현순 목사의 대한독립운동》, 한국독립역사협회.
데즈카 아키라 저, 정암 역(1998), 《근대지리학의 개척자들》, 한울아카데미.
도널드 프리먼 저, 노영순 역(2016), 《태평양: 물리 환경과 인간 사회의 교섭사》, 선인.
로버트 B. 마르크스 저, 윤영호 역(2014), 《어떻게 세계는 서양이 주도하게 되었는가》, 사이.
로버트 올리버 저, 황정일 역(2002), 《신화에 가린 인물》, 건국대학교출판부.
류대영(2004), 《개화기 조선과 미국 선교사》, 한국기독교역사연구소.
______(2009), 《한국 근현대사와 기독교》, 푸른역사.
류시현(2009), 《최남선 연구: 제국의 '근대'와 식민지의 '문화'》, 역사비평사.
______(2016), 《동경삼재: 동경 유학생 홍명희 최남선 이광수의 삶과 선택》, 산처럼.
마이클 J. 그린 저, 장휘 역(2018), 《신의 은총을 넘어서: 1783년 이후 미국의 아시아·태평양 대전략》, 아산정책연구원.
문동석(2013), 《한양, 경성 그리고 서울》, 상상박물관.
박지향(2002), 《슬픈 아일랜드》, 새물결출판사.
박진빈(2006), 《백색국가건설사: 미국 혁신주의 빛과 그림자》, 앨피.

방선주(1989), 《재미한인의 독립운동》, 한림대학교출판부.
배경한 편(2013), 《동아시아 역사 속의 신해혁명》, 한울아카데미.
볼프강 쉬벨부쉬 저, 박진희 역(1999), 《철도 여행의 역사》, 궁리.
부산대학교 점필재연구소 고전번역학센터 편(2013), 《동아시아, 근대를 번역하다》, 점필재.
브루스 커밍스 저, 박진빈·김동노·임종명 역(2011), 《바다에서 바다로, 미국 패권의 역사》, 서해문집.
비빤 짠드라 저, 이지은 역(2019), 《민족주의 시각에서 본 인도 근대사》, 위더스북.
빌 로스 저, 이지민 역(2014), 《철도, 역사를 바꾸다》, 예경.
사이먼 윈체스터 저, 김한슬기 역(2017), 《태평양 이야기》, 21세기북스.
서민정·김혜련·윤금선·허재영(2019), 《계몽의 주체로서의 근대 지식인과 유학생》, 도서출판 경진.
서울역사편찬원(2016), 《개항기 서울에 온 외국인들》, 서울책방.
서울특별시사편찬위원회 편(2002), 《개항 이후 서울의 근대화와 그 시련(1876~1910)》, 서울특별시.
서재필기념회 편(2003), 《서재필과 그 시대》, 삼화인쇄주식회사.
서정주(1949), 《우남 이승만전》, 삼팔사.
석화정(2007), 《풍자화로 보는 러일전쟁》, 지식산업사.
선우학원(1994), 《아리랑 그 슬픈 가락이여》, 대흥기획.
세이무어 마틴 립셋 저, 문지영·강정인·하상복 역(2006), 《미국 예외주의: 미국에는 왜 사회주의 정당이 없는가》, 후마니타스.
손세일(2008), 《이승만과 김구》 1부(1~3), 나남.
송복 편(2011), 《저서를 통해 본 이승만의 정치사상과 현실 인식》, 연세대학교출판부.
송호근(2020), 《국민의 탄생: 식민지 공론장의 구조 변동》, 민음사.
스티븐 컨 저, 박성관 역(2004), 《시간과 공간의 문화사: 1880~1918》, 휴머니스트.
신명호(2014), 《고종과 메이지의 시대: 무엇이 조선과 일본의 운명을 결정했나》, 역사의 아침.
신용하(1994), 《독립협회연구: 독립신문·독립협회·만민공동회의 사상과 운동》, 일조각.
안토니오 피카페타 저, 박종옥 역(2004), 《최초의 세계일주》, 바움.
안형주(2007), 《박용만과 한인소년병학교》, 지식산업사.
______(2013), 《1902년, 조선인 하와이 이민선을 타다》, 푸른 역사.
앙드레 슈미드 저, 정여울 역(2007), 《제국 그 사이의 한국, 1895~1919》, 휴머니스트.
야마다 아키라 저, 윤현명 역(2019), 《일본, 군비확장의 역사》, 어문학사.
양현혜(2017), 《우치무라 간조: 신 뒤에 숨지 않은 기독교인》, 이화여자대학교출판문화원.
에드워드 S. 밀러 저, 김현승 역(2015), 《오렌지전쟁계획: 태평양전쟁을 승리로 이끈 미국의 전략, 1897~1945》, 연경문화사.
에드워드 사이덴스티커 저, 허호 역(1997), 《도쿄이야기》, 이산.
연세대학교 국학연구원 편(1999), 《한국 근대이행기 중인연구》, 신서원.
오상학(2011), 《조선시대의 세계지도와 세계인식》, 창비.
오영섭·홍선표 외(2012), 《이승만과 하와이 한인사회》, 연세대학교 대학출판문화원.
오인환·공정자(2004), 《구한말 한인 하와이 이민》, 인하대학교 출판부.
요시마 순야·그레고리 M·풀룩펠더 외 저, 연구공간 수유 역(2007), 《확장하는 모더니티 1920~30년대 근대 일본의 문화사》, 소명출판.
웨인 패터슨 저, 정대화 역(2002), 《아메리카로 가는 길: 한인 하와이 이민사, 1896~1910》, 들녘.
______, 정대화 역(2003), 《하와이 한인 이민 1세: 그들 삶의 애환과 승리, 1903~1973》, 들녘.
유기식(2002), 《미국의 대일이민정책연구》, 태일사.
유동식(1994), 《한국감리교회의 역사, 1884~1992》 1, 기독교대한감리회유지재단.
______(1998), 《하와이의 한인과 교회: 그리스도연합감리교회 85년사》, 호놀룰루: 그리스도연합감리교회.
유영익(1996), 《이승만의 삶과 꿈: 대통령이 되기까지》, 중앙일보사.
______(2002), 《젊은 날의 이승만: 한성감옥생활(1899~1904)과 옥중잡기 연구》, 연세대학교출판부.

______(2019), 《이승만의 생애과 건국 비전》, 청미디어.
유영익 편(2000), 《이승만연구: 독립운동과 대한민국 건국》, 연세대학교출판부.
유지원 외(2011), 《이민과 개발: 한중일 3국인의 만주 이주의 역사》, 동북아역사재단.
육당연구학회(2009), 《최남선 다시 읽기》, 현실문화연구.
윤경남 편(2020), 《좌옹 윤치호 평전: 윤치호 그는 누구인가?》, 신앙과지성사.
윤경로(1992), 《한국근대사의 기독교사적 이해》, 역민사.
______(2012), 《105인사건과 신민회 연구》(개정증보판), 한성대학교 출판부.
윤명철(2012), 《해양사연구방법론》, 학연문화사.
______(2014), 《한국 해양사: 해양을 코드로 해석한 우리 역사》, 학연문화사.
윤인진(2004), 《코리안 디아스포라: 재외한인의 이주, 적응, 정체성》, 고려대학교출판부.
이광린(1979), 《한국개화사상연구》, 일조각.
이덕주(2002), 《개화와 선교의 요람: 정동이야기》, 대한기독교서회.
이덕희(2003), 《하와이 이민 100년, 그들은 어떻게 살았나》, 중앙M&B.
이리에 아키라 저, 이성환 역(1993), 《일본의 외교》, 푸른산.
______, 이종국 외 역(1999), 《20세기의 전쟁과 평화》, 을유문화사.
이만열(2014), 《한국기독교와 민족의식》, 지식산업사.
이만열 편(1985), 《아펜젤러: 한국에 온 첫 선교사》, 연세대학교출판부.
이명화(2002), 《도산 안창호의 독립운동과 통일노선》, 경인문화사.
이문기·장동익 외(2007), 《한·중·일의 해양인식과 해금》, 동북아역사재단.
이사벨라 버드 비숍 저, 이인화 역(1996), 《한국과 그 이웃 나라들》, 살림.
이순우(2012), 《근대 서울의 역사문화공간: 정동과 각국공사관》, 하늘재.
이옥순(2007), 《인도현대사: 동인도회사에서 IT까지》, 창비.
이영호(2017), 《개항도시 제물포》, 민속원.
이영화(2003), 《최남선의 역사학》, 경인문화사.
이윤석(2016), 《조선시대 상업출판: 선민의 독서, 지식과 오락의 대중화》, 민속원.
이자경(2006), 《멕시코 한인 이민 100년사》 상, 한맥문학출판부.

이정식 저, 권기봉 역(2002), 《초대 대통령 이승만의 청년시절》, 동아일보사.
이진경(2010), 《근대적 시·공간의 탄생》(개정증보판), 그린비.
이화여대 한국문화연구원(2004), 《근대계몽기 지식 개념의 수용과 그 변용》, 소명출판.
인하대학교 한국학연구소 편(2012), 《동아시아 개항도시의 형성과 네트워크》, 글로벌콘텐츠.
장태한(2018), 《파차파 캠프, 미국 최초의 한인타운》, 성안당.
전인권·정선태·이승원(2011), 《1898, 문명의 전환: 대한민국 기원의 시공간》, 이학사.
정문수·류교열 외(2014), 《해항도시 문화교섭 연구 방법론》, 선인.
정병준(2005), 《우남 이승만 연구: 한국 근대국가의 형성과 우파의 길》, 역사비평사.
______(2015), 《현앨리스와 그의 시대: 역사에 휩쓸려간 비극의 경계인》, 돌베개.
정수일(2002), 《문명교류사 연구》, 사계절출판사.
정수일 편저(2014), 《해상실크로드사전》, 창비.
조성기(2005), 《유일한 평전》, 작은씨앗.
조세현(2016), 《천하의 바다에서 국가의 바다로: 해양의 시각으로 본 근대 중국의 형성》, 일조각.
______(2022), 《근대 중국인의 해국 탐색: 청말 출사대신의 일기와 해양문명》, 소명출판.
조이스 채플린 저, 이경남 역(2013), 《세계일주의 역사》, 레디셋고.
조용만(1963), 《육당 최남선》, 삼중당.
조지 린치 저, 정진국 역(2009), 《제국의 통로: 시베리아 횡단철도와 열강의 대각축》, 글항아리.
조지 커즌 저, 라종일 역(1996), 《100년전의 여행, 100년후의 교훈: 100년전 한 영국 외교관이 본 조선·중국·일본의 모습》, 비봉출판사.
존 로버트 실리 저, 이영석 역(2020), 《잉글랜드의 확장》, 나남.
주경철(2008), 《대항해시대: 해상 팽창과 근대 세계의 형성》, 서울대학교출판부.
최기영(2003), 《한국근대계몽사상연구》, 일조각.

______(2003), 《식민지시기 민족지성과 문화운동》, 한울아카데미.
최덕수(2005), 《대한제국과 국제환경: 상호인식의 충돌과 접합》, 선인.
______(2021), 《근대 조선과 세계》, 열린책들.
최학주(2011), 《나의 할아버지 육당 최남선: 근대의 터를 닦고 길을 내다》, 나남.
최한웅(1986), 《庸軒雜記》, 동명사.
까를로 로제티 저, 서울학연구소 역(1996), 《꼬레아 꼬레아니: 백년전 이태리 외교관이 본 한국과 한국인》, 숲과나무.
케빈 케니 저, 최영석 역(2016), 《디아스포라 이즈(is)》, 앨피.
한상일(2015), 《이토 히로부미와 대한제국》, 까치.
한상일 · 한정선(2006), 《일본, 만화로 제국을 그리다: 조선병탄과 시선의 정치》, 일조각.
허경진(2015), 《조선의 중인들》, 알에이치코리아.
허영란(2022), 《남양과 식민주의: 일본 제국주의의 남진과 대동아공영권》, 사회평론아카데미.
호머 B. 헐버트 저, 신복룡 역(1999), 《대한제국멸망사》, 집문당.
호시노 세이지 저, 이예안 · 이한정 역(2020), 《만들어진 종교: 메이지 초기 일본을 관통한 종교라는 물음》, 글항아리.
홍선표(2011), 《자주독립과 통일정부 수립을 위한 재미한인의 꿈과 도전》, 연세대학교출판부.
헨리 J. 헨드릭스 저, 조학제 역(2010), 《시어도어 루스벨트의 해군 외교: 미 해군과 미국 세기의 탄생》, 한국해양전략연구소.
황현(1910), 《매천야록》 권6, 임형택 외 역(2005), 《역주 매천야록》 하, 문학과지성사.

宮崎正勝(2016), 《〈海國〉日本の歷史: 世界の海から見る日本》, 東京: 原書房.
簑原俊洋(2016), 《アメリカの排日運動と日米關係: 〈排日移民法〉はなぜ成立したか》, 東京: 朝日新聞出社.
三浦昭男(1994), 《北太平洋定期客船史》, 東京: 出版協同社.
鈴木貞美 編(2001), 《雜誌〈太陽〉と國民文化の形成》, 京都: 思文閣出版.

移民研究會 編(2007), 《日本の移民研究: 動向と文獻目錄》I(明治初期 - 1992年9月), 東京: 明石書店.

田嶋一(2016), 《〈少年〉と〈青年〉の近代日本》, 東京: 東京大學出版會.

Bishop, Isabella B. (1898), *Korea and Her Neighbors: A Narrative of Travel, With an Account of the Recent Vicissitudes and Present Position of the Country*, New York: F. H. Revell Co.

Crawford, Michael J. ed. (2008), *The World Cruise of the Great White Fleet: Honoring 100 Years of Global Partnerships and Security*, Washington, D. C.: Naval Historical Center, Dept. of the Navy.

Dirlik, Arif ed. (1998), *What Is in A Rim? Critical Perspectives on the Pacific Region Idea*, Lanham, Md: Rowman and Littlefield.

Haley, James L. (2014), *Captive Paradise: A History of Hawaii*, New York: St. Martin's Griffin.

Hyun, Peter(1986), *Man Sei: The Making of a Korean American*, Honolulu: University of Hawaii Press.

Kenny, Kevin(2013), *Diaspora: A Very Short Introduction*, New York: Oxford University Press.

MacLennan, Carol A(2014). *Sovereign Sugar: Industry and Environment in Hawai'i*, Honolulu: University of Hawaii Press.

McCord, William(1991), *The Dawn of the Pacific Century; Implications for Three Worlds of Development*, New Brunswick, N. J.: Transaction Publishers.

McWilliams, Carey(1944), *Prejudice: Japanese-Americans Symbol of Racial Intolerance*, Boston: Little, Brown and company.

Miller, Edward S. (1991), *War Plan Orange: The U.S. Strategy to Defeat Japan, 1897~1945*, Annapolis, Md.: Naval Institute Press.

Oliver, Robert T.(1955), *Syngman Rhee: The Man Behind the Myth*, New York: Dodd, Mead and Company.

Patterson, Wayne(1998), *The Korean Frontier in America: Immigration to Hawaii, 1896~1910*, Honolulu: University of Hawaii Press.

Tate, E. Mowbray(1986), *Transpacific Steam: The Story of Steam Navigation from the Pacific Coast of North America to the Far East and the Antipodes, 1867~1941*, New York: Cornwall Books.

Yahuda, Michael(2004), *The International Politics of the Asia-Pacific*, 2nd Edition, New York, NY: Routledge.

2) 논문

고정휴(1986), “개화기 이승만의 사상형성과 활동, 1875~1904”, 〈역사학보〉 109권.

______(2017), “태평양의 발견: 그 바다 이름의 생성·전파와 조선에의 정착”, 〈한국근현대사연구〉 83집.

______(2018), “태평양의 발견: 그 바닷길의 개통과 조선사절단의 세계일주 기록 검토”, 〈한국사학보〉 73호.

______(2019), “태평양의 발견: 그 바다를 둘러싼 미·일 간 패권 경쟁과 한국 언론의 반응, 1905~1910”, 〈역사연구〉 37호.

공민석(2021), “미국 예외주의, 미중 패권 경쟁, 그리고 민주주의”, 〈기억과 전망〉 45집.

구장률(2009), “근대지식의 수용과 문학의 위치: 1900년대 후반 일본유학생들의 문학관을 중심으로”, 〈대동문화연구〉 67호.

권동희(2004), “최남선의 지리사상과 〈소년〉지의 지리교육적 가치”, 〈한국지리환경교육학회지〉 12권 2호.

권오신(2018), “미국 지배하에서 필리핀 입법부(의회)의 성립, 변화, 그리고 그 역할”, 〈동국사학〉 64호.

권은혜(2014), “20세기 초 미국 서부의 반 일본운동과 아시아인 이민 배제 주장에서 드러나는 초국적 反아시아 인종주의”, 〈서양사론〉 120호.

권정화(1990), “최남선의 초기 저술에서 나타나는 지리적 관심: 개화기 六堂의 문화운동과 明治 地文學의 영향”, 〈응용지리〉 13호.

김광옥(2007), “근대 일본의 종합잡지 太陽(1895-1905)의 한국관계 기사와 그 사료적 가치”, 〈한국민족문화〉 30호.

김미정(2014), “하와이 견문록 포와유람기 고찰”, 〈어문연구〉 80권.

김보림(2014), “메이지 초기 영국인이 본 일본과 한국 조지 커즌, 새비지 랜도어, 이자벨라 비숍을 중심으로”, 〈일본근대학연구〉 45호.

김양수(1998), “조선전환기의 中人 집안활동: 현덕윤·현채·현순 등 천령 현씨 역관 가계를 중심으로”, 〈동방학지〉 102권.

김현목(2000), “한말 기술직중인 출신 관료의 신분과 동향”, 〈국사관논총〉 89집.

김현주(2007), “문화사의 이념과 서사전략-1900~20년대 최남선의 문화사 담론 연구”, 〈대동문화연구〉 58집.

김형규(2011), “일제 식민화 초기 서사에 나타난 해외이주 형상의 의미”, 〈현대소설연구〉 46호.

김화진(2019), “청말 해외견문록에 나타난 다양한 서양 인식과 개혁 담론”, 〈인문과학연구〉 39호, 성신여자대학교 인문과학연구소

남기혁(2019), “해방기 서정주의 글쓰기에 나타난 정치적 욕망: 《김좌진 장군전》과 《이승만 박사전》을 중심으로”, 〈국어문학〉 70집.

노대환(2017), “대한제국 말기(1904~1910) 〈황성신문〉의 현실 인식과 대응 양상의 변화: 〈대한매일신보〉와의 비교를 중심으로”, 〈이화사학연구〉 54호.

다나카 미카(2020), “출판사 신문관의 단행본: 잡지사업 및 일본 출판계와의 관계성을 중심으로”, 〈상허학보〉 60집.

류교열(2005), “근대 일본의 〈해양진출론〉과 최근의 〈해양국가〉 구상”, 〈일어일문학연구〉 52권 2호.

류시현(2007), “한말 일제 초 한반도에 관한 지리적 인식: ‘반도’ 논의를 중심으로” 〈한국사연구〉 137호.

______(2011), “1910년대 최남선의 문명·문화론과 조선불교 인식”, 〈한국사연구〉 155호.

목수현(2014). “국토의 시각적 표상과 애국 계몽의 지리학-최남선의 논의를 중심으로-”, 〈동아시아문화연구〉 57호.

문서명·한태문(2010), “문화로 읽는 근대 이행기 매체문학: 〈少年韓半島〉를 대상으로”, 〈한국사상과 문화〉 51호.

민진경·우현정·박영미·최광만(2018), “구한말(1876년~1910년) 유학생 관련 국내 연구 동향 검토”, 〈교육연구논총〉 39권 1호.

박경서(2014), “양극단의 정치적 스펙트럼: 백인의 책무와 제국의 위선: 키플링과 오웰의 경우”, 〈영미어문학〉 114호.

박구병(2011), “제국의 초상: 미국의 파나마운하 건설과 파나마의 은폐”, 〈국제지역연구〉 20권 4호.

박상도(2016), “청년 시절 우치무라 간조의 국가관 형성”, 〈일어일문학연구〉 98권 2호.

박영준(2004), “러일전쟁 직후 일본 해군의 국가구상과 군사전략론”, 〈한국정치외교사논총〉 26권 1호,

박용규(2011), “최남선의 현실 인식과 〈소년〉의 특성 변화: 청년학우회 참여 전후의 변화를 중심으로”, 〈한국언론학보〉 55권 1호.

박준병(2020), “〈미국-필리핀 전쟁 전후(1898~1902)〉 미국인의 인식”, 〈인문과학연구〉 66호, 강원대학교 인문과학연구소.

박지향(2004), “아일랜드, 인도의 민족운동과 한국의 자치운동 비교”, 〈역사학보〉 182집.

박진빈(2010), “제국과 개혁의 실험장: 미국의 파나마운하 건설”, 〈미국사연구〉 32호.

박진영(2009), “창립 무렵의 신문관”, 〈사이間SAI〉 7집.

박찬승(2000), “1890년대 후반 관비유학생의 도일유학”, 《근대교류사와 상호인식》 1(한일공동연구총서 2), 아연출판부.

박한민(2013), “유길준 〈세계대세론〉(1883)의 전거와 저술의 성격”, 〈한국사학보〉 53호.

방선주(1993), “미주지역에서 한국독립운동의 특성”, 〈한국독립운동사연구〉 7호.

방효순(2013), “일제강점기 현공렴의 출판활동-한양서적업조합소와의 관계를 중심으로-”, 《근대서지》 8호.

백동현(2001), “대한제국기 언론에 나타난 동양주의 논리와 그 극복”, 〈한국사상사학〉 17호.

백옥경(2015), “대한제국기 번역관 玄尙健의 활동”, 〈역사와실학〉 57호.

서광덕(2020), “근대 동아시아 지식네트워크 연구를 위한 예비적 고찰: 동아시아 근대 출판의 성립과 이동을 중심으로”, 〈중국학〉 71호.

서태열(2013), “개화기 학부발간 지리서적의 출판과정과 그 내용에 대한 분석”, 〈사회과교육〉 52권 1호.

손준식(2002), “일본의 대만 식민지 지배: 통치정책의 변화를 중심으로”, 〈아

시아문화〉 18호.
송기한(2010), "최남선의 계몽의 기획과 글쓰기 연구", 〈한민족어문학〉 57호.
스벤 사아러(2008), "국제관계의 변용과 내셔널 아이덴티티 형성: 1880년대~1920년대의 '아시아주의'의 창조", 김종학 번역, 〈한국문화〉 41호.
아가사키 히데노리(2004), "근대일본정치사상에 나타난 이상과 현실: 일본의 과오와 교훈", 〈국제정치논총〉 44권 2호.
아리프 딜릭 저, 김영희 역(1993), "아시아·태평양권이라는 개념-지역구조 창설에 있어서 현실과 표상의 문제", 〈창작과비평〉 79호.
안종묵(2002), "황성신문 발행진의 정치사회사상에 관한 연구", 〈한국언론학보〉 46권 4호.
양진오(2004), "신소설이 재현하는 20세기 초반의 한반도 현실", 〈아시아문화〉 21호.
양현혜(2016), "함석헌과 무교회의 역사 철학", 〈종교문화학보〉 13호.
오영섭(2012), "1910~1920년대 〈태평양잡지〉에 나타난 이승만의 정치사상", 〈한국민족운동사연구〉 70호.
우미영(2007), "東渡의 욕망과 東京이라는 장소(Topos): 1905~1920년대 초반 동경 유학생의 기록을 중심으로", 〈정신문화연구〉 30권 4호.
윤대원(2009), "현순에게 비전된 임시정부의 실체와 대한공화국임시정부", 〈한국독립운동사연구〉 33호.
윤소영(2015), "요시다 도고(吉田東伍)의 조선 연구", 〈일본사상〉 29호.
윤영실(2008), "'경험'적 글쓰기를 통한 '지식'의 균열과 식민지 근대성의 풍경: 최남선의 지리담론과 〈소년〉지 기행문을 중심으로," 〈현대소설연구〉 38호.
이기용(1998), "內村鑑三의 기독교사상 및 그의 일본관과 조선관", 〈한일관계사연구〉 9집.
이덕주·장규식(2009), "이승만의 기독교 신앙과 국가건설론-기독교 개종 후 종교활동을 중심으로, 1899~1913", 〈한국기독교와 역사〉 30집.
이덕희(2003), "하와이 한인들이 하와이 감리교회에 끼친 영향 : 1903~1952", 〈한국사론〉 39집, 국사편찬위원회.
______(2009), "초기 하와이 한인들에 대한 견해", 〈한국기독교의 역사〉 30호.
이성환(2011), "이토 히로부미의 문명론과 한국통치", 〈일본사상〉 20집.

이우진(2021), “조선시대 서당교육과정에서 바라본 《동몽선습》의 의미”, 〈유학연구〉 54집, 충남대학교 유학연구소.
이은선(2013), “하와이 최초의 독립운동 단체 신민회의 조직과 영향”, 〈신학연구〉 63호, 한신대학교 한신신학연구소.
이진호(1986), “최남선의 2차 유학기에 관한 재고찰: 연보 재정립을 위한 제언”, 〈새국어교육〉 42호.
이토 히로코·신형진(2017), “하와이 닛케이(日系)의 사회인구학적 변천, 1900~1910”, 〈아세아연구〉 60권 1호.
임기현(2104), “육정수의 초기 단편서사 연구”, 〈중원문화연구〉 22호.
林德政(2005), “일제강점기 대만의 항일투쟁”, 《세계식민지해방운동과 한국독립운동》, 독립기념관 한국독립운동사연구소.
임종명(2018), “아시아-태평양 전쟁기, 식민지 조선의 인종 전쟁 담론”, 〈사총〉 94호.
장규식(2010), “《한국교회핍박》에 나타난 이승만의 정교 인식과 외교 독립론”, 〈한국사상사학〉 35집.
정근식(2004), “한인 디아스포라 연구의 두 개의 진전”, 〈황해문화〉 43호.
정낙근(2002), “한말 자강운동론자들의 국제정세 인식”, 〈한국동양정치사상사연구〉 1권 1호.
정병준(2012), “1905년 윤병구·이승만의 시오도어 루즈벨트 면담외교의 추진과정과 그 의미”, 〈한국사연구〉 157호.
정성희(2003), “대한제국기 태양력의 시행과 曆書의 변화”, 〈국사관논총〉 103집.
정용욱(2007), “홍보, 선전, 독재자의 이미지 관리-1950년대의 이승만 전기”, 〈세계정치〉 8집.
정인섭(2020), “이승만의 박사논문: 〈미국의 영향을 받은 중립〉”, 〈서울국제법연구〉 27권 2호.
정후수(1993), “偶丁 임규의 근대문화사적 역할”, 〈동양고전연구〉 1집.
______(2003), “우정 임규의 詩世界”, 〈동양고전연구〉 18집.
조경덕(2011), “초우당 주인 육정수 연구”, 〈우리어문연구〉 41호.
조계원(2015), “〈대한국국제〉 반포(1899년)의 정치·사상적 맥락과 함의”, 〈한국정치학회보〉 49권 2호.

조명철(1997), "일본의 군사전략과 '국방방침'의 성립", 〈일본역사연구〉 59호.
______(2008), "근대일본의 전쟁과 팽창의 논리", 〈사총〉 67호.
조웅(1997), "1898년 미국의 하와이 병합과 논쟁", 〈미국사연구〉 5호.
주승택(1993), "백대진 문학연구 서설", 〈한국현대문학연구〉 2집.
주진오(1996), "청년기 이승만의 언론·정치활동 해외활동", 〈역사비평〉 통권 35호.
지상현(2013), "반도의 숙명: 환경결정론적 지정학에 대한 비판적 검증", 〈국토지리학회지〉 47권 3호.
진학문(1958), "六堂이 걸어간 길", 〈사상계〉 58집.
최룡수(1993), "조선 3·1운동과 중국 5·4운동의 비교", 〈국사관논총〉 49집.
최재목(2006), "최남선 〈소년〉지의 '신대한의 소년' 기획에 대하여", 〈일본문화연구〉 18집.
최정수(2010), "특사 태프트의 제2차 대일방문과 미일조약체제, 1907~1908", 〈동북아역사논총〉 29호.
최창모(2013), "〈혼일강리역대국도지도〉(1402년)의 제작 목적 및 정치-사회적 배경에 관한 연구", 〈한국이슬람학회논총〉 23권 1호.
표정옥(2014), "'바다'를 통한 신화적 공간 기획과 문화 정체성 구축 욕망 연구: 최남선의 〈바다와 조선민족〉을 중심으로", 〈해항도시문화교섭학〉 10호.
한규무(1992), "현순(1878~1968)의 인물과 활동", 〈국사관논총〉 40집.
______(2002), "현순의 신앙과 활동: 3·1운동 이전을 중심으로", 〈한국기독교와 역사〉 16집.
______(2004), "한규무, 〈〔자료〕 극동인민대표회의에 참가한 '조선예수교대표회' 현순의 〈위임장〉과 그가 작성한 〈조사표〉", 〈한국근현대사연구〉 30집.
______(2008), "현순, 《포와유람기》", 〈한국사 시민강좌〉 42집.
한서영·김명섭(2019), "미국 유학 시기 이승만 강연활동의 양상과 함의", 〈국제정치논총〉 59권 2호.
한성민(2014), "황실특파유학생의 동맹퇴교운동에 대한 일본의 대응-구라치 데츠키치(倉知鐵吉)의 활동을 중심으로", 〈역사와 현실〉 93호.
한정선(2019), "오만한 일본, 불안한 제국", 〈일본비평〉 20호.
함동주(2010), "일본제국의 성립과 박문관의 출판활동: 청일전쟁기를 중심으로", 〈동양사학연구〉 113호.
홍선표(2001), "일제하 미국유학연구", 〈국사관논총〉 96집.

朴己煥(1999), "近代日韓文化交流史研究: 韓國人の日本留學", 大阪大學博士論文.

上野隆生(2007), "雜誌〈太陽〉の一側面について", 研究プロジェクト("日本近代化の問題点: 明治國家形成期の明と暗"), 〈東西南北:和光大學總合文化研究所年報〉.

辻田右左男(1977), 〈地人論の系譜〉, 《奈良大學紀要》 6号.

田中美佳(2019), "崔南善の初期の出版活動にみられる日本の影響: 一九〇八年創刊〈少年〉を中心に", 〈朝鮮學報〉 249・250권.

竹村民郎(1999), (共同研究報告)"十九世紀中葉日本における海洋帝國構想の諸類型: 創刊期〈太陽〉に關連して", 〈日本研究〉 19号, 京都: 國際日本文化研究センター.

中尾祐次(2000), "帝國國防方針, 國防ニ要スル兵力及帝國軍用兵綱領策定顚末", 〈戰史研究年報〉 3号, 東京; (日本)防衛省防衛研究所.

中川浩一(1975), 〈明治の地理學史: 20・30年代を中心にして〉, 《人文地理》 27卷 5号, 東京; 人文地理學會.

秦郁彦(1969), "日露戰爭後における日米および日露危機(3)", 〈アジア研究〉 15卷 4号, 東京: アジア政経學會.

Coulter, John Wesley(1933), "The Oahu Sugar Cane Plantation, Waipahu", *Economic Geography* Vol. 9, No. 1.

Dirlik, Arif(1992). "The Asia-Pacific Idea: Reality and Representation in the Invention of a Regional Structure", *Journal of World History* Vol. 3, No. 1.

Gale, James Scarth(1902), "Hanyang(Seoul)", *Transactions of the Korea Branch of the Royal Asiatic Society* Vol. 2, Part 2.

Hawkinson, Lily Oyzelle(1926) "A History of the Pan-Pacific Union," *MA Thesis*, Department of Political Science, University of Southern California.

Kim, Robert Hyung-Chan(2009), "Soon Hyun and His Place in the History of the Korean Independence Movement: With Emphasis on the Korean Commission," *Acta Koreana* Vol. 12, No. 2.

______(2012), "Soon Hyun and His Leadership in the Hawaiian Branch of the Korean National Revolutionary Party During World War II," *Acta Koreana* Vol. 15, No. 1.

Korhonen, Pekka(1996), "The Pacific Age in World History," *Journal of World History* Vol. 7, No. 1.

Riznik, Barnes(1999), "From Barracks to Family Homes: A Social History of Labor Housing Reform on Hawai'i Sugar Plantations", *The Hawaiian Journal of History* Vol. 33.

Suh, Jung Wook(2019), "Pacific Crossings: American Encounters with Asians in the Progressive Era of Empire and Exclusion," Stanford University, Department of History, Ph. D. Dissertation.

찾아보기(용어)

ㄹ

ㅁ

ㅂ

ㅅ

ㅇ

ㅈ

ㅊ

기타

찾아보기(인명)

ㅈ

ㅊ

ㅋ

ㅌ

ㅍ

ㅎ